高职高专『十二五』国际贸易专业（含金融方向）系列规划教材

# 货币银行学

HUOBIYINHANGXUE

主编 崔时庆 史志贵

西安交通大学出版社
XI'AN JIAOTONG UNIVERSITY PRESS

## 内容提要

本书共13章，第一至三章介绍货币发展、货币制度、信用工具、利息与利率；第四至六章介绍我国及世界主要金融机构，并对商业银行、中央银行的职能、作用和主要业务进行了系统的介绍；第七章阐述货币市场、资本市场、外汇市场、黄金市场及金融衍生工具市场；第八至十章介绍货币供求均衡、货币政策目标和政策工具、货币政策与财政政策配合，以及货币供求失衡引发的通货膨胀和通货紧缩对经济的影响与治理方法；第十一章阐述汇率变动及其对经济的影响，以及国际收支、国际储备和国际货币体系；第十二和十三章介绍金融创新、金融危机和金融监管。

本书适合高职高专院校国际贸易类专业及金融类相关专业的学生用作教材，亦可供财政、金融、证券从业人员在职培训和广大金融爱好者阅读和学习。

# 前言
# Foreword

金融是经济的核心，它广泛而深刻地渗透到经济和社会的方方面面，并推动其向前发展。在新形势下，金融问题已成为影响各国经济发展和国家安全与稳定的重大问题。1997 年的东南亚金融危机、2008 年的美国次贷危机、当前的欧洲债务危机均对世界经济造成灾害性的影响。由此可见，如果金融出了问题，会影响到整个社会经济生活。“金融”是社会资金融通的总称。资金主要以货币形式存在，而银行则是资金融通的主渠道。如果把金融体系比作人体的循环系统，那么，货币就是血液，银行就是动脉。货币与银行是金融的基础，研究金融要从货币与银行开始。

“货币银行学”是一门研究金融领域各要素及其基本关系与运行规律的基础理论课程。通过系统地学习和掌握货币银行学的基本知识、基本原理和基本理论，可以找到科学认识金融问题的入门钥匙，把握金融运作的内在联系和规律，探讨并解决我国现实中的诸多经济和金融问题。

本书按照高职高专课程性质要求编写，其体系及内容具有以下特色：

(1)体系完整，涉及货币、信用、银行和金融四大块。所选内容成熟，具有通识性、一般性，是高职高专金融专业和贸易类相关专业必须掌握的专业基础知识。

(2)编写规范。各章概念明确，定义清楚；阐述原理层次分明，条理清晰；每章开头有明确的“本章导读”和“引例思考”，文中穿插了若干的“知识链接”，文后有“复习思考题”和“讨论题”等，便于学生理解、复习和掌握。

(3)内容丰富，资料翔实。部分章节紧密联系我国金融银行领域现状、问题与发展趋势。

本书是高职高专“十二五”系列规划教材之一，其编写团队是由长期从事货币银行学教学与研究的骨干教师组成。本书由无锡商业职业技术学院崔时庆副教授、史志贵副教授担任主编，前者负责拟订大纲、组织编写，后者负责修改和总纂。全书的编写工作和研究成果是整个团队集体智慧的结晶。具体编写分工如下:第一、二、三章由无锡商业职业技术学院刘琴撰稿;第四、五、六章由安徽国际商务职业学院余海萍撰稿;第七章由石家庄财经职业学院刘尚慧撰稿;第八、九章由史志贵撰稿;第十、十一、十二、十三章由崔时庆撰稿。

本书适合高职高专院校国际贸易类专业及金融类相关专业的学生用作教材,亦可供财政、金融、证券从业人员在职培训和广大金融爱好者阅读和学习。

本书在编写过程中,我们参阅了大量的文献、资料,在此向引文的诸位作者表示感谢。限于编者的水平,书中不妥之处在所难免,恳请同行专家、教师以及广大读者朋友不吝赐教,批评指正。

编　者

2012 年 6 月

# 目录

## Contents

# 第一章 货币和货币制度

## 本章导读

美国前国务卿基辛格曾说过：谁掌握了石油，就控制了一个国家；谁掌握了粮食，就控制了人类；谁掌握了货币，就控制了世界。由此可见货币的重要性。本章将沿着科学的路径，踏着历史的足迹，系统地介绍货币起源、货币形态演变、货币职能以及货币制度的发展，为后续知识的学习打好基础。

## 引例思考

在一个只有三人的微型社会中，果园主生产苹果，农场主生产玉米，牧场主饲养猪羊。如果果园主需要玉米，农场主需要猪羊，牧场主需要苹果。

请思考：(1)在没有其他媒介的情况下，这三人之间会发生交易吗？

(2)如果将货币媒介贝壳引入，他们又将怎样满足自己的需要？

## 第一节 货币的产生与发展

货币是商品经济的产物，商品交换的需要是货币产生的前提。随着人们对货币本质认识的深化和科学技术的发展，货币形态也从实物逐步演化成熟悉的纸币和电子货币。

### 一、货币的产生

在社会分工的条件下，每个人只生产整个社会分工体系中的一种或少数几种产品，而整个社会却要靠多种多样的产品来满足。但是，由于私有制的存在，使得每个人生产什么、生产多少、何时生产、怎样生产，都由自己来决定，生产出来的产品也归自己支配，也就是说劳动具有私人劳动的性质。这样就产生了私人劳动和社会劳动的矛盾。私人劳动要转化为社会劳动，只有通过产品交换，而货币就是用于商品交换的媒介。

商品是为交换而生产的劳动产品，具有使用价值和价值双重属性，从而也就具有两种表现形式：①使用价值的表现形式，即商品的自然形式；②价值的表现形式，它只有和其他商品相互交换才能表现出来，并在其他商品上相对独立地表现出来。随着商品生产的扩大和商品内在矛盾的发展，价值形式经历了一个由低级到高级，从简单到复杂的历史发展过程。而在商品交换发展过程中，价值形式经历了四个发展阶段，即简单价值形式、扩大的价值形式、一般价值形式和货币价值形式。

#### (一)简单价值形式

由于原始社会末期的生产力水平低下，人们生产的产品只能有少量剩余产品偶然在部落之间进行交换。与这种物物交换相适应,就产生了简单价值形式。简单价值形式,就是指一种商品的价值偶然地以另一种商品来表现的价值形式,它是价值形式发展过程中的原始阶段。

如:1 把铲子=1 把石斧。

在简单价值形式的公式中,两端的商品处于不同的地位,起着不同的作用。等式左边的铲子起着主动的作用,它主动地要求表现自己的价值,它的价值相对地表现在石斧上。所以,铲子处于相对价值上。等式右边的石斧,起着被动作用,它被动地作为铲子价值的表现材料,成为铲子的等价物。所以,石斧处于等价形式上。在这种价值关系中的等价物,还是个别的等价物,商品的价值表现还很不充分。因为从简单价值形式上,只能看到一件商品和另一件商品相等,还看不出它是否在质上和所有商品都相等,也看不出它能否在量上和所有商品相比较。这种情况表明,在简单价值形式下,价值作为无差别的人类劳动的凝结物的这种性质,交换的比例以价值量为基础这一本质,还没有能够充分地显示出来。

### (二)扩大的价值形式

随着社会生产力的发展和第一次社会大分工的出现,劳动生产率提高了,剩余产品的增多产生了私有制。于是,原始部落之间的交换逐渐地为个人与个人之间的交换所代替,交换行为和参与交换的商品种类与数量增多,一件商品已不再是偶然地与另外一件商品相交换,而是经常地与许多商品相交换。于是就出现了扩大的价值形式。扩大的价值形式,就是指一种商品的价值表现在和它相交换的一系列商品的价值形式。

如:1 把铲子=1 把石斧,或 1 袋面粉,或 1 匹布。

在扩大的价值形式中,一种商品要表现自己的价值,会使许多商品成为它的等价物。这样每一种商品的自然形态,就成为一个特殊的等价物,并和其他许多商品相并列,成为一个特殊的等价形式。扩大的价值形式比起简单的价值形式来,当然是一个进步。但是,在扩大的价值形式上,也有其不可解决的矛盾,即交换者对商品的特殊需要和物物交换形式的矛盾。比如,铲子的所有者需要面粉,但面粉的所有者在此时此地却不需要铲子,而需要布匹,等等。只要交易双方需要对方产品的时间、地点、数量上不同,商品交换就遇到了困难,价值难以实现。可见,在物物直接交换的条件下,即使是客观存在可以最终解决的需求锁链,但要现实地把它一步一步解开是要花费极大精力的,更何况在限定的时间和空间的范围内,显然这种价值形式不能适应商品交换进一步的发展。

### (三)一般价值形式

商品交换的进一步发展,使交换的商品日益增多,交换行为日益频繁,物物交换的矛盾日益突出。当日益增多的物品进入市场频繁交易的过程中,必然会有某种物品进入交换的次数较多,其使用价值较多地为进入市场的人们所需要。于是各种产品先与这种商品交换,再用它与自己需要的其他物品相交换。这时该种物品成为所有其他产品价值的表现形式,成为所有商品的等价物。马克思称之为一般等价物。这样,物物的直接交换就让位于通过媒介的间接交换。于是扩大的价值形式便过渡到一般的价值形式。一般的价值形式,就是指所有商品的价值同时表现在一种商品的价值形式。

如:1 把石斧,或 1 袋面粉,或 1 匹布=1 把铲子。

一般价值形式的出现,是价值形式发展史上质的飞跃。每一种商品的价值都表现在唯一的、同一的商品上,或者说,只有一种商品作为等价物去表现其他一切商品的价值。由于一切商品的价值都通过一种商品来表现，所以，价值作为无差别的人类劳动凝结物的这种性质，便完全地、充分地表现出来了。既然一切商品在质上表现为共同的东西，那么在量上它们也是可以相互比较的，这样，商品交换就由原来的物物直接交换转化为以一般等价物为媒介的间接交换。

一般价值形式虽然克服了扩大价值形式的缺点，但是一般等价物还没有固定在某一种商品上。它在不同地区、不同时期是不一致的，还不能成为整个商品世界的一般等价物，因此，一般等价物的不固定，限制和阻碍了商品交换的扩大和发展。

**(四)货币价值形式**

随着社会生产力的进一步发展，交换商品的数量增多，范围进一步扩大。商品世界就要求一般等价物固定地由某一种商品来充当，从而克服一般等价物的不固定给交换造成的困难。当一般等价物最终固定在某种特殊商品上时，这种商品就成为货币，一般价值形式就转化为货币形式。货币形式，就是指一切商品的价值都只表现在货币上的价值形式。

如：1 把石斧，或 1 袋面粉，或 1 匹布＝5 枚铜钱。

历史上虽然有许多商品充当过特殊商品，成为货币材料，但最终选择了金银。这是由于金银是自然界早已存在的，具有质地均匀、体积小、价值大、便于分割、便于携带等自然特性，使它们天然具有充当货币材料的优点。所以，马克思说："金银天然不是货币，但货币天然是金银。"

综上可知，货币是商品经济发展到一定阶段的自发产物，是商品内在矛盾发展的必然结果。货币出现后，商品内部使用价值和价值的矛盾，就表现为商品和货币的矛盾。商品换成了货币，商品的使用价值和价值的矛盾就解决了。

## 二、货币的形态及其演变

货币自产生以来已有数千年的历史，随着人们对货币作用认识的深化和科学技术的进步，货币形态不断丰富。根据材料不同，货币形态经历了实物货币、金属货币、纸币、存款货币、电子货币这样一个演变过程。

**(一)实物货币**

实物货币是指以自然界存在的某种物品或人们生产的某种物品来充当货币。历史上，实物货币的种类最多，如贝壳、牲畜、农具、布等都是实物货币。这个时期的货币刚脱离了普通商品，主要特征是能代表财富，是普遍的需求对象，但并不是理想的货币形态。因为实物货币有不少自身难以克服的缺点，如体积大、价值小、不易分割、不便携带且易腐烂变质等，不适合作为价值标准和价值储藏手段，从而随着经济的发展和时代的变迁逐渐被金属货币所替代。

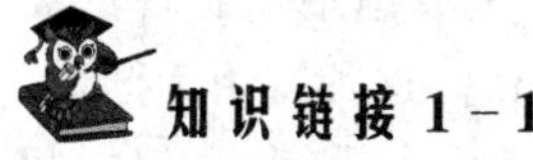


**中国最早的货币——贝币**

中国最早的货币是一种由天然海贝加工而成的贝类货币，出土于河南省殷墟妇好墓等地，年代为公元前 19 世纪至公元前 16 世纪，距今约 3500 年以上。经过加工的天然贝币形体一面有槽齿，贝币光洁美观，小巧玲珑，坚固耐磨，便于携带。这类贝币主要出产于我国的东海、南海等地海域，反映了商代商业交流的情况。

在商代中期以前贝币价值很高，臣下若能获得商王用贝币的赏赐那可真是极大的荣耀。

随着当时商品经济的发展，天然贝币渐渐出现了供不应求的局面，故在当时又出现了许多仿制贝币，有石币、骨币、蚌币、绿松币等，这类贝币形体都较小，其长度约1.2～2.4厘米左右。在商代晚期又出现了铜质货币，形制也仿贝币形式。铜币出土于河南安阳和山西保德等地的商代晚期墓葬中，年代约为公元前14世纪至公元前11世纪。铜币堪称是我国最早的金属货币了，其中有一种表面包金的铜币是作为大额货币使用的，现存世量极少。蚌币因一出土就容易损坏，现保存完好的不多。

### (二)金属货币

凡是用金属做成的货币均称为金属货币。历史上曾经充当过货币的金属主要是金、银、铜等，其他金属如铁、锡也曾经出现，但使用的时间很短，范围也很小，并不重要。金属作为货币材料，有实物货币无可比拟的优势：一是价值比较高，可用较少的货币完成较大量的交易；二是易于分割，即分割后不会降低单位价值；三是易于保存，在保存过程中价值不会受到损失，且不必为之付出成本；四是便于携带，有利于在更大范围内进行交易。因此金属货币是比实物货币更适合交换的货币。中国是世界上最早使用金属货币的国家，商代出现的铜贝是历史上最早的金属货币。

金属货币的演化沿着两个方向进行。一方面，随着交易规模的不断扩大，经历了由贱金属到贵金属的演变。货币金属最初是贱金属，多数国家和地区使用的是铜。随着生产力水平的提高，参加交换的商品数量增加，需要包含价值量大的贵金属充当货币，币材由铜向银和金过渡。到19世纪上半期，世界上大多数国家处于金银复本位货币制度时期，货币形态主要是金、银等贵金属。

另一方面，金属货币经历了从称量货币到铸币的演变。称量货币是指货币直接表现为没有固定形态的金属块，每一块货币的价值取决于该金属块的重量。这从货币单位名称中就可看出，如英镑的货币单位是“镑”，中国古代货币白银的单位是“两”，铜钱的单位是“文”，这些都是重量单位。在金属称量货币时期，每次交换都必须经过称量重量、鉴定成色、进行分割的过程，这就非常麻烦，使商品交易的时间延长，成本增加，风险也增加，越来越难以适应商品交换的发展。在这种情况下，一些经常参加交易的商人开始在自己称量过重量、鉴定过成色的金属块上打上印记，以方便交换，从而出现了最初的铸币。当商品交换的地域范围越来越大时，单凭商人的信用并不能让异地的交易者相信金属块上的标记，于是要求更具权威的标记。而权威最大莫过于国家，于是国家开始充当货币的管理者，对金属货币的铸造进行管理。这种由国家印记证明其重量和成色的金属块就称为铸币。国家印记包括形状、花纹、文字等。铸币最初产生时形状各异，如中国最早的铸币有贝壳形的、刀形的、铲形的等，最后逐渐过渡到了圆形，因为圆形是最便于携带的，也是最不容易磨损的。中国最早的圆形货币是战国中期出现的圜钱(又称环钱)，在全国流通的则是秦始皇为统一货币而铸造的“秦半两”钱。这种铸币为圆形，中间有一方孔，以便用线穿起携带，一直沿用至清末。西方国家的金属货币也为圆形，但中间无孔，多在币面上铸有统治者头像。清末，受流入中国的外国银元的影响，方孔铸币被圆形无孔铸币所取代，一直流通到1933年。

### (三)纸币

纸币是指流通中的纸质货币符号。公元10世纪末，在中国四川地区出现的交子是世界上最早的纸质货币。交子是由大商人为克服金属货币携带不便的缺点而联合发行的，可以兑换成金属货币。后来因为发行人破产而改为官办，流通范围也由四川地区扩大到全国。此后很长一段时间在中国流通纸币。北宋灭亡后，金朝仿造交子发行了金交钞，有大钞、小钞，大钞称贯，小钞称文。南宋时期发行的纸币叫做会子。元朝也有纸币流通，叫做中统元宝交钞，是元世祖忽必烈中统元年(1260 年)发行的。明朝发行的纸币叫大明通行宝钞，流通了 100 多年。这一时期的纸币流通多伴随金属货币的流通，到明代以后，一方面由于白银流通的增多，另一方面由于宝钞的滥发，导致贬值，从而结束了中国自宋朝以来的纸币流通。

纸币产生的原因在于人们对货币流通规律认识的不断深入。事实上，作为媒介物的金属货币，在流通中会发生磨损，成为不足值的铸币。但这种不足值的铸币在一定限度内仍然可以像足值的货币一样充当流通手段，从而使铸币有了可用其他材料制成符号或象征来代替的可能性。统治者有意识地利用这种特点，降低铸币的成色或重量，甚至用贱金属取代原来的铸币，进而利用国家政权发行并强制流通没有内在价值的纸币来代替铸币，强制流通则使纸币作为货币象征或符号得到了社会公认。与金属货币相比，纸币的优势在于更易于携带保管，印刷成本也低于铸造成本。

目前世界各国普遍流通的货币也是纸币，但不再是由政府发行，而是由中央银行发行，被称为银行券。银行券经历了可兑现的银行券和不可兑现的银行券两个阶段。

最初，人们只将银行券作为兑换金银铸币的凭证。如商人可以将金属货币存放在银行，自己开出汇票进行支付。银行见到汇票要求提现时，将其兑换为金属货币。当银行拥有了大量的金银铸币作保证时，又以此为信用发行自己的银行券，最初是在一张空白的字据上临时填写金额，后来发展为印制好的不同面额的钞票。这种最初的可以随时提取金属货币的银行券属于可兑现的银行券，实质就是代表一定数量金属货币的债权凭证。19 世纪下半期，各国可兑换金币的银行券广泛流通。一直到第一次世界大战前，银行券都是可兑现的。第一次世界大战以后，欧洲资本主义国家的金本位制大大削弱。1929—1933 年的世界性经济大危机后，金属货币制度彻底崩溃，银行券也不再兑现，变成了不可兑现的银行券。这种不可兑现的银行券，又称法定货币或现钞，它不以金、银作为发行保证，是纯粹的信用货币。现在，世界上绝大部分国家流通使用中的货币都是这种不可兑现的银行券，且银行券的发行权也由国家授权的中央银行所垄断。

纸币与金属货币的区别和联系如表 1-1 所示。

**表 1-1 纸制货币与金属货币的区别与联系**

| 分类 | | 金属货币 | 纸制货币 |
|---|---|---|---|
| 区别 | 是否是商品 | 是 | 否 |
| | 有无价值 | 有 | 无 |
| | 职能 | 价值尺度、流通手段、支付手段、贮藏手段、世界货币 | 流通手段 |
| | 本质 | 一般等价物 | 价值符号 |
| | 产生 | 是商品交换长期发展的产物 | 是国家发行的 |
| 联系 | | 1. 纸币是由金属货币发展而来的<br>2. 纸币的发行量必须以流通中所需要的金属货币量为限度 | |

### (四)存款货币

存款货币是指能够发挥货币作用的银行存款,主要指能够通过签发支票办理转账结算的活期存款。20 世纪 50 年代以来,由于信用制度的发展,银行结算业务在中间业务中所占的比重越来越大,现金流通量逐渐减少,货币形式主要采取存款形式。货币的范围不断扩展,不仅流通中的现金是货币,可以转账的活期存款是货币,而且不能随时转账的定期存款和储蓄存款也能在一定程度上发挥货币的作用。存款货币的出现,打破了实体货币的观念,将货币由有形货币引向无形货币。

### (五)电子货币

电子货币是一种通过银行的电子计算机自动转账系统进行收付的货币。这种货币储存于银行电子计算机系统内,可利用银行卡随时提取现金或支付。运用存款货币进行支付,虽然具有快速、安全和方便的优点,但是随着支付额度的增大和次数的增加,签发支票的成本也随之增加。银行为降低这些成本,必须寻找新的出路。为此,人们利用电子计算机创造了一种更为方便快捷并且节约的支付方式,即电子货币。电子货币以各种银行卡为代表,可以部分替代现金和支票进行支付,对传统的货币发行和流通产生了重要影响。人们可以用银行卡在自动柜员机上取款或者存款,而无需进入银行;也可以在销售点终端机上刷卡消费,而不必支付现金;银行卡中的信用卡还有消费信用功能,可以透支,相当于银行向客户提供的短期贷款。银行卡的出现给人们带来了很多方便,银行卡的发卡量非常大,使用频率也越来越高,甚至有人认为银行卡的迅速发展最终会取代现金,这样就会真正出现无现金社会,货币实体将消失,货币将成为一种单纯的用数字表示的价值符号。

**知识链接 1-2**

**“电子钱包”:现钞会过时吗?**

今天,消费者在支付商品和劳务时,至少可以有四种方法:现金、支票、信用卡和借记卡。1995 年,许多金融机构宣布,计划开发一种新的工具——价值贮藏卡,即“电子钱包”。外观与信用卡相似的电子钱包可能很快会在许多交易中取代现金。

预付卡在美国已经使用了十多年的时间,用于各类专门交易中。这种卡在大学校园里很普遍,例如,学生们在自助食堂、书店和复印机房使用预付卡。美国许多城市的大众传媒系统,也使用预付卡。与这种有使用局限性的“封闭系统”卡相比,“电子钱包”则是一种“开放式的系统”,可以广泛地用于采购。

银行发行价值保存卡,消费者可以用个人电脑或电话从他们的支票账户把资金转到卡里。购置商品时,消费者通过售货终端机刷卡,不用信用验证也不用签字,资金从卡中直接扣除再转到卖方的电脑终端。商人可以选择任何时候用电话通知把资金转入他们的银行账户里。

电子钱包的使用越来越多,已发行的现金被重新存入了银行,从流通中消失了。像 20 美元面值的金币和私人发行的银行券一样,货币和硬币在未来的某一天也会沦为货币历史的有趣复制品。

资料来源:[美]迈克尔·G.哈吉米可拉齐斯,卡马·G.哈吉米可拉齐斯.货币银行与金融市场[M].聂丹,译.上海:上海人民出版社,2003:23.

## 第二节 货币的本质、职能与作用

### 一、货币的本质

对于货币本质的认识，历来存在着两种对立观点，即“货币金属论”和“货币名目论”。货币金属论强调货币的内在价值，将货币与贵金属混为一谈；货币名目论则否定货币具有内在价值，认为货币只是一种符号或票券。这两种学说显然具有片面性，都只看到货币的某些特点，没有形成全面客观的认识。而马克思提出“一般等价物”理论，科学完整地概括了货币本质。马克思在对价值形态发展的历史长河的研究中揭示了货币的本质，把货币定义为：货币是从商品世界中分离出来的、固定充当一般等价物的商品，并能反映一定的生产关系。

**(一)货币是商品**

货币是商品，它与商品世界的其他商品一样，都是人类劳动的产物，是价值和使用价值的统一体。正因为货币和其他一切商品具有共同的特性，即都是用于交换的人类劳动产品，它才能在交换、发展的长期过程中被逐渐分离出来，成为不同于一般商品的特殊商品，即货币。

**(二)货币是一般等价物**

货币是商品，但却不是普通的、一般的商品，它是从商品世界中分离出来的、与其他一切商品相对立的特殊商品。货币商品不同于其他商品的特殊性，就在于它具有一般等价物的特性，发挥着一般等价物的作用，这是货币最重要的本质特征。货币商品作为一般等价物的特性，具体表现在以下两个方面：

(1)它是表现和衡量一切商品价值的材料或工具。

(2)它具有与其他一切商品直接相交换的能力，成为一般的交换手段。

货币商品不同于一般商品，还在于其使用价值的两重性特点。一方面，货币商品与其他商品一样，按其自然属性而具有特殊的使用价值，如金可作为饰物的材料等；另一方面，更重要的是，货币商品还具有其他商品所没有的一般使用价值，就是发挥一般等价物作用的商品。

**(三)货币是固定充当一般等价物的商品**

人类社会价值形态自发发展的历史长河，包括由简单的、偶然的价值形态到总和的、扩大的价值形态，再到一般价值形态。在一般价值形态中充当一般等价物的商品很多，但它们不是货币，因为它们只是在局部范围内临时性地发挥一般等价物作用；货币则是固定充当一般等价物的商品，是在一个国家或民族市场范围内长期发挥一般等价物作用的商品。

**(四)货币是生产关系的反映**

固定充当一般等价物的货币是商品经济社会中生产关系的体现，即反映商品由不同所有者所产生、所占有，并通过等价交换实现人与人之间社会联系的生产关系。因此，货币体现一定的社会生产关系，这是马克思货币本质学说的核心。

由于商品经济存在于迄今为止社会历史发展的不同阶段，货币也就成为不同社会形态下商品经济共有的经济范畴。不能把特定社会形态中货币职能的发挥视同货币的本质，如不能因货币转化为资本而把货币本质定格为资本家剥削工人阶级的工具，因为毕竟货币不是资本。

商品经济的基本原则是等价交换，不论是什么样的人，持有什么样的商品，在价值面前一律平等，都要按同等的价值量相交换。同样的货币，不管在什么样的社会形态中，也不论是存在于谁的手中，都是作为价值的独立体现者，具备着转化为任何商品的能力。

## 二、货币的职能

货币的职能是货币本质的表现，是货币作为一般等价物所固有的功能。货币具有价值尺度、流通手段、储藏手段、支付手段、世界货币五大职能，其中价值尺度和流通手段是货币的基本职能，其他是货币的派生职能。

### （一）价值尺度

货币在表现商品的价值并衡量商品价值的大小时，发挥价值尺度的职能。这是货币最基本、最重要的职能。货币之所以能够充当价值尺度，是因为它本身也是商品，也具有价值。货币和商品一样都凝结了一般人类劳动，它们在本质上是相同的，在量上是可以相互比较的。这样一切其他商品都可以作为一般等价物的货币商品去衡量，表现自己的价值，这个一般等价物的货币商品便成了衡量其他一切商品共同的价值尺度。商品价值的大小，是由凝结在该商品中的社会必要劳动时间决定。所以劳动时间是商品的内在价值尺度，但商品价值不可能由单个商品生产者耗费的劳动时间来表现，只能借助于货币外化出来，所以货币是商品的外在价值尺度。但是“货币在执行价值尺度职能时，只是想象的或观念的货币”。

货币执行价值尺度职能要通过价格标准这个中间环节来完成。因为不同的商品有不同的价值量，这就要求借助于价格标准来表现数量不等的单位货币。所谓价格标准就是人们规定的货币单位及其等分。价格标准最初同衡量货币金属的重量单位是一致的。例如，我国过去长期使用“两”为价格标准，也是货币单位。后来随着历史的演变，价格标准和重量标准逐渐分离，如英镑的“镑”。

价值尺度和价格标准是两个完全不同的概念。第一，价值尺度是在商品交换中自发形成的，而价格标准是国家法律规定的。第二，价值尺度是人类劳动的体化物，是用来衡量商品价值的；而价格标准是表示货币商品本身的重量，并以此来衡量不同商品的价值量。第三，作为价值尺度，货币的价值量随着社会劳动生产率的变化而变化；而价格标准是货币单位本身的重量，它与劳动生产力的变化没有关系。尽管存在这些区别，价值尺度与价格标准两者之间还是有密切联系的，价格标准是为货币发挥价值尺度职能作用而作出的技术规定，是货币发挥价值尺度作用的前提。

### （二）流通手段

在商品交换中，当货币作为交换的媒介实现商品的价值时就执行流通手段的职能。这种以货币为媒介的商品交换，叫做“商品流通”。

充当流通手段的货币不能是观念上的货币，而必须是现实存在的货币。因为商品生产者出卖商品所得到的货币是现实的货币，才能证明他的私人劳动获得社会承认，成为社会劳动的一部分。

充当流通手段的货币不一定是具有十足价值的货币。因为货币作为流通手段时只是一种交易的媒介，商品所有者出售商品，换取货币，其目的是为了用货币去购买自己所需的商品，只要货币能购得自己所需要的商品，货币本身的价值对商品所有者而言并不重要。货币作为流通手段只是一种媒介，所以单有货币的象征存在就够了。

### （三）贮藏手段

当货币退出流通领域，被人们保存、收藏起来时，货币就执行贮藏手段职能。货币之所以能够成为贮藏手段是因为货币是一般等价物，是社会财富的一般代表，人们贮藏货币就意味着可以随时将其转变为现实的商品。作为贮藏货币，它必须既是现实的货币，又是足值的货币。

货币贮藏在不同历史阶段的表现形式是不同的。在金属货币制度下，货币贮藏的方式是窖藏货币，其特点是足值货币，具有自发调节货币流通的作用。当流通领域所需要的货币量增加时，被贮藏的货币就会加入流通领域成为流通手段；而当流通中所需要的货币量减少时，有一部分货币就会自动退出流通领域成为贮藏货币。在金属货币与可兑换银行券同时流通的条件下，马克思认为充当贮藏手段的货币应是金属货币。在当代不兑现信用货币制度下，贮藏货币的方式、特点和作用已经发生了变化，其贮藏方式一是货币沉淀，即持币人将信用货币保存起来，使之处于暂歇状态，如果暂歇期限不超过一年，可称为货币沉淀，成为潜在货币。由于纸币本身没有价值，窖藏既不安全，也没有经济意义，所以这种货币贮藏所占的比例已不是很大。二是银行存款，这种手段对企业和个人来说是货币价值的积累和保存，但从整个社会角度来看，则并不意味着有对应数量的真实价值退出流通过程静静地不动，在这种情况下，贮藏手段的“蓄水池”功能已丧失殆尽。三是利用金融资产贮藏价值，其特点是不足值货币。

### （四）支付手段

货币在清偿债务时充当延期支付的工具，这就是货币的支付手段职能。支付手段最初是由于赊买赊卖引起的，逐步发展到许多支付领域。同作为交易媒介时货币与商品同时反向运动有所不同，货币发挥支付手段职能的一个重要特征是：在偿还赊买的账款时，或者说，在延期支付时，没有商品与货币同时、同地发生的反向运动。因此，货币充当支付手段时，与最初的“一手交钱、一手交货”的方式有很大的不同。

货币作为支付手段，一方面克服了作为交易媒介要求“一手交钱、一手交货”的局限性，使买和卖的过程相互分离，促进了商品生产和商品流通的发展。另一方面也扩大了商品经济的矛盾。由于信用关系的过分扩张，或某些企业生产流转过程出现问题，导致到期不能支付的“脱节”问题。

### （五）世界货币

随着世界贸易的发展，货币会越出国界，在世界上发挥一般等价物作用时，就会在国际范围内执行价值尺度、流通手段、支付手段职能，称为世界货币。

在第二次世界大战之前，各国实行金本位制，银行券可以兑换黄金，黄金可以自由输出、输入，黄金不仅在国内市场上是货币，在国际市场上也是货币，当它在国际市场上执行货币职能时，称为世界货币。当前的世界货币是信用货币，某些经济发达并实行自由外汇制度的国家的纸币，如美元、欧元、日元等，它们在国与国之间具有普遍接受性，发挥着价值尺度、流通手段等职能。

## 三、货币的作用

对货币的作用可以从货币作为一般等价物与经济变量和政策变量两个角度来理解。

### (一)作为一般等价物的作用

货币作为一般等价物的作用表现在以下几个方面：

(1)实现经济核算的工具,是货币在执行价值尺度职能时发挥的作用。

(2)发展商品生产和商品流通的工具,是货币在执行流通手段职能时发挥的作用。

(3)实现国民收入分配与再分配的工具,是货币在执行支付手段时发挥的作用。

(4)反映和监督社会经济活动的工具,是货币执行上述四种职能的综合作用。

### (二)作为经济变量和政策变量的作用

货币作为经济变量和政策变量的作用表现在以下几个方面：

#### 1.对经济发展的启动作用

货币资本是社会再生产的第一要素,推动着社会生产加速发展,这就是马克思的“货币资本是第一推动力”思想的基本要点。资本循环的始终,都表现为货币的形态,并且每一次循环的终端,又表现为下一循环的始端。从单个企业来看,预付货币资本的多少,决定着企业生产规模的大小;从全社会的角度来看,社会再生产过程必须是连续不断的,这就要求不断地把货币投入到流通中去。而预付货币资本的数量和比例,决定着社会再生产的规模、社会总产品的数量和不同生产部门之间的比例等宏观经济问题。就这意义而言,货币资本不仅是第一推动力,而且还是持续推动力。因此,货币对国民经济的发展具有一定程度的启动作用。

生产资料<br>
货币资本→商品资本→　　　　　……生产过程……商品资本′→货币资本′<br>
劳动力

#### 2.对经济稳定制约的作用

就总体而言,经济稳定与否取决于社会总需求与总供给的均衡状况。社会总需求与总供给都是在社会再生产过程中形成的。在社会经济条件下,商品本身价值和使用价值的二重比,必然表现为商品与货币的二重比。因此,社会总供给表现为社会总产品的价格形态,即 GDP 或 GNP,它是由社会再生产规模所决定的;社会总需求则表现为以货币形态出现、通过货币的多次周转而实现的社会购买力,它是由投入流通界的货币数量所决定的。社会再生产的每一个周期,都必须以预付一定数量的货币资本为前提,即表现为向流通界投入相应的货币量。预付货币资本的数量,即构成了本期社会购买力,又决定着下一周期的社会再生产规模。货币资本的职能是购买生产要素,而不同的生产部门生产要素的需求是不同的。就这意义而言,预付货币资本的数量,既决定着社会购买力的大小,又制约着商品供应量的多少;按怎样的比例将货币资本分别投入到不同生产部门,既形成了对不同商品的购买能力,又决定着商品供应的结构比例。因此,投入流通的货币数量,直接影响到社会总需求与总供给的总量均衡与结构协调问题,从而使货币对国民经济的稳定发展发挥着制约作用。

#### 3.对经济的发展和稳定的消极影响

货币对经济的发展和稳定的促进作用,是由预付资本货币的数量和结构的变化来实现的。而这两方面的作用也存在着向相反方向发展的可能。预付货币在数量或结构上的不合理,会导致社会总需求与总供给的失衡,产生经济停滞,甚至衰退的现象,把国民经济带入极度的紊乱状况之中。

# 第三节 货币制度的构成及演变

## 一、货币制度的形成及其构成要素

从有文字的历史以来，世界各国在货币方面都制定过许多法令，从不同的程度、不同的角度对货币进行控制，以建立符合本国政策目标，并由自己操纵的货币制度。一般来说，有序稳定并能为发展商品经济提供有利客观条件的货币制度，是各国政府共同追求的目标。

### （一）货币制度的形成

货币制度又称“货币本位制度”，是指一个国家或地区以法律形式确定的货币流通结构及其组织形式。它由国家有关货币方面的法令、条例等综合构成，它使货币流通的各个要素结合成为一个有机的整体，简称为币制。

在商品经济不发达的条件下，早期的货币与货币流通呈现出极其分散、紊乱的特点。这些特点表现在：第一，多种金属充当货币币材，其中贱金属居多，如铜、银，而黄金的普遍使用较晚。第二，铸币分散，流通混乱。在欧洲，每个城邦都设厂铸币，奴隶社会的希腊有 1500～2000所造币局。第三，铸币不断变质，即重量减轻，成色降低。各地铸币成色悬殊，平码混乱，各种货币的折合极为复杂。铸币的变质常常影响到商品的正常交易，以致引起物价的动荡和阶级矛盾激化。

随着资本主义生产的发展和商品流通规模的扩大，分散而紊乱的货币流通越来越成为资本主义经济和信用发展的障碍。新兴的资产阶级要求有统一的货币来刺激商品交换的扩大；要求有稳定的货币，正确计算成本、价格和利润，促进资本主义生产的发展；要求有既统一又稳定的货币，以促进资本主义信用事业的发展。因此，当资产阶级在各国取得政权并建立起统一的国家后，就着手清理货币流通中的分散与混乱情况，先后颁布了许多有关币制改革的法令，通过这些法规的实施，最终形成了统一的、定型的资本主义货币制度。

### （二）货币制度的构成要素

#### 1. 货币材料的确定

货币材料简称“币材”。货币材料的确定是规定用何种材料制成货币。即选择何种商品作为本位货币，它是整个货币制度的基础，也是建立货币制度的首要步骤。在金属货币流通下，用何种金属铸造本位币，就称之为什么本位制度，如金本位、银本位、金银复本位。在信用货币流通下，普遍实行纸币本位制。

使用何种材料制作本位币不是人为任意规定的，而是由客观经济条件决定的。国家规定哪种或哪几种商品（可能是金属，也可能是非金属）为币材，实际上都是对已经形成的客观现实从法律上加以肯定。

随着经济的发展，货币金属必然由贱金属向贵金属递进。历史上的货币金属由铜过渡到白银，又从白银过渡到黄金，就是遵循着这个轨迹演进的。到了 19 世纪，体积小、价值大的贵金属黄金独占了统治地位，确立了黄金的货币金属地位。最早是英国于 1816 年正式宣布实行金本位。到 20 世纪初，由于商品经济进一步发展，商品交易的规模已远远超过了黄金存量规模，如果再坚持用黄金作为货币材料，必然会阻碍商品经济的发展，所以黄金不再流通，取而代之的是纸币制度。20 世纪 70 年代之后，各国的法令中都抹掉了以任何商品充当币材的规定。

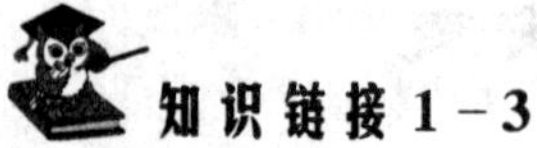

**知识链接 1－3**

**战俘营里的货币**

第二次世界大战期间，在纳粹的战俘集中营中流通着一种特殊的商品货币：香烟。当时的红十字会设法向战俘提供了各种人道主义物品，如食物、衣服、香烟等。由于数量有限，这些物品只能根据某种平均主义的原则在战俘之间进行分配，而无法顾及每个战俘的特定偏好。但是人与人之间的偏好显然是会有所不同的，有人喜欢巧克力，有人喜欢奶酪，还有人则可能更想得到一包香烟。因此这种分配显然是缺乏效率的，战俘们有进行交换的需要。

但是，即便在战俘营这样一个狭小的范围内，物物交换也显得非常不方便，因为它要求交易双方恰巧都想要对方的东西，也就是所谓的需求的双重巧合。为了使交换能够更加顺利地进行，需要有一种充当交易媒介的商品，即货币。那么，在战俘营中，究竟哪一种物品适合作交易媒介呢？许多战俘营都不约而同地选择香烟来扮演这一角色。战俘们用香烟来进行计价和交易，如一根香肠值 10 根香烟，替别人洗一件衣服则可以换得两根香烟。有了这样一种记账单位和交易媒介之后，战俘之间的交换就方便多了。

香烟之所以会成为战俘营中流行的“货币”，是和它自身的特点分不开的。它容易标准化，而且具有可分性，同时也不易变质。这些正是和作为“货币”的要求相一致的。当然，并不是所有的战俘都吸烟，但是，只要香烟成了一种通用的交易媒介，用它可以换到自己想要的东西，自己吸不吸烟又有什么关系呢？我们现在愿意接受别人付给我们的钞票，也并不是因为我们对这些钞票本身有什么偏好，而仅仅是因为我们相信，当我们用它来买东西时，别人也愿意接受。

**2. 货币名称、货币单位和价格标准**

货币制度要规定本位币的名称，货币名称通常是习惯形成的。例如，英国的货币名称为“英镑”，美国为“美元”，印度为“卢比”，我国是“人民币”，等等。货币制度还要明确货币的单位及其划分。在金属货币流通条件下，价格标准就是铸造单位货币的法定含金量。例如，根据美国 1934 年 1 月的法令，1 美元的含金量为 0.888671 克；按照 1870 年英国的铸币条例，1 英镑的含金量为 7.97 克；旧中国 1914 年的《国币条例》规定，每一枚银圆含纯银 23.977 克。在纸币本位币制度下，货币不再规定含金量，货币单位与价格标准融为一体，货币的价格标准即是货币单位及其划分的等分，如元、角、分。

**3. 货币的铸造、发行和流通程序**

在金属货币制度下，金属货币可分为本位币和辅币。对本位货币和辅币的铸造、发行和流通程序有不同的规定。

本位币是一个国家的基本通货和法定的计价结算货币，也叫主币，是用法定货币金属按规定的货币单位铸成的铸币，具有无限法偿力。本位币的名义价值和实际价值一致，为足值货币，这是本位币的基本特征。在金属货币制度下，本位币可以自由铸造和熔毁。在纸币制度下，本位币由国家垄断发行。

在金属货币制度下，主币具有法定质量、成色和公差。为了保证本位币名义价值和实际价值一致，防止磨损过大而实际价值减少的货币充斥流通领域，造成劣币驱逐良币的现象，各国政府都规定出主币的公差，即法定的铸造误差或法律允许的磨损程度。当本位币流通一段时间后超过法定允许磨损的最大限度时，公民可以持币向政府换取新的铸币。例如，英国在

1870年规定,1镑金币的标准质量是123.27447格令,磨损后的铸币质量不得低于122.5格令。在纸币制度下,本位币的磨损公差的规定在许多国家都被改为纸币的流通年限的规定。

辅币是本位币以下的小额通货,供小额周转使用,通常用贱金属铸造,其实际价值低于名义价值,为不足值货币。各国货币制度一般规定辅币限制铸造。

辅币只具有有限法偿能力即规定辅币只具有有限的支付能力。其含义是:在一次支付行为中,超过一定的金额,收款人有权拒收;在法定限额内,拒收则不受法律保护。美国曾经规定:用10美分以上的辅币支付时,一次支付限额为10美元。当然在向国家纳税和向银行兑换时可不受此限制。规定辅币的有限法偿能力主要是为了能够更好地发挥货币在商品交易中的作用,而不是给商品交易带来不便。但在我国,人民币的本位币与辅币均具有无限法偿能力。

辅币可以与本位币自由兑换,而两者的兑换比率通过法律形式固定下来。目前,各国货币大都采用1主币等于100辅币的兑换比率。例如,1美元=100美分,人民币1元=100分。

#### 4. 发行保证制度

发行保证制度也称发行准备制度(准备金制、黄金储备制度),是指国家规定把贵金属集中到国库或中央银行,以货币金属作为发行信用货币的保证。这些处于准备中的黄金主要用于以下用途:第一,作为国际支付的准备金,也就是作为世界货币的准备金;第二,作为扩大和收缩国内金属货币流通的准备金;第三,作为支付存款和银行券兑换的准备金。1973年以后,各国都取消了货币发行保证制度。准备金制度的主要作用只是作为世界货币的准备金,其他两个作用已经消失。为了强化国际支付准备金,各国建立了外汇储备,即以特定的世界货币作为准备。

## 二、货币制度的演变

### (一)银本位制度

银本位制度即以白银作为本位货币的一种金属货币制度,是历史上较早实行的货币制度之一。16世纪到19世纪,银本位制度在世界上许多国家流行。我国很长一段时间也实行银本位制度,但到了1910年才颁布《币制条例》予以法律上的认可。早期的银本位制度为银两本位制,这是一种以重量为计价方式的货币制度,这一点从许多国家货币的名称还可以看到其痕迹,如英国的"英镑"等。银两本位制以后过渡为银币本位制。后来由于世界各国银矿大量发现,银产量猛增,白银市场价格不断下跌,白银价格不稳,既不利于国内的货币流通,也不利于国际收支,加之银在某些方面的自然属性远远不如黄金,因而银本位制逐渐走向衰落。

### (二)金银复本位制度

这是历史上曾经出现过的一种货币制度。国家法律以金银两种货币同时作为本位货币。金币与银币同时享有无限法偿的地位。

由于银本位制度的缺陷,许多商人纷纷转向使用黄金作为交易媒介。这导致了国家货币制度的调整。当时欧洲一些国家,主要是英国,从征服殖民地的利益要求出发,制定了复本位制度。其出发点是既保持原来银本位制的传统,又顺应社会上许多商人以黄金作为主要交易货币的需求。

然而复本位制度与货币作为一般等价物的内在要求是矛盾的。国家规定两种货币作为本位货币,必然要规定两种货币的法定比价,否则价值尺度的职能就会发生紊乱。然而事实上,金银两种货币的实际比价不可能因为国家规定了法定比价而不发生变化，于是就出现了所谓“劣币驱逐良币”的现象。在双本位币制中，当黄金与白银的法定比价与市场价格不一致时，市场价格高于法定价格的金属货币在流通中的数量会逐渐减少（即被人们储藏起来），而市场价格低于法定价格的金属货币在流通中的数量会不断增加。

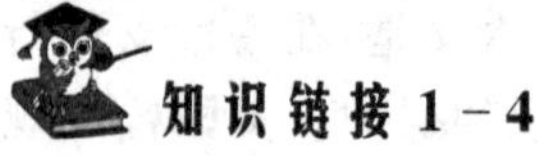

**知识链接 1－4**

**劣币驱逐良币定律**

在16世纪，当时的英国女王伊丽莎白一世铸造了一些成色不足的铸币并将其投入到市场流通中，这就造成了当时英国出现了两种货币（劣币与良币）同时流通的现象。经过长期分析研究，当时的金融家兼商人托马斯·格雷欣发现，当面值相同而实际价值不同（成色不足）的铸币同时进入市场流通时，人们会将足值的货币（良币）储藏起来，或熔化，或者流通到外国，而最终在英国国内流通的则是那些成色不足的劣币。于是总结出“劣币驱逐良币定律”，也称格雷欣法则。

这条定律反映出从收藏与投放两个方向人们对于价值差距巨大的事物“知物善用”的经济理性。从收藏方面来说，良币的贮藏价值远大于劣币；但从投放的方面来讲，劣币作为支付手段，其“以少换多”的投入产出比远大于良币。由此可见，劣币之所以能够驱逐良币而占领货币流通市场，一方面是因为良币的贮藏价值高，另一方面劣币作为支付手段能带给人们更多的实惠。

### （三）金本位制度

随着资本主义的不断发展，客观上要求有一种单一的、价值较高的贵金属行使货币的所有职能。由于英国的黄金储备率先达到要求，因而在1816年颁布法令，首先实行金本位制度。1897年俄国与日本也宣布实行金本位制度。1900年美国宣布实行金本位制度。从此，复本位制度退出历史舞台。金本位制度的优点：自动调节流通数量，自动保持汇率稳定，因而在资本制度上升期间为市场经济的发展起到了积极作用。为了保证金本位制度下能够自动调节货币数量和自动保持货币稳定，金本位制度有几个重要的规定：①金币自由铸造；②金币自由流通，价值符号按照含金量自由兑换为金币；③黄金在各国之间自由输入输出。

金本位制度又分为三个阶段：

（1）金币本位制度。这是典型的金本位制度。金币为本位货币，享有无限法偿的地位。金币在任何条件下都保证自由流通。

（2）金块本位制度。废除了金币自由流通，代之以银行券、纸币流通。纸币依然规定含金量，可以与黄金兑换，但是作了数量上的限制。例如，1925年英国规定，最低兑换点为1700英镑，1928年法国规定，最低兑换点为21500法郎。金块本位制的出现表明，黄金增长的数量远远赶不上商品交换增长的数量。

（3）金汇兑本位制度。严格地讲，这是一种国际货币制度。因为在单一的国家内部，不存在货币的汇兑问题。基本内容是某一国的货币与黄金挂钩，其他国家货币与某国货币挂钩。

尽管与银本位、金银复本位制相比有很多优点，但是金本位制要延续下去，必须满足以下几个条件：①黄金储存量与商品生产、流通的不断扩大相适应；②黄金的国际流动没有任何障碍；③黄金作为货币以外基本不存在其他用途。

显然，上述条件在现实生活中是不可能被满足的，因而，金本位制度最终走向灭亡。

### (四)不兑现的信用货币制度

不兑现的信用货币制度是以脱离金属本位的货币(这种货币从形式上可以是纸币,也可以是其他形式的货币)为本位币,且不能兑换黄金的货币制度。这是当今世界各国普遍实行的一种货币制度。其基本特点是:

(1)不兑现的信用货币一般是由中央银行发行的,并由国家法律赋予无限法偿的能力。

(2)货币不与任何金属保持等价关系,也不能兑换黄金,货币发行一般不以金银为保证,也不受金银数量的限制。

(3)货币是通过信用程序投入流通领域,货币流通是通过银行的信用活动进行调节,而不像金属货币制度那样,由铸币自身进行自发的调节。银行信用的扩张,意味着货币流通量增加;银行信用的紧缩,则意味着货币流通量减少。

(4)这种货币制度是一种管理货币制度。一国中央银行或货币管理当局通过公开市场政策、存款准备金、贴现政策等手段,调节货币供应量,以保持货币稳定;通过公开买卖、黄金、外汇,设置外汇平准基金,管理外汇市场等手段,保持汇率的稳定。

(5)货币流通的调节构成了国家对宏观经济进行控制的一个重要手段,但流通领域究竟能够容纳多少货币量,则取决于货币流通规律。当国家通过信用程序所投放的货币超过了货币需要量,就会引起通货膨胀,这是不兑现的信用货币流通所特有的经济现象。

(6)流通中的货币不仅指现钞,银行存款也是通货。随着银行转账结算制度的发展,存款通货的数量越来越大,现钞流通数量越来越小。在不兑现的信用货币制度下,货币、信用领域都出现了一系列新现象。例如,货币的实际流通量对商品平均价格的决定作用,银行放款的投放量对货币流通量的影响,国家对银行信用的调节成为控制宏观经济的重要手段,等等。可以说,当代金融领域的重大课题,几乎都与货币制度由金属货币制度演变为不兑现信用货币制度有关。当代金融可以发挥调节宏观经济总量平衡、结构平衡、稳定物价、提高效益的功能,其前提就是不兑现信用货币制度的建立,而如何更好地实现上述功能,则是金融研究的重要问题。因此可以说,不理解货币制度及其演变,就不能理解当代金融。

**知识链接 1-5**

**我国的货币制度**

中国人民银行成立于1948年12月1日,当日发行人民币。至1951年,除了台湾、香港、澳门和西藏外,人民币成为全国统一的、独立自主的稳定的货币。1955年进行了人民币改革。1955年3月1日发行新人民币,以1∶10000的比率无限制、无差别收兑旧人民币,同时建立辅币制度。

目前在中国境内共有人民币、港元、澳门元、新台币四个货币区,以下分别介绍这四种货币及其流通的基本情况。

1.人民币

人民币,全称中国人民银行币,是中华人民共和国的法定货币。其正式的简称为CNY(China Yuan),标志为¥。

人民币由中华人民共和国的中央银行——中国人民银行——发行。基本单位为圆(元),1圆(元)=10角=100分。目前人民币已经发行至第五套。其中第一套、第二套(角币及圆币除外)、第三套(纸币除外)已经停止使用。纸币包括100元、50元、20元、10元、5元、2元、1元、5角、2角、1角、5分、2分、1分。硬币分为1圆、5角、1角、5分、2分、1分。

人民币在我国香港和澳门不是法定货币。但现在港澳地区很多商店接受使用人民币交易。我国台湾地区银行接受人民币的兑换。

**2. 港元**

港元，或称港币，是中华人民共和国香港特别行政区的法定流通货币。按照香港基本法和中英联合声明，香港的自治权包括自行发行货币的权力。其正式的简称为 HKD(Hong Kong Dollar)，标志为 HK$。

港元的纸币绝大部分是在香港金融管理局监管下由三家发钞银行发行的。三家发钞行包括汇丰银行、渣打银行和中国银行，另有少部分新款十元钞票，由香港金融管理局自行发行。硬币则由金融管理局负责发行。香港回归前流通硬币上铸有英皇头像，曾一度成为收藏对象。1993 年起，政府逐渐收回旧硬币，以背面上为香港市花洋紫荆的新硬币代替。但女皇头像硬币仍为合法货币，与新硬币同时流通。

虽然港元只在香港有法定地位，但在中国内地和澳门很多地方也接受港元。而且，在澳门的赌场，港元是澳门元以外唯一接受的货币。

**3. 澳门元**

澳门元，或称澳门币，是中华人民共和国澳门特别行政区的法定流通货币，常用缩写 MOP$，其正式的简称为 MOP(Macao Pataca)。澳门的货币政策由澳门金融管理局管理。

现在，澳门币的纸币由澳门金融管理局授权大西洋银行与中国银行澳门分行发行，硬币则由澳门金融管理局负责发行。澳门币与港元之间实行联系汇率制度，以 1.03 澳门币兑换 1 港元。由于港元与美元实行联系汇率制度，所以澳门币也间接与美元挂钩，汇率约为 1 美元兑 8 元澳门币。澳门现在对澳门币与外币的进出境都没有管制，游客可以在澳门的酒店、银行、兑换店等地自由兑换货币。

**4. 新台币**

新台币发行于 1949 年 6 月 15 日，是相对于之前的旧台币而定名。新台币到 2000 年发行的 1000 圆之前，都是中国台湾地区"中央银行"委托台湾银行发行。2000 年后改由"中央银行"发行。

## 复习思考题

1. 货币是怎样产生的？
2. 货币的本质是什么？
3. 货币经历了哪几种形态？
4. 货币有哪些职能及其含义是什么？
5. 货币的作用有哪些？
6. 货币制度的主要内容包含哪些？
7. 货币制度的演变类型有哪些？

## 讨论题

1. 钱、货币、通货、现金是一回事吗？银行卡是货币吗？
2. 金钱是万能的吗？社会经济生活中为什么离不开货币？为什么自古至今，人们又往往把金钱看做是万恶之源？

# 第二章 信用

## 本章导读

在传统的中文解释中,人言即"信","信用"二字意含"一诺千金"。而在现代市场经济中,需要通过信用来合理配置社会资源,保证社会经济的正常运行。本章在从经济范畴的角度界定信用含义的基础上,系统地介绍信用的作用、信用的形成、信用的形式以及信用工具的主要类型。信用就是由这些看似各不相干的信用形式和信用工具共同发挥作用实现现代市场经济的运行。

## 引例思考

美国次贷危机,全称应该是美国房地产市场上的次级按揭贷款的危机。顾名思义,次级按揭贷款,是相对于给资信条件较好的按揭贷款而言的。因为相对来说,按揭贷款人没有(或缺乏足够的)收入能力证明,或者其他负债较重,所以他们的资信条件较"次",这类房地产的按揭贷款,称为次级按揭贷款。

相对于给资信条件较好的按揭贷款人所能获得的比较优惠的利率和还款方式,次级按揭贷款人通常要被迫支付更高的利率,并遵守更严格的还款方式。这个本来很自然的问题,却由于美国过去六七年以来信贷宽松、金融创新活跃、房地产和证券市场价格上涨的影响,没有得到真正的实施。这样一来,次级按揭贷款的还款风险就由潜在变成现实。在此过程中,美国有的金融机构为一己之利,纵容次贷的过度扩张及其关联的贷款打包和债券化规模,使得在一定条件下发生的次级按揭贷款违约事件规模扩大,到了引发危机的程度。

次贷危机发生的条件,就是信贷环境改变,特别是房价停止上涨。为什么这么说呢?大家知道,按揭贷款人的资信状况本来就比较差,或缺乏足够的收入证明,或还存在其他的负债,还不起房贷,违约是很容易发生的事。但在信贷环境宽松,或者房价上涨的情况下,放贷机构因贷款人违约收不回贷款,他们也可以通过再融资,或者干脆把抵押的房子收回来,再卖出去即可,不亏还赚。但在信贷环境改变、利率提高,特别是房价下降的情况下,再融资或者把抵押的房子收回来再卖就不容易实现了,或者办不到,或者亏损。在较大规模地、集中地发生这类事件时,危机就出现了。

次贷危机引发了美国和全球范围的又一次信用危机,而从金融信用和信任角度来看,它被有的经济学者视为"美国可能面临过去 76 年以来最严重的金融冲击"。消除这场危机,因而也需要足够的时间。

请思考:次贷危机的涉及面广,持续时间会较长,产生的成因是什么?

# 第一节　信用概述

## 一、信用的含义及特征

### (一)信用的含义

信用,从狭义讲,是以偿付本息为条件的价值单方面让渡;从广义讲,是借贷活动的总称。

按照信用的规则借出商品与货币称为授信;按照信用规则借入商品与货币称为受信;债务人遵守承诺按期偿还商品或货币并支付利息称为守信。

信用关系的建立通常具备四个基本要素:

(1)信用主体。债权债务是同一问题的两个侧面,它们都代表将来承担的一定经济义务。在信用关系确立时,从债权人来看,这种债权是要求债务人归还借款的权利;从债务人来看,这种义务则是到时必须向对方清偿的一笔债务。因此,凡是信用必须有两个当事人存在,一个是借入的债务人,另一个是贷出的债权人。

(2)信用工具(信用客体)。信用工具是证明债权或所有权的合法凭证,是贷者与借者之间进行资金融通的工具。信用关系的确立,必须有凭据作证。早期,信用多用口头约定,但因口说无凭,容易引起争端,后来发展为账簿信用,立字为据,这虽比口头约定可靠,但仅限于双方,不能转让。现代信用均以合法书面凭证作为确定信用关系的依据,它既避免了口头信用易发生争端的麻烦,又克服了账簿信用中债权债务不能转让的缺点,从而使融资范围和融资规模进一步扩大了。

(3)时间间隔(信用活动的特殊性)。无论何种信用,在同一信用中从信用关系的发生到信用关系的终止,必然有着或长或短的时间间隔,否则,就无所谓信用。信用实际上是价值在不同时间的相向运动。

(4)利息(形式上类似于商品交易的价格)。信用关系是建立在以偿还和付息为条件的借贷行为基础上的。因此,任何一种信用通常都有利息这一经济范畴的发生,而计算支付利息则必须要有一定的标准,这个标准便是利率。

### (二)信用的特征

信用具有以下特征:

**1. 信用的标的是一种所有权与使用权相分离的资金**

它的所有权掌握在信用提供者手中,信用的接受者只具有使用权,信用关系结束时,其所有权和使用权才统一在原信用提供者手中。

**2. 以还本付息为条件**

信用资金的借贷不是无偿的,而是以还本付息为条件。信用关系建立,债务人将承担按期还本付息的义务,债权人将拥有按期收回本息的权利。并且利息的多寡与本金金额大小及信用期限的长短紧密相关,一般来讲,本金越大,信用期限越长,需要支付的利息就越多。

**3. 以相互信任为基础**

信用是以授信人对受信人偿债能力的信心而成立的,借贷双方的相互信任构成信用关系的基础。如果相互不信任或出现信任危机,信用关系是不可能发生的,即使发生了,也不可能长久持续下去。

**4. 以收益最大化为目标**

信用关系赖以存在的借贷行为是借贷双方追求收益(利润)最大化或成本最小化的结果。不论是实物借贷还是货币借贷,债权人将闲置资金(实物)借出,都是为了获取闲置资金(实物)的最大收益,避免资本闲置所造成的浪费;债务人借入所需资金或实物同样为了追求最大收益(效用),避免资金不足所带来的生产中断。

**5. 具有特殊的运动形式**

产业资本的运动形式是G—W…P…W′—G′,商业资本的运动形式是G—W—G′,而借贷资本的运动形式则是G—G′。从形式上看,信贷资金的运动只表现为一种简单的"钱生钱"的过程,但这只是一种表面现象。信贷资金从来没有单独的运动,而总是以产业资金运动和商业资金运动为基础而运动的,其完整运动公式为:G—G—W…P…W′—G′—G′。

## 二、信用在市场经济中的作用

**1. 集中和积累社会资金**

在国民经济运行过程中,客观上会同时出现货币资金的暂时闲置和临时需要两种情况。两者之间又相互联系,相互衔接。通过信用活动就可以把社会经济运行中暂时闲置的资金聚集起来,投入需要补充资金的单位,变消费基金为积累基金,促进经济的更快发展。

**2. 分配和再分配社会资金**

信用的分配职能主要是指生产要素的分配,特别是对社会暂时闲置的生产要素的分配。如果信用的标的是实物,则它直接地是对生产要素的分配;如果信用的标的是货币,则它间接地是对生产要素的分配。因为货币是一般等价物,谁取得货币,谁就取得购买商品的权利。所以,调剂货币资金的余缺实际上就是对社会生产要素进行再分配。

除了对生产要素进行分配外,信用还对生产成果进行分配。这主要是指在信用关系中所产生的利息范畴。由于信用具有有偿性这一特点,因此闲置资金和货币收入的让渡者有权索取利息,而其使用者则有义务支付利息,这种利息的支与收就改变了国民收入原有的分配格局,从而也就改变了社会总产品的既定分配结构。

**3. 加速社会资本利润平均化过程**

信用调剂社会资金的余缺分配,不是简单的行政分配或平均分配,而是按照经济利益诱导规律,将资金从使用效益差、利润率低的项目、企业、行业、地区调往使用效益好、利润率高的项目、企业、行业、地区,从而使前者资金减少,后者资金大量增加,结果使得前者的资金利润率有所上升,后者的资金利润率有所下降,从而有利于全社会资金利润率的平均化。信用的这种职能在传统的计划经济体制下和转轨初期的双轨体制中,尚难以有效地发挥出来(因为资金是计划分配,不能根据利润的高低而自由流动),但在社会主义市场经济体制建立过程之中和建立起来之后,这种职能将会有效地发挥出来,全社会资金利润率的平均化趋势也将愈来愈明显。

**4. 调节宏观经济运行与微观经济运行**

信用作为一个经济杠杆,不仅能够准确、及时地反映国民经济的运行状况,还能够对国民经济的运行进行积极的干预,对宏观经济与微观经济进行适时、适度的调节。如在宏观上,通过信用活动调节货币流通,在银根吃紧时放松信用,在通货膨胀时则收缩信用;通过信用活动调整产业结构,对国民经济发展中的瓶颈部门、短线行业和紧俏产品多供给资金,对长线部门、衰退行业和滞销产品则少供应资金甚至收回原已供应的资金，迫使其压缩生产或转产；通过信用活动还可调整国民经济的重大比例关系。在微观上，通过信用的供与不供、供多供少、供长供短、早供晚供、急供缓供等来促进或限制某些企业或某些产品的生产与销售，扶植或阻止某些企业的发展。

**5.提供和创造信用流通工具**

信用关系发生时，总要出具一定的证明，这些证明经过一定的手续处理即可流通（指规范的信用而言），这些在流通中的信用证明就是信用流通工具，如汇票、本票、支票等。在各种信用活动中，以银行信用提供的信用流通工具为最多，使用也最广泛。从大类上看，银行信用为商品流通提供两种类型的流通工具，即一种是现金，一种是表现为各种银行存款的非现金货币。这些货币都是由银行信用提供的，都是一种信用货币，它反映一定的信用关系。现金表现为中央银行（代表国家）对现金持有者（个人和单位）的负债，银行存款则表现为银行对各存款者的负债。

**6.综合反映国民经济运行状况**

信用活动，特别是银行信用活动，同国民经济各部门、各单位有着非常密切的联系。无论是一个企业的生产经营活动还是一个部门的经济状况，都在银行得到准确、及时的反映。这一点是通过两个途径来实现的：一是各企事业单位、各部门都在银行开设各种账户，其经营活动、资金变化都在银行有记载。二是各单位、各部门都定期地向银行提供全套的会计报表。通过这些报表，银行可以准确地分析一个企业的情况、一个部门的变化，并能推测出整个国民经济的动态。在微观上，它可反映出企业的产供销是否能衔接、资金配置是否合理、工资支出是否符合有关规定、企业盈利状况如何等。在宏观上，它可以反映出基本建设投资与当前生产的比例关系、简单再生产与扩大再生产的关系、生产资料生产与消费资料生产的比例关系、商品生产与商品流通的关系、商品流通与货币流通的关系、货币供给量与货币需要量的关系、国民收入产出额与使用额之间的关系等。根据银行反映出来的这些情况，国家可以采取相应的措施，调整不尽合理的经济结构。

## 三、信用的形成

### （一）信用的产生

信用是与商品经济相联系的一个范畴，商品交换和私有制的出现，是信用产生的基础。

人类最早的信用活动产生于原始社会末期。那时，由于社会生产力的发展，人类曾经进行了两次社会大分工，第一次社会分工是农业和畜牧业的分工，第二次是畜牧业和手工业的分工。社会分工的发展又转而刺激了社会生产力的大发展。这样，剩余产品日益增多，交换的范围进一步扩大，交换的扩大又促进了生产力的发展。随着交换的扩大和发展，“便出现了直接以交换为目的的生产，即商品生产，随之而来的是贸易，不仅有部落和部落边界的贸易，而且还有海外贸易”。然而，所有这一切都还很不发达。社会分工的发展和商品交换的扩大加速了原始社会公有制经济的瓦解和私有制的产生。

私有制的出现造成了社会财富占有的不均，从而出现了贫富的差别和分化。一部分家庭因为贫穷而缺少生活资料和生产资料，为了维持生存和简单再生产，被迫向富裕家庭借债，通过借贷行为进行余缺的调剂，于是就产生了最早的信用关系。

由此可见，信用的产生条件是商品交换和私有制的出现，它是商品经济的产物，也是随着商品货币关系的发展而不断发展的。

### （二）信用的发展

信用产生之后，伴随着商品货币关系的发展而不断发展。到目前为止，商品经济的发展经历了小商品经济、资本主义商品经济和社会主义商品经济三个阶段。与这三个商品经济发展阶段相适应，信用也经历了高利贷信用、借贷资本运动的资本主义信用和社会主义信用三个阶段。下面主要讨论信用发展过程中的高利贷资本和资本主义信用。

#### 1. 高利贷资本

所谓高利贷资本，就是以取得高额利息为特征的借贷活动。它产生于原始社会末期，在奴隶社会和封建社会得到了广泛的发展，成为占统治地位的信用形式。因为奴隶社会和封建社会是小生产自给自足的自然经济，商品经济还没有获得高度发展，小生产是高利贷存在和发展的基础和土壤。

小生产是一种极不稳定的经济，任何自然灾害和意外事故都会使小生产者的简单再生产难以正常维持。为了维持简单再生产得以生存下去，生产者不得不承受高额利息去借贷。小生产者有时为了支付各种苛捐杂税和地租，也要承受高利贷的盘剥。

高利贷活动最主要的贷者是商人，特别是专门从事货币兑换的商人。因为他们专门从事货币兑换、保管和汇兑业务，所以手中经常掌握着大量货币，为他们发放高利贷提供了条件。另外，奴隶社会和封建社会的统治者、军人以及寺院、教堂和修道院等宗教机构也是高利贷的贷出者，通过高利贷手段进行超经济剥削。在旧中国，表现为地主、商人和高利贷剥削者三位一体从事高利贷活动。

在封建社会瓦解并向资本主义社会过渡时期，高利贷发展对资本主义生产方式产生的前提条件的形成起到了一定的促进作用。一是为了支付利息和清偿债务，小生产者不得不努力发展商品生产，并通过出售商品而换回货币，促进了商品经济的发展，但是高利贷的高利息来自小生产者的全部剩余劳动和部分必要劳动，也促使了自然经济的解体。二是高利贷者通过高利盘剥，积累了大量的货币财富，有可能将高利贷资本转为产业资本，成为资本原始积累的来源之一。三是高利贷使广大农民和手工业者破产，从而促使雇佣工人队伍形成。然而，需要指出的是高利贷虽然为资本主义生产方式提供了货币资本和自由无产者，但是，只有当资本主义生产方式的其他条件（如采用机器生产）已经具备的时候，它才表现为形成新生产方式的一种手段。

此外，还必须注意，高利贷虽然为资本主义生产方式的形成提供了有利条件，但是，高利贷对于它赖以生存的经济基础——小生产者占优势的旧的生产方式——却竭力予以维护。这必然阻碍高利贷资本向产业资本的转化，而且它的高额利息也影响着资产阶级对它的利用。故而高利贷这种古老的信用形式成为资本主义发展的障碍。因此，随着资本主义生产关系的发展，先是 17 世纪在荷兰，接着 18 世纪在欧洲其他国家，都展开了新兴的资产阶级与高利贷的斗争。斗争的焦点是要求把利息降到平均利润率以下，让生息资本服从资本主义生产方式的需要。经过激烈的斗争，现代银行制度建立，迫使一部分高利贷资本转化为资本主义银行资本。所以，现代的信用制度是在反对高利贷的斗争中，随着资本主义生产方式的建立而发展起来的。

2. 资本主义信用

资本主义生产方式的建立和社会化大生产的出现,使得与小生产方式相适应的高利贷信用逐渐失去了赖以生存的基础,但是,也必须指出,高利贷在信用领域中的统治地位虽然让给了适应资本主义发展需要的信用,然而它本身并没有被消灭,因为只要有小生产者存在,就有高利贷寄生的土壤。

资本主义信用表现为借贷资本的运动。借贷资本是货币资本家为了获取利息而贷放给职能资本家的一种货币资本,它是在产业资本循环周转的运动中产生和发展起来的一种生息资本。

产业资本的运动过程表明,工人的劳动创造了增值的货币,而借贷资本运动是借出货币,收回增值的货币。借贷资本这种特殊的运动形式给人以假象,似乎货币可以自行增值。事实上,借贷资本运动中增值的利息,是在参与产业资本循环过程中由劳动者创造出来的剩余价值的一部分。所以,无论是产业资本的产业利润,还是借贷资本的利息收入,都是来源于雇佣工人创造的剩余价值,它反映了借贷资本家和职能资本家共同剥削工人、瓜分剩余价值的生产关系。

## 第二节　信用形式

伴随着商品货币经济的发展，产生了多种不同的信用形式。现代信用形式主要有商业信用、银行信用、国家信用和消费信用等。

### 一、商业信用

#### (一)商业信用的产生和发展

商业信用是企业之间在进行商品买卖时，以延期付款或预付货款的形式所提供的信用，它是现代信用制度的基础。

在资本主义社会，商业信用有了很大的发展，这是因为社会化大生产使各生产部门和各企业之间存在密切的联系，而它们在生产时间和流通时间上又往往存在不一致的现象，经常产生一些企业的商品积压待售,而需要这些商品的买主却因为自己的商品尚未生产出来或者未售出，一时缺乏现金的矛盾。为了克服这种矛盾，就出现了卖方把商品赊销给买方的行为，买方可用延期付款或分期付款的方法提前取得商品。

#### (二)商业信用的特点

(1)商业信用的主体是商品的经营者。由于商业信用是企业之间以商品买卖为基础而相互提供的信用，因此，债权人和债务人都必然是商品经营者。

(2)商业信用的客体是商品资本。商业信用提供的不是暂时闲置的货币资金，而是处于再生产过程中的商品资本。这些处在再生产过程的一定阶段的商品资本，通过赊销，由一个人手里转移到另一个人手里，过一段时间后，买者按事先约定的时间和价款支付货款。

(3)商业信用和产业资本的动态一致。商业信用行为总是和处于再生产过程中的商品资金的运动结合在一起的，所以，它在资本主义再生产周期的各个阶段上和产业资本的动态是一致的，即在繁荣阶段，商业信用会随着生产和流通的发展及产业资本的扩大而扩张；在衰退阶段，商业信用又会随着生产和流通的削减及产业资本的收缩而萎缩。

### (三)商业信用的局限性

由于商业信用是直接以商品生产和商品流通为基础，并为商品生产和流通服务的，所以，商业信用对加速资本的循环和周转，最大限度地利用产业资本和节约商业资本，促进资本生产和流通的发展，具有重要的推动作用。但是，由于商业信用受其本身特点的影响，因而又具有一定的局限性，主要表现在以下几个方面：

(1)商业信用的规模受到企业资本数量的限制。因为商业信用是企业之间相互提供的，所以，它的规模只能局限于提供这种商业信用的企业所拥有的资本额。而且，企业不是按其全部资本额，仅是按照其储备资本额来决定它所能提供的商业信用量，所以，商业信用在量上是有限的。

(2)商业信用受到商品流转方向的限制。由于商业信用的客体是商品资本，因此，提供商业信用是有条件的，它只能向需要该种商品的企业提供，而不能倒过来向生产该种商品的企业提供。例如，造纸厂在购买造纸机械时，可以从机器制造商那里获得商业信用，但机器制造商却无法反过来从造纸厂那里获得商业信用，因为造纸厂生产的商品——纸张，不能成为机器制造商所需的生产资料。

(3)商业信用在管理调节上有一定局限性。商业信用是在众多企业之间自发产生的，经常形成一条债务锁链，例如甲欠乙，乙欠丙，而丙欠丁等。如果这一条锁链的任何一环出现问题，不能按时偿债，整个债务体系都将面临危机。而国家经济调节机制对商业信用的控制能力又十分微弱，商业信用甚至对中央银行调节措施的反应完全相反，如中央银行紧缩银根，使银行信用的获得较为困难时，恰恰为商业信用活动提供了条件。只有当中央银行放松银根，使银行信用的获得较为容易时，商业信用活动才可能相对减少。因此，各国中央银行和政府都难以有效地控制商业信用膨胀所带来的危机。

由于商业信用存在着上述局限性，因此，它不能完全适应现代经济发展的需要。于是，在经济发展过程中又出现了另一种信用形式——银行信用。

## 二、银行信用

银行信用是由银行及其他金融机构以货币的形式，通过存款、贷款等业务活动提供的信用。银行信用是在商业信用发展到一定水平时产生的，它的产生标志着一个国家信用制度的发展与完善。与商业信用相比，有自身的特点。

(1)银行信用的主体与商业信用不同。银行信用不是一般企业之间相互提供的信用。银行信用的债务人是企业、政府、家庭和其他机构，而债权人则是银行及其他金融机构。

(2)银行信用的客体是单一形态的货币资本。这一特点使银行信用能较好地克服商业信用的局限性。一方面，银行信用能有效地集聚社会上的各种游资，它可集聚从企业再生产过程中游离出来的暂时闲置的货币资本，这包括：①固定资产折旧；②由于产品销售与购买再生产所需要的原材料、燃料等在时间上不一致而形成的暂时闲置的货币资本；③由于产品销售与工资支付在时间上不一致所形成的暂时闲置的货币资本；④尚未积累到一定数量，还不足以作为新的投资加以运用的那部分剩余价值所形成的暂时闲置的货币资本。此外，银行还可以集聚货币所有者的货币资本，并可以把社会各阶层的货币积蓄也转化成资本，形成巨额的借贷资本，从而克服了商业信用在数量上的局限性。另一方面，银行信用是以单一的货币资本形态提供的，可以不受商品流转方向的限制，能向任何企业及任何机构、个人提供信用，从而克服了商业信用在提供方向上的局限性。

(3)银行信用是一种中介信用。银行向商品生产者提供的货币资本绝大部分并非银行所有，而是通过吸收存款、储蓄或借贷方式从社会其他各部门、各阶层取得的；另一方面，银行作为闲置资本的集中者又并非最终使用者，它必须通过贷款或投资运用到社会再生产的需要方面。

(4)银行信用与产业资本的动态不完全一致。银行信用是一种独立的借贷资本的运动，它有可能与产业资本的动态不一致。例如，当经济衰退时，会有大批产业资本不能用于生产而转化为借贷资本，造成借贷资本大量增加。

由于银行信用克服了商业信用的局限性，大大扩充了信用的范围、数量和期限，并与商业信用相互补充，共同推动信用事业的发展，在更大程度上满足经济发展的需要，所以，银行信用成为现代信用的主要形式。20 世纪以来，银行信用有了巨大的发展与变化，主要表现在：①越来越多的借贷资本集中在少数大银行手中；②银行规模越来越大；③贷款数额增大，贷款期限延长；④银行资本与产业资本的结合日益紧密；⑤银行信用提供的范围也不断扩大。至今，银行信用所占的比重仍占有很大优势。

尽管银行信用是现代信用的主要形式，但商业信用依然是现代信用制度的基础。这是因为商业信用能直接服务于产业资本周转，服务于商品从生产领域到消费领域的运动，因此，凡是在商业信用能够解决问题的范围内，企业往往首先利用商业信用。随着现代经济的发展，商业信用和银行信用相互交织，一方面，商业信用越来越依赖于银行信用，假如没有银行信用，一个企业能否提供商业信用，必然决定于企业自身的资金周转状况；有了银行信用，企业就能够在赊销商品之后，通过向银行融资（票据贴现）而提前收回未到期货款。另一方面，银行信用也越来越以商业信用为基础，因为，银行通过为企业办理大量的票据贴现和票据抵押，可以在激烈的竞争中拓展自身的业务领域。目前商业信用的作用还有进一步发展的趋势，许多跨国公司内部资本的运作都是以商品供应和放款两种形式进行的。不少国际垄断机构还通过发行相互推销的商业证券来动员它们所需借人的资本，用来对其分支机构提供借款，而银行则在这一过程中为跨国公司提供经济信息、咨询等服务，使商业信用和银行信用相互补充、相互利用。

## 三、国家信用

国家信用是以国家和地方政府为债务人的一种信用形式。它的主要方式是通过金融机构等承销商发行公债，在借贷资本市场上借入资金；公债的发行单位则要按照规定的期限向公债持有人支付利息。

国家信用包括国内信用和国外信用两种。国内信用是国家以债务人身份向国内居民、企业团体取得的信用，它形成一国的内债；国外信用是国家以债务人身份向国外居民、企业团体和政府取得的信用，它形成一国的外债。从国家通过信用方式融资的期限长短来看，国家信用又可分为公债券和国库券，这也是两种典型的国家信用形式。其中国库券是政府为了解决短期预算支出的不足而发行的期限在一年以下的债券；公债券则是为弥补长期的财政赤字而发行的期限在一年以上的长期债券。国家信用的债务人是政府，债权人是国内外的银行、企业和居民。国家信用的重要作用主要表现在：

(1)调节财政收支的短期不平衡。国家财政收支出现短期不平衡是经常的，即使从整个财政年度看，财政收支是平衡的，但由于财政收入与支出发生时间不一致，也会出现收支矛盾。为了解决这种年度内的暂时不平衡，国家往往发行国库券来解决。

(2)弥补财政赤字。由于种种原因，很多国家政府预算经常出现赤字。一般来说，弥补财政赤字有以下三种基本方法，即增加税收、向银行借款或透支、发行政府债券。然而增加税收会受到限制，因为税收过多会影响企业的生产积极性，会遭到选民的反对。向银行借款和透支，如果是在银行资金来源不足的情况下进行，只能造成扩大货币供给以满足财政需要，结果必然导致通货膨胀、物价上涨。从目前看，弥补财政赤字的最好方法是发行政府债券，但应注意债券的规模、期限等。

(3)调节经济与货币供给。战后许多西方国家实行凯恩斯主义政策，利用财政赤字扩大需求，刺激经济增长。结果财政赤字不断增加，国债的发行规模日益扩大。近年来，许多国家中央银行调控货币供给的主要手段是在公开市场上买卖国债，而公开市场操作的有效性，是以一定规模的国债及其不同期限的国债合理搭配为前提条件的。因此，国家信用成为中央银行调节货币供给的前提。

国家信用所筹集的资金主要用于政府各项支出，如政府投资及各种行政支出，包括教育支出、社会福利支出、军费支出等。国债的还本付息主要依靠税收，因此，利用国家信用必须注意防止三个问题发生：

(1)防止造成收入再分配的不公平。在国家信用中，能够大量购买国债的投资者便可获得较多的国债利息收入，他们可得到收入再分配，而未能购买国债的纳税人则得不到这部分收入再分配。有些资本主义国家发行的国债面额很大，这也会剥夺广大中小投资者获得收入再分配的机会，从而造成收入再分配的不公平。

(2)防止出现赤字货币化。所谓"赤字货币化"，是指政府发行国债弥补赤字，如果向中央银行推销国债，而中央银行又没有足够的资金承购，此时，中央银行就有可能通过发行货币来承购国债，从而导致货币投放过度，便有可能引发通货膨胀。

(3)防止国债收入使用不当，造成财政更加困难，陷入循环发债的不利局面。

## 四、消费信用

消费信用是企业、银行和其他金融机构对消费者个人所提供的，用于生活消费目的的信用，主要有企业赊销和金融机构的消费贷款。

**1. 企业赊销**

赊销是商业信用在消费领域中的表现。赊销可通过分期付款和信用卡来进行。分期付款是商家为消费者提供的信用。其具体做法是先由顾客与商店签订分期付款合同，然后由商店先交货物，再由顾客在规定的时间内根据合同要求分期偿付货款。在货款付清之前，消费品的所有权仍属于卖方。

信用卡是银行(或信用卡公司)对具有一定信用的顾客发行的一种证书。顾客可向银行申请信用卡，然后凭信用卡向承接该卡的各个商业服务部门(零售商店、旅馆等)赊购商品和其他劳务，再由银行定期对顾客和商店进行结算。

在西方国家，信用卡作为一种支付工具被广泛使用。一般来讲，持卡人不必先行存入大于或等于透支额度的款项，便可以根据个人的就业及收入情况获得一定量的透支限额。改革开放以来，信用卡在我国也得到广泛推广。

2.消费贷款

消费贷款是银行向消费者提供的信用，包括信用贷款和抵押贷款。信用贷款无需抵押品，而抵押贷款通常需要由消费者将其所购商品或其他商品作为担保品。例如，汽车贷款即以消费者所购买的汽车作为取得贷款的担保品，住房贷款即以消费者所购买的房屋作为取得贷款的担保品。

消费信用是一种刺激消费需求的方式，也是一种促进生产发展的手段。一般而言，赊销商品的价格大多比较昂贵，消费贷款的利息率也比较高。如果消费者到期不能偿付款项，商品往往要被收回，已付的贷款也往往被没收。但是，在一国经济发展到一定水平后，尤其是在经济发展较缓慢的时期，发展消费信用一方面可扩大商品销售，减少商品积压，促进社会再生产；另一方面，也可为大量银行资本找到出路，提高资本的使用效率，改善社会消费结构。

## 五、民间信用

民间信用是一种古老的信用形式，主要是适应个人之间为解决生活或生产的临时需要而产生的借贷行为。与历史上的民间借贷比较，我国目前民间信用的规模、范围扩大；期限、方式灵活；用途多样，在社会经济发展中发挥了积极作用，主要体现在：

(1)通过民间资金的调剂，进一步发挥分散在个人手中资金的作用，加速资金运转，促进国民经济进一步繁荣。

(2)民间信用一般是在国家银行信用和信用社信用涉足不到和力不能及的领域发展起来的，特别是在个体商业、手工业、旅游和运输等行业，可起到拾遗补缺的作用。

(3)中国大部分机关单位设立互助储金会，也可视为民间信用。这种民间信用一般是无息或微息借贷，对帮助群众克服生活上的暂时困难有积极作用。

但民间信用毕竟是一种自发的、盲目的、分散的信用活动，是一种较为落后的信用形式，因此，在充分发挥民间信用积极作用的同时，也应防止其消极的一面，主要有：

(1)风险大。具有为追求高盈利而冒险、投机的盲目性。

(2)利率高。有干扰银行和信用社正常信用活动、扰乱资金市场的可能性。

(3)借贷手续不严。容易发生违约，造成经济纠纷，影响社会安定。

由于民间信用具有上述消极作用，这就要求在承认并利用其积极作用的同时，对这种信用活动适当地加以管理，采取积极措施，对其加以引导，使其逐步合法化、规范化。

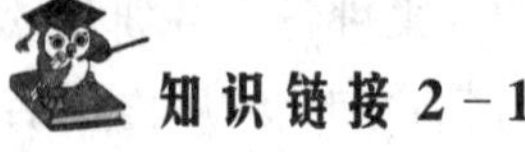

### 知识链接 2-1

**温州的民间信用**

温州民间信用活动呈现多样性、利率灵活性、操作简易性、活动区域性、关系依附性和风险隐藏性等特点。各地的民间利率水平灵活反映了当地不同的资金余缺程度，同时又与借款人信誉、期限等因素密切相关。月息一般为1%～1.2%，信誉好，用款时间长的，甚至可以降低至0.6%～0.8%，接近银行信用社利率水平。民间直接融资的操作手续比较简单，近90%的企业借款是信用方式，60%的个人在借款时只备借据，而且借据陈述简单，仅有借贷双方的姓名和金额，利率有时是口头协商或随行就市，期限大多并不事先确定，借出方可临时通知收回，借入方也可要求展期；还有超过20%的借贷无任何手续。从地域上看，农村的民间信用活动明显比城市活跃。同时，民间信用活动一般限制在有限的社区范围之内，借贷双方大多具有亲友、邻里或生意伙伴等社会关系。

## 六、国际信用

国际信用是国际间一个国家官方（主要指政府）和非官方（如商业银行、进出口银行、其他经济主体）向另外一个国家的政府、银行、企业或其他经济主体提供的信用，属国际间的借贷行为。它包括以赊销商品形式提供的国际商业信用、以银行贷款形式提供的国际银行信用以及政府间相互提供的信用。

**1. 国际商业信用**

国际商业信用是由出口商以商品形式提供的信用，有来料加工和补偿贸易等形式。

(1)来料加工。来料加工是指由出口国企业提供原材料、设备零部件或部分设备，利用进口国的厂房、劳动力等在进口国企业加工，成品归出口国企业所有，进口国企业获得加工费收入。有些加工合同会规定，合同期满后出口商将设备留在加工生产国并保证原材料供应与生产。

(2)补偿贸易。补偿贸易是指由出口国企业向进口国企业提供机器设备、技术力量、专利、各种人员培训等，联合发展生产和科研项目，待项目完成或竣工投产后，进口国企业可将该项目的产品或以双方商定的其他办法偿还出口国企业的投资。

**2. 国际银行信用**

国际银行信用是进出口双方银行所提供的信用，可分为出口信贷和进口信贷。

(1)出口信贷。出口信贷是出口方银行提供贷款，解决出口企业资金周转需要。由于在讲出口贸易中，交易规模都比较大，买方经常会没有足够的资金偿付出口商的货款，此时，如果卖方以赊销方式提供商品，而没能及时收到货款，便会使卖方的资金周转发生困难。为了鼓励本国出口商增加出口，出口方银行便向进口方或出口方提供贷款，其目的是支持本国出口商扩大出口。出口信贷又可分为卖方信贷和买方信贷两种形式。

(2)进口信贷。进口信贷通常是指进口方银行提供贷款，解决本国企业资金需要，以支持本国进口商购买所需的商品或技术等。另一种是指本国进口商向国外银行申请贷款，如果进口商是中小企业，则往往还要通过进口方银行出面取得这种贷款。

在发达国家，以鼓励本国大型机电设备等商品出口的出口信贷往往占国际银行信贷的主要部分。不管是出口信贷还是进口信贷，其提供的金额一般只占该进出口贸易总额的85%，这是因为在国际贸易中，一般要求进口商预付15%的定金，所以，银行只需提供85%的资金贷款。

**3. 政府间信用**

政府间信用通常是指由财政部出面借款的行为，其特点是金额大，利率较低，期限较长，通常用于非生产性支出。

在当代，随着世界经济的一体化和金融全球化的发展，国际金融市场日趋发达，尤其是我国已加入世界贸易组织，我国金融市场与国际金融市场融为一体的进程将明显加快，充分利用国际信用形式在国际金融市场融资，则是我国作为发展中国家在开放发展中的必然选择。

**知识链接 2-2**

**征信**

征信活动的产生源于信用交易的产生和发展。信用是以偿还为条件的价值运动的特殊形式，本质是一种债权债务关系，即授信者(债权人)相信受信者(债务人)具有偿还能力，而同意受信者所作的未来偿还的承诺。但当商品经济高度发达，信用交易的范围日益广泛时，特别是当信用交易扩散至全国、全球时，信用交易的一方想要了解对方的资信状况就会极为困难。此时，了解市场交易主体的资信就成为一种需求，征信活动也应运而生。可见，征信实际上是随着商品经济的产生和发展而产生、发展的，是为信用活动提供的信用信息服务的。

征信在中国是个古老的词汇，《左传》中就有"君子之言，信而有征"的说法，意思是说一个人说话是否算数，是可以得到验证的。随着现代征信系统的发展，从事经济活动的个人有了除居民身份证外又一个"经济身份证"，也就是个人信用报告。

中国人民银行组织商业银行建成的企业和个人征信系统，已经为全国1300多万户企业和近6亿自然人建立了信用档案。这些企业和个人从事经济金融活动的信用状况将被记录到"经济身份证"上，成为与本企业(本人)永远相伴的档案。如果逾期还贷或有其他违反合同的规定，那么"经济身份证"将被抹上灰色的一笔，今后向银行申请贷款就可能面临更加谨慎和挑剔的目光。

征信能够从制度上约束企业和个人行为，有利于形成良好的社会信用环境。

## 第三节 信用工具

### 一、信用工具的含义

信用工具也称为金融工具，是具有一定格式，载明债权债务关系的书面凭证。随着信用形式的发展，出现了适应时代的不同形式的金融工具。金融工具具有双重性质：对出售者和发行人，它是一种债务；对购买者或持有人，它是一种债权或一种金融资产。

### 二、信用工具的特性

从整体上看，金融工具一般有以下共同的特征：

**1. 偿还期限**

偿还期限是指金融工具的发行者或债务人按期归还全部本金和利息的特性。金融工具一般都有偿还期，但是也存在两种极端情况：一种是偿还期为零，如纸币和银行的活期存款，后者可以随时兑现；另一种极端是偿还期为无限，如一般公司的普通股股票，其只有在公司破产时才清偿。根据偿还期的不同，债权人和债务人可以利用金融工具做不同的安排，成为金融决策的重要内容。

**2. 流动性**

这是指金融工具可以迅速变现而不致遭受损失的能力。金融工具一般都可以在金融市场流通转让。金融工具的流动性大小包含着两个方面的含义：一是能不能方便地随时自由变现，二是变现过程中损失的程度和所耗费的交易成本的大小。凡能随时变现且不受损失的金融工具,其流动性大;凡不易随时变现,或变现中蒙受价格波动的损失,或在交易中要耗费较多的交易成本的金融工具,其流动性小。中央银行发行的纸币和商业银行活期存款具有最充分的流动性,政府发行的国库券也具有较强的流动性。而其他金融工具,或者短期内不易脱手,或者变现时受市场波动影响要蒙受损失,或者是交易过程中要耗费相当多的交易成本。一般来说,流动性与偿还期成反比,偿还期越短,流动性越大,偿还期越长,流动性越小;而与债务人的信用能力成正比,债务人信誉越高,流动性越大,反之则越小。

流动性大小对于金融工具定价有很大影响,流动性强的金融工具一般收益较低,而其本身价格较高。因此,必须理解,在收益率决定中,流动性是折价的,而在价格决定中,流动性是溢价的。

3. **安全性**

安全性或风险性,是指金融工具的本金遭受损失的可能性。信用本身就包含有风险因素,买卖金融工具也就不可避免地存在有一定风险,这种风险主要有两类:一类是债务人不按期还本付息的履约风险,或称为违约风险、信用风险。违约风险取决于债务人偿还债务的能力和偿还债务的意愿两个方面。另一类是市场风险,即因市场利率上升导致金融工具市场价格下跌的风险。利率下跌,证券价格就会上涨;反之,利率上升,证券价格就可能下跌。当证券价格下跌时,卖出证券就会亏损。

一般说来,安全性与偿还期成反比,偿还期越长,安全性就越低,风险也就越高;反之,偿还期越短,本金安全性也就越高,风险越低。此外,流动性越高的金融工具,其安全性也就越高,风险越低;反之,流动性越低,安全性也就越低,风险越高。

4. **收益性**

收益性是指信用工具能够定期或不定期地为其持有人带来收益的特性。收益的大小是通过收益率来反映的。收益率是净收益对本金的比率。收益率一般有三种表示方法:

(1)名义收益率,即信用工具的票面收益与票面金额的比率。例如,某种债券票面金额为100元,10年还本,每年利息为6元,其名义收益率就是6%。

(2)当期收益率,即信用工具的票面收益与其市场价格的比率。如上述债券某日的市价为95元,则即期收益率为6.316%。

(3)实际收益率,即将当期收益和本金损益共同计算在内的收益率。比如一个人以95元买入该债券并持有到期,那么,他每年除了得到利息6元外,还获得资本盈利0.5元(5÷10)。这样,他每年的实际收益就是6.5元,其实际收益率为6.84%。用公式表示:

实际收益率=净收益/市场价格×100%=(年票面利息+年均资本损益)/市场价格×100%

一般而言,信用工具的持有期与收益率成正比。持有期越长,收益率就越高,也就是说,长期信用工具的收益率比短期信用工具的收益率高。活期存款的利率就很低,在有的国家,甚至不允许对活期存款支付利息;1年期的存款利率又比5年期的存款利率低很多。国债利率也是如此。信用工具的流动性与收益率成反比。流动性越高,收益率也越低;反之,收益率也就越高。活期存款的流动性最高,所以它的收益率也就最低。

最后,金融工具的风险与收益率成正比。风险越大,投资者所要求的收益率也就越高。垃圾债券的利率要比微软这样的知名大企业的债券高很多,原因就是其投资风险大。

## 三、信用工具的类型

### (一)信用工具按不同的标志有不同的分类方式

**1.按融通资金的方式可分为直接融资信用工具和间接融资信用工具**

前者主要有工商企业、政府以及个人所发行或签署的股票、债券、抵押契约、借款合同以及其他各种形式的借款等;后者主要包括金融机构发行的本票、存折、可转让存款单、人寿保险单等。

**2.按可接受性的程序不同可分为无限可接受性的信用工具和有限可接受性的信用工具**

前者是指为社会公众所普遍接受、在任何场合都能充当交易媒介和支付手段的工具,如政府发行的钞票和银行的活期存款;后者是指可接受的范围和数量等都受到一定局限的工具,如可转让存款单、商业票据、债券、股票等。

**3.按偿还期限的长短可分为短期信用工具、长期信用工具和不定期信用工具**

短期信用工具如各种票据(汇票、期票、支票等)、信用证、信用卡、国库券等;长期信用工具如股票、公司债券、政府公债券等;不定期的信用工具主要指银行券。

### (二)几种典型的信用工具

**1.期票**

期票亦称本票,是指债务人向债权人开出的,以发票人本人为付款人,承诺在一定期间内偿付欠款的支付保证书。票面上注明支付金额、还款期限和地点,其特点是见票即付,无需承兑。

**2.汇票**

汇票是指由债权人发给债务人,命令他支付一定款项给第三者或持票人;从出口商赊销商品给进口商的角度来看,它又属于商业信用。综合起来考察,它实际上是一支付命令书。

汇票包括商业汇票和银行汇票两种。前者是指企业之间在赊购赊销商品时,由赊销方(债权人)向赊购方(债务人)或其委托银行发行的票据,它要求赊购方或其委托银行签章承兑,承认在汇票到期日付款给赊销方或持票人。承兑后的汇票称为承兑汇票,由赊购方自己承兑的汇票称为商业承兑汇票,由赊购方委托银行承兑的汇票称为银行承兑汇票。银行汇票是银行承办汇兑业务时发出的票据。

**3.支票**

支票按其支付方式分为现金支票和转账支票两种,前者可用来支取现金或转账,后者只能用来转账。转账支票常在票面划两条红色平行线,故也称划线支票、平行线支票或横线支票。

**4.信用证**

信用证是银行根据其存款客户的请求,对第三者发出的、授权第三者签发以银行或存款人为付款人的凭证。信用证包括商业信用证和旅行信用证两种。商业信用证是指在国际或国内贸易中,银行用来保证买方支付能力的一种凭证;旅行信用证是指银行为便利旅游者在国内外旅行时取款所发行的一种信用凭证。

**5.信用卡**

信用卡是银行或专业公司对具有一定信用的顾客(消费者)所发行的一种赋予信用的证书。需要使用信用卡的消费者一般要向银行或经办公司提出申请,经审查合格后取得。信用卡的持有者可在当地或外地指定的商店购货、旅店投宿、饭店就餐、车站乘车等。

6. 股票

股票是股份公司为筹集资金而发给投资者的认股凭证。股票持有人即为公司的投资者，即股东。股票依据不同的标志，有如下多种不同的分类方法：

(1)按有无票面金额可分为有票面金额股票和无票面金额股票。前者是指在票面上写明一定金额的股票，如在票面上说明每股为 1 元或 100 元等。后者也称“份额票”，票面上只写明股额，不注明金额，其份数以股份公司财产价值的一定比例为划分标准，其价值随公司财产的增减而变化。

(2)按是否记名分为记名股票和不记名股票。前者是指在股票上和公司股东名册上都记载有股东姓名的股票，需要转让时可以到公司办理过户手续，股东权利归属于记名股东。后者是指在股票上不记载股东姓名的股票，其持有人，无论是谁均享有股东权利。

(3)按盈利的不同分配方式可分为优先股票和普通股票。优先股票是指在分配公司的盈余和在公司清算、分配财产两方面享有特别优先权的股票。其股利一般在发行股票时即已固定。优先股票还可细分为累积优先股票和非累积优先股票、参加分红优先股票和不参加分红优先股票。累积优先股票是指股份公司在某个营业年度内的盈余不足以支付规定的股利时，必须在以后盈利较多的年度如数补充过去所欠股利的股票；非累积优先股票则只能在当年的利润分配中享有优先权利，但若公司利润不足以支付规定的股利时，不能要求在以后年度补足。参加分红优先股票是指除了优先获得规定的股利外，还有同普通股票一样享有参加分红的权利；不参加分红优先股票则不具备这种权利。普通股票是股份公司的通常股份，它没有固定的股息率和红利率，其股息和红利的有无与多少取决于公司的经营状况。其持有者享受的主要权利有：在公司将盈利按固定的股息率分配给优先股票的股东后，有权享有剩余利润的分配；在公司解散清理时，有权在公司的财产满足其他债务人的请求权之后参与分配；有公司管理权，有权出席股东大会、选举公司的董事会或监事会，有权控告董事和检查公司账册；有优先承购新股权及股票转移权等。

7. 债券

债券是债务人向债权人承诺在指定日期偿还本金并支付利息的有价证券。

(1)根据发行主体的不同，债券可以分为政府债券、金融债券和公司债券。政府债券的发行主体是政府。金融债券的发行主体是银行或非银行的金融机构。公司债券的发行主体是股份公司，但有些国家也允许非股份公司的企业发行债券。

(2)按计息方式的不同，债券可分为单利债券、复利债券、贴现债券和累进利率债券等。单利债券是指在计算利息时，不论期限长短，仅按本金计息，所生利息不再加入本金计算下期利息的债券。复利债券与单利债券相对应，它是指计算利息时，按一定期限将所生利息加入本金再计算利息，逐期滚算的债券。贴现债券是指在票面上不规定利率，发行时按某一折扣率，以低于票面金额的价格发行，到期时仍按面额偿还本金的债券。累进利率债券是指以利率逐年累进方法计息的债券。

(3)按债券形态的不同，债券可分为实物债券、凭证式债券和记账式债券。实物债券是一种具有标准格式实物券面的债券。凭证式债券的形式是一种债权人认购债券的收款凭证，而不是债券发行人制定的标准格式的债券。记账式债券没有实物形态的票券，而是在电脑账户中作记录。

## 复习思考题

1. 什么是信用？信用的特征有哪些？

2. 信用在现代经济中发挥怎样的作用？

3. 信用的主要形式有哪些？

4. 什么是信用工具？它的基本特征有哪些？

## 讨论题

1. 经济学意义上的“信用”与日常生活和道德规范里的“信用”有没有关系，是怎样的关系？

2. 1997 年以来我国开始大力发展消费信用，其意义何在？了解一下我国商业银行目前推出的有关消费信用的贷款有哪些类型。大学生助学贷款算不算一种消费信用？

# 第三章 利息与利率

## 本章导读

(美)本杰明·富兰克林(1706—1790年)有句名言:"切勿坐耗时间,须知每时每刻都有无穷的利息;日计不足,岁计有余。"由此可见,利息是时间的价值。本章将从货币的时间价值讲起,系统地介绍利息的产生与发展、利息的计算、利率的含义及其影响因素、利率的种类等。学好本章内容,将为后期的金融市场、货币政策等章节的学习打下良好的基础。

## 引例思考

1984年,法国与卢森堡两国之间发生了一件轰动全球的债务案。让人意想不到的是,这起纠纷竟然是由一束玫瑰花引起的。原来1797年,法国皇帝拿破仑同夫人访问卢森堡,在参观卢森堡一所小学时,向女校长赠送了一束玫瑰花,价值3个金路易,他还在致词中说:"只要法国存在一天,每年的今天我都将派人送上一束玫瑰花,作为法卢友谊的象征。"可是拿破仑后来并没有兑现这个诺言。试想法国那么大,内政外交的事务那么多,他怎么会记得这个小小的许诺呢?然而卢森堡没忘。时隔187年后的1984年,卢森堡政府通知法国政府,要求赔款。法国政府的官员哭笑不得,想不到卢森堡会把一束玫瑰花当真。赔款的数目怎么算呢?卢森堡提出,自1797年起,按每年3个金路易,加上0.5%的利息,并以复利计算。法国政府开始很不以为然,以为不过是区区小数,可是当电子计算机将结果打印出来时,官员全都傻眼了,这项赔款竟高达138万法郎。

请思考:玫瑰花巨额债务是如何计算出来的?

## 第一节 利息

### 一、利息的产生与发展

利息是在信用关系中债务人支付给债权人的(或债权人向债务人索取的)报酬,是货币资金所有者凭借对资本的所有权获得的收益。利息随着资本所有权与使用权相分离、信用行为产生而产生,只要信用关系存在,利息就必然存在。

长期以来,经济学家们对利息本质作过深入研究,形成了不同的答案。如威廉·配第认为,利息是因暂时放弃货币的使用权而获得的报酬。约翰·洛克认为,利息是因为贷款人承担了风险而获得的报酬。约瑟夫·马西认为,利息是借者为获得资本使用价值而付出的代价,它来源于资本在使用时能够生产的利润。庞巴维克认为,利息是未来财富对现在财富的时间贴水。凯恩斯对利息的解释则是人们在一特定时期以内,放弃货币周转灵活性的报酬,即利息是放弃流动性偏好的报酬。

马克思认为，利息是借贷资本的价格，来自于利润，是剩余价值的转化形态。从宏观上讲，利息是社会平均利润的一部分；从微观上讲，利息是货币资金借入者为获得资金使用权让渡的一部分利润。

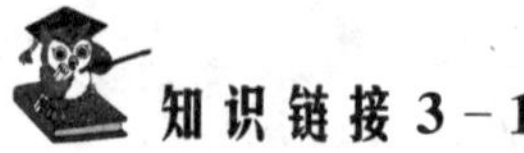

**知识链接 3－1**

**利息税**

利息税全称为“储蓄存款利息所得个人所得税”，主要是指对个人在中国境内存储人民币、外币而取得的利息所得征收的个人所得税。

1999 年，国家迫于通货紧缩的经济形势，为了鼓励个人消费和投资，把居民存款赶到市场上来，决定恢复征收利息税。但几年来居民储蓄一路飙升，降低利率、征收利息税等手段没能达到预期效果。这并不是因为这些手段本身有问题，而是我国社会保障不完善、不健全，人们对未来生活、养老、医疗、子女教育等没有安全感，不得不储蓄，不能无顾虑地消费。另一方面，利息税采取一刀切征收方式，还减少了中等以下家庭的收入，加重了大部分人的负担，受到多方面的批评。

为加快小康社会建设，让人民群众切实感受到改革开放的成果，提高居民可支配收入，根据第十届全国人民代表大会常务委员会第二十八次会议修改后的《个人所得税法》第 12 条规定，国务院决定自 2007 年 8 月 15 日起，将储蓄存款利息所得个人所得的适用税率由 20%调减为 5%。

2008 年 10 月 9 日，国务院决定对储蓄存款利息所得暂停征收个人所得税。

## 二、利息的计算

利息的计算有两种基本方法：单利与复利。

单利是指在计算利息额时，只按本金计算利息，而对利息不再付息，其计算公式是

$$I = P \times r \times n$$

$$S = P(1 + r \times n) = P + I$$

式中，$I$ 为利息额；$P$ 为本金；$r$ 为利息率；$n$ 为借贷期限；$S$ 为本金和利息之和，简称本利和。

复利作为单利的对称，是指计算利息时按照一定的期限，将利息加入本金，再计算利息，逐期滚算，通称“利滚利”。其计算公式是

$$S=P(1+r)^n$$

$$I=S-P$$

式中，符号含义同上。

**【例 3－1】** 银行向企业发放一笔贷款，贷款额为 100 万元，期限为 4 年，年利率为 6%，试用单利和复利两种方式计算银行应得的本息和。

单利法：$I=P\times r\times n=100\times 6\%\times 4=24$（万元）

$S=P(1+r\times n)=P+I=100+24=124$（万元）

复利法：$S=P(1+r)^n=100\times(1+6\%)^4=126$（万元）

# 第二节 利率

## 一、利率的含义

利息率，简称“利率”，是指一定时期内利息额同本金额的比率，即利率＝利息/本金。

利率在现代市场经济中要充分发挥作用，必须具备以下条件：①市场化的利率决定机制，即通过市场和价值规律机制，由市场供求关系决定的利率；②灵活的利率联动机制，即一种利率变动，其他利率随之变化的机制；③适当的利率水平，即利率能真实反映社会资金供求状况，并使资金借贷双方都有利可图；④合理的利率结构，即利率的期限结构、行业结构以及地区结构等可以体现经济发展的时期、区域、产业及风险差别。

## 二、决定和影响利率的因素

### (一)平均利润率

在资本主义制度下，利息是对剩余价值的分割，剩余价值的转化形式是利润，因此，利息只是利润的一部分，利息率要受平均利润率的约束。在社会主义制度下，利息也从利润中来。为保证借款企业能以收抵支后还有剩余，利息也只能是利润的一部分，利息率也必须受平均利润率的制约。约束利息率的不是单个企业的利润率，而是一定时期内一国的平均利润率。这是因为利息率具有一种统一的特征，即使是市场利率，也存在着趋同的趋势。

### (二)银行成本

银行作为经营存、放、汇等金融业务的特殊企业，直接以利润为经营目标。要赚取利润，就必须讲究经济核算，其成本就必须全部通过其收益得到补偿。银行的成本主要有两类：一是借入资金的成本，即银行吸收存款时对存款人支付的利息。二是业务费用。银行要经营业务，必须拥有房、设备等固定资产，必须雇佣劳动力，在经营业务过程中，也要花费必要的费用支出等。因此，银行在确定利率水平时要给以足够的考虑。

### (三)通货膨胀预期

在预期通货膨胀率上升的期间，利率水平有很强的上升趋势；在预期通货膨胀率下降时，利率水平也趋于下降。

### (四)中央银行政策

中央银行通过运用货币政策工具改变货币供给量，来影响可贷资金的数量。当中央银行想要刺激经济时，会增加货币投入量，使可贷资金的供给增加，利率下降，同时会刺激对利率敏感项目如房地产、企业厂房和设备的支出。当中央银行想要限制经济过度膨胀时，会减少货币供给，使可贷资金的供给减少，利率上升，家庭和企业的支出受抑制。

货币供给增加对利率水平的影响有三种方式：流动性效应、收入效应和通货膨胀预期效应。首先，货币供给量的增加将使经济中的流动性变大，引起利率水平下降(流动性效应)。其次，从刺激经济的效果开始出现，到产出和收入的上升，资金需求增加，最终拉动利率水平上升(收入效应)。最后，在实行增加货币供给量的政策时，会提高社会公众和投资者的通货膨胀预期，利率水平将由于费雪效应（通货膨胀预期效应）而上升。在上述因素中，通货膨胀预期效应有时候比流动性效应的作用更大。通货膨胀预期效应对长期利率的影响效果大于对短期利率的影响，而短期利率受其他因素，如商业周期和银行体系流动性的影响更大些。

中央银行货币政策对短期利率的影响作用大于对长期利率的影响，而后者主要受预期通货膨胀的影响，当中央银行首先向银行注资以刺激银行贷款增加并降低利率时，大部分效果显示短期利率将发生变化。由于货币供给量增加将提高预期通货膨胀率，费雪效应可能导致长期利率的上升。所以，在金融市场与通货膨胀预期高度相关时，中央银行对利率水平的影响就显得非常复杂。

### （五）商业周期

利率的波动表现出很强的周期性，在商业周期的经济扩张期利率上升，而在经济衰退期利率下降。可贷资金模型同样可以很好地解释利率变动的周期性。在经济扩张期，随着企业和消费者借款增加，资金的需求会迅速上升；同时，费雪效应拉升利率，增加通货膨胀压力，而且中央银行可能会采取某些限制措施以抵消经济增长可能产生的通货膨胀，这三种力量会提高利率水平。在经济衰退期，会发生相反的情况：随着企业和消费者缩减支出，资金的需求下降，通货膨胀压力减轻，中央银行也开始增加可贷资金供给，这三种力量又会降低利率水平。现实中，利率的周期性波动远比这些描述复杂得多。

### （六）借款期限和风险

利息率随借贷期限的长短不同而不同。通常，借贷期限愈长，利率愈高；反之则愈低。从存款方面来看，存款期限愈长，资金就愈稳定，银行愈能有效地加以运用，赚的利润也愈多，银行可以也应该付给存款人更高的利息。从贷款方面看，借贷期限愈长，所冒风险就愈大，银行所受到的机会成本损失也就愈大，银行理应按更高的利率收取更多的利息。

银行所承担的风险有：因借款人破产、逃走，从而使借贷资金收不回或不可能完全收回的风险；因物价上涨而使借贷资金贬值的风险；当更有利的投资机会出现，而已贷放出去的资金又收不回来时，贷款人要承受机会成本损失的风险；等等。

### （七）借贷资金供求状况

在资本主义制度下，平均利润率等因素对利息率的决定和约束作用是从总体上讲的，但市场利率的变化在很大程度上是由资金供求状况决定的，市场上借贷资金供应紧张，利率就会上升，反之则会下降。在社会主义市场经济体制下，尽管利率不全由资金供求状况决定，但也要充分考虑资金供求状况对市场利率的影响。

### （八）国际利率水平

国际利率水平及其变动趋势对一国利率水平具有很强的“示范效应”。这是因为，随着对外开放范围的拓宽、程度的加深，国际市场上“一价定律”的作用、借贷资本自由流动的本性和国际商人套利的天性，使得利率的国际影响愈来愈强，即使不经过汇率的折算，各国利率也有“趋同倾向”，至少在联系比较紧密的国家之间是如此。

## 三、利率的种类

利率按照不同的标志，可以有多种不同的分类，经济生活中常有的几种分类方法是：

**1. 按照计算日期不同，利率分为年利率（%）、月利率（‰）和日利率（‱）三种**

年利率÷12=月利率；月利率÷12=日利率；年利率÷360=日利率。

**2. 按照性质不同，利率又分为名义利率和实际利率两种**

名义利率是指货币数量所表示的利率，通常即银行挂牌的利率。实际利率则是指名义利率扣除通货膨胀之后的差数。

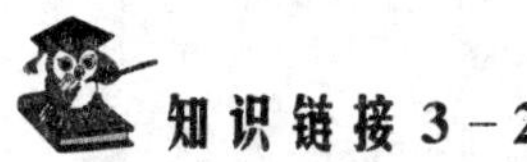

**知识链接 3-2**

**名义利率与实际利率**

在1988年，中国的通货膨胀率高达18.5%，而当时银行存款的利率远远低于物价上涨率，所以在1988年的前三个季度，居民在银行的储蓄不仅没给存款者带来收入，就连本金的实际购买力也在日益下降。老百姓的反应就是到银行排队取款，然后抢购，以保护自己的财产，因此就发生了1988年夏天银行挤兑和抢购之风，银行存款急剧减少。

针对这一现象，中国的银行系统于1988年第四季度推出了保值存款，将名义利率大幅度提高，并对通货膨胀所带来的损失进行补偿。

表3-1给出了1988年第四季度到1989年第四季度中国的银行系统三年保值存款的年利率、保值贴补率和总名义利率，其中总名义利率等于年利率和通货膨胀补贴之和。保值贴补措施使得存款实际利率重新恢复到正数水平。以1989年第四季度到期的三年定期存款为例，从1988年9月10日（开始实行保值贴补政策的时间）到存款人取款这段时间内的总名义利率为21.5%，而这段时间内的通货膨胀率，如果按照1989年的全国商品零售物价上涨率来计算的话，仅为17.8%，因此实际利率为3.7%。实际利率的上升使存款的利益得到了保护，老百姓又开始把钱存入银行，使存款下滑的局面很快得到了扭转。

**表3-1　中国的银行系统对三年定期存款的保值率（%）**

| 季度 | 年利率 | 通货膨胀补贴率 | 总名义利率 |
|---|---|---|---|
| 1988.4 | 9.71 | 7.28 | 16.99 |
| 1989.1 | 13.14 | 12.71 | 25.85 |
| 1989.2 | 13.14 | 12.59 | 25.73 |
| 1989.3 | 13.14 | 13.64 | 26.78 |
| 1989.4 | 12.14 | 8.36 | 21.50 |

**3. 按照管理方式不同，利率可分为固定利率和浮动利率两种**

固定利率是指在借贷业务发生时，由借贷双方确定的利率，在整个借贷期间内，利率不因资金供求状况或其他因素的变化而变化，保持稳定不变。浮动利率是指借贷业务发生时，由借贷双方共同确定的、可以根据市场变化情况进行相应调整的利率。固定利率与浮动利率各有其优缺点。固定利率便于借方计算成本、贷方计算收益，但它有一定的风险。在期限较长、市场利率变化较快的情况下，借贷两方中必有一方受损。浮动利率可以减少市场变化的风险，但不便于计算与预测收益和成本。我国现在的浮动利率是指各专业银行、其他金融机构可以在中央银行规定的利率基础上按一定的幅度上下浮动的利率。

**4. 按形成的方式不同，利率可分为官方利率和市场利率两种**

官方利率是指国家政府或货币管理当局(通常为中央银行)所确定的利率;市场利率是指借贷双方在金融市场上通过竞争所形成的利率。在一般情况下,官方利率比较稳定,而市场利率的起伏波动则比较大。我国官方利率由中国人民银行制定,内容包括人民银行对金融机构存款利率、人民银行对金融机构贷款利率、金融机构人民币存款基准利率、金融机构人民币贷款基准利率。

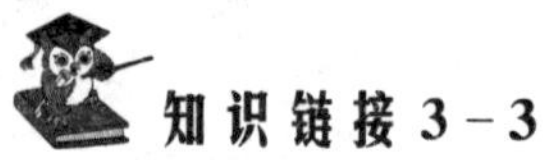

**知识链接 3-3**

**我国利率市场化进程**

1993 年国务院《关于金融体制改革的决定》中明确得出我国利率市场化改革的基本设想:建立以市场资金供求为基础,以中央银行基准利率为调控中心,由市场资金供求决定各种利率水平的市场利率体系和市场利率管理体系。中国人民银行在 2003 年 2 月 20 日发布的《2002 年中国货币政策执行报告》中公布了我国利率市场化改革的总体思路:按照“先外币、后本币;先贷款、后存款;先长期、大额,后短期、小额”的顺序进行;逐步建立由市场供求决定金融机构存、贷款利率水平的利率形成机制,中央银行调控和引导市场利率,使市场机置在金融资源配置中发挥主导作用。

1996 年 6 月 1 日放开银行间同业拆借市场利率,实现由拆借双方根据市场资金供求自主确定拆借利率。

1997 年 6 月,银行间债券市场正式启动,同时放开了债券市场债券回购和现券交易利率。

1998 年 3 月,改革再贴现利率及贴现利率的生成机制,放开了贴现和转贴现利率。

1999 年 9 月,成功实现国债在银行间债券市场利率招标发行。

2000 年 9 月 21 日,实行外汇利率管理体制改革,放开了外币贷款利率。

2004 年 1 月 1 日,将商业银行、城市信用社的贷款利率浮动区间上限扩大到贷款基准利率的 1.7 倍,农村信用社贷款利率的浮动区间上限扩大为基准利率的 2 倍,金融机构贷款利率的浮动区间下限保持为贷款基准利率的 0.9 倍不变。同时,明确了贷款利率浮动区间不再根据企业所有制性质、规模大小分别制定。

2004 年 10 月 29 日,不再设定金融机构(不含城乡信用社)人民币贷款利率上限。城乡信用社人民币贷款利率实行上限管理,但其贷款利率浮动上限扩大为基准利率的 2.3 倍。允许金融机构人民币存款利率下浮。即所有存款类金融机构对其吸收的人民币存款利率,可在不超过各档次存款基准利率的范围内浮动,但存款利率不能上浮。至此,我国金融机构人民币贷款利率已经基本过渡到上限放开,实行下限管理的阶段,人民币存款利率实现了“放开下限,管住上限”的既定目标。

2004 年 11 月,放开 1 年期以上小额外币存款利率,商业银行拥有了更大的外币利率决定权。

2006 年 8 月 19 日,将商业性个人住房贷款利率下限由法定贷款利率的 0.9 倍扩大到0.85 倍。

2007 年 1 月 4 日,上海银行间同业拆放利率正式运行,尝试为金融市场提供 1 年以内产品的定价基准。这是中央银行打造中国式“联邦基金利率”(联邦基金市场的银行间隔夜拆借利率,是美国最重要的基准利率)、培育货币市场基准利率体系的重要举措。

2012年6月7日晚，中国人民银行宣布，自6月8日起，金融机构存款利率浮动区间的上限调整为基准利率的1.1倍，金融机构贷款利率浮动区间的下限调整为基准利率的0.8倍。此前被称为“铁板一块”受到管制的存款利率浮动区间上限终于被打破了，利率市场化改革又迈出崭新一步。

## 四、利率的作用

### (一)利率影响消费和储蓄

由于利率是储蓄者提供生息资产的收益，当货币利率较高时，生息资产的收益提高，即期消费的机会成本增加，居民就会减少即期消费，增加储蓄；同时，也会减少手持现金量，增加生息资产的供给。而高利率也会缩减企业的生产规模，这会导致居民收入下降，购买力减少，消费减少。

### (二)利率影响投资

利率是企业投资的成本，利率越高，成本越大，生产和投资收益越低，投资规模会缩小。反之，低利率则会减少投资成本，使投资量增加。

利润是企业经营的目标，利息是影响投资的重要因素。用借入资本进行投资的企业将利息支出计入成本，并在此基础上要求获得一个平均的或更高的利润率。用自有资本进行投资的资本家，要将存款的利率作为自己投资的最低利润率，并在此基础上追求更高的利润率。因而，利率的高低就对投资的多少产生了重要的影响。当利率低时，投资便增加，反之则减少。

### (三)利率可以发挥调节经济运行的功能

利率是调节经济的政策工具，正因为利率可以影响投资的多少和社会资金的供给，各国政府也就利用利率来调节宏观经济。当经济过热和通货膨胀加剧时，各国中央银行就会提高再贴现率，以此影响商业银行提高贷款利率，抑制投资需求，从而使经济降温。当一国经济增长缓慢或衰退萧条时，中央银行往往降低再贴现率，以此影响商业银行降低贷款利率，并刺激社会投资，刺激经济发展。在市场经济中，利率对经济有较大的调节作用。

总之，在一个市场化程度较高的社会中，运用高利率可抑制投资的过度，因此可以防止通货膨胀的发生；当经济萧条时，通过降低利率，可防止过度紧缩。

### (四)利率影响金融机构资产结构安排

当代金融机构的资产运作形式呈多样化趋势，贷款不是唯一的资产运用方式。由于政府债券信誉好、流动性强、安全性高，因此成为金融机构的主要的流动性资产。当利率变动后，金融机构的资产调整就会在企业贷款和政府债券之间转移。政府债券利率由中央银行根据金融政策要求确定，企业贷款利率由金融机构根据市场的资金供求情况等来确定，这样，政府债券利率与企业贷款利率之间存在着一定的差异，这正是金融机构对利率存在弹性的可能。金融机构根据利率的变动调整自己的资产结构，使得中央银行利用利率作用调控宏观经济成为可能和有效。

### (五)利率影响国家的国际收支状况

在一个对外开放的国家中，经济是与世界市场紧密相连的，利率的变动将影响一国对外经济活动。表现在两个方面：一是对进出口的影响；二是对资本输出输入的影响。当利率水平较高时，企业生产成本增加，产品价格提高，出口竞争能力下降，出口量减少，从而会引起一国对外贸易的逆差。相反，降低利率会增强出口生产企业的竞争能力，改善一国对外贸易收支状况。从资本输出输入看，在高利率的诱惑下，外国资本会迅速地流入，特别是短期套利资本，这虽然可以暂时缓解一国国际收支的紧张状况，但在高利率情况下的外国资本注入也会带来许多不良后果。如通货膨胀的输入、沉重的还本付息负担等，有可能造成国际收支状况的恶化。

## 复习思考题

1. 利息是如何产生与发展的？
2. 利率的含义是什么？
3. 利率发挥的作用及所需条件各有哪些？
4. 利率的种类按不同的分类有哪些？

## 讨论题

1. 如何看待我国目前出现的居民储蓄“负利率”现象？分析其成因及影响。
2. 简述我国存贷款利率调整的原因、利率的调整趋势、利率调整对我国经济的影响。

## 计算题

一笔期限为5年、利率为6%的150万元的贷款，分别按单利法和复利法计算其本利和。

# 第四章
# 金融机构体系

## 本章导读

现代市场经济中的货币、信用即金融活动都与金融机构密切相关，金融机构与金融市场相互支持共同实现金融对社会经济发展的重要作用。本章系统地阐述了金融机构的含义、特点、性质、类型、职能及其发展趋势，介绍了我国金融机构体系和几家著名的国际机构。

## 引例思考

1997年的亚洲金融危机，使韩国经济遭受了沉重打击和巨大损失。韩元大幅度贬值50%，股市暴跌70%以上，利率急剧上涨，外汇储备锐减至40亿美元，多家大企业和银行倒闭，韩国金融体系的安全受到严重威胁。1997年12月，韩国接受国际货币基金组织583亿美元的援助后，开始了国际货币基金组织建议的一揽子改革，其中最主要的措施是重整金融机构体系：韩国政府成立了专门机构，负责金融机构重整的监督、评估工作，并注入大量公共资金，改善银行资产质量。例如，成立了独立的金融监管委员会和金融监管服务部，专门负责全体金融机构的监理工作，并指定韩国存款保险公司、韩国资产管理公司等机构，协助金融机构加速重整。此外，还成立了过渡银行，负责接管、清算被裁定无法继续营运的金融机构的资产与负债。目前，韩国金融政策的制定和监管主要由财政经济部、金融监管委员会、金融监管服务部和韩国银行来承担。

韩国政府通过重整金融机构体系取得了一项显著的成效：银行营运状况得到逐渐改善。银行平均资本充足率由1997年底的7.04%，上升至1998年底的8.23%，1999年6月底继续增至9.84%，已达到国际清算银行所规定的标准，银行备抵放款损失占总放款的比率，已由1997年第四季度的1.9%升至1998年第二季度的3.0%，1998年12月继续增至4.8%，为多年来的历史高点。

请思考：韩国政府此项举措对我国金融机构体系的完善有何借鉴意义？

## 第一节　金融机构概述

### 一、金融机构的含义及特点

#### (一)金融的含义

金融是货币流通和信用活动以及与之相联系的经济活动的总称。广义的金融泛指一切与信用货币、金银买卖有关的经济活动，包括货币的发行和回笼，存款的吸收和付出，贷款的发放和回收，金银、外汇的买卖，有价证券的发行和转让，保险、信托、国内和国际的货币结算等；狭义的金融专指信用货币的融通，不包括实物借贷而专指货币资金的融通。

### (二)金融机构的含义

金融机构是金融市场的主导者和重要的参与者，在现代金融体系中居于核心地位，主要有中央银行、商业银行、信托投资公司、保险公司、证券公司、基金公司，还有信用合作社、财务公司、金融资产管理公司、邮政储蓄机构、金融租赁公司以及证券、金银、外汇交易所等。

各金融机构按照国家法律或根据市场规律而确定各自地位、职能和作用，从而形成一个相互联系的整体，就构成了金融机构体系。在市场经济条件下，各国金融体系大多数是以中央银行为领导来进行组织管理的，因而形成了以中央银行为核心、商业银行为主体、各类银行和非银行金融机构并存的金融机构体系。

### (三)金融机构的特点

(1)金融机构以金融商品为经营对象。金融机构经营的对象不是普通商品，而是特殊商品——货币。

(2)金融机构以融通资金为己任，是社会融通资金的中介。

(3)金融机构为社会提供各种金融服务。

(4)金融机构具有很强的风险性，需要风险管理。金融机构是经营风险的，如果社会不存在风险，金融机构也就不存在了。

## 二、金融机构的性质

金融机构是特殊的企业，同一般企业相比，既有共性，又有特殊性，主要体现在以下方面：

(1)经营对象与经营内容不同。金融机构的经营对象是货币与资本；经营内容是货币收付、信贷往来等各种金融业务。

(2)经营关系与经营原则不同。一般经济单位的经营对象是普通商品和劳务，主要从事商品生产和流通活动；金融机构则经营货币资金这种特殊商品，主要从事货币的收付与借贷。一般经济单位与客户之间是商品或劳务的买卖关系；而金融机构与客户之间主要是货币资金的借贷或投资的关系。一般经济单位要遵循等价交换原则；金融机构在经营中则必须遵循安全性、流动性和盈利性原则。

(3)经营风险及影响程度不同。一般经济单位的经营风险主要来自于商品生产、流通过程，集中表现为商品是否产销对路。这种风险所带来的至多是因商品滞销、资不抵债而宣布破产。单个企业破产造成的损失对整体经济的影响较小，冲击力不大，一般属小范围、个体性质。金融机构则因其业务大多是以还本付息为条件的货币信用业务，故风险主要表现为信用风险、挤兑风险、利率风险、汇率风险等。这一系列风险所带来的后果往往超过对金融机构自身的影响。金融机构因经营不善而导致的危机，有可能对整个金融体系的稳健运行构成威胁，甚至会诱发严重的社会或政治危机。

## 三、金融机构的类型

金融机构是随着商品经济和信用制度的发展而产生发展起来的。金融机构有狭义和广义之分。狭义的金融机构仅指那些通过参与或服务金融市场交易而获取收益的金融企业；广义的金融机构则指所有从事金融活动的组织，其范围包括金融市场的监管机构，甚至包括国际货币基金组织等国际金融机构。结合广义的金融机构含义，金融机构可以分为以下几种：

**1.按照金融机构在金融监管中的地位，分为金融监管机构和金融被监管机构**

金融业的安全稳健运行与有序竞争，离不开有效的金融监管。金融监管机构有权对金融被监管机构及其经营活动实施规制和约束。通常，金融监管机构都是官方机构，但也存在民间组织根据法律授权履行金融监管职责的情况。在我国，中国人民银行、中国银行业监督管理委员会、中国证券监督管理委员会、中国保险监督管理委员会以及国家外汇管理局等都属于金融监管机构。

金融被监管机构处于受监管的地位，作为金融中介，通常是金融市场上资金的供给者和需求者，但有时也不排除以自营为特征而进行投资活动，如商业银行、政策性银行、证券公司、保险公司、信托公司、财务公司、金融租赁公司、汽车租赁公司等。金融被监管机构在一个金融体系中占据核心地位，既可以发行和创造金融工具，也可以在金融市场上购买各种金融工具；既是金融市场的中介人，也是金融市场的投资者，还是货币政策的传递者和承接者。

**2.按照金融机构是否具有经营特征，分为经营性金融机构和非经营性金融机构**

所谓经营性，包括营利性经营和政策性经营两种情况，或者二者兼而有之。从世界范围来看，商业性金融机构以营利为目标，而政策性金融机构则不以营利为目的，但二者的共同点在于其都具有经营性和经济性的特征，因而都属于经营性金融机构。因此，政策性金融机构虽然不以营利为目的，但却要开展具体的、连续的经营活动，因此应归属于经营性金融机构。

非经营性金融机构不具有经济性，属于非经营性组织，例如，前述的金融监管机构，其职责是对金融业实施监督管理；又如，我国证券法规定的证券行业协会，是证券业的自律组织，是社会团体法人。

**3.按照金融机构是否以营利为目标，分为商业性金融机构和政策性金融机构**

商业性金融机构不承担国家的政策性融资任务，其经营活动一般以营利为目的，并且受到市场竞争规律的支配，其投资主体不限于国家，如各国的商业银行、证券公司和保险公司。

政策性金融机构通常由国家投资创办，专门为贯彻和配合国家产业政策、区域发展政策，在特定业务范围内直接或间接地从事政策性融资活动，一般不以营利为目的。它们的目的均以追求社会整体利益和社会效益为依归，其金融业务的开展，考虑的不是银行本身赢利与否，而是看能否带来巨大的社会效益，因此它们都属于政策性金融机构。

政策性金融机构与商业性金融机构在法律地位上是平等的，在业务上构成互补关系。商业性金融机构是一国金融体系的主体，承办绝大多数的金融业务；政策性金融机构主要承办商业性金融机构不愿办理或不能办理的金融业务，在商业性金融机构业务活动薄弱或遗漏的领域开展融资活动。

**4.按照金融机构是否经营存款业务，分为银行与非银行金融机构**

银行是专门经营存款、贷款、汇兑、结算等业务，充当信用中介和支付中介的金融机构。银行一词源于意大利，是随着商品经济的发展最早产生的金融机构，在现代金融体系中居核心地位，银行包括中央银行、商业银行、专业银行和政策性银行等。

除银行以外，凡是经营金融业务的金融机构都属于非银行金融机构。非银行金融机构又称其他金融机构，是指那些名称中未冠以“银行”，主要经营证券承销与经纪，各类保险、信托投资以及融资租赁等金融业务的金融机构，如证券公司、保险公司、信托公司和金融租赁公司等。非银行金融机构虽然与银行一样从事某些融资业务，但其在性质、组织形式以及业务范围上与银行有着明显差别,因此在监督管理上也不同于银行。

**5.按照金融机构融资机制的不同,分为直接融资机构和间接融资机构**

直接融资机构是为资金余缺双方牵线搭桥提供联系服务的机构,其主要在直接融资中提供金融服务,包括证券交易所、证券承销商、证券经纪商等;间接融资机构是为资金余缺双方提供场所,充当媒介的信用服务机构,其主要在间接提供金融服务,包括商业银行、专业银行、信托机构、投资公司、保险公司、金融租赁机构等。

## 四、金融机构的职能

金融机构在社会经济运行和金融活动中发挥着重要作用。

### (一)聚集和分配资金的功能

金融机构具有为企业和家庭聚集或筹集资金,对企业或家庭的资源重新进行有效分配的功能。这是金融机构最基本、最能说明其经营活动的功能。如银行将社会上闲置的货币资本以存款的形式集中起来,再贷给其他企业,作为货币资本的借者与贷者的中介,银行信用中介职能克服了企业之间直接借贷的局限性。

### (二)支付结算的功能

金融机构提供了完成商品、服务和资产交易的清算和支付结算的方法、技术手段和流程设计,为客户之间的货币收付、清偿债权债务关系提供了服务,并实现货币资金的转移。随着经济的发展和社会需求的变化,金融机构支付结算的功能和效率,通过支付工具、方式、手段的扩大和创新而不断增强。为了能够安全、快捷、低成本地满足经济发展中支付结算需求,金融机构通过创造汇票、本票、支票、信用卡等多种支付工具,通过建立清算机构、电子支付系统等组织形式,拓宽支付结算的渠道,增强现代金融体系的支付结算功能与效率。

### (三)降低交易成本的功能

金融机构通过规模经营和不同金融机构的专业化运作,在为投融资双方提供金融服务的同时,降低了交易的单位成本,即资金供求双方交易过程中的费用。这样,通过金融体系的规模经营、合理定价及富有效率的网络系统,加速运转、节约费用,最终使交易成本得以降低,从而满足迅速增长的投融资需求。

另外,金融体系通过规模经营,向投融资双方提供高效、便捷、低成本的金融服务,进一步促使投融资双方愿意通过金融体系进行投融资活动,最终推动资金资源的有效配置。

### (四)提供信息的功能

由于金融机构在国民经济中的特殊地位以及分支机构遍布城乡各个角落的优势,能够及时搜集获取比较真实完整的信息,以便选择合适的借者及投资项目,避免或减少由于信息不对称产生的投资风险和道德风险。金融机构凭借在信息处理和监督方面的优势,通过给客户开立账户了解客户的个性化信息,掌握客户资金运转动态,对客户信用状况作出较为准确的判断,并作出投资的决策。因此,金融机构在改善信息不对称中的监督作用是其重要的职能之一。

### (五)分散、转移和控制风险的功能

金融机构通过各种业务、技术和管理,分散、转移、控制、减轻金融、经济和社会运动中的各

种风险。金融机构转移风险并提供风险管理服务，通过保险和社会保险机制对经济和社会生活中的各种风险进行补偿、防范和管理，通过基金管理公司的专家理财，为投资者提供证券投资组合服务，为投资者规避、减少投资风险提供专业化服务。

## 五、金融机构的发展趋势

### (一)金融机构的种类不断增加

商业银行是最早产生的金融机构，随着经济的发展，社会对金融机构融资服务的需求急剧增加。在商业银行不断发展的同时，其他金融机构也纷纷涌现和发展起来，形成了金融机构发展的多元化趋势。首先，除商业银行以外，建立了一大批专门经营某一特定范围金融业务和提供专门性金融服务的专业银行，还有本国和外国的合资银行。其次，为满足金融市场和金融业发展的需要，先后成立了种类繁多的非银行金融机构。再次，为加强对金融业的监督和管理，保持金融秩序和货币币制的稳定，世界各国都先后成立了中央银行。因此，世界上绝大多数国家已形成以中央银行为核心、商业银行为主体、多种金融机构并存的金融机构体系。

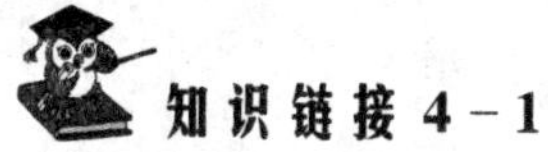

**知识链接 4-1**

**美国形形色色的储蓄性金融机构**

**1.储蓄贷款协会**

储蓄贷款协会的主要资金来源是储蓄存款(通常称为股份)、定期存款和支票存款。其主要资金运用是发放抵押贷款。在美国，储蓄存款协会大约有2500家，资产额在所有存款机构中位居第二。

20世纪50—60年代是美国储蓄贷款协会发展最快的时期，但是在60年代末和70年代的利率急剧上升时，这种机构经历了严重的危机。只是因为它们的资金运用集中于长达20～30年的抵押贷款，当市场利率上升时，迫使它们不得不提高存款利率，但是发放出去的贷款利率则是多年前在以往低利率时期确定的，因此，不少储蓄贷款协会出现巨额亏损，直至倒闭。

1980年之前，储蓄贷款协会不能接受支票存款，只能发放抵押贷款。它们遇到的困难促使国会放松了对它们的管制。1980年美国国会通过《对存款机构放松管理和货币管理法案》，允许它们接受支票存款、发放消费贷款，并从事以前只许商业银行从事的许多业务。另一方面，它们也要像商业银行一样接受联邦储备系统的准备金约束。这样做的结果导致了储蓄贷款协会与商业银行的界限日益模糊，它们之间的竞争也日益激烈。

**2.互助储蓄银行**

互助储蓄银行类似于储蓄贷款协会，通过接受存款的方式进行资金筹措。在1980年以前，其业务仅限于发放不动产抵押贷款，并在20世纪60世纪末和70年代面临着和储蓄贷款协会一样的困境。1980年放松管制以后，互助储蓄银行也拥有了发行支票存款和其他贷款的能力。但是，从结构方面看，互助储蓄银行与储蓄贷款协会有重要区别，前者属于具有合作性质的存款机构，存款人就是股东，拥有银行净资产中的一个份额。目前，美国大约有500家互助储蓄银行，大部分位于东北部的新英格兰地区。

**3. 信用社**

信用社是围绕某一社会集团的合作性放款机构，往往为某一大企业、政府机构、大学、工会团体的雇员所拥有，存款人即为股东。它们从中获得资金，并主要用于发放消费者贷款。1980年放松管理以后，信用社也可以发放支票存款，并从事抵押贷款。美国约有信用社1.5万家，但规模一般都比较小。

**(二)金融机构的业务经营不断创新**

金融机构在业务上不断创新，并向综合方向发展。西方主要资本主义国家不断推出新的业务种类、新金融工具和新服务项目，以满足顾客的需要。同时，商业银行业务与投资银行业务相结合，使银行发展成为全能型银行，为客户提供更加全面的金融服务。非银行金融机构通过业务创新也开始涉足银行业务。在大多数西方国家的金融机构体系中，长期以来商业银行与非银行金融机构有比较明确的业务分工。如美国、英国、日本在20世纪30年代后，采用分业经营模式，即以长短期信用业务分离、一般银行业务与信托业务和证券业务分离为特点的经营模式。自20世纪80年代以来，金融机构业务经营界限逐渐被打破，各种金融机构原有的差异日益缩小，形成原来分业经营向多元化综合性发展的趋势。

**(三)金融机构的规模不断扩大**

进入20世纪90年代以后，银行业面临着如何在激烈的竞争中求生存、求发展，巩固自己的阵地、开发新领域的问题。为此，银行业不断重组，通过兼并小银行、合并大银行、增加分支机构等方式，使其规模不断扩大，不少银行成为巨型跨国银行。

**(四)金融机构的作用不断增强**

随着现代科学技术的发展，电子计算机的广泛应用，银行利用点多面广的优势，成为社会的公共簿记和总监督，掌握着各个经济主体的经营活动。特别是随着中央银行制度的建立和完善，中央银行成为国家干预经济生活的调节中心，成为国民经济的神经中枢。其他银行和非银行金融机构的发展，又强化了中央银行的职能，从而使整个金融机构体系在保证国民经济正常运行和发展中起着举足轻重的作用。

## 第二节　我国金融机构体系

### 一、我国金融机构体系的演变

**(一)旧中国的银行业**

中国旧式银行的萌芽，是南北朝时期出现的由寺院开办的典当业。隋唐以后典当业已相当普遍，货币兑换和信用机构也有了新的发展，如唐朝的“飞钱”、宋朝的“钱铺”就是有力的佐证。明末清初所出现的“钱庄”与“票号”，标志着中国旧式银行的正式产生。

中国最早的现代银行，是1845年英国设在广州的丽如银行(也称东方银行)，由中国人自己创办的第一家民族资本主义银行是1897年在上海成立的中国通商银行；1904年，清朝政府设立了官办的户部银行；1907年又出现了官商合办的交通银行。1927年以后，国民党政府为控制旧中国的金融事业，几经兼并筹办，建立了“四行、二局、一库”(即中央银行、中国银行、交通银行、中国农民银行、中央信托局、邮政储金汇业局，中央合作金库）为核心的官僚买办金融体系。

革命战争时期，各根据地或解放区大都建立了自己的银行，为支援人民战争、扶植生产和安定人民生活作出了极大的贡献。解放战争取得全国胜利的前夕，为适应新的形势发展需要，在原解放区华北银行、北海银行和西北农民银行合并的基础上，1948 年 12 月 1 日于河北石家庄市正式成立了中国人民银行。从此，揭开了中国银行发展史上崭新的一页。

### （二）"大一统"金融机构体系

1949 年中国人民银行迁入北京。20 世纪 50 年代所有制的社会主义改造完成以后，我国建立起了大一统的国家银行体系。这一阶段，中国人民银行既作为中央银行，行使国家金融行政管理的职能，又直接办理一般银行的各项业务。全国上下的一切银行业务，基本上由中国人民银行一家独揽。当时，中国银行虽然单独对外营业，但它只是中国人民银行专门办理国际金融业务的营业机构；农业银行是中国人民银行专门办理农村金融业务的二级机构；而中国人民建设银行实际上是隶属于财政部的办理基本建设投资拨款的一个职能部门。这种中国人民银行一统天下的格局直至 1978 年末基本没有改变。改革开放前中国中央银行的主要缺陷是政企不分，不利于行使中央银行的职能；统一核算，吃大锅饭，不利于调动各级银行的积极性；缺乏独立性，不利于对宏观经济的调控。

### （三）"多元混合型"的金融机构体系

从 1979 年到 1983 年，我国形成的是一种多元混合型的金融机构体系，这也是一种过渡性的金融机构体系。

十一届三中全会以后，我国于 1979 年先后恢复设立了中国农业银行、中国银行和中国人民保险公司，同时全国广泛设立了信托投资公司，多元混合型金融机构体系基本建立。在这种情况下，各银行都有较明确的专业分工，银行之间也开始有了竞争，资金融通日趋活跃。但是中国人民银行仍然继续经营一般工商信贷和储蓄业务，同时行使中央银行的管理职能，"一身二任"的弊病日渐暴露出来，金融业"群龙无首"的问题亟待解决。

### （四）二级银行制度的建立和多元化金融机构体系

为了加强金融宏观调控，1983 年 9 月 17 日，国务院发布了《关于中国人民银行专门行使中央银行职能的决定》。1984 年 1 月 1 日，中国工商银行设立，承担了原来由中国人民银行经办的城镇居民储蓄存款和城市工商信贷业务，中国人民银行成为我国专门的中央银行。中国人民银行专门行使中央银行职能对于集中资金进行重点建设，加强宏观经济调控，进一步搞活经济和稳定货币流通，健全和完善社会主义金融体系等多方面具有重要意义。

二级银行制度建立以后，多元化金融机构体系得到了进一步的发展。1985 年 11 月，中国人民建设银行的信贷计划纳入中国人民银行管理体系。同年 12 月，由国家科学技术委员会发起，组建了国家控股的中国新技术创业投资公司。1986 年，邮政储蓄业务开办，同年，我国第一家以公有制为主体的股份制综合性商业银行——交通银行——建立。随后，其他全国性或地方性的商业银行也陆续建立。1987 年以后，经中国人民银行批准，一些大的企业集团组建了一批财务公司或金融公司，随着我国金融市场的发展，从 1987 年开始各省市都相继成立了专业证券公司，建立了证券交易中心。上海证券交易所和深圳证券交易所分别于 1990 年 12

月和1991年7月成立。截至1994年,经过十余年的金融体制改革,我国已初步形成了以中国人民银行为核心,四大国有专业银行为主体、多种金融机构并存和分工协作的金融机构体系。从1994年起,按照"分业经营、分业管理"的原则,我国金融机构体系进行了系统改革,取得了显著成效,主要是:①组建了三家政策性银行;②改造四家国有专业银行,加快商业银行改造步伐;③其他股份制商业银行蓬勃发展,建立了一批为地区经济发展服务的城市商业银行;④信托、财务、证券等各类非银行金融机构的改革积极进行;⑤保险业改革取得积极成果,保险机构增加,实现寿险和财险相分离;⑥农村信用合作社和城市信用合作社分别改组为农村合作商业银行和城市合作商业银行;⑦1995年《中华人民共和国中国人民银行法》和《中华人民共和国商业银行法》颁布实施,标志着我国金融机构体系的发展走上了法制化管理的轨道;⑧1998年,根据国务院关于机构改革的决定,中国人民银行的分支机构管理体系进行了重大改革,撤销了原来的31家省级分行,跨省区设立了9家分行,对其他各级分支机构及其职能也作了调整;⑨2003年成立了中国银行业监督管理委员会;⑩2007年将原来的邮政储蓄金融机构改建为中国邮政储蓄银行;等等。

经过20多年的发展,我国已形成以中央银行为领导,以商业银行和政策性银行为主体,其他金融机构并存的完善的金融机构体系。截至2011年底,我国银行业金融机构包括2家政策性银行及国家开发银行,5家大型商业银行,12家股份制商业银行,144家城市商业银行,212家农村商业银行,190家农村合作银行,2265家农村信用社,1家邮政储蓄银行,4家金融资产管理公司,40家外资法人金融机构,66家信托公司,127家企业集团财务公司,18家金融租赁公司,4家货币经纪公司,14家汽车金融公司,4家消费金融公司,635家村镇银行,10家贷款公司以及46家农村资金互助社。我国银行业金融机构共有法人机构3800家,从业人员319.8万人。

## 二、货币当局及金融监管机构

### (一)中国人民银行

中国人民银行是我国的中央银行。它处于金融机构体系的核心地位,是国务院领导和管理下的全国金融管理机关,具有各国中央银行的一般特征。中国人民银行不对个人和企业办理信贷业务,其主要管理对象是各种金融机构、国家财政和外国银行等。

其主要职责和业务有:制定和实施货币政策,保证货币币值稳定;发行人民币,管理人民币流通;监督和管理银行间债券市场、银行间同业拆借市场、银行间外汇市场、黄金市场;持有、管理、经营国家外汇储备、黄金储备;经理国库;维护支付、清算系统的正常运行;指导、部署金融业反洗钱工作,负责反洗钱的资金监测;负责金融业的统计、调查、分析和预测;代表我国政府从事有关的国际金融活动等。

中国人民银行的最高决策机构是理事会,理事长由中国人民银行行长担任。中国人民银行总行设在北京,1998年以前分支机构按行政区划设置,1998年底按经济区域设置了九个跨省(自治区、直辖市)的大区分行,各大区分行下设若干个中心支行,并将中行人民银行北京分行和重庆分行改为两个营业部,作为总行的内部机构。中国人民银行九家分行管辖区域如表4-1所示。

表 4-1 中国人民银行九家分行管辖区域

| 大区分行 | 管辖区域 | 大区分行 | 管辖区域 |
|---|---|---|---|
| 天津分行 | 天津、河北、山西、内蒙古 | 武汉分行 | 江西、湖北、湖南 |
| 沈阳分行 | 辽宁、吉林、黑龙江 | 广州分行 | 广东、广西、海南 |
| 上海分行 | 上海、浙江、福建 | 成都分行 | 四川、贵州、云南、西藏 |
| 南京分行 | 江苏、安徽 | 西安分行 | 陕西、甘肃、青海、宁夏、新疆 |
| 济南分行 | 山东、河南 | | |

### (二)中国银行业监督管理委员会

中国银行业监督管理委员会(简称银监会)根据授权,统一监督管理银行、金融资产管理公司、信托投资公司以及其他存款类金融机构,维护银行业的合法、稳健运行。中国银行业监督管理委员会自 2003 年 4 月 28 日起正式履行职责。银监会的主要职责是:制定有关银行业金融机构监管的规章制度和办法;审批银行业金融机构及分支机构的设立、变更、终止及其业务范围;对银行业金融机构实行现场和非现场监管,依法对违法行为进行查处;制定银行业金融机构审慎经营规则;审查银行业金融机构高级管理人员的任职资格;负责统一编制全国银行数据、报表,并按照国家有关规定予以公布;会同有关部门提出存款类金融机构紧急风险处置意见和建议;对已经或者可能发生信用危机,严重影响存款人和其他客户合法权益的银行业金融机构实行接管或者促成机构重组;对有违法经营、经营管理不善等情形的银行业金融机构予以撤销;负责国有重点银行业金融机构监事会的日常管理公司;承办国务院交办的其他事项。

### (三)中国证券监督管理委员会

中国证券监督管理委员会(简称证监会),是国务院直属机构,是全国证券期货市场的主管部门,按国务院的授权履行行政管理职能,依据相关法律、法规对全国证券、期货市场实行集中统一管理,维护证券市场秩序,保障其合法运行。中国证监会成立于 1992 年 10 月。

中国证监会依据《中华人民共和国证券法》在对证券市场实行监督管理中履行下列职责:依法制定有关证券市场监督管理的规章、规则,并依法行使审批或者核准权;依法对证券的发行、上市、交易、登记、存管、结算进行监督管理;依法对证券发行人、上市公司、证券公司、证券投资基金管理公司、证券服务机构、证券交易所、证券登记结算机构的证券业务活动进行监督管理;依法制定从事证券业务人员的资格标准和行为准则,并监督实施;依法监督检查证券发行、上市和交易的信息公开情况;依法对中国证券业协会的活动进行指导和监督;依法对违反证券市场监督管理法律、行政法规的行为进行查处;法律、行政法规规定的其他职责。

证券监管有三个目标:一是保护投资者;二是保证证券市场的公平、效率和透明;三是降低系统性风险。

### (四)中国保险监督管理委员会

中国保险监督管理委员会(简称保监会)成立于 1998 年,为国务院直属事业单位,是全国商业保险的主管机关,国务院授权履行行政管理职能,依照法规、法律统一监督管理保险市场。其主要任务是:拟定有关商业保险的政策法规和行业规划;依法对保险企业的经营活动进行监督管理和业务指导,依法查处保险企业违法违规行为,保护被保险人的利益;维护保险市场的秩序,培育和发展保险市场,完善保险市场体系,推进保险市场改革,促进保险企业公平竞争;建立保险业风险的评价与预警系统,防范和化解保险业风险,促进保险的稳健经营和业务的健康发展。

## 三、商业银行

我国现行的商业银行体系包括大型国有股份制商业银行、中小股份制商业银行以及城市商业银行等。

### (一)大型国有股份制商业银行

国有股份制商业银行是我国金融机构体系的主体,是由专业银行改革而成,总部多设在北京,在国内广泛设立分支机构,在国外也设立分支机构或代表处,尤其是中国银行分支机构遍布世界各地。国有商业银行总行受中国人民银行领导,下面分支机构受商业银行总行的垂直领导、分级管理,同时接受同级中国人民银行的领导和管理。

**1. 中国工商银行**

中国工商银行是以经营城市金融业务为主的股份制商业银行,1984 年 1 月成立,以城市工商企业、机关团体和居民为主要服务对象,是我国最大的存贷款金融机构,目前已在国外设立分支机构。1994 年金融体制改革深入,中国工商银行实行政策性和商业性业务分离,逐步向规范化商业银行转化,一部分业务拨给国家开发银行。中国工商银行于 2006 年 10 月 27 日在上海证券交易所和香港联合交易所同步上市。

**2. 中国农业银行**

中国农业银行成立于 1951 年 8 月,几经起落,最初单独组建,后又并入中国人民银行,1979 年恢复,在全国遍布设分支机构。其主要经营农村金融业务,统一管理国家支农资金,组织农村存款,对农业部门发放贷款;办理农村咨询、租赁、信托等业务,支持农村经济建设。目前,中国农业银行业务正向全面发展,除在农村广泛设立分支机构外,还在全国许多城市增设分支机构并相应开展外汇业务等。1994 年,中国农业银行将政策性与商业性业务分离,把原政策性业务分出,成立“中国农业发展银行”。中国农业银行于 2010 年 7 月 15 日在上海证券交易所成功上市。

**3. 中国建设银行**

中国建设银行成立于 1954 年,原隶属于财政部,是监督和管理建设资金的国家专业银行;1984 年以后成为中国人民银行领导下的经济主体;1985 年被允许吸收存款,纳入信贷计划。其主要职责为管理基本建设支出预算,审批基建财务计划和决策,办理基建拨款和贷款,大型技术改造转向贷款,开办信托、代理等综合业务。1994 年,中国建设银行向规范性商业银行转化,政策性与商业性分离,将政策性业务分离给国家开发银行。中国建设银行于 2005 年 10 月 27 日在上海和香港上市。

**4. 中国银行**

中国银行是专门组织、运用和管理外汇资金的股份制商业银行。中国银行历史悠久,最早成立于 1912 年,其前身是清政府的大清银行。1949 年中华人民共和国人民政府接管了旧中国的中国银行并指定其为“外汇管理任务及经营外汇业务的机构”,1953 年后并入中国人民银行,1979 年 3 月从中国人民银行分出,国务院决定将其作为主管我国外汇金融业务的银行。1994 年将外汇政策性业务分出,由政策性银行——中国进出口银行——承担。目前中国银行既办理国内外存贷款业务、国际国内结算业务,还组织和参加国际银行团贷款。中国银行于 2006 年 6 月 1 日在香港联合交易所上市,同年 7 月 5 日在上海证券交易所上市。

5. 交通银行

交通银行是我国历史上最悠久的商业银行之一,始建于 1908 年,1949 年由新中国政府接管,1954 年撤销,1987 年 4 月 1 日重新组建,总部设在上海,是新中国第一家股份制商业银行,也是以公有制为主体的全国性股份制商业银行,原定国家股份占 50%,公开招股为 50%,由地方政府、企事业单位和个人认购入股,个人股在资本总额中不得超过 10%,但个人股一直未筹集。交通银行于 2005 年 6 月 23 日在香港联合交易所上市,于 2007 年 5 月 15 日在上海证券交易所上市。

### (二)中小型股份制商业银行

1986 年,国家决定重新组建股份制银行,陆续建立了中信银行(1987 年)、招商银行(1987 年)、深圳发展银行(1987 年)、广东发展银行(1988 年)、兴业银行(1988 年)、中国光大银行(1992 年)、华夏银行(1992 年)、上海浦东发展银行(1992 年)、中国民生银行(1996 年)、恒丰银行(2003 年)、浙商银行(2004 年)、渤海银行(2005 年)等 12 家股份制商业银行。

这些银行在筹建之初,绝大部分是由中央政府、地方政府、国有企业集团或合作组织筹资创建的,近几年先后实行了股份制改造,大部分都已上市。这些银行都以效益型、流动性和安全性为其经营原则,不受地域、行业的限制;在分支机构的设立上,打破了我国一贯的以行政区域划设机构的办法,按经济区域划分和经济发展的需要设置分支机构。这些股份制商业银行在经营管理上比较灵活,在市场经济中具有较强的竞争力,为促进经济发展、深化金融体制改革发挥了重要作用。

### (三)城市商业银行

城市商业银行是中国银行业的重要组成部分和特殊群体,其前身是 20 世纪 80 年代设立的城市信用社。

1979 年,第一家城市信用社在河南省驻马店市成立,其宗旨是为城市和街道的小企业、个体工商户和城市居民服务。1986 年,城市信用合作社在大中城市正式推广,数量急剧增长。1986 年初还不到 1000 家,1988 年底增加到了 3265 家,1994 年底进一步上升到了 5200 家。城市信用社的迅猛发展,在相当程度上缓解了集体企业、私营企业、个体工商户“开户难、结算难、借贷难”的矛盾,有力地促进了小企业发展和当地经济的繁荣,成为当地经济发展的重要力量。但是,大多数城市信用社的组织体制和经营运行机制背离了信用合作制原则,成为面向全社会的小型商业银行。由于规模小、资金成本高、股权结构不合理、内控体制不健全等原因,其抗风险能力较弱的问题逐渐显现。

为了化解城市信用社的风险,同时促进地方经济的发展,1994 年,国务院决定通过合并城市信用社,成立城市合作银行。1998 年,考虑到城市合作银行已经不具有“合作”性质,正式更名为城市商业银行。

近年来,城市商业银行呈现出三个新的发展趋势:一是引进战略投资者。截至 2009 年 10 月,已有上海、南京、西安、济南、北京、杭州、南充、天津、宁波等 18 家城市商业银行引进了境外战略投资者，在引进资本的同时，引进了先进的银行管理经验和技术。二是跨区域经营。2006年4月26日，上海银行宁波分行开业，成为城市商业银行第一家跨区设立的分支机构。2006年11月8日，北京银行天津分行开业，把我国城市商业银行的跨区域经营又往前推进了一步。三是联合重组。2005年11月28日，安徽省内的6家城市商业银行和7家城市信用社在市场和自愿的基础上合并重组而成的徽商银行正式成立，拉开了城市商业银行合并重组的序幕。2007年1月24日，由江苏省内的无锡、苏州、南通、常州、淮安、徐州、扬州、镇江、盐城、连云港10家城市商业银行根据公平自愿原则建立的江苏银行开业，标志着我国城市商业银行的合并重组迈上了一个新台阶。以这种方式组建的还有吉林银行、富滇银行等。

### (四)农村信用社、农村商业银行和村镇银行

#### 1. 农村信用合作社

我国的农村信用社是由社员入股组成，实行民主管理的群众性合作制金融组织。它产生于解放初期，是中央推行合作化运动时的生产、供销、信用三大合作化组织之一。到1957年底，全国共成立的农村信用社达到8.8万个，绝大多数地区做到了“一乡一社”。作为合作性质的金融组织，其对我国农村金融的发展作出过重大贡献。但农村信用社在发展过程中，逐步偏离了合作制原则，因此国家按照管理银行的办法管理农村信用社。在1996年8月，国务院颁布了《国务院关于农村金融体制改革的决定》，决定将农村信用社办成农民入股、社员民主管理、主要为入股社员服务的真正的金融合作组织。其业务主要是：办理个人储蓄，办理农户、个体工商户、农村合作经济组织的存贷款，代理银行委托业务及办理批准的其他业务。

农村信用社由于各大商业银行在农村地区的拆点以及农村金融发展的需求有了较大的发展，在近些年的发展中，在经济比较发达的地区，一些农村信用合作社实质上已经发展成为小型商业银行，而在经济发展比较落后的地区，大量农村信用合作社的处境比较艰难，因此，今后农村信用合作社的发展是一个重大课题，基本改革思路主要在体现在以下几个方面：①明晰信用社产权关系，推进多元化产权模式；②增加大额贷款数量，建立区域资金流通机制，提高信用社盈利能力；③确立“三会”在内部治理的核心地位，减少政府部门对信用社的干预，加大人才引进和培养力度；④建立健全信用社监管体制，逐渐形成一个有效的监管体系；⑤国家配套优惠扶持政策，信用社自身建立风险控制机制，进一步提高农村信用社在农村信贷领域的竞争力；⑥完善农村信用社法律法规体系，保证信用社进一步改革的有法可依。

#### 2. 农村商业银行

随着农村金融体制改革的不断深化和农村经济发展的需要，经中国人民银行批准，2001年11月，在农村信用社基础上改制组建的首批股份制农村商业银行在江苏省的张家港、常熟、江阴成立，之后陆续在全国推广。

#### 3. 村镇银行

2007年1月29日，银监会发布并正式开始实施《村镇银行管理暂行规定》，依据这个规定，村镇银行是指经银监会依据有关法律、法规批准，由境内外金融机构、境内非金融机构企业法人、境内自然人出资，在农村地区设立的主要为当地农民、农业和农村经济发展提供金融服务的银行业金融机构。

经批准，村镇银行可以经营下列业务：吸收公众存款；发放短期、中期和长期贷款；办理国内结算；办理票据承兑与贴现；从事同业拆借；从事银行卡业务；代理发行、代理兑付、承销政府债券；代理收付款项及代理保险业务；经银行业监督管理机构批准的其他业务。

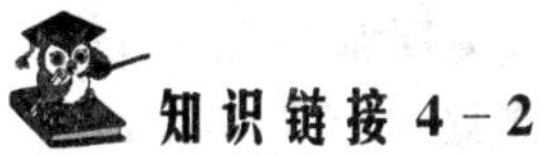

**知识链接 4-2**

**村镇银行与商业银行的区别**

村镇银行主要面向中小企业、微小企业、农村、农户和农业经济组织。以往，在中国农村只有农村信用社和只存不贷的邮政储蓄两种金融主体，金融服务的水平越来越无法满足农民的需求，因此建设村镇银行成为监管层大力推动的目标。村镇银行的成立门槛较低，在县(市)设立的村镇银行，其注册资本不得低于300万元人民币；在乡(镇)设立的村镇银行，其注册资本不得低于100万元人民币，是真正意义上的"小银行"。但村镇银行风险控制、管理制度与商业银行一样要求严格，为此，银监会要求发起人或出资人中应至少有1家银行业金融机构。

在经营范围方面，村镇银行的功能相当齐全。根据规定，村镇银行可以吸收公众存款，发放短、中、长期贷款，办理国内结算，办理票据承兑与贴现，从事同业拆借、银行卡业务，代理发行、兑付、承销政府债券，代理收付款项及保险业务和银监会批准的其他业务。

此外，村镇银行虽小，却是独立法人，区别于商业银行的分支机构，村镇银行信贷措施灵活、决策快。江苏惠山民泰村镇银行在贷款方面多采用担保而不是抵押方式。其中，贷款1万元至10万元只需1个人进行担保，30万元至50万元2～3人担保即可。通常情况下，3～5天银行就可以正常放款了。而在贷款利率计算上，仅在基准利率基础上上浮20%，月息约为千分之6.5，低于业内平均水平。

### (五)中国邮政储蓄银行

我国邮政储蓄最早始办于1919年，民国末期陷于停顿。中华人民共和国成立后，人民银行于1951年委托邮政部门代理储蓄业务，1953年再次停办。1986年，为支持国家经济建设，国务院批准邮政部门恢复办理储蓄业务，并在原邮电部和各省(区、市)邮电管理局内设置了邮政储汇局，对邮政储蓄、汇兑等项金融业务进行管理。2006年12月31日，经国务院同意，中国银监会正式批准中国邮政储蓄银行成立。邮政储蓄银行是中国邮政集团所属的股份制商业银行。中国邮政储蓄银行是在邮政储蓄的基础上组建的，其市场定位是：充分依托和发挥邮政网络优势，完善城乡金融服务功能，以零售业务和中间业务为主，为城市社区和广大农村地区居民提供基础金融服务，与其他商业银行形成互补关系，支持社会主义新农村建设。

## 四、政策性银行

政策性银行是由政府出资组建的，按照政府的意图与计划从事政策性业务的金融机构。我国从1994年开始先后组建了三家政策性银行，即国家开发银行、中国进出口银行和中国农业发展银行。其以不以营利为目的，在经营原则、贷款利率等方面具有浓厚的政治色彩，故称之为政策性银行。这三家政策性银行的自有资本归国家所有，而且银行的资金来源也主要是由国家供给，具有严格业务经营范围，不经营商业银行业务。它们具有官办性、专业性和政策性。政策性银行的主要职能是贯彻国家产业政策、支持区域发展战略、深入研究信贷政策。

### (一)国家开发银行

国家开发银行于1994年3月17日正式成立，成立时的主要任务是：按照国家的法律法规和方针政策，筹集和引导境内外资金，向国家基础设施、基础产业、支柱产业的大中型基本建设和技术改造等政策性项目及配套工程发放贷款，从资金来源上对固定资产总量进行控制和调节，优化投资结构，提高投资效益。国家开发银行办理政策性金融业务，实行独立核算，自主、保本经营。国家开发银行总行设在北京，目前设有35家分行和4家代表处。

### (二)中国进出口银行

中国进出口银行是直属于国务院领导的政策性金融机构，成立于1994年4月，总行设在北京，其主要职责是：为扩大我国机电产品、成套设备和高新技术产品进出口，推动有比较优势的企业开展对外承包工程和境外投资，促进对外关系发展和国际经贸合作，提供金融服务。

### (三)中国农业发展银行

中国农业发展银行是直属于国务院的专门办理政策性农村金融业务的金融机构，成立于1994年11月，其主要任务是：按照国家的法律法规和方针政策，以国家信用为基础，筹集农业政策性信贷资金，承担国家规定的农业政策性金融业务，代理财政性支农资金的拨付及监督使用，为农业和农村经济发展服务。中国农业发展银行是独立法人，总行设在北京，在省、地(市)、县设一级和二级分行及支行。

2007年年初召开的全国金融工作会议决定，推进国家开发银行、中国进出口银行和农业发展银行等三大政策性银行改革。其中，首先推进国家开发银行改革，按照建立现代金融企业制度的要求，全面推行商业化运作，自主经营、自担风险、自负盈亏，主要从事中长期业务。2008年12月16日，根据国务院决定，经中国银监会批准，国家开发银行股份有限公司在北京召开成立大会，成为第一家由政策性银行转型而来的商业银行。国家开发银行股份有限公司承继原国家开发银行全部资产、负债、业务、机构网点和员工，注册资本为3000亿人民币。财政部和中央汇金投资有限责任公司分别持有国家开发银行股份有限公司51.3%和48.7%的股权，依法行使出资人的权利和义务。

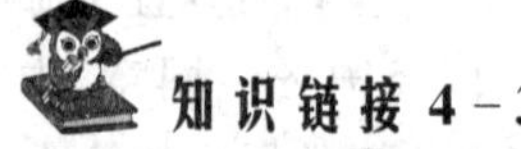

**知识链接4-3**

**2011年城商行总资产增长27% 增幅居银行机构之首**

银监会网站日前披露，截至2011年12月末，银行业金融机构总资产为111.5万亿元，同比增长18.3%，总负债为104.3万亿元，同比增长18%。

其中，大型商业银行总资产为52万亿元，同比增长13.4%，占银行业金融机构比例为46.6%，总负债为48.7万亿元，同比增长13.1%，占银行业金融机构比例为46.6%。

股份制商业银行总资产为18.3万亿元，同比增长23.3%，占银行业金融机构比例为16.4%，总负债为17.2万亿元，同比增长22.8%，占银行业金融机构比例为16.5%。

城市商业银行总资产为9.98万亿元，同比增长27.1%，占银行业金融机构比例为9%，总负债为9.3万亿元，同比增长26.5%，占银行业金融机构比例为8.9%。

其他类金融机构总资产为31.2万亿元，同比增长21.6%，占银行业金融机构比例为28%，总负债为29.1万亿元，同比增长21.3%，占银行业金融机构比例为27.9%。

## 五、我国非银行金融机构

凡是不以银行命名的金融组织统称为非银行金融机构。改革后其发展较快，各种公司达700多家。它们以一定的方式吸收社会资金并加以运用，从中获利，其中包括保险公司、证券公司、信托投资公司等。

### (一)保险公司

保险公司是专门经营保险业务的特殊形式的非银行金融机构。我国在1949年10月成立中国人民保险公司,1959年停办国内保险业务。1979年4月国务院提出要开展保险业务,为国家积累资金。从1980年起中国人民保险公司恢复了国内保险业务,其后,保险业在中国取得了较快的发展,除中国人民保险公司外,还有中国太平洋保险公司、中国人寿保险公司、中国平安保险公司等几十家保险机构。

保险是运用互助共济(大数法则)的原理,将个体面临的风险通过一定的组织形式、根据合同约定的权利与义务由群体来分担的一种经济行为。《中华人民共和国保险法》中对保险的表述为,保险是指投保人根据合同约定,向保险公司支付保险费,保险人对于合同约定的可能发生的事故因其发生所造成的财产损失承担赔偿保险金责任,或者当被保险人死亡、伤残、疾病或者达到合同约定的年龄、期限时承担给付保险金责任的商业保险行为。这是狭义的保险即商业保险。广义的保险是指保险人向投保人收取保险费,建立专门用途的保险基金,并对投保人负有法律或者合同规定范围内的赔偿或者给付责任的一种经济保障制度。广义的保险既包括商业保险又包括政策性保险。

保险具有分散风险、补偿损失的职能。保险要遵守保险利益原则、最大诚信原则、损失补偿原则和近因原则等。

保险业务主要分为两大类:人身保险和财产保险。现代商业性保险公司的主要业务有:人身保险、财产保险、责任保险、再保险四大部分。政策性保险公司的主要业务有:出口信用保险、存款保险等。

### (二)证券公司

证券公司是指依照《中华人民共和国公司法》和《中华人民共和国证券法》的规定设立的并经国务院证券监督管理机构审查批准而成立的专门经营证券业务,具有独立法人地位的有限责任公司或者股份有限公司。它分为证券经营公司和证券登记公司。狭义的证券公司是指证券经营公司,是经主管机关批准并在有关工商行政管理局领取营业执照后专门经营证券业务的机构。它具有证券交易所的会员资格,可以承销发行、自营买卖或自营兼代理买卖证券。普通投资人的证券投资都要通过证券商来进行。

从证券经营公司的功能分,主要有:①证券经纪商。即证券经纪公司,代理买卖证券的证券机构,接受投资人委托、代为买卖证券,并收取一定手续费即佣金。②证券自营商。即综合型证券公司,除了证券经纪公司的权限外,还可以自行买卖证券的证券机构,它们资金雄厚,可直接进入交易所为自己买卖股票。③证券承销商。即以包销或代销形式帮助发行人发售证券的机构。实际上,许多证券公司是兼营这三种业务的。按照各国现行的做法,证券交易所的会员公司均可在交易市场进行自营买卖,但专门以自营买卖为主的证券公司为数极少。

证券登记公司是证券集中登记过户的服务机构。它是证券交易不可缺少的部分,并兼有行政管理性质。它须经主管机关审核批准方可设立。

证券公司业务范围:①证券经纪;②证券投资咨询;③与证券交易、证券投资活动有关的财务顾问;④证券承销与保荐;⑤证券自营;⑥证券资产管理;⑦其他证券业务。1987年9月,中国人民银行批准成立深圳经济特区证券公司,这是新中国第一家证券公司,截至2010年末,全国共有100余家证券公司,排名前十位的证券公司是:中信证券、海通证券、国泰君安、广发证券、银河证券、招商证券、华泰证券、中信建投、国信证券、申银万国。

## (三)信托投资公司

### 1.信托的定义与关系人

信托是指委托人基于对受托人的信任，将其合法拥有的财产委托给受托人，由受托人按委托人的意愿以自己的名义，为受益人的利益或者特定的目的，进行管理或者处分的行为。概括地说是"受人之托，代人理财"。信托公司管理、运用信托财产时，可以依照信托文件的约定，采取出租、出售、贷款、投资、同业拆放等方式进行。目前能够从事资产管理业务的公司除了证券公司、基金公司、信托公司以外还有第三方理财公司，如私募基金。

信托业务方式灵活多样，适应性强，有利于搞活经济，加强地区间的经济技术协作；有利于吸收国内外资金，支持企业的设备更新和技术改造。

### 2.信托当事人

委托人是委托信托公司管理其自有财产的人。条件：财产合法拥有者；具有完全民事行为能力的法人、自然人和依法成立的其他组织。

受托人是接受信托，按照信托合同的规定管理或处分信托财产的人。但能够经营信托业务的受托人必须是经中国人民银行批准成立的信托投资公司。

受益人是享受信托利益(信托受益权)的人。受益人可以是自然人、法人或者是依法成立的其他组织；可以是委托人自己，也可以是他人。委托人与受益人为同一人的是自益信托，为不同人是他益信托。

### 3.信托的种类

信托的种类很多，主要包括：个人信托、法人信托；任意信托、特约信托；公益信托、私益信托；自益信托、他益信托；资金信托、动产信托、不动产信托；营业信托、非营业信托；民事信托和商事信托等。

### 4.信托的基本特征

(1)信托是以信任为基础，受托人应具有良好的信誉。

(2)信托成立的前提是委托人要将自有财产委托给受托人。

(3)信托财产具有独立性，信托依法成立后，信托财产即从委托人、受托人以及受益人的自有财产中分离出来，成为独立运作的财产。

(4)受托人为受益人的最大利益管理信托事务。

我国最早创办的信托投资公司是中国国际信托投资公司，它是在经济体制改革后开始创办起来的，现已发展为金融、投资、贸易、服务相结合的综合性经济实体。以后，又陆续建立了一批全国性信托投资公司，如中国光大国际信托投资公司、中国民族国际信托投资公司、中国经济开发信托投资公司以及为数众多的地方性信托投资公司与国际信托投资公司。

## (四)金融资产管理公司

为化解商业银行的不良资产，提高商业银行的经营效益，防范化解金融风险。我国在20世纪90年代后期，先后成立了四家金融资产管理公司——华融、长城、东方、信达资产管理公司。

金融资产管理公司以最大限度保全资产、减少损失为主要经营目标。根据有关规定，四家公司主要经营、办理和收购各家银行剥离的不良资产；债务追偿、资产置换、转让与销售；债务重组及企业重组；债券转股权及阶段性持股，资产证券化；资产管理范围内的上市推荐及债券、股票承销，直接投资；发行债券，商业借款；向金融机构借款和向中国人民银行申请再贷款；投资、财务及法律咨询和顾问；资产及项目评估；企业审计与破产清算；金融监管部门批准的其他业务。同时，公司还向境外投资者出售债权、股权。金融资产管理公司应当按照公开、竞争、择优的原则管理和处置资产，在转让资产时，主要采取招标、拍卖、竞价等方式。

### （五）企业集团财务公司

在我国，企业集团财务公司（除中外合资的财务公司外）都是依托大型企业集团而成立的，主要为企业集团成员单位的技术改造、新产品开发和产品销售提供金融服务。根据中国人民银行颁布的《企业集团财务公司管理办法》，我国企业集团财务公司能够开展的主要业务有：对成员单位办理财务和融资顾问、信用鉴证及相关的咨询、代理业务；协助成员单位实现交易款项的收付；经批准的保险代理业务；对成员单位提供担保；办理成员单位之间的委托贷款及委托投资；对成员单位办理票据承兑与贴现；办理成员单位内部转账结算及相应的结算、清算方案设计；吸收成员单位的存款；对成员单位办理贷款及融资租赁；从事同业拆借；中国银行业监督管理委员会批准的其他业务。

此外，我国非银行金融机构还有金融租赁公司、典当行等。

## 六、在华外资金融机构

根据《中华人民共和国外资银行管理条例》，外资银行是指依照中华人民共和国有关法律、法规，经批准在中华人民共和国境内设立的下列机构：一家外国银行单独出资或者一家外国银行与其他外国金融机构共同出资设立的外商独资银行；外国金融机构与中国的公司、企业共同出资设立的中外合资银行；外国银行分行；外国银行代表处。其中，外商独资银行、中外合资银行和外国银行的分行统称为外资银行营业性机构。

按照《中华人民共和国外资银行管理条例》，外商独资银行、中外合资银行按照银行监督管理委员会批准的业务范围，可以经营部分或者全部外汇业务和人民币业务；经中国人民银行批准，可以经营结汇、售汇业务。外国银行分行按照银行监督管理委员会批准，可以经营部分或者全部外汇业务以及对除中国境内公民以外客户的人民币业务。

据银监会统计，截至 2011 年末，我国共有 40 家外资法人机构。

## 七、我国港澳地区的金融机构

### （一）香港金融机构

香港银行业自第二次世界大战以来迅速发展。20 世纪 50 年代，香港只有单一的银行，以英资和本地华资居多；60 年代中期，祖国内地银行代表处进驻香港；70 年代后期，外资银行势力迅速扩张。1978 年 3 月以后，香港政府对外资银行在港设行先后开放两次，国际性的大商业银行乘机纷纷进入香港。与此同时，接受存款公司（财务公司）大量涌现，从而形成了一个以商业银行为核心，包括财务公司、保险公司、证券交易所、外国银行代表处等在内的庞大的金融机构体系。

1986 年香港实行新银行条例，将接受存款的金融机构分为持牌（也称持照）银行、持牌接受存款公司和注册接受存款公司三大类，从而建立起三级银行体制。1990 年，香港政府对上述银行体制进行改革，把持牌接受存款公司改称为“有限制持牌银行”或称“限制性持照银行”，把注册接受存款公司改称为“接受存款公司”。

因此，目前香港特别行政区的三级银行体制，由持牌银行、有限制持牌银行和接受存款公司三种正规金融机构组成。这三种机构构成了香港金融体系的核心和主体，此外，香港还有众多的非银行金融机构和政府金融管理机构。

1. 香港金融监管局

香港金融监管局成立于1992年10月，是由外汇基金管理局和银行业管理处合并而成的政府金融管理机构，执行着中央银行的基本职能，其主要职责是：负责制定及执行金融政策；监督货币及外汇市场的运作，以维持市场的稳定；管理外汇基金的资产，发展香港的金融市场；管理公债市场，监管银行业条例下的认可机构，货币发行业务则授权三家大商业银行（汇丰银行、渣打银行、中国银行）进行。

2. 持牌银行

持牌银行是经营全面银行业务的商业银行，它由两类银行组成：一类是外资银行和由外国银行持股达25%以上的本地银行，另一类是本地华资银行和中银集团。持牌银行从事一切商业银行业务，可经营企业往来账户和储蓄账户业务（且不受金融限制）。

3. 有限制持牌银行

有限制持牌银行具有商业银行的职能，主要从事投资银行及资本市场业务，并可接受一定期限的公众存款，但存款额不得少于50万港元，利率的制定则不受任何限制。

4. 接受存款公司

接受存款公司大多数是银行的附属机构，而且很多公司规模都不大。接受存款公司办理10万港元以上，超过3个月期限的存款，利率不受限制，不办理活期储蓄和短期（少于3个月）存款业务。从存款规模考虑，这些公司主要从事消费融资和提供住房贷款。

5. 非银行金融机构

非银行金融机构主要包括保险公司、证券公司、期货交易所会员公司、单位信托、养老基金和信用合作社等，这些非银行金融机构一直为中小企业和个人发挥重要作用，目前仍为一些特定的海外华人的商人集团和低收入阶层提供服务。

### （二）澳门金融机构

葡萄牙外汇银行澳门分行是1902年在澳门成立的第一家银行，中文名称为“大西洋银行”。直到20世纪70年代以前，该行还是澳门唯一的一家商业银行，是澳门的法定银行，除经营一般银行业务外，还拥有货币发行和管理澳门货币的特权，其余的金融机构都是找换店或银号。

20世纪60年代后期，澳门金融也有所发展。1970年8月，澳葡政府颁布了《管理银行及银号条例》，规定银行及银号的业务范围，规定银号只能经营货币兑换业务。1972—1975年间，一些有条件的银号或找换店以及祖国内地的澳门南通银行等，都先后注册改为银行，从而打破了由大西洋银行独家垄断的局面，澳门银行开始进入一个新阶段。1980年1月，澳葡政府正式成立了一个类似中央银行的“发行机构”——直属经济协调财务司，负责货币发行和管理、监督金融市场活动以及管理黄金、外汇等储备总库；同时，撤销了大西洋银行的货币发行权，大西洋银行改为发行机构的唯一代理行并向政府提供财务出纳服务。1982年组建银行公会，1983年成立澳门货币兑换机构，直接委托大西洋银行代理发行货币直到1995年10月，中国银行在澳门发行货币，揭开了澳门货币发行史上新的一页。

## 第三节 国际金融体系

国际金融机构是超越国家性质的从事国际金融事务管理及相关业务活动的金融联合组织或实体。历史上最早成立的国际金融机构是20世纪30年代成立的国际清算银行。第二次世界大战后，由于国际金融领域的动荡混乱严重阻碍了国际贸易的发展和世界经济的稳定，为了协调各国之间的货币金融关系，加强国际金融合作，各种不同形式的国际金融机构纷纷建立。

按其活动范围分，国际金融机构可分为全球性国际金融机构和区域性国际金融机构。

### 一、国际货币基金组织

国际货币基金组织(IMF)是联合国管理和协调国际金融关系的专门机构。

#### (一)国际货币基金组织的成立

根据1944年7月布雷顿森林会议达成的《国际货币基金协定》，国际货币基金组织于1945年12月27日正式成立，1947年3月1日开始其业务活动，同年11月15日成为联合国的一个专门机构，总部设在华盛顿。

国际货币基金组织的成员国分为两种：一种称为创始成员国，是指参加1944年布雷顿森林会议，并于1945年12月31日前在协定上签字正式参加的国家，共有39个。另一种称为其他成员国，是指在之后参加的国家。我国是国际货币基金组织的创始成员国之一，并于1980年4月18日恢复在国际货币基金组织的合法席位。截至2011年6月，国际货币基金组织共有187个成员国。

#### (二)国际货币基金组织的宗旨

《国际货币基金协定》第1条对国际货币基金组织的宗旨作出了明确的规定：

(1)建立一个永久性的国际货币机构，对国际货币问题进行协商，以促进国际货币合作。

(2)促进国际贸易的扩大和平衡发展，提高成员国的就业和实际收入水平，并扩大成员国的生产能力。

(3)促进汇率稳定，保持成员国之间有序的汇率安排，以避免竞争性的货币贬值。

(4)协助在成员国之间建立经常性交易的多边支付体系，并协助消除阻碍国际贸易增长的外汇管制。

(5)为成员国融通资金，使它们能够纠正国际收支问题，而无需采取有损于本国或国际繁荣的措施。

(6)力争缩短成员国国际收支失衡的时间，并减轻失衡的程度。

由上可知，国际货币基金组织的根本任务或职能是促进国际货币合作、维持汇率稳定、消除外汇管制、提供融通资金以平衡成员国国际收支等。

#### (三)国际货币基金组织的组织形式

国际货币基金组织是一个以会员国入股方式组成的经营性组织，而与一般股份公司不同的只是在于它不以营利为其经营的直接目的。

1. 理事会

理事会是国际货币基金组织的最高权力机构,由会员国各选派一名理事和副理事组成。理事一般由各国财政部部长或中央银行行长担任,副理事多为各国外汇管理机构负责人。理事会通常每年召开一次年会。理事会的主要职能是批准接纳新会员、修订协定条款、调整基金份额、决定会员国是否退出 IMF,讨论决定有关国际货币制度等重大问题。

2. 执行董事会

执行董事会是理事会下属的负责日常工作的机构,行使理事会委托的一切权力,由 24 名执行董事组成,其中 8 名由美、英、法、德、日、俄、中、沙特阿拉伯指派,其余 16 名执行董事由其他成员分别组成 16 个选区选举产生;中国为单独选区,亦有一席。执行董事每两年选举一次;总裁由执行董事会推选,负责基金组织的业务工作,任期 5 年,可连任,另外还有三名副总裁。但总裁在平时并无投票权,只有在执行董事会进行表决双方票数相等时,总裁才有决定性的一票。

3. 临时委员会

这是 1974 年 10 月成立的基金组织的重要决策机构,由 24 名执行董事相对应的会员国选派基金组织的理事或同等级别的人员组成,负责有关国际货币体系的管理和改革问题。并且还与世界银行一起共同设立了"发展委员会",专门研究和讨论向发展中国家提供援助转移实际资源的问题。

4. 发展委员会

这是基金组织与世界银行关于向发展中国家转移实际资源的部长级委员会,由基金组织理事、世界银行理事、部长级人士及职位与此相当的人士组成。发展委员会一般与临时委员会同时同地举行会议。

国际货币基金组织主要设有 5 个地区部门(非洲、亚洲、欧洲、中东、西半球),12 个职能部门(行政管理、中央银行业务、汇兑和贸易关系、对外关系、财政事务、国际货币基金学院、法律事务、研究、秘书、司库、统计、语言服务局),此外还设有负责对外联络或其他内部事务等方面的一些部门。

国际货币基金组织的重大决议和活动,要由会员国投票决定。凡是重大问题,都要有 80%～85%的赞成票才能通过。各会员国都拥有 250 票的基本投票权,然后在基本投票权的基础上,再按认缴份额每 10 万美元增加一票。所以各国投票权的多少主要是根据各会员国在基金组织认缴的份额决定的。认缴份额多则投票权就多。

### (四)国际货币基金组织的资金来源及业务活动

1. 国际货币基金组织的资金来源

作为一个以会员国入股组成的经营性组织,国际货币基金组织的基金来源主要是会员国缴纳的基本份额、向会员国借款以及营运收入。

2. 国际货币基金组织的业务活动

目前,国际货币基金组织的业务活动主要有监督、技术援助和资金援助。

(1)监督。国际货币基金组织通常对各国的汇率和宏观经济政策实行监督,其主要目的在于防止一国的汇率和经济发展政策决定对其他国家或世界造成不利的影响,以确保国际货币体系的有效运行。

(2)技术援助。基金组织提供的技术援助主要涉及四大领域:涉及和实施财政和货币政策;机构建设(如建立中央银行、国库、税务部门和海关);收集和改进统计数据;草拟和审阅金融立法。

(3)资金援助。资金援助主要通过创造储备资产、提供信贷资金及优惠贷款的方式提供援助。

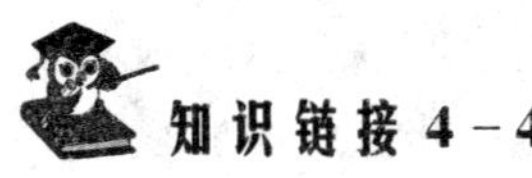

**知识链接 4-4**

**中国央行前副行长朱民出任 IMF 副总干事**

中国人民银行原副行长朱民于 2011 年 7 月 26 日正式出任国际货币基金组织副总裁。这是迄今为止中国人在 IMF 中担任的最高职务。他也被视为继林毅夫之后,中国提升自身在国际金融组织位置的又一个标志性人物。自中华人民共和国 1971 年恢复联合国合法席位到 2005 年,这 30 多年间,中国人除了因历史因素非竞选即担任联合国副秘书长等职位外,几乎从未参与联合国及其专门机构的高层职位竞选。但从 2005 年开始,中国人逐渐走上了国际组织高官的角逐场。

国际货币基金组织新任总干事拉加德强调,这将增加新兴经济体在基金组织内的决策层权重。拉加德相信这将受到新兴和发展中经济体的欢迎,这些国家一直要求能在基金组织有更大的话语权,以反映它们日益增长的经济实力。

中国这个世界第二大经济体,向来努力争取能在基金组织内担任要职,但却遭到日本的反对。日本的筱原尚之目前是基金组织的其中一位副总干事,来自中国的朱民若担任副总干事,将让该组织来自亚洲的高管增至两人。

## 二、世界银行集团

世界银行集团包括世界银行及其两个附属金融机构,即国际开发协会(IDA)和国际金融公司(IFC),以及多边投资担保机构(MIGA)和国际投资争端解决中心(ICSID)。其中,世界银行是成立最早、提供贷款最多的国际金融机构。

**1. 世界银行**

(1)世界银行的成立。根据 1944 年 7 月布雷顿森林会议签订的《国际复兴开发银行协定》,世界银行于 1945 年 12 月成立,1946 年 6 月开始营业,1947 年 11 月成为联合国的一个专门机构,是和国际货币基金组织同时成立的全球性国际金融机构之一。只有国际货币基金组织的会员国才能参加世界银行。世界银行的总部设在华盛顿,并在巴黎、纽约、伦敦等地设有办事机构。我国是世界银行的创立国之一,1980 年 5 月,中华人民共和国在世界银行及其附属机构的合法席位得到恢复。

(2)世界银行的宗旨。世界银行的宗旨是:对用于生产目的的投资提供便利,以协助成员国的复兴与开发,并鼓励不发达国家生产与资源的开发;通过保证或参与私人贷款和私人投资的方式,促进私人的对外投资;用鼓励国际投资以开发成员国生产资源的方法,促进国际贸易的长期均衡发展和维持国际收支平衡;在提供贷款保证时,应同其他方面的国际贷款配合。可见,目前世界银行的主要目的是向成员国尤其是发展中国家提供中长期的开发性贷款,资助其兴办特定的长期建设项目,以促进其经济增长和资源开发。

(3)世界银行的组织机构。根据布雷顿森林协定,只有国际货币基金组织的成员国才能申请加入世界银行。所以,世界银行的组织机构与国际货币基金组织大体相同,主要由理事会和执行董事会组成。

理事会是世界银行的最高权力机构，其组成与基金组织理事会相同。理事会的主要职责是批准接纳新会员国，增加或减少银行资本，停止会员国资格，决定银行净利润的分配以及其他重大问题。

执行董事会是负责办理世界银行日常业务的机构，形式由理事会授权的职权，其组成与基金组织执行董事会相同。执行董事会的主要职责是：调整银行政策，以进一步适应不断变化的客观实际；决定行长提出的贷款建议，向理事会提出财务统计报告、行政预算、银行业务和政策年报；向理事会提交需要审议的其他事项。

世界银行也是按股份公司的原则建立起来的金融机构。凡会员国均须认购该行的股份，权利的分配也按认股多少来进行。每个会员国的投票权也是基本投票权(250 票)和每认缴股金 10 万美元加 1 票加总计算。美国持股最多，享有最大的表决权，目前它拥有的投票权约占总数的 16%，日本和中国分别为第二和第三股东国。

(4)世界银行的业务活动。世界银行的资金主要来源于会员国实际缴纳的股金、世界银行在国际金融市场上的借款、世界银行自身形成的利润和债权出让。世界银行的主要业务活动是向会员国提供贷款，贷款主要方向为农业和农村发展项目、能源、教育、人口计划、旅游等方面。除贷款外，世界银行还向会员国提供技术援助。通常，这种技术援助与贷款相结合，以提高资金使用效率。

**2.世界银行的附属机构之一——国际开发协会**

(1)国际开发协会的成立。国际开发协会是世界银行的主要附属机构之一，它同时也是联合国的专门机构之一。它成立于 1960 年 9 月 24 日，同年 11 月 3 日开始营业，总部设在华盛顿。加入该协会的国家必须是世界银行的会员。我国于 1980 年 5 月恢复其合法席位。

(2)国际开发协会的宗旨。国际开发协会的宗旨是向欠发达地区的成员国提供条件较宽、期限较长、负担较轻并可用部分本国货币偿还的贷款资金，以促进其经济发展，提高生产力和生活水平。可见，国际开发协会作为世界银行活动的补充，是专门向低收入的发展中国家提供长期优惠贷款的国际性金融机构。

(3)国际开发协会的组织形式。国际开发协会的组织机构与世界银行相同，最高决策机构是理事会，下设执行董事会，负责日常业务工作。国际开发协会的重大问题采取投票方式表决。

(4)国际开发协会的业务活动。国际开发协会主要的资金来源之一是会员国认缴的股本。另一个主要资金来源是会员中的发达国家提供的补充资金，主要是高收入的工业化发达国家。此外，世界银行以赠予形式用其净收入向协会拨入的资金，以及协会自身的业务净收益也构成其资金来源的一部分。

国际开发协会的主要业务活动是向低收入发展中国家提供优惠贷款，其提供的贷款也被称为“开发信贷”。同时由于贷款条件优惠，也被称为“软贷款”。

软贷款的优惠体现在长期和无息两个方面。贷款期限平均为 38 年，最长可达 50 年，并有 10 年的宽限期。第二个 10 年每年还本 1%，其余各年每年还本 3%。还款时可以全部或一部分使用本国货币。软贷款不收利息，只收取 0.75%的手续费，对已生效未支用的部分收取 0.5%的承诺费。目前国际开发协会是向低收入国家提供优惠贷款最大的多边国际金融机构，差不多占各类金融机构提供的优惠贷款总额的 50%。贷款主要用于借款国农业和农村发展、基础设施建设、城市建设、人力资源开发等方面。

3. 世界银行的附属机构之一——国际金融公司

(1)国际金融公司的成立及宗旨。国际金融公司是专门向经济欠发达会员国的私营企业提供贷款与投资的国际性金融机构,是世界银行的附属机构之一。它成立于1956年7月,1957年成为联合国的一个专门机构,总部设在华盛顿。加入该公司的国家必须是世界银行的会员。我国于1980年5月恢复其合法席位。

国际金融公司的宗旨是对发展中国家成员国私人企业的发展提供无需政府担保的贷款,促进发展中国家私营经济的增长和国内资本市场的发展。

(2)国际金融公司的组织形式。根据国际金融公司的协定,只有世界银行的成员国才能成为国际金融公司的成员国,因此,其组织机构也和世界银行一样,由理事会和执行董事会组成。重大问题仍然采取投票表决方式。

(3)国际金融公司的业务。国际金融公司的资金来源有会员国的认缴股本及借入资金和营业收入。其主要业务活动是与私人资本一起共同投资,对较贫困的国家提供优惠贷款和资金援助。贷款对象主要是发展中国家会员国的私营企业。贷款主要用于私人企业的新建扩建改建项目,并以此促进外国私人资本向发展中国家投资。

4. 多边投资担保机构

多边投资担保机构是世界银行集团中最年轻的成员。它成立于1988年4月,截至2002年已有157个国家加入。其宗旨是开展对外国私人投资在会员国的非商业风险的担保,对有兴趣的会员国提供有关投资的信息技术援助和咨询服务,帮助会员国改善投资环境,提高对外来投资的吸引力,推动成员国相互间进行以生产为目的的投资,特别是向发展中国家的投资,以促进其经济的发展。

自1990年起,多边投资担保机构在我国开展业务,通过提供投资担保及投资咨询服务等方式,帮助我国改善投资环境,完善外国投资法规,促进外国投资流入我国。

5. 国际投资争端解决中心

国际投资争端解决中心成立于1966年,其成立的目的是通过为国际投资争端提供一个协调和仲裁的国际机构,以促进东道国和外国投资者之间建立相互信任的关系,从而鼓励国际投资。许多与国际投资有关的协议都规定以国际投资争端解决中心作为仲裁机构。

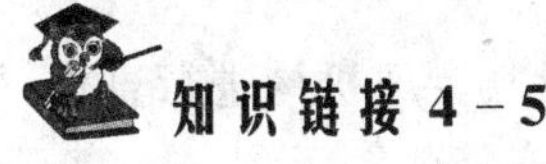

**知识链接 4-5**

**林毅夫被任命为世界银行高级副行长**

2008年2月4日,世界银行行长佐利克正式任命北京大学中国经济研究所主任林毅夫为世界银行高级副行长兼首席经济学家。世界银行的首席经济学家在拟订研究计划及发展方向上扮演相当重要的决策角色,林毅夫出任世界银行首席经济学家将更进一步转变世界银行与中国的关系。林毅夫是第一位非美国或欧洲人士出任此职。

林毅夫简介:林毅夫1982年毕业于北京大学经济学系,1986年在美国芝加哥大学经济系获博士学位,1987年在美国耶鲁大学经济发展中心进行博士后研究。1987年学成归来后曾担任国务院农村发展研究中心发展研究所副所长、国务院发展研究中心农村部副部长,1994年创立北京大学中国经济研究中心,并担任主任。

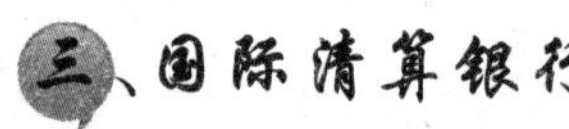

## 三、国际清算银行

### (一)国际清算银行的成立及宗旨

国际清算银行是西方主要国家中央银行合办的国际金融机构,也是世界上第一家国际金融机构。它是根据1930年1月20日签订的《海牙国际协定》,于同年5月由英国、法国、意大利、德国、比利时、日本六国的中央银行及美国三大商业银行(摩根银行、纽约花旗银行和芝加哥花旗银行)组成的银行集团联合出资成立的,总部设在瑞士的巴塞尔,后来欧洲、亚洲其他各国以及澳大利亚、加拿大和南非的中央银行也相继参加。中国人民银行于1984年12月11日正式加入国际清算银行。

国际清算银行的宗旨是促进各国中央银行的合作,为国际金融活动提供更多的便利,在国际金融清算中充当受托人或代理人。从某种意义上说,它履行着"中央银行的银行"的职能。

### (二)国际清算银行的业务

国际清算银行主要业务活动包括:代理各国中央银行买卖黄金、外汇和发行证券,接受各国中央银行的存款,办理国际性的政府借款,以及代理其他国际金融事务。另外,还负责召集"十国集团"和瑞士中央银行行长每月举行一次例会,讨论有关国际货币金融及国际借款安排等问题。

## 四、区域性国际金融机构

### (一)亚洲开发银行

#### 1. 亚洲开发银行的成立及宗旨

亚洲开发银行(简称"亚行"),是面向亚洲和太平洋地区的半区域性的国际金融机构,它是根据联合国亚洲及太平洋经济和社会委员会(简称"亚经会")的决议,于1966年11月成立,并于同年12月开始营业,总部设在菲律宾首都马尼拉。

亚行的成员国不限于亚太地区的国家,凡属于联合国亚经会的成员和准成员国,以及参加联合国或联合国某一专门机构的地区经济发达国家,均可加入亚行。我国于1986年2月17日恢复在亚洲开发银行的合法席位。

亚行的宗旨是:向成员国提供贷款、投资和技术援助,并与联合国及其专门机构进行合作,以协调成员国在经济、贸易和发展方面的政策,进而促进亚太地区的经济繁荣。

#### 2. 亚洲开发银行的业务活动

(1)亚行的资金来源。亚洲开发银行的营运资金主要来源于会员国认缴的股本。另一项重要的资金来源是通过借款来筹集。同时,其营运收入也构成其资金来源的一部分。此外,亚洲开发银行还通过其所获得的各种捐赠建立特别基金而形成其资金来源。

(2)亚行的资金运用。亚洲开发银行的资金运用主要是向其会员国发放贷款。贷款条件是,贷款只能用于向提供贷款的国家购买商品或支付劳务费等。亚洲开发银行还利用主要由捐赠所建立起来的特别基金,向会员国提供赠款,用于对其进行技术援助,但赠款有数额限制。

### (二)泛美开发银行

泛美开发银行是由美洲国家组织与欧亚其他国家联合共同创立的区域性国际金融机构。

它于1959年12月正式成立,1960年10月开始营业,总行设在华盛顿。

泛美开发银行的宗旨是:集中各成员国的力量,对成员国的经济、社会发展计划提供资金和技术援助,以促进各成员国的经济和社会发展。

泛美开发银行的主要业务活动是向拉美会员国政府及其他公私机构的经济项目提供贷款。贷款种类主要分为普通业务贷款和特种业务贷款。普通业务贷款的利率高于特种业务贷款,而贷款期限则比特种业务贷款短,且必须用借款货币偿还。特种业务贷款可全部或部分用本币偿还。此外,该行还设立了条件优惠的信托基金贷款。

### (三)非洲开发银行

非洲开发银行是非洲国家政府合办的互助性质的区域性国际金融机构,于1964年9月成立,1966年7月开始营业,总行设在象牙海岸(今科特迪瓦)的首都阿比让。为了吸收更多的资金,扩大银行的运营能力,1980年5月非洲开发银行第15届年会通过决议,允许非洲区域以外的国家投资入股加入该行。我国于1985年入股成为该行会员国。

非洲开发银行的宗旨是:为会员国的经济和社会发展提供资金,以促进和协调会员国社会进步和经济发展,促进本地区经济增长;并帮助制定非洲大陆发展的总体规划,以便达到非洲经济的一体化。

非洲开发银行的主要业务活动是向非洲区域内的会员国发放贷款,贷款种类主要分为普通贷款和特殊贷款两种。特别贷款不计息,条件优惠,贷款期限最长可达50年。

### (四)欧洲投资银行

欧洲投资银行是根据1957年西欧六国(即法国、西德、意大利、荷兰、比利时、卢森堡)签署的《罗马条约》,于1958年1月正式成立的,总部设在比利时布鲁塞尔。它是二战后世界上成立最早的区域性金融机构,成员国均为欧盟的成员国。

欧洲投资银行的宗旨是:利用国际资本市场和共同体本身的资金,对共同体内经济落后地区的发展计划提供长期贷款或担保,促进共同体内各地区的平衡与稳定发展。

欧洲投资银行的主要业务活动有四项:其一,对能够促进地区平衡发展的工业、能源等基础设施项目提供贷款或担保;其二,促进成员国或整个共同体感兴趣的事业的发展;其三,促进企业现代化;其四,向成员国海外属地、地中海沿岸各国和参加《洛美协定》的非洲、加勒比海与太平洋地区的国家提供贷款。

## 复习思考题

1. 什么是金融机构?它有哪些特点?
2. 金融机构的职能有哪些?
3. 什么是投资银行?它与商业银行的主要区别有哪些?
4. 试述我国金融机构体系的结构与职能。
5. 保险公司的主要保险业务有哪些?
6. 试述信用合作社的主要业务。
7. 试述国际金融机构体系及其作用。

## 讨论题

1. 你了解的我国金融资产管理公司的产生背景是什么？它在处理国有商业银行不良资产方面采取了哪些措施？结合不良债权的成因，你认为化解不良债权的主要途径何在？

2. 对于存款保险制度，赞成者认为是保持银行体系稳定的关键性制度，国家必须给予财力支持，反对者认为这一制度是道德风险的根源，不利于银行体系的健康运作与发展。对这样对立的见解，你的判断是什么？（可采用辩论赛的方式，设置正反双方来讨论"存款保险制度"的利弊大小）。

# 第五章

# 商业银行

## 本章导读

商业银行的历史源远流长，发展至今已有数百年，是各国金融机构体系中最主要的组成部分。“千百万户户户皆是储户，七十二行行行不离银行。”由此可见，当前商业银行已与社会经济发展和人民日常生活息息相关。本章简要地介绍商业银行产生发展的过程以及商业银行的作用、性质、类型及其发展趋势；系统地介绍商业银行的基本业务以及商业银行的管理理论。

## 引例思考

某镇政府为加快当地经济发展，决定投资5000万元建设一个制造项目，可是资金不足，镇长找到当地农业银行，希望给予贷款。银行行长没有表态，因为该镇政府前几年搞的几个工程项目都没成功，欠银行几千万元贷款至今无力偿还，可该镇长却对行长说：“反正银行的钱都是国家的，不用白不用，再说，即使损失了，银行多印些票子就行了。”

请思考：针对上述情况，该银行行长应该如何处理此项贷款要求？原因是什么？

## 第一节　商业银行概述

### 一、商业银行的产生与发展

#### (一)商业银行的产生

随着商品经济的迅速发展，货币兑换和收付的规模也不断扩大，为了避免长途携带大量金属货币带来的不便和风险，货币兑换商在经营兑换业务的同时开始兼营货币保管业务，后来又发展到办理支付和汇兑。随着货币兑换和保管业务的不断发展，货币兑换商集中了大量货币资金，当这些长期大量寄存的货币余额相对稳定，可以用来发放贷款获取高额利息收入时，货币兑换商便开始授信业务。货币兑换商由原来被动接受客户委托保管货币转而变成积极主动揽取货币保管业务，并且从降低保管费或不收保管费发展到给委托保管的客户一定的好处，保管货币业务逐渐演变成了存款业务。由此货币兑换商逐渐开始从事信用活动，商业银行的萌芽开始出现。

如果从历史发展顺序来看，银行业最早的发源地应该是意大利。早在1272年，意大利的佛罗伦萨就已经出现了一个巴尔迪银行。1310年，佩鲁齐银行成立。1397年，意大利又设立了麦迪西银行，10年后出现了热那亚乔治银行。当年的这些银行都是为了方便经商而设立的私人银行，比较具有近代意义的则是1587年设立的威尼斯银行。

17世纪以后，随着资本主义经济的发展和国际贸易规模的进一步扩大，近代商业银行雏形开始形成。随着资产阶级工业革命的兴起，工业发展对资金有了巨大需求，客观上要求商业银行发挥中介作用。在这种形势下，西方现代商业银行开始建立。1694 年，英国政府为了同高利贷作斗争，以维护新生的资产阶级发展工商业的需要，决定成立一家股份制银行——英格兰银行，并规定英格兰银行向工商企业发放贷款。英格兰银行的成立，标志着现代商业银行的诞生。

西方国家商业银行产生的社会条件和发展环境虽各不相同，但归纳起来主要由以下两种途径：

(1)从旧的高利贷银行转变而来。早期的银行是在资本主义生产关系还未建立时成立的，当时的贷款利率非常高，属于高利贷性质。随着资本主义生产关系的建立，高利贷因利息过高影响资本家的利润，制约着资本主义的发展。此时的高利贷银行面临着贷款需求锐减的困境和关闭的可能。不少高利贷银行顺应时代的变化，降低贷款利率，转变为商业银行。这种转变是早期商业银行形成的主要途径。

(2)按资本主义组织原则，以股份公司形式组建而成的现代商业银行。大多数商业银行是按照这一方式建立的。最早建立资本主义制度的英国，也最早建立了资本主义的股份制银行——英格兰银行，当时的英格兰银行宣布，以较低的利率向工商企业提供贷款。由于新成立的新格兰银行实力雄厚，很快就动摇了高利贷银行在信用领域的地位，英格兰银行也因此而成为现代商业银行的典范。英格兰银行的组建模式很快被推广到欧洲其他国家，商业银行开始在世界范围内普及。

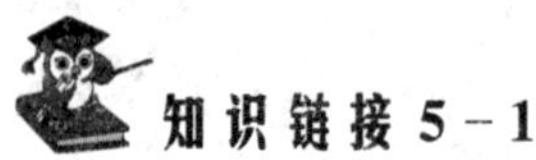
**知识链接 5-1**

**“银行”一词的来源**

“银行”一词始于意大利语 bacno，意为长凳、椅子，是最早的市场上货币兑换的营业用具。英语转化为 bank，原意为存钱的柜子。在中国历史上曾以白银为主要的货币材料，经商的店铺称为“行”，故译为“银行”。中国最早使用“银行”是在太平天国时期洪仁玕所著《资政新篇》(1895 年)中。有资料表明，我国古代已有“银行”一词，最早起于唐代(公元 618—907 年)，在公元 845 年苏州出现了“金银行”，北宋书法家蔡襄《教民十六事》一文中说：“银行辄造吹银出卖，许人告捉”……

### (二)商业银行的发展模式

经过几个世纪的发展，商业银行的经营业务和服务领域发生了巨大变化，纵观世界商业银行发展过程，大致可以分为以下两种模式：

#### 1. 以英国为代表的传统模式的商业银行

这一模式深受“实质票据论”的影响和支配，资金融通有明显的商业性质，因此主要业务集中于短期的自偿性贷款。银行通过贴现票据发放短期贷款，一旦票据到期或承销完成，贷款就可以自动收回。这种贷款由于与商业活动、企业产销相结合，所以期限短、流动性高，商业银行的安全性就能得到一定的保证，并获得稳定的利润。但是这种传统模式也使商业银行的业务发展受到一定的限制。

#### 2. 以德国为代表的综合式的商业银行

与传统模式的商业银行相比，综合式商业银行除了提供短期商业性贷款以外，还提供长期贷款，甚至可以直接投资股票和债券，帮助公司包销证券，参与企业的决策与发展，并为企业提供必要的财务支持和咨询服务。至今，不仅德国、瑞士、奥地利等少数国家采用这种模式，而且美国、日本等国的商业银行也在向综合式商业银行转化。这种综合式的商业银行有"金融百货公司"之称,它有利于银行展开全方位的业务经营活动,充分发挥商业银行的经济核心作用,但也有增加商业银行经营风险等不足。

## 二、商业银行的性质与职能

### (一)商业银行的性质

商业银行是以追求最大利润为经营目标,以多种金融资产和金融负债为经营对象,为客户提供多功能、综合性服务的金融企业。《中华人民共和国商业银行法》第二条规定:"本法所称的商业银行是指依照本法和《中华人民共和国公司法》设立的吸收公众存款、发放贷款、办理结算等业务的企业法人。"

**1. 商业银行是一种企业**

商业银行与一般企业一样,拥有业务经营所需要的自有资本,依法经营,照章纳税,自负盈亏,具有独立的法人资格,拥有独立的财产、名称、组织机构与场所。商业银行也是由两个以上的股东共同出资,并按公司法中的规定程序设立的经济组织。商业银行的经营目的是追求利润最大化,获取最大利润是其经营与发展的基本前提,也是其发展的内在动力。

**2. 商业银行是一种特殊的企业**

商业银行是企业,但又与一般的企业存在差别,是特殊的企业,其特殊性体现在以下方面:①经营对象特殊。一般企业从事商品的生产与流通,商业银行是以金融资产和金融负债为经营对象,包括货币收付、借贷及各种与货币有关的金融服务。②商业银行与一般工商企业关系特殊。一方面,一般工商企业要依靠银行办理存、贷款和日常结算,商业银行也要依靠一般企业经营过程中暂时闲置的资金来增加资金来源,并以一般工商企业作为主要贷款客户获取利润。另一方面,一般工商企业是商业银行业务经营的基础,企业的发展和企业的素质影响到商业银行的存在。③商业银行对社会的影响特殊。一般工商企业的经营好坏只影响到一个企业的股东和这一企业相关的当事人,而商业银行经营的好坏可能影响到整个社会的稳定。④国家对商业银行的管理特殊。由于商业银行对社会的特殊影响,国家对商业银行的管理要比对一般工商企业严格得多,管理的范围也广泛得多。

**3. 商业银行是一种特殊的金融企业**

商业银行不仅不同于一般的工商企业,也不同于一般的金融企业。与其他金融机构相比,商业银行提供的金融服务更全面,其他金融机构,如政策性银行、保险公司、证券公司等属于特种金融机构,只能提供某一方面的金融服务。另外,商业银行也是唯一能够吸收、创造、收缩存款货币的银行。

### (二)商业银行的职能

商业银行的性质决定其职能,作为现代经济的核心,商业银行具有以下职能:

**1. 信用中介**

信用中介职能是指商业银行通过负债业务,将社会上的各种闲散资金集中起来,通过资产业务,将所集中起来的资金运用到国民经济各部门中去。商业银行充当资金供应者和资金需求者的中介,实现了资金的顺利融通。信用中介职能是商业银行最基本、最能反映其经营活动特征的职能。

商业银行的这种中介职能虽然没有改变资金的所有权，但改变了货币资金的使用权，使货币资金既处于流通过程，同时又处于一个分配过程。商业银行在执行信用中介职能的过程中，形成对经济过程多层次的调节关系。在不改变社会资本总量的条件下，改变资本的实际使用量，从而扩大生产规模，实现资本增值。商业银行通过执行信用中介职能，将社会闲置的小额货币资金汇集成巨额资本，将大部分用于消费的货币资金转化为生产建设资本，加速了社会生产的增长；通过执行信用中介职能，将短期货币资本转化为长期资本，在盈利性原则的支配下，还可以使资金从效益低的部门向效益高的部门转移，从而优化经济结构。

**2. 支付中介**

支付中介是指商业银行利用活期存款账户，为客户办理各种货币结算、货币收付、货币兑换和转移存款等业务活动。在执行支付中介职能时，商业银行是以企业、团体或个人的货币保管者、出纳和支付代理人的资格出现的。

从历史来看，商业银行的支付中介职能先于信用中介职能。最初产生的货币经营企业主要从事货币保管和办理支付，当货币积存量不断增加、货币经营人也为追求盈利而放款时，信用中介职能才产生。但从发展过程来看，支付中介职能也有赖于信用中介职能的发展，因为只有在客户有存款的基础上，商业银行才能办理支付，所以二者相互推进，共同构成了商业银行信贷资金的整体运动。

**3. 信用创造**

信用创造职能是商业银行的特殊职能，它是在信用中介和支付中介职能的基础上产生的。信用创造是商业银行利用其吸收活期存款的有利条件，通过发放贷款、从事投资业务而衍生出更多的存款，从而扩大货币供应量。商业银行通过吸收各种存款，并通过资金运用，把款项贷给工商企业，在支票流通和转账的基础上，贷款又会形成新的存款。在整个银行体系中，除了开始吸收的存款为原始存款外，其余都是商业银行贷款创造出来的派生存款。

必须指出的是，整个信用创造过程，是中央银行和商业银行共同完成的，中央银行运用创造货币的权力调控货币供应量，而具体经济过程中的货币派生又是在各商业银行体系内形成的。

**4. 金融服务**

金融服务是指商业银行利用在国民经济中联系面广、信息灵通等特殊地位和优势，利用其在发挥信用中介和支付中介职能的过程中所获得的大量信息，借助电子计算机等先进手段和工具，为客户提供财务咨询、融资代理、信托租赁、代收代付等各种金融服务。随着经济的发展，工商企业的业务经营环境日益复杂化，银行间的业务竞争也日益剧烈化，商业银行的金融服务职能日益加强。商业银行也不断地拓展新的业务领域，增强竞争力。

## 三、商业银行的组织制度

所谓商业银行组织制度，是指一个国家用法律形式所确定的银行体系结构以及组成这一体系的各类银行、金融机构的职责分工和相互关系。商业银行组织制度的形式主要有以下几种：

**1. 单一银行制**

单一银行制又称单元银行制，是指由于法律上禁止或限制商业银行设立分支机构，银行业务职能完全由总行经营的制度。目前，实行这种组织体制的商业银行一般都是地方性商业银行。

美国曾是典型的单一银行制国家。这种单一银行制度是由美国特殊的历史背景和政治制度所决定的。美国作为一个联邦制国家，各州之间的独立性很大，早期东西部经济发展又有较大差距。为了保护本州信贷资源，保护本州的中小银行，一些经济落后的州就通过颁布州银行法，禁止或限制其他州的银行到本州设立分行，以达到保护本州利益不被侵犯的目的。

赞成这种银行制度的人认为这种制度有以下优点：①能够防止银行业的垄断与集中，鼓励银行间公平竞争；②单一制银行与当地经济联系密切，能更好地为本地区经济服务；③单一制银行营业成本低，管理层次少，经营效率比较高。

反对者则认为这一制度有如下缺点：①不利于银行的发展，在采用最新的技术和设备时单位成本较高，不易获得规模经济的好处；②单一银行制资金实力较弱，抵抗风险能力较弱；③单一银行制本身与经济外向型发展存在矛盾，会人为地造成资本的迂回流动，削弱银行竞争力。

**2. 分支行制**

分支行制又称总分行制，是指商业银行可以在其总行所在地区及国内或国外的其他地方设立分支机构的制度。分支行制银行的总行一般设在大城市，分支行的业务及有关内部事务一般统一遵照总行的规章制度和指示办理。分支行制银行按管理方式不同，又可进一步划分为总行制银行和总管理处制银行。总行制是指总行除管理、控制各分支行以外，本身也对外营业，办理业务。而在总管理处制度下，总管理处只负责管理控制各分支行，其本身不对外营业，在总管理处所在地另设分支行对外营业。例如，我国的交通银行就是实行总管理处制度的商业银行。

同单一制银行相比，分支行制银行具有以下几方面的优点：①有利于银行扩大经营规模，获得规模经济的好处，便于银行采用现代化管理手段和设备，提高银行的服务质量，加快资金周转速度；②有利于银行广泛吸收存款、调剂资金、转移信用、分散和缓解多种风险；③总行家数少，有利于国家的控制和管理；④由于资金来源广泛，有利于提高银行的竞争力。当然，分支行制也存在一些缺陷，如容易加速垄断的形成，并且由于其规模大，内部管理层次较多，会增加银行管理的难度。但总的来看，分支行制更能适应现代化经济发展的需要，因而受到各国政府和银行界的青睐，成为当代商业银行的主要组织形式。

**3. 持股公司制**

持股公司制银行又称集团制银行，是指由一个集团成立股权公司，再由该公司收购或控制一家或若干家独立的银行。若成立的股权公司是仅持有一家银行股票的持股公司，则称为单一银行持股公司，与单一银行持股公司相对的是多银行持股公司。持股公司对银行的有效控制权是指能控制一家银行25%以上的投票权。按控制主体不同，持股公司又可分为非银行性持股公司和银行性持股公司。前者是通过大企业控制某一银行的主要股份而组织起来的，后者是由大银行直接组织一个持股公司，有若干家较小的银行从属于这一大银行，例如，花旗集团就是银行性持股公司，它控制着300多家银行。

**4. 连锁银行制**

连锁银行制又称连锁经营制或联合制，是指由同一个人或集团控制两家或两家以上的银行。这种控制可以分为通过持有股份、共同指导或其他法律允许的形式完成。连锁银行制的成员银行保持自己的独立地位，掌握各自的业务和经营政策，具有自己的理事会。

**5. 网上银行**

20世纪末，互联网的出现给人类生活带来了质的飞跃，也给金融业特别是银行业带来了前所未有的革新。1995年10月，世界上第一家网上银行——安全第一银行——在美国开业。

此后，网上银行在各国迅速发展。网上银行以先进的网络技术作为支撑，以看不见的无形银行经营模式，打破传统的经营理念，给商业银行的组织形式带来了创新。

网上银行的业务主要有如下几个方面：①发布静态信息。银行发布关于银行的简介，如分支机构情况、银行的主要业务介绍等。②发布动态信息。银行发布客户所关心的利率、汇率等实时更新的信息。另外，客户还可以通过电子邮件进行相关信息的查询，及时了解相关信息的变动情况。③在线查询账户信息。客户可以通过互联网查询本人账户的余额或交易记录。④在线交易。银行通过互联网向客户提供存款、贷款、支付、转账等在线业务。作为21世纪世界金融业务的重要组织形式，网上银行正在以其不受时空限制以及成本低廉的优势越来越受到人们的广泛重视。

## 四、商业银行的经营目标和原则

商业银行以营利为目标，遵循盈利性、安全性和流动性的原则。

### (一)盈利性

银行的经营动机是为了获取利润。利润体现了商业银行的经营管理水平。商业银行在竞争中必须不断改善经营管理，采取各种措施以获取更多的利润。这些措施主要有：合理调度头寸，把银行的现金准备压缩到最低限度；大量吸收存款，开辟资金来源，把这些资金用于能够获取较多收益的贷款和证券投资上，并尽可能避免呆账的损失；加强经济核算，采用先进技术设备，提高劳动效率，降低费用开支，不断增强业务收益。

商业银行的盈利不仅关系到银行自身经营条件的改善和发展，也关系到整个国民经济和社会生活，银行的经营收益是整个社会经济发展的集中体现，影响银行盈利的主要因素是银行的盈利率和银行资金的周转率。

### (二)安全性

安全性是指要使银行资产避免风险损失。因为商业银行贷款发放和证券投资存在着信用风险、市场风险和利率风险，有可能发生贷款本金和利息不能按时按量收回和证券投资损失的情况。如果出现这种情况必然影响存款不能按时按量兑付，引起客户减少存款，甚至出现挤兑现象，危机银行的经营前途。因此，要求银行加强对客户的资信调查和经营预测；银行资产要在种类和客户两方面适当分散，并与负债的规模保持一定比例；商业银行要遵守国家法令，执行中央银行的金融政策和制度，取得国家的法律保护和中央银行的支持等。

### (三)流动性

流动性是指银行能随时应对客户提取存款的支付能力。保持流动性，即保持银行一定的清偿力，以应付日常提现需要，特别是应付大量突然提现需要，对于保证银行不断有大量资金来源、银行信贷金正常周转，以及银行业务顺利经营都是极其重要的。在商业银行的资产构成中，可以随时用于应对客户提取存款的库存现金和在中央银行存款，其流动性最强，一般称为第一准备；在短期内可以变现的国家债券，其流动性较好，一般称为第二准备；长期贷款、不动产抵押贷款和长期债券需要较长时间收回资金，流动性最差。为了保持流动性，银行也首先使库存现金和短期内可变现资产能够满足客户提现的需要。

《中华人民共和国商业银行法》规定："商业银行以安全性、流动性、效益性为经营原则，实行自主经营、自担风险、自负盈亏、自我约束。"

银行业务经营的三项原则既有联系又有矛盾。它们联系密切，其中安全性是前提，只有保证了资金安全无损，业务才能正常运转；流动性是条件，只有保证了资金正常流动，才能确立信用中介的地位，银行各项业务活动才能顺利进行；盈利性是目的，银行经营强调安全性和流动性，其目的就是为了获取利润。

三者的矛盾表现在：盈利性与安全性呈反方向变化，盈利水平高的资产，风险大、安全性低；而较安全的资产，盈利水平较低。盈利性和流动性也呈反方向变化，盈利高的资产流动性差，而流动性强的资产盈利水平则较低。安全性和流动性之间呈同方向变化，流动性强的资产安全性高，而流动性差的资产安全性也低。因此，银行要满足盈利性、安全性和流动性三方面的要求，就需要在经营管理中统筹兼顾，协调安排，实现三者之间的最佳组合。

## 第二节 商业银行业务

商业银行的业务一般包括负债业务、资产业务、中间业务和表外业务。随着银行业国际化的发展，这些国内业务还可以延伸为国际业务。

### 一、商业银行的负债业务

负债业务是形成商业银行资金来源的业务，是商业银行资产业务的前提。其全部资金来源包括自有资本金、吸收存款、借款和其他负债。其中吸收存款是商业银行的主要资金来源，所以有些国家将商业银行称为存款银行。

#### （一）自有资本

商业银行的自有资本是其开展各项业务的初始资金，主要包括实收资本（股本）、银行盈余、补偿性准备金和从属债务。

**1. 实收资本（股本）**

它是指投资者按照章程或合同、协议的约定，实际投入商业银行的资本（股本）。

**2. 银行盈余**

它包括资本公积和留存收益。资本公积包括股本溢价、股权投资准备、外币资本折算差额、关联交易差价和其他资本公积。留存收益包括盈余公积和未分配利润。盈余公积包括法定盈余公积、任意盈余公积以及法定公益金。

**3. 补偿性准备金**

它是指银行为应付意外损失而从收益中预先提留的资金，包括资本准备金和贷款、证券损失准备金。资本准备金用于应付优先股的赎回和股份损失等股票资本的减少；贷款、证券损失准备金则用于应付贷款呆账损失、证券本金拒付或价格下跌所造成的损失。为鼓励商业银行的审慎经营，许多国家的银行监管者允许银行从税前收益中提取补偿性准备金，因此提取补偿性准备金成为商业银行避税的重要手段。

**4. 从属债务**

这是银行资本中较为特殊的一项。严格说来，和企业的自有资本一样，作为所有者权益的银行资本也只能是通过所有者出资，或由银行税后利润转化而来的银行自有资本。但在现实中，各国的银行监管当局一般都认可将某些从属债务也算作银行资本。所谓从属债务，是指当商业银行破产清算时,偿还顺序较为靠后的债务。由于这些债务的清偿排在担保债务、存款和其他一般性债务之后,所以也具有一定的资本属性。

自有资本在银行全部资金来源中只占一小部分(巴塞尔协议要求资本充足率不低于8%),这些自有资本是银行吸收外来资金的基础。因此,自有资本的多少体现了银行的资本实力以及对债权人的保障程度。

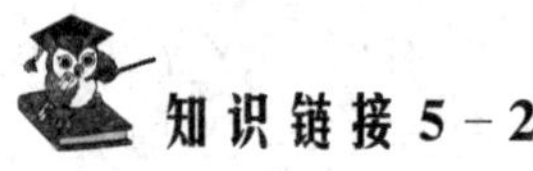

**知识链接 5-2**

**巴塞尔协议**

巴塞尔委员会是1974年由十国集团中央银行行长倡议建立的,其成员包括十国集团中央银行和银行监管部门的代表。自成立以来,巴塞尔委员会制定了一系列重要的银行监管规定。这些规定不具法律约束力,但十国集团监管部门一致同意在规定时间内在十国集团实施。经过一段时间的检验,鉴于其合理性、科学性和可操作性,许多非十国集团监管部门也自愿地遵守了巴塞尔协议和资本协议,特别是那些国际金融参与度高的国家,目前已构成国际社会普遍认可的银行监管国际标准。

1988年的《巴塞尔报告》被称为巴塞尔协议Ⅰ(旧巴塞尔协议),主要内容包括四部分:将资本分为核心资本与附属资本;根据不同类型资产和表外业务的风险大小,赋予不同的权数;资本资本充足率应达到8%,核心资本充足率至少为4%;各国监管当局自由决定的范围。

1997年爆发的东南亚金融危机波及全世界,而当时的巴塞尔协议机制却没有发挥出应有的作用,在这样的背景下,1999年6月,巴塞尔委员会决定修订原协议,2004年6月正式公布,并希望大多数的国家在2006年年底以前都能采用此架构。巴塞尔协议Ⅱ(新巴塞尔协议),将风险扩大到信用风险、市场风险、操作风险和利率风险,并提出"三大支柱"要求资本监管更为准确地反映银行经营的风险状况,进一步提高金融体系的安全性和稳健性。

基于2008年金融危机的教训,巴塞尔委员会对现行银行监管国际规则进行了重大改革,2010年9月12日巴塞尔银行监管委员会宣布各方代表就"巴塞尔协议Ⅲ"达成一致。其主要内容有:强化资本充足率监管标准;引入杠杆率监管标准;建立流动性覆盖率监管标准。巴塞尔协议Ⅲ体现了微观审慎监管与宏观审慎监管有机结合的监管新思维。

### (二)存款

存款业务是银行接受客户存入的货币,存款人可以随时或按约定时间取款的信用业务。吸收存款是商业银行负债业务中最主要的资金来源,一般占负债总额的70%左右。存款业务决定银行的负债规模,甚至影响银行的生存和发展。商业银行的存款分为活期存款、通知存款、定期存款和储蓄存款。商业银行最大的特点就是可以接受活期存款。

#### 1. 活期存款

活期存款是不规定存款期限,存户可随时存取,银行有义务随时兑付的存款。银行发给存款人支票簿,存款人可用支票从银行提取现款,但更多的是用支票向第三者支付货款或偿还债务。由于活期存款可用支票随时提存,存取数量大、流通速度快,银行需付出大量的人力和物力,因此,绝大多数国家的银行对活期存款不付给利息。在有些国家,甚至向活期存款客户收取手续费。我国商业银行目前对活期存款仍付给较低的利息。虽然活期存款客户经常提取存款,但同时也经常有新存款补充,所以银行总有相当稳定的活期存款余额用于发放贷款。

参加活期存款的对象有工商企业、个人、政府以及外国客户等。他们把闲置资金作为活期存款存入银行不是为了获取利息，而是为了通过银行进行各种支付和结算。

**2. 通知存款**

通知存款是存款人在存款时未约定期限，提取在银行的存款时，必须提前一定时间通知银行，以便银行提前准备资金、保证支付的存款。这项存款的利率一般高于活期存款利率而低于定期存款利率。

**3. 定期存款**

定期存款是具有固定期限、到期才能提取的存款。这种存款凭存单提取，存单不能转让。定期存款具有稳定性，是银行吸收外来资金中可靠的部分，可用于长期贷款业务，所以银行均付给较高的利息。存款户如急需资金，要求提前支取时，须在一定时期前通知银行方能提取，其利息则不按原利率付给。为了取得稳定的资金来源，银行特别注意吸收定期存款。从 20 世纪 60 年代开始，美国的商业银行首创大额定额存单，面额一般在 10 万美元以上，期限以 30～90 天最为普遍，在规定的到期日前不能兑现，但可以流通转让，并且不受利息率规定的限制。

银行对定期存款可用利率作为竞争的工具，但实际上利率竞争也有一定的限度。在多数国家，存款利率的最高限额一般由金融当局或银行工会规定，银行一般不以提高利率的方法来扩大吸收存款，而主要以提供有效服务来吸收存款。

**4. 储蓄存款**

储蓄存款一般是个人为了积存货币和取得利息收入在银行开立账户的存款。储蓄存款不使用支票，而是使用存折或存单，手续比较简单。

储蓄存款有活期和定期两种。活期储蓄存款的存取无一定期限的限制，只凭存折即可提取，存折一般不能流通转让，存户不能透支款项。

**知识链接 5－3**

**储户受骗申请挂失 邮局延误钱被冒取被判担责**

广西桂林市永福县罗锦镇黄某，被人骗走邮政储蓄活期存折一本，存折中有存款 1 万元。黄某马上骑自行车去永福县罗锦邮电支局储蓄点挂失，但由于值班柜员怠于履行义务，结果导致黄某的存款被骗子冒取 1 万元。近日，永福县人民法院一审判决责任单位赔偿黄某 7000 元人民币。

2008 年 8 月 25 日上午 11 时半，黄某在永福县罗锦镇被他人骗走活期存折和存折密码。黄某于当日 11 时 54 分赶到罗锦邮电支局储蓄点，询问有关挂失事项，并于 11 时 56 分向该所柜员提供了其第二代居民身份证（下称"二代证"）、储户姓名、储蓄种类、密码、金额及住址等有关情况（但忘记账号），申请挂失活期存折。该所柜员立即根据黄某的二代身份证号码查该存折账号，但未能查到，便以黄某不能提供存折账号及根据黄某的二代证号码无法查到该存折账号为由拒绝办理挂失，并让黄某将其第一代居民身份证（下称"一代证"）和户口证件带来。11 时 59 分，黄某回家拿一代证和户口证件，于 12 时 11 分返回储蓄点并将其一代证和户口簿交柜员。柜员操作电脑后仍未能查到黄某所申请挂失的存折账号，因而未能办理挂失止付手续。12 时 14 分，黄某告诉储蓄点柜员，其存折和密码被别人骗去了，所以要求紧急挂失。之后，储蓄点柜员便用电话通知附近邮政储蓄网点暂时止付。但 12 时 26 分，永福县邮政局下属的凤翔邮政储蓄点（县城）回电话告知，黄某的存款已被人取走 1 万元。

黄某认为，以上损失是值班柜员失职引起，遂将永福县邮政局告上法庭，要求赔偿损失。

法院经调查审理认为，根据相关法规，储蓄点在黄某持有的活期存折遗失，并申请挂失止付的情况下，本应立即为黄某办理存款的临时止付手续，而不应以黄某不能提供存折账号为由拒绝办理挂失。由于柜员不能及时为黄某办理存折挂失手续，致使黄某存折上的款项被他人冒领，储蓄点主观上有过错，应承担相应的违约责任。由于黄某的损失自己也有一定过错，因此法院酌情判定由黄某和永福县邮政局对此损失分别承担 30%、70%的责任。

### （三）借款

借款是指商业银行向中央银行的借款或在金融市场中获取的资金。借款对商业银行的经营活动具有重要意义。这主要体现在以下几个方面：一是借款可用于解决商业银行短期头寸的不足。当商业银行短期资金需求无法通过存款负债满足时，可以通过借款满足其流动性要求，以解决商业银行资金周转的需要。二是借款可以扩大商业银行的经营规模，增加商业银行的盈利。商业银行的借款主要有以下几种：

#### 1. 向中央银行借款

商业银行向中央银行借款的主要形式有两种：一是再贷款，二是再贴现。再贷款是中央银行向商业银行的信用放款，也称直接借款；再贴现是指商业银行将其持有的未到期的贴现票据向中央银行再次贴现，也称间接借款。一般来说，商业银行向中央银行借款，其主要的、直接的目的在于缓解本身资金暂时不足的情况，而非用来发放贷款赚取利息。

#### 2. 银行同业拆借

银行同业拆借是商业银行为解决短期资金余缺，调剂准备头寸而相互融通资金的一种重要方式。在这种拆借业务中，借入资金的商业银行主要是将其用于解决临时资金周转的问题。一般均为短期的，有时是今日借明日还，对于这种同业拆借通常称为“隔日放款”或“今日货币”。我国目前同业拆借有 1 天、7 天、14 天、21 天、1 个月、2 个月、3 个月或 4 个月八个品种。同业拆借的利率主要取决于市场资金供给状况，一般较低。同业拆借都通过各商业银行在中央银行的存款账户来进行。

#### 3. 发行金融债券

金融债券就是由银行和非银行金融机构发行的债券。发行金融债券是商业银行筹集长期资金来源的重要途径。通过发行金融债券筹集资金，既可以促使商业银行负债来源多样化，提高负债的稳定性，从而既可以提高银行资金使用效率和效益，又可以提高筹资效率。正是基于上述优点，自 20 世纪 70 年代开始，商业银行发行金融债券筹资的现象在各国相继出现。我国自 1985 年开始允许银行发行金融债券来筹集资金。

#### 4. 欧洲货币市场借款

所谓欧洲货币，实际上就是境外货币。欧洲货币市场借款是指商业银行在境外金融市场筹措资金的方式，又称境外借款。境外借款可以直接向境外银行或国际金融机构借入，也可以委托有关金融机构在境外金融市场发行债券。境外借款的期限视所需资金的用途而定，短的只有几天，长的可达 20 年。欧洲货币市场自形成之日起，就对世界各国商业银行产生了很大的吸引力。其主要原因在于它是一个完全自由的、开放的、富有竞争力的市场。这主要体现在以下几个方面：①欧洲货币市场不受任何国家政府管制和纳税限制；②欧洲货币市场资金调度灵活、手续简便；③欧洲货币市场不受存款准备金和存款利率最高额的限制，因而其存款利率相对较高，贷款利率相对较低，这无论对存款人还是借款人都具有吸引力。

## 二、商业银行的资产业务

商业银行的资产业务是其运用资金获取盈利的业务。商业银行通过负债业务聚集的资金，除缴纳的法定存款准备金和留足超额存款准备金以方便顾客提取存款外，其余部分主要以贷款和投资的方式加以运用。一般来说，商业银行的资产业务主要包括现金资产、贷款以及证券投资等。

### （一）现金资产

现金资产是商业银行持有的库存现金以及与现金等同的可随时用于支付的银行资产。现金资产是为满足银行的流动性需要而安排的准备资产。商业银行的现金资产一般包括以下几类：

#### 1.库存现金

库存现金是指商业银行保存在金库中的现钞和硬币。库存现金的主要作用是银行用来应付客户提现和银行本身的日常零星开支。因此，任何一家营业性银行机构，为了保证对客户的现金支付，都必须保存一定数量的现金。但由于库存现金是一种非盈利性资产，而且保存库存现金还需要花费银行大量的保卫费用。因此，从经营角度讲，库存现金不宜保存过多。

#### 2.在中央银行的存款

在中央银行的存款是指商业银行存在中央银行的资金，即存款准备金，在中央银行存款由两部分组成，一是法定存款准本金，二是超额存款准备金。

法定存款准备金是按照法定比率向中央银行缴存的存款准备金。规定缴存存款准备金的最初目的是为了使银行备有足够的资金，应付存款人提取存款，避免因流动性不足而产生清偿力的危机，导致银行破产。目前，法定存款准备金已经演变成为中央银行调节信用的一种政策手段，在正常情况下商业银行一般不得动用，缴存法定比率的准备金具有强制性。我国中央银行对商业银行实行的就是法定存款准备金制度。

超额存款准备金是指中央银行存款准备金账户中，超过了法定存款准备金的那部分存款。这部分存款犹如工商企业在商业银行的活期存款一样，是商业银行在中央银行账户上保有的用于日常支付和债权债务清算的资金。超额存款准备金是商业银行的可用资金，其多寡直接影响着商业银行的信贷扩张能力。

中央银行的法定存款准备率之所以能够作为调节经济的手段，是因为法定存款准备金率的变化，会影响商业银行超额存款准备金的多少，进而会影响到商业银行对企业的信贷扩张能力。当法定存款准备金率提高时，商业银行的超额存款准备金就相应减少，其信贷扩张能力下降；反之，当法定存款准备金率下降时，商业银行的超额存款准备金就相应增多，其信贷扩张能力提高。

#### 3.存放同业存款

存放同业存款是指存放在其他银行的存款。存放同业存款主要为了便于银行之间的票据清算以及代理收付等往来业务。存放同业存款为活期存款的性质，可随时支用，因而通常被视为银行的现金资产，作为其营运资金的一部分。

#### 4.托收中的现金

托收中的现金是在银行间确认与转账过程中的支票金额。当个人、企业或政府部门将其收到的支票存入银行时，他们不能立即调动该款项，而必须在银行经过一定时间确认之后方可提现使用。在发达国家,这一过程大约需要1～4天,托收中的现金属于资金占用,其规模取决于托收票据的数量以及票据清算时间。

### (二)贷款

贷款是商业银行最主要的业务活动。商业银行通过贷款支持社会各经济部门的生产和流通,促进经济增长。对于商业银行而言,贷款又是其收益最大的经济活动,是商业银行利润的最大来源。

#### 1.按照贷款期限划分,商业银行贷款可分为短期贷款、中期贷款和长期贷款

短期贷款是指期限在1年以内的各种贷款,其特点是期限短、流动性强、风险小,它是商业银行贷款的主要组成部分。中期贷款一般是指期限在1～5年的各项贷款。而长期贷款则是指期限在5年以上的各项贷款。中长期贷款主要是各种固定资产贷款和开发性贷款,其特点是期限长、流动性差、风险大、利率高。

#### 2.按贷款的偿还方式划分,商业银行贷款可分为一次性偿还贷款和分期偿还贷款

一次性偿还贷款是指借款人在贷款到期日一次性还清本息的贷款,其利息可以分期支付,也可以在归还本金时一次付息。通常情况下,临时性、周转性的贷款都是一次性偿还贷款。分期偿还贷款是指客户按规定的期限分次偿还本金和利息的贷款。长期性贷款大多采用这种方式,其利息的计算有加权平均法、利随本清法等。

#### 3.按贷款的保障条件划分,商业银行贷款可以分为信用贷款、担保贷款和票据贴现

信用贷款是指银行完全凭借客户的信誉而无须提供抵押物或第三者责任而发放的贷款。这类贷款从理论上讲风险较大,因而银行要收取较高的利息,且一般只向银行熟悉的较大的公司借款人提供。对借款人的条件要求较高。

担保贷款是指具有一定的财产或信用作为还款保证的贷款。根据还款保证的不同,具体分为抵押贷款、质押贷款、保证贷款。抵押贷款是指按规定的抵押方式,以借款人或第三者的财产作为抵押发放的贷款;质押贷款是指按规定的质押方式,以借款人或第三者的动产或权利作为质物发放的贷款;保证贷款是指按规定的保证方式,以第三人承诺在借款人不能偿还贷款时,按约定承担一般保证责任或者连带责任而发放的贷款。担保贷款由于有财产或第三者承诺作为还款的保证,所以贷款风险相对较小。但担保贷款手续复杂,且需要花费抵押物(质物)的评估、保管以及核保等费用,贷款的成本也比较大。在我国抵押贷款、质押贷款和保证贷款都是按《中华人民共和国担保法》规定的方式发放的。

票据贴现是贷款的一种特殊方式,它是指银行应客户的要求,以现款或活期存款买进客户持有的未到期的商业票据的方式发放的贷款。票据贴现实行预扣利息,票据到期后,银行可向票据载明的付款人收取票款。如果票据合格,且有信誉良好的承兑人承兑,这种贷款的安全性和流动性都比较好。

#### 4.按照贷款质量和风险程度来划分,商业银行贷款可以分为正常贷款、关注贷款、次级贷款、可疑贷款和损失贷款

正常贷款是指借款人能够履行借款合同,有充分把握按时足额偿还本息的贷款。这类贷款的借款人财务状况无懈可击,没有任何理由怀疑贷款的本息偿还会发生任何问题。关注贷款是指尽管借款人目前有能力偿还贷款本息,但是存在一些影响贷款偿还的不利因素。如果这些因素继续下去,则有可能影响贷款的偿还,因此需要对其进行关注,或对其进行监控。次级贷款是指借款人依靠其正常的经营收入已经无法偿还贷款的本息,而不得不通过重新融资

或拆东墙补西墙的办法来归还贷款，表明借款人的还款能力出现了明显的问题。可疑贷款是指借款人无法足额偿还贷款本息，即使执行抵押或担保，也肯定要造成一部分损失，这类贷款具备了次级贷款的所有特征，但是程度更加严重。损失贷款是指在采取了所有可能的措施和一切必要的法律程序之后，本息仍无法收回，或只能收回极少部分。这类贷款银行已没有意义将其继续保留在账面上，应当在履行必要的内部程序之后立即冲销。五级分类是国际金融业对银行贷款质量的公认的标准，这种方法建立在动态监测的基础上，通过对借款人现金流量、财务实力、抵押品价值等因素的连续监测和分析，判断贷款的实际损失程度。为了弥补和防御已经可以识别的贷款风险，商业银行可以视其具体情况计提专项呆账准备金。

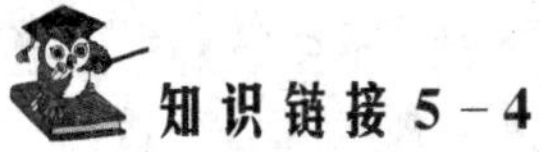
**知识链接 5－4**

**美国次贷危机**

美国次贷危机(sub-prime crisis)又称次级房贷危机，也译为次债危机。它是一场发生在美国，因次级抵押贷款机构破产、投资基金被迫关闭、股市剧烈震荡引起的金融风暴。它致使全球主要金融市场出现流动性不足危机。美国"次贷危机"是从 2006 年春季开始逐步显现的。2007 年 8 月开始席卷美国、欧盟和日本等世界主要金融市场。

对于美国金融危机的发生，一般看法都认为，这场危机主要是金融监管制度的缺失造成的，那些贪婪无度的华尔街投机者钻制度的空子，弄虚作假，欺骗大众。这场危机的一个根本原因在于美国近三十年来加速推行的新自由主义经济政策。

所谓新自由主义，是一套以复兴传统自由主义理想，以减少政府对经济社会的干预为主要经济政策目标的思潮。美国新自由主义经济政策开始于 20 世纪 80 年代初期，其背景是 70 年代的经济滞胀危机，内容主要包括：减少政府对金融、劳动力等市场的干预，打击工会，推行促进消费、以高消费带动高增长的经济政策等。新自由主义的一个重要内容是解除管制，其中包括金融管制。自 80 年代初里根政府执政以后，美国一直通过制定和修改法律，放宽对金融业的限制，推进金融自由化和所谓的金融创新。例如，1982 年，美国国会通过《加恩-圣杰曼储蓄机构法》，给予储蓄机构与银行相似的业务范围，但却不受美联储的管制。根据该法，储蓄机构可以购买商业票据和公司债券，发放商业抵押贷款和消费贷款，甚至购买垃圾债券，引诱普通百姓通过借贷超前消费、入市投机。

另外，美国国会还先后通过了《1987 年公平竞争银行法》、《1989 年金融机构改革、复兴和实施方案》，以及 1999 年《金融服务现代化法》等众多立法，彻底废除了 1933 年《美国银行法》(即格拉斯-斯蒂格尔法)的基本原则，将银行业与证券、保险等投资行业之间的壁垒消除，从而为金融市场的所谓金融创新、金融投机等打开方便之门。

在上述法律改革背景之下，美国华尔街的投机气氛日益浓厚。特别是自 90 年代末以来，随着利率不断走低，资产证券化和金融衍生产品创新速度不断加快，加上弥漫全社会的奢侈消费文化和对未来繁荣的盲目乐观，为普通民众的借贷超前消费提供了可能。特别是通过房地产市场只涨不跌的神话，诱使大量不具备还款能力的消费者纷纷通过按揭手段，借钱涌入住房市场。

引起美国次级抵押贷款市场风暴的表面直接原因是美国的利率上升和住房市场持续降温。利息上升，导致还款压力增大，很多本来信用不好的用户感觉还款压力大，出现违约的可能，对银行贷款的收回造成影响的危机，对全世界很多国家包括中国也造成严重影响。有学者指出，"技术层面上早该破产的美国，由于欠下世界其他国家过多的债务，而债权国因不愿看到美国破产，不仅不能抛弃美国国债等，甚至必须继续认购更多的美国债务，以确保美国不破产”。

在美国，贷款是非常普遍的现象。当地人很少全款买房，通常都是长时间贷款。可是在这里失业和再就业是很常见的现象。这些收入并不稳定甚至根本没有收入的人，买房因为信用等级达不到标准，就被定义为次级信用贷款者，简称次级贷款者。

由于之前的房价很高，银行认为尽管贷款给了次级信用借款人，如借款人无法偿还贷款，则可以利用抵押的房屋来还，拍卖或者出售后收回银行贷款。但由于房价突然走低，借款人无力偿还时，银行把房屋出售，但却发现得到的资金不能弥补当时的贷款加利息，甚至无法弥补贷款额本身，这样银行就会在这个贷款上出现亏损。

一个两个借款人出现这样的问题还好，但由于分期付款的利息上升，加上这些借款人本身就是次级信用贷款者，这样就导致了大量的无法还贷的借款人，造成放贷银行大面积亏损。

美国次级抵押贷款市场通常采用固定利率和浮动利率相结合的还款方式，即：购房者在购房后头几年以固定利率偿还贷款，其后以浮动利率偿还贷款。

在2006年之前的5年里，由于美国住房市场持续繁荣，加上前几年美国利率水平较低，美国的次级抵押贷款市场迅速发展。

随着美国住房市场的降温尤其是短期利率的提高，次贷还款利率也大幅上升，购房者的还贷负担大为加重。同时，住房市场的持续降温也使购房者出售住房或者通过抵押住房再融资变得困难。这种局面直接导致大批次贷的借款人不能按期偿还贷款，进而引发“次贷危机”。

此外，商业银行贷款按用途不同划分，可分为流动性贷款、固定资金贷款、科技开发贷款和消费贷款；按贷款对象的不同所有制划分，可分为国有企业贷款、集体企业贷款、个体经济贷款和“三资”企业贷款；按贷款对象的不同部门划分，可以分为工业贷款、商业贷款、农业贷款、个人房地产贷款、消费贷款等。

### （三）商业银行的证券投资业务

随着金融市场的发展，证券投资成为商业银行的一种重要资产形式。在我国，有些商业银行证券投资在总资产中所占比例已接近贷款所占比例。

《中华人民共和国商业银行法》规定：“商业银行在中华人民共和国境内不得从事信托投资和证券经营业务，不得向非自用不动产投资或者向非银行金融机构和企业投资，但国家另有规定的除外。”因此，目前我国商业银行的投资品种仅限于债券。商业银行债券投资的对象，与债券市场的发展密切相关。我国商业银行债券投资的对象主要包括国债、金融债券、中央银行票据、资产支持证券、企业债券和公司债券等。

**1. 国债**

国债是国家为筹措资金而向投资者出具的书面借款凭证，承诺在一定的时期内按约定的条件，按期支付利息和到期归还本金。国债以国家信用为后盾，通常被认为没有信用风险，而且国债的二级市场相当发达，交易方便，其利息收入不用缴纳所得税，因此成为商业银行证券投资的主要对象。国债包括凭证式国债、记账式国债和电子式国债三种，有交易所和银行间债券交易市场两个发行和流通渠道。

**2. 金融债券**

我国的金融债券是指依法在中华人民共和国境内设立的金融机构法人在全国银行间债券市场发行的、按约定还本付息的有价证券。它主要包括：政策性金融债券，即由国家开发银行、中国进出口银行、中国农业发展银行三家政策性银行发行的金融证券；商业银行债券，包括商业银行普通债券、次级债券、可转换债券、混合资本债券等；其他金融债券，即企业集团财务公司及其他金融机构所发行的金融债券。

3. 中央银行票据

中央银行票据简称央行票据或央票，是指中国人民银行面向全国银行间债券市场成员发行的、期限一般在 3 年以内的中短期债券。中国人民银行于 2003 年第二季度开始发行央行票据。与财政部通过发行国债筹集资金的性质不同，中国人民银行发行票据的目的不是筹资，而是通过公开市场操作调节金融体系的流动性，是一种重要的货币政策手段。央行票据具有无风险、流动性高等特点，因而是商业银行债券投资的重要手段。

4. 资产支持证券

资产支持证券是资产证券化产生的资产。资产证券化是指将缺乏流动性，但具有未来现金流的资产汇集起来，通过结构性重组，将其转变为可以在金融市场上出售和流通的证券，据以融通资金的机制和过程。具体到银行，资产证券化也称信贷资产证券化，即银行将信贷资产转出表外，打包再分割后，出售给其他投资者。这样，一方面可收回资金；另一方面在计算资产充足率时让分母变小，从而满足最低资本充足率的要求。2005 年 12 月 15 日，国家开发银行发行的开元信贷资产支持证券（简称开元证券）和中国建设银行发行的建元个人住房抵押贷款支持债券（简称建元债券，信贷资产包分成了 A、B、C 三个优先级和次级贷款证券）在银行间债券市场公开发行，标志着资产证券化业务正式进入中国内地。我国资产支持证券只在全国银行间债券市场上发行和交易，其投资者仅限于银行间债券市场的参与者，因此，商业银行是其主要投资者。

资产证券化由于能帮助银行解决资金瓶颈，已成为银行继股权融资、债权融资后的又一重要选项。但由于信贷资产证券化中银行既要担负银行贷款管理成本，也需要担负市场发债成本，其总的交易成本要比再贷款或者直接发行债券都高，因此资产证券化存在着一定的风险。还有，信贷资产包从银行表内转出，银行往往被要求对资产承担一定的信用担保责任，如果银行完全不须对这些资产的风险状况负责，就很容易诱发银行的欺诈行为，比如把不良资产粉饰成优良资产。为此，政府应加强资产证券化的监管。比如，美国主要证券化的基础产品为住房抵押贷款，就是因为美国政府为实现“居者有其屋”的宏伟政治目标，支持着房地美和房利美一边从商业银行等金融机构购买住房按揭贷款并证券化，另一边以近乎政府信用的级别，将这些债券出售，最后引发次贷风暴，危害波及全世界各个国家和地区。

5. 企业债券和公司债券

在国外，没有企业债券和公司债券的划分，统称为公司债。在我国，企业债券是指按照《企业债券管理条例》的规定发行和交易，由国家发展与改革委员会监督管理的债券，在实践中，其发债主体为国有独资企业或国有控制企业。公司债券管理机构为中国证券监督管理委员会，发债主体为按照《中华人民共和国公司法》设立的公司法人，在实践中，其发行主体是上市公司，其信用保障是发债公司的资产质量、经营状况、盈利水平和持续盈利能力等。公司债券在证券登记结算公司统一登记托管，可申请在证券交易所上市交易，其信用风险一般高于企业债券。2008 年 4 月 15 日起实行的《银行间债券市场非金融企业债务融资工具管理办法》进一步促进了企业债券在银行间债券市场的发行，企业债券和公司债券成为我国商业银行越来越重要的投资对象。

## 三、商业银行的中间业务和表外业务

中间业务是银行不需要运用自己的资金,代客户承办支付和其他委托事项而收取手续费的业务。传统的中间业务有结算业务、信用证业务、代收业务、信托业务、租赁业务等。表外业务是指商业银行所经营的此种业务不记入资产负债表内,不构成资产负债总额,但在一定条件下有可能转化为表内业务。表外业务会带来收益或盈利,但也有可能带来风险和损失。

广义的表外业务是指所有能给银行带来收入而又不在资产负债表中反映的业务,因此,商业银行所有的中间业务均属于广义的表外业务;狭义的表外业务仅指涉及承诺和或有债权的活动,虽不直接构成资产负债,但却是一种潜在资产负债,一定条件会转化为表内业务,银行承担风险。

### (一)结算业务

结算业务是商业银行存款业务派生出来的一种业务,是商业银行通过提供结算工具,为购销双方或收付双方完成货币收付、记账行为的业务。商业银行的结算业务按是否直接使用现金,分为现金结算业务和转账结算业务。随着银行信用范围的逐步扩展,转账结算已成为商业银行的主要结算业务。同时,商业银行的结算业务按照收付款人所处的地点,又分为同城结算和异地结算两种类型。另外,按照结算工具的种类来划分,我国商业银行目前办理的结算业务主要有七种:银行汇票、商业汇票、银行本票、支票、汇兑、委托收款和托收承付业务。

商业银行代理客户办理结算业务中会有一段时间的间隔,可以占用客户一部分资金,虽然每一笔款项可占用的数额不大,时间也短,但由于银行每天办理大量的结算业务,这笔占用的资金数额就颇为可观。

### (二)信用证业务

信用证业务是由银行保证付款的业务,可以解决买卖双方互不信任的矛盾,这种业务分为商品信用证和货币信用证两种。

商品信用证是银行应买方的要求,开给卖方的一种保证付款的凭证。在银行应买方的要求开出信用证时,信用证上开列买方购货所规定的条件如货物的规格、数量、单价等,只要卖方按所列条件发货,就有权凭信用证要求银行付款。这种业务在异地采购尤其是国际贸易中使用非常广泛。

货币信用证是银行收取客户的一定款项后,开给客户保证在异地银行兑取相应现款的一种凭证。旅行者常使用这项特殊的汇兑,这样,他们可不必要携带现金。

银行经营信用证业务,可以从中收取手续费,并可以占用一部分客户资金。

### (三)代理业务

代理业务是商业银行接受客户的委托,以代理人的身份,代为办理委托人指定的经济事务。商业银行在接受委托并办理代理事项过程中,依据双方商定的收费标准,收取一定的代理费用。同时,在委托人赋予的权限范围内所办的事项,具有委托人亲自办理的同等效力。

商业银行办理的代理业务主要有:

#### 1. 代理收付业务

代理收付业务是商业银行利用自身的结算与营业网点便利,接受客户的委托代为办理指定款项的收付事宜。例如代理公共事业收费,包括代收固定电话费、移动电话费、水电费、煤气费、有线电视费、社保基金等;代理行政事业性收费,包括代收行政罚没款,代收交通罚款,代收学杂费、医疗费;代理财政性收费,包括代收税款、代收财政预算外资金、代收财政预算内资金;代扣个人款项,包括个人住房抵押贷款、个人汽车消费贷款、个人大额耐用消费品贷款;代发工资、退休金;代收物业费等。

**2.代理保险业务**

代理保险业务是指商业银行接受保险公司委托代其办理保险业务,如受托代个人或法人投保各险种的保险事宜,也可作为保险公司的代表,与保险公司签订代理协议,代理保险公司承接有关保险业务,包括代售保单、代收保费和代付保险金业务,银行从中收取一定的服务手续费。

**3.代理商业银行业务**

代理商业银行业务是指商业银行之间签订委托代理协议,主要是代理城市商业银行人民币结算、国际业务结算等业务。

**4.代理其他业务**

代理其他业务主要是商业银行利用自身优势,代理证券资金的清算、汇划业务;代销开放式基金业务以及代理国债买卖业务。

### (四)信托业务

信托业务是银行接受客户的委托,代理管理、营运、处理有关钱财的业务。这种业务按对象可划分为个人信托和社团、企业信托两个方面。对个人的信托业务包括代管财产、办理遗产转让、保管有价证券和贵重物品、代办人寿保险等。目前因旅游业发达,银行的信托业务还为委托人设计旅游线路,另外还代拟家庭预算、代办个人纳税等。对社团企业的信托业务包括:代办投资、代办公司企业的筹资事宜,如股票、公司债券等的注册、发行及股息红利发放、还本等,代办合并或接管其他企业,代管雇员福利账户和退休养老金的发放,业务咨询,代理政府办理国库券、公债券的发行、推销以及还本付息等。

银行经营信托业务一般只收取有关的手续费,至于在营运中获得的收入则归委托人所有。银行开展这项业务时可以把占用的一部分信托资金用于投资。

第二次世界大战后,信托业务发展极为迅速。其原因在于银行资产负债业务的联系面广,银行熟悉行情,信息渠道畅通,而且也和银行营运信贷资金密切相关。同时,由银行承办信托业务与个人之间的委托相比有许多优点,即银行要承担信誉和债务上的责任、集团评估决策、不单方面偏袒某一方、应变能力强等。

银行承办信托业务,不仅可以把一部分信托资金留归自己使用,而且还可以掌握大量企业股票,从而取得一些企业的控制权。

### (五)租赁业务

租赁业务是银行通过所属的专业机构将大型设备出租给企业使用的业务。这种业务一般是由银行所控制的分公司经营。租赁的范围包括飞机、船只、车辆、钻井平台、电子计算机和各种机电设备,目前甚至扩大到成套工厂。租赁的一般程序是:先由租户直接与设备制造厂商就设备的型号、规格、数量以及价格和交货日期进行谈判,谈判结束后,租赁公司向设备制造厂商购买设备,所需资金由租赁公司负责;然后租户和租赁公司签订租赁合同,与设备制造厂商签订维修、培训人员、更新部件等技术合同。厂商按合同向租户所在地发货,货到验收合格后,租期即开始。租户按合同规定,向租赁公司交纳的租金总额包括设备费、手续费和利息等。租期一般为3~5年,也有长达10年的,租期中一般不得中途解约。租期结束后,承租人可续租、议购或终结租赁协议退回设备。

### (六)信用卡业务

信用卡是由商业银行或专门的信用卡公司发行的一种现代支付工具,持卡人可以凭卡在特约商号中购买商品,或支付交通、旅游费用,还可以凭卡到指定银行兑付现金。信用卡通常有一定的透支额度,当持卡人信用卡账户上的存款额小于其消费支出额时,差额将自动转为持卡人对发卡单位的负债,透支超过一定期限后持卡人要付利息。发卡单位一般只向持卡人收取少量服务费,其主要收入来源于特约商号的回扣费。特约商号之所以愿意接受信用卡支付方式,并向发卡单位支付回扣单,是因为可以借此扩大销售。目前信用卡业务在我国发展十分迅速。

### (七)其他中间业务

#### 1.代理融通业务

代理融通是由商业银行代客收取应收账款,并向客户提供资金融通的一种业务。这种业务产生于工商企业扩大销售与收回货款的需要,既有利于应收账款按时收回,又可解决赊销企业资金周转不灵的困难,因此极受客户的欢迎。商业银行在办理此项业务时可以收取一定的手续费和融资利息,因此是一项很有发展潜力的业务。

#### 2.咨询和信息服务业务

咨询和信息服务业务的建立是因为银行同各方面均有联系,对市场情况了解比较多,所以企业经常咨询有关业务。因此,一些国家的大商业银行设立专门机构从事此项业务,并收取一定的服务费。

#### 3.保管业务

保管业务是商业银行利用自身的设施(如保管箱、保管库),接受客户的委托,代为保管各种贵金属、珠宝、古玩字画、有价证券、契约文件、保密档案资料、设计图纸等,并收取一定的手续费。

### (八)表外业务

#### 1.提供担保和类似的或有负债

商业银行为债务人提供担保,如果债务人不能及时付款,则由担保人承担责任。它主要有票据承兑、备用信用证、贷款担保等。

#### 2.提供承诺

承诺是未来特定时期内,向客户提供按事先约定的条件发放一定数额贷款的承诺。它主要有回购协议、贷款承诺、票据发行便利等。客户要求银行承诺主要是作为一种后备保证,从而提高自身的资信度。就银行而言,承诺不一定履行,但凭借信誉就可以获得可观的收益。

#### 3.金融衍生产品交易

金融衍生产品是指以股票、债券或货币等资产为基础派生出来的金融工具。它主要有货币互换、货币期货、货币期权、利率互换、利率期权、股票指数期货和期权等。商业银行经营此项业务主要是为了自身资产规避风险,但也能进行盈利性投资。

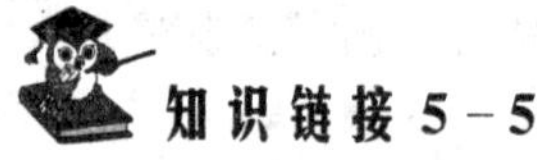

**知识链接 5-5**

**巴林银行倒闭事件**

巴林银行:历史显赫的英国老牌贵族银行,世界上最富有的女人——伊丽莎白女王——也信赖它的理财水准,并是它的长期客户。

尼克·李森:国际金融界"天才交易员",曾任巴林银行驻新加坡巴林期货公司总经理、首席交易员,以稳健、大胆著称。在日经225期货合约市场上,他被誉为"不可战胜的李森"。

1994年下半年,李森认为,日本经济已开始走出衰退,股市将会有大涨趋势。于是大量买进日经225指数期货合约和看涨期权。然而"人算不如天算",事与愿违,1995年1月16日,日本关西大地震,股市暴跌,李森所持多头头寸遭受重创,损失高达2.1亿英镑。

这时的情况虽然糟糕,但还不至于能撼动巴林银行。只是对李森先生来说已经严重影响其光荣的地位。李森凭其天才的经验,为了反败为胜,再次大量补仓日经225期货合约和利率期货合约,头寸总量已达十多万手。

要知道这是以"杠杆效应"放大了几十倍的期货合约。当日经225指数跌至18500点以下时,每跌一点,李森先生的头寸就要损失两百多万美元。

"事情往往朝着最糟糕的方向发展",这是强势理论的总结。

2月24日,当日经指数再次加速暴跌后,李森所在的巴林期货公司的头寸损失,已接近其整个巴林银行集团资本和储备之和。融资已无渠道,亏损已无法挽回,李森畏罪潜逃。

巴林银行面临覆灭之灾,银行董事长不得不求助于英格兰银行,希望挽救局面。然而这时的损失已达14亿美元,并且随着日经225指数的继续下挫,损失还将进一步扩大。因此,各方金融机构竟无人敢伸手救助巴林这位昔日的贵族,巴林银行从此倒闭。

一个职员竟能短期内毁灭一家老牌银行,究其各种复杂原因,其中,不恰当地利用期货"杠杆效应",并知错不改,以赌博的方式对待期货,是造成这一"奇迹"的关键。

## 第三节 商业银行经营管理理论

商业银行在经营管理过程中,随着经营环境和条件的变化,其经营管理的重点也在不断变化,经历了从只注重资产管理到资产管理和负债管理并重,再到重视资产负债的综合管理以及资产负债外管理的发展过程。

### 一、资产管理理论

资产管理理论是以商业银行资产的流动性为重点的传统管理办法。在20世纪60年代以前,认为商业的负债主要取决于客户的存款意愿,商业银行只能被动地接受负债;而银行的利润主要来源于资产业务,而资产运用的主动权掌握在银行的手中。因此,商业银行经营管理的重点应是资产业务,以保持资产的流动性,达到盈利性、安全性、流动性的统一。资产管理理论产生于商业银行经营的初级阶段,是在经历了商业贷款理论、资产转移理论、预期收入理论和超货币供给理论几个不同发展阶段逐渐形成的。

#### (一)商业贷款理论

商业贷款理论也称真实票据理论。这一理论是在18世纪英国银行管理经验的基础上发展起来的。其主要内容为:银行的贷款应以真实的商品交易背景的票据为担保发放,在借款人出售商品取得货款后就能按期收回贷款。一般认为这一做法最符合银行资产流动性原则的要求,最具有自偿性。所谓自偿性,就是借款人在购买货物或生产产品时所获得的贷款可以用生产出来的商品或商品销售收入来偿还。根据这一理论要求,商业银行只能发放与商品相联系的短期流动贷款，一般不能发放购买证券、不动产、消费品的贷款或长期农业贷款。对于确有稳定的长期资产来源的，商业银行才能发放有针对性的长期贷款。

这一理论的出现是与当时社会经济不发达，商品交易限于现款交易，银行存款以短期为主，经济社会对贷款的需要仅限于短期的现实相适应的。但是当借款人的商品卖不出去，或应收账款收不回来，或出现其他意外事故、贷款到期不能偿还时，自偿性就不能实现。而且在经济不断增长、公众手中的流动性资产剧增、信用普遍发展的情况下，银行吸收的存款不断、数额庞大，而且其中定期存款所占的比重不断升高，这时银行贷款如仅限于自偿性的短期贷款，资金周转势必不畅，不但影响经济社会对中长期贷款的需要，也必定会影响银行的盈利水平。所以当今的西方学者和银行家已经不再接受或不完全接受这一理论。

### (二)资产转移理论

资产转移理论是20世纪初在美国银行界流行的理论。该理论认为，随着银行业向综合化发展，市场越来越发达，银行为了保持应付提存所需的流动性，可以将一部分资金投资于具备转让条件的证券上，作为第二准备金。这种证券只要信誉高、期限短、易于出售，银行就可以保持其资产的流动性，如目前美国财政部发行的短期国库券就符合这种要求。这一理论的采用，使银行除继续发放短期贷款外，还可以投资于短期的证券，从而使业务得到了扩大。另外，活期存款和短期存款总会有一部分长期沉淀，银行也可以用以发放长期贷款，资产与负债的期限没有必要严格对称。这种理论也存在一定的缺陷：当各家银行竞相抛售证券的时候，有价证券将出现供大于求，持有证券的银行转让时将会受到损失，因而很难达到保持资产流动性的预期目标。资产与负债期限的不对称性也必须有一定的界限，在实际工作中这一界限是很难确定的。

### (三)预期收入理论

预期收入理论是在第二次世界大战后由美国学者普鲁克诺于1949年在《定期存款与银行流动性理论》一书中提出的，它是在商业银行贷款理论和资产转移理论的基础上发展起来的，但又与这两种理论不同。该理论认为：只要资金需要者经营活动正常，其未来经营收入和现金流量可以预先估算出来，并以此为基础制订出分期还款计划，银行就可以相应筹措资金发放中长期贷款。这样，无论贷款期限长短，只要借款人具有可靠的预期收入，资产的流动性就可以得到保证。这种理论强调的是借款人是否确有用于还款的预期收入，而不是贷款者能否自偿、担保品能否及时变现。

基于这一理论，银行可以在一定的条件下发放中长期设备贷款、个人消费贷款、房屋抵押贷款、设备租赁贷款等，使银行贷款结构发生了变化，成为支持经济增长的重要因素。这种理论的主要缺陷在于银行把资产经营建立在对借款人未来收入的预测上，而这种预测不可能完全正确。而且借款人的经营状况可能发生变化，到时不一定具备清偿能力，这就增加了银行的风险，从而影响了银行资产的流动性。

### (四)超货币供给理论

这一理论产生于20世纪60年代末。该理论认为：随着货币形式的多样化，不仅商业银行能够利用贷款方式提供货币，而且其他许许多多的非银行金融机构也可以提供货币，使银行面临很大的社会竞争压力。因此，银行的资产管理应该改变陈旧的观念，不仅单纯提供货币，而且还应该提供各方面的服务。根据这种理论，银行在发放贷款和购买证券提供货币的同时，还应积极开展投资咨询、项目评估、市场调查、委托—代理等多种服务，使银行资产管理更加深化。其缺陷是:银行在广泛开展业务之后,增加了经营的风险,如果处理不当容易遭受损失。

以上理论基本适应了各阶段的经济发展情况,有利于商业银行防止或减少贷款的盲目性,增强了资产的安全性和流动性,有力地推动了商业银行资产业务的发展,因而在商业银行中长期盛行。但是这种理论的缺陷是:随着经济的迅速发展,难以满足社会经济对资金的需求。

## 二、负债管理理论

负债管理理论是以负债为经营重点来保证资产流动性和盈利性的经营管理理论。其理论的核心是主张以借入资金的办法来保持银行的流动性,从而扩展资产业务,增加银行收益。

进入20世纪60年代以后,各国经济出现了迅速发展的局面。这一情况迫切需要银行提供更多的资金,因而促使银行不断寻求新的资金来源,满足客户借款的需要。此外,银行业竞争的加剧、存款利率的最高限制的实施,都迫使商业银行必须开拓新的负债业务,不断增加资金来源。除传统的存款业务以外,商业银行还积极向中央银行借款,发展同业拆借,向欧洲货币市场借款,发行大额可转让定期存单,签订再回购协议借款等。

负债管理理论也存在一定的缺憾,主要表现在:①负债管理理论建立在对吸收资金抱有信心并能如愿以偿的基础上,在一定程度上带有主观色彩。②负债管理理论导致银行不太注意补充自有资本,使自有资本占商业银行资金来源比重下降,经营风险增大。③提高了银行负债成本。在美国,实施负债管理主要是通过发行大额可转让定期存单,向中央银行贴现窗口借款,向联储资金市场借款,或据购回协议借款,向欧洲美元市场借款等方式。通过这些方式来借款都必须付息而且高于一般存款利息,这类负债增加,必然增加银行负债成本。④增加了银行经营风险。如果市场上资金普遍紧张,无论银行怎样努力也难于借到款,那么用负债管理来提供流动性就无法保证,这样就会提高银行流动性的风险。另外,在负债成本提高的条件下,为了保住利润,银行须把资产投放在收益高的贷款和投资上,而收益高的贷款和投资往往伴随着更高的信用风险和流动性风险。

## 三、资产负债综合管理理论

### (一)资产负债综合管理理论的形成背景

(1)20世纪70年代末、80年代初,西方经济普遍出现衰退,并伴随较强的通货膨胀,出现"滞胀"局面,银行的经营环境恶化。

(2)20世纪70年代末、80年代初,西方金融市场利率大幅度上升,从而使银行负债的成本提高,影响银行的盈利。

(3)20世纪60年代开始负债经营的结果,使银行自有资本的比重越来越小,短期资金的比重越来越大,银行的安全性和流动性受到威胁。

(4)20世纪80年代初西方国家对存款利率管制的放松,使负债管理的必要性下降。

### (二)资产负债综合管理理论的基本内容和原则

所谓资产负债管理理论,是指商业银行在经营管理的过程中,将资产管理与负债管理结合为一体,在适当安排资产结构的同时,寻找新的资金来源,使资产和负债统一协调以实现经营方针的要求。

商业银行进行资产负债全面管理,应遵循以下五个原则:

(1)规模对称。即指资产规模与负债规模要相互对称、平衡。比较接近我们所说的总量平衡。这种平衡对称不是简单的对称,而是建立在经济合理增长基础上的动态平衡。

(2)结构对称。即指资产结构与负债结构要相互对称与平衡。

(3)速度对称。也称偿还期对称,即按资金来源的流转速度来分配其在资产上的分布,使来源与运用的偿还期保持一定程度的对称。

(4)目标互补。即资金的安全性、流动性和盈利性三者之间保持合理的比例关系,尽可能实现三者之间的均衡。

(5)资产分散。即银行资产要在资产种类和客户两个方面尽可能地适当分散。

资产负债管理理论的产生,是商业银行经营管理理论的一个重要发展。资产负债管理理论将资产和负债的流动性置于同等重要的地位,在保证资产流动性和负债流动性的前提下,获取最大限度的利润。20 世纪 80 年代以来,商业银行资产负债管理理论中引进了数理分析、管理科学和电子计算机技术,使得银行的经营管理理论更为科学和完善。

## 四、资产负债外管理理论

尽管 20 世纪 80 年代以来,资产负债管理理论仍是西方商业银行推崇的主要经营管理理论,但这种理论也有明显的缺陷。在 80 年代放松管制、金融自由化的形势下,商业银行之间及其他金融机构之间的竞争更加激烈;尤其在 80 年代后期西方经济普遍出现衰退的情况下,银行经营环境恶化。上述因素抑制了银行利率的提高和银行经营规模的扩大,银行存放款的利差收益越来越小。

资产负债外管理理论主张银行应从正统的负债和资产业务以外的范围去寻找新的经营领域,从而开辟新的盈利源泉。这种理论认为,存贷业务只是银行经营的一条主轴,在其旁侧,可以延伸发展起多样化的金融服务。同时,这种理论还提倡原本资产负债表内的业务转化为表外业务,以降低成本在信息时代到来和电子计算机技术普及运用的今天,以信息处理为核心的服务领域成为银行资产负债以外业务发展的重点。如商业银行通过贷款转让、存款转售(在资产和负债上分别销账)等方法,使表内经营规模维持现状甚至缩减,银行收取转让的价格差额,既可增加收益,又可逃避审计和税务部门的检查。在资产负债外管理理论的影响下,商业银行的表外业务迅速发展,各种服务费收益在银行盈利中比重已日益上升。

## 复习思考题

1. 如何理解商业银行的性质和职能?
2. 简述商业银行的经营原则及其关系。
3. 试述商业银行的基本业务。
4. 如何理解资产负债综合管理理论和资产负债外管理理论。

## 讨论题

1. 为什么说,金融中介机构多样化是市场经济发展的客观要求? 我国有庞大的金融机构体系,为什么还广泛存在着"民间借贷"?

2. 商业银行的中间业务及表外业务是否会成为商业银行的主要获利手段,而贷款业务则退居其后? 你的判断是什么?(可采用辩论赛的方式,设置正反双方来讨论。)

# 第六章

# 中央银行

## 本章导读

“央行支付，中流砥柱。”我国中央银行即中国人民银行不少分支机构门口的这句话，充分地表明了中央银行在一国金融机构体系中的核心地位。本章简要地介绍了中央银行产生的原因、背景及其发展过程，系统地介绍了中央银行的性质、职能和基本业务。

## 引例思考

中国人民银行决定，自 2011 年 7 月 7 日起上调金融机构人民币存贷款基准利率。金融机构一年期存贷款基准利率分别上调 0.25 个百分点，其他各档次存贷款基准利率及个人住房公积金贷款利率相应调整。这是自 2010 年以来中国人民银行第五次上调金融机构人民币存贷款基准利率。人行表示，此举旨在“进一步落实稳健货币政策”，其目的一方面为校正负利率，另一方面则是管理通胀预期。

请思考：中国人民银行为什么采取这样的措施呢？

## 第一节　中央银行概述

中央银行是一国(或多国货币联盟)从事货币发行，制定和实施货币政策，监督管理金融业，规范金融秩序及维护金融稳定的主管机构，是一国金融机构体系的核心。

目前世界各国，除极少数特殊情况外，均设立了中央银行。中央银行享有国家的特殊授权，承担着特殊社会职责。中央银行制度是商品信用经济发展到一定阶段的产物。中央银行的起源大致可以追溯到 17 世纪中后期的欧洲，随着商品经济的快速发展、商业银行的普遍设立，货币与信用关系广泛存在于社会经济体系之中，同时经济发展中新的矛盾已经显现，经济危机频繁出现，这一切成为中央银行产生的历史背景。

### 一、中央银行的产生

#### (一)中央银行产生的客观经济基础

**1. 统一银行券发行的需要**

首先是银行券的流通范围过小。在商业银行初期，只要能提供金银准备，各家银行均有发行银行券的权利，但由于各家银行的规模、业务范围、盈利能力等不同，不同银行券在流通范围和被接受程度上有所差别，客观上要求有一家实力雄厚的、具有权威的银行来发行一种能在全国范围内流通的银行券。其次是银行券的兑现得不到保证。为数众多的小银行资金实力薄弱，所发行的银行券往往不能兑现，从而破坏了货币流通的稳定，损害了存款人的利益。小银行的破产倒闭以及带来的各种信用纠纷，使银行体系出现了一系列亟待解决的问题。许多国家为了稳定金融，解决政府资金的需要以及通过银行来干预和控制经济生活，相继建立了中央银行。

2. 集中办理票据交换与清算的需要

随着银行业务的扩大，银行每天收受的票据数量剧增，各银行之间债权债务关系日益复杂，由各银行自行进行轧差的原始票据清算方式越来越力不从心，继而影响到银行的业务扩张，客观上需要一个全国统一的、权威的、能够集中组织各家银行进行票据交换、结清债权债务的机构。

3. 集中保管准备金的需要

一般的商业银行在吸收存款发放贷款时，虽然也考虑到了自身的支付能力，预留了一部分准备金，但当一家银行真的遇到支付困难时，自己的准备金也难以使之渡过难关，从而其他银行拆借资金也只能解决临时困难，若遇到大的危机，银行则无能为力。这在客观上需要一家权威机构，适当地集中各家银行的准备金，当个别银行出现支付困难时能给予有力的贷款支持，充当“最后贷款人”。

4. 政府融资的需要

政府职能的强化导致了政府支出的增加，使政府融资成为一个重要的问题。政府与多家银行建立融资关系，有诸多不便，由政府设立或指定一家银行作为中央银行，可以方便其融资。这也是中央银行产生的一个原因。

5. 金融监管的需要

资本主义经济经过一个时期的自由发展以后，为了保证银行和金融业的有序竞争，保证金融市场的健康、稳定，减少金融运行的风险，越来越多的国家认识到政府干预经济是十分必要的，对社会经济的发展有协调和促进作用，因此客观上需要一个由政府指定或组织的专门机构对金融业、金融活动加以监管。

### (二)中央银行产生的途径

1. 从现有的商业银行中逐步演变而产生

早期中央银行的产生基本上经历了这样的发展历程：普通私人商业银行→较重要的银行→政府的银行→唯一的发行银行→银行的银行→职能健全的中央银行。1668 年的瑞典国家银行，是最早收归国有并具有中央银行名称的银行，而 1694 年的英格兰银行则是最早全面发挥中央银行功能的银行。因此，多数学者把英格兰银行作为中央银行的鼻祖。英格兰银行成立之初只是一家拥有 120 万英镑股本的私人银行，但由于为政府提供了资金，所以英国政府授权英格兰银行可以在不超过资本总额的条件下以公债为准备发行银行券的权利，1833 年规定只有英格兰银行所发行的银行券具有无限法偿的资格，1844 年英国议会通过《比尔条例》，开始限制或减少其他银行的银行券发行量，进一步明确了其中央银行的地位。

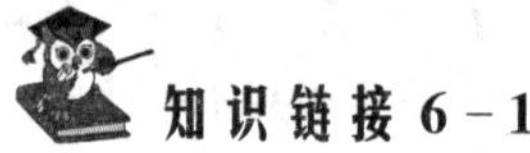

**知识链接 6-1**

**英格兰银行——从商业银行发展成中央银行**

1. 英格兰银行的建立

英格兰银行是于 1694 年 7 月 27 日由伦敦城的 1268 名商人创立的，当时的目的是为了集资 120 万英镑按年息 8%贷款给英国国王威廉三世，以支持其欧洲大陆的军事行动。当时，正值英法战争时期(1689—1697),英国政府庞大的战争开支,使英政府入不敷出,加上英国当时贪污盛行,税收短绌,英国财政陷入困境。为了弥补财政支出,英国皇室特许英格兰人威廉·彼得森(William Paterson)等人的提议,由本来已是政府债权人的金匠们募集120万英镑作为股本,建立银行,对政府放款。这一倡议于1694年7月27日由英国国会制定法案同意实行。

尽管英格兰银行是世界上最古老的中央银行,但是在其成立的时候,并没有充当中央银行的意图。英格兰银行在成立时是一个较大的股份制银行,其实力和声誉高于其他银行,并且同政府有着特殊的关系,但它所经营的仍是一般银行业务,如对一般客户提供贷款、存款以及贴现等。

**2.政府的银行**

英格兰银行无论是成立的初衷,还是在以后的业务中,都与政府有着千丝万缕的联系。英格兰银行在1694年创立的时候就一直充当政府的银行。政府虽然在许多银行也保持有规模较小的户头,但是其主要户头是在英格兰银行。这些户头包括中央户头,即财政部户头,还有国民贷款基金户头、国债专员户头和其他附属户头。政府的各项税收和其他收入的财政部户头开设于此,政府的各项支出也来源于此。当政府资金短缺时,英格兰银行保证马上进行资金融通,如直接对政府放款、为政府发行国库券和各种长期债券等。到1746年止,英格兰银行已经借给政府1168.68万英镑。除此之外,英格兰银行还代理国库和全权管理国家债券。英格兰银行在发行国库券中起着重要的作用,它替政府开价招标、进行配发、发券收款,并到期负责清偿;还通过国库券经纪人,每天进入贴现市场买卖国库券,调节市场,以稳定短期市场利率。

1946年《英格兰银行法》将英格兰银行国有化,使它变成了公营公司,彻底改变了它自1694年以来尽管不断向政府贷款和与政府紧密合作,却一直保留的私营银行的身份。它不再是为本身牟取利润的私营银行,也不再在私人部门业务上与普通银行竞争。该法案还终止了英格兰银行在名义上的独立性,使其成为国家机器的一个组成部分。

**3.发行银行**

发行货币是英格兰银行的传统业务,但是其垄断货币发行权却经历了很长的一个发展过程。

英格兰银行在成立之初,英国政府就给予其其他商业银行所没有的一项特权,那就是允许英格兰银行成为第一家无发行保证却能发行银行券的商业银行,但是这种发行特权只限于伦敦及周围65英里的地区。1826年,英国国会通过法案,准许其他股份银行设立,并可以发行钞票,但限制在伦敦65英里以外,以避免与英格兰银行的发行权相冲突。在以后的发展中,英格兰银行不断补充资本,同时降低对政府的放款利率,并以此为条件,促使英国国会通过法案,限制其他银行的发行权,从而加强了英格兰银行货币发行的特权地位。

在银行业发展的早期阶段,每家银行都愿意发行货币。到18世纪,支票开始取代钞票作为支付手段,伦敦的私人银行逐渐停止发行钞票,但北部和中部的新兴银行仍各自发行钞票。由于英格兰银行的钞票有较高的信誉,使得新兴的地方银行乐于用英格兰银行的钞票代替黄金作为准备金。

在1844年英国国会通过银行法案《比尔条例》之前,英国有72家股份银行和207家私人银行有钞票发行权,而该法案的通过,为英格兰银行垄断货币发行权奠定了基础。如该法案规定,凡在1844年发行过钞票的银行,其发行额不得超过银行在该法案通过以前12周内的钞票平均流通量;凡在 1844 年以前没有发行过钞票的银行不得再发行钞票,新成立的银行一律不得再发行钞票。此法案还规定,凡发行钞票的银行在伦敦开设分行或同其他银行合并的,均丧失货币发行权,将此权利转移给英格兰银行。随着《比尔条例》的逐年实施,多数银行都逐渐丧失了货币发行权,终于在 1921 年,有权发行货币的银行只有英格兰银行一家。但由于英国财政部也发行部分钞票,当时英格兰银行并不是严格意义上垄断发行,直到 1928 年英国通过了《通货与银行钞票法》,英格兰银行才最终成为英国唯一的发行银行。

**4. 银行的银行**

19 世纪,英国的商业银行发生了多次银行危机,尤其以 1825 年和 1837 年这两次危机最为严重。由于银行过分放款,导致许多银行债权无法按时收回,有些银行因此破产。严重的银行危机,引起了社会的广泛关注。在 1837 年的银行危机中,英格兰银行采取行动帮助有困难的银行,开始充当最终贷款人的角色。

在 19 世纪 30 年代,商业银行在资金短缺时就向贴现行贴现,贴现行在资金短缺时就直接向英格兰银行贷款。英格兰银行表面上是充当贴现行的最终贷款人,实际上是间接地充当整个银行系统的最终贷款人。

**2. 目的明确的、由政府直接组建的中央银行**

20 世纪以后建立的中央银行多属于这种形式。通过这种途径建立的中央银行一般都具有明确的目的,比如稳定货币供给、维护经济金融秩序等,以美国的联邦储备体系的产生为代表。美国在 1791 年和 1817 年先后尝试建立了两次中央银行——美国第一国民银行和第二国民银行,都因为南方农场主、州银行和企业家的反对而在期满后停业。真正全面具有中央银行职能的美国联邦储备体系建立于 1913 年。

### (三)中央银行的发展

中央银行从最初创立到现在,大致经历了以下三个阶段:

**1. 初创时期**(1656—1913 年)

如果从 1656 年瑞典银行算起,到 1913 年美国联邦储备体系建立为止,中央银行的初创时期大约经历了 260 年左右。这一时期世界上设立的中央银行主要有:瑞典国家银行(1656)、英格兰银行(1694)、法兰西银行(1800)、荷兰国家银行(1814)、奥地利国民银行(1817)、比利时国民银行(1850)、西班牙银行(1856)、俄罗斯银行(1860)、德国国家银行(1875)、日本银行(1882)、美国联邦储备银行(1913)等。

**2. 普遍推行时期**(1913—1945 年)

第一次世界大战爆发后,许多国家经济与金融发生了剧烈波动,面对世界性金融危机和当时严重的通货膨胀,各国政府和金融界人士都感到只有强化中央银行的地位才能对信用货币加以严控。于是,1920 年在比利时首都布鲁塞尔召开国际金融会议,要求尚未成立中央银行的国家要尽快建立中央银行,以共同维持国际货币体系和经济稳定。1922 年在瑞士日内瓦召开的国际金融会议上,又再次强调了布鲁塞尔会议形成的决议,由此推动了中央银行在更多的国家建立。

从 1921 年至 1944 年,世界各国改组或设立的中央银行约有 43 家。由于有老的中央银行设立和发展的宝贵经验可资借鉴,所以上述许多银行都是运用政府的力量直接设计成为法律上具有明确权责的特定金融机构。在 20 世纪 30 年代大危机后,新、老中央银行均开始建立准备金制度，并以管理其他金融机构为己任。中央银行作为发行的银行、银行的银行和政府的银行的职能在这段时间迅速发展并逐渐趋于完善。

3. 职能强化时期（第二次世界大战以后）

第二次世界大战以后，国家对经济的干预开始加强，中央银行成为推行政策、干预经济的重要力量。这一时期中央银行制度的特点是：①国有化成为设立中央银行的重要原则；②实行国家控制是所有中央银行的共同变化；③货币政策的普遍运用；④各国中央银行的国际合作进一步加强。从目前来看，随着经济的发展、金融业的日趋复杂、经济全球化的加强，各国的中央银行都成为维护国家经济运行稳定和安全的重要职能机构。

## 二、中央银行的性质

中央银行是具有银行特征的国家机关，既是特殊的金融机构，又是特殊的国家机关；既是为商业银行等普通金融机构和政府提供金融服务的特殊金融机构，又是制定和实施货币政策、监督管理金融业、规范和维护金融秩序、控制金融和经济运行的宏观管理部门。

### （一）中央银行是特殊的金融机构

中央银行是特殊的金融机构，具体表现在：

(1)地位的特殊性。中央银行是处于控制地位的政府机构，是金融活动的中心，有最高的统治地位。

(2)业务的特殊性。首先，从业务的经营目的来看，中央银行不以营利为目的，原则上不经营具体的货币信用业务，为实现国家的经济政策目标服务。其次，从业务的经营特征来看，中央银行享有货币发行权。再次，从资金来源看，中央银行最主要的负债业务是发行货币、接受商业银行的存款等。最后，从业务经营的对象来看，商业银行和其他金融机构以工商企业、其他单位和居民为对象，中央银行以政府、金融机构为业务对象，且不在国外设分支机构。

### （二）中央银行是特殊的国家机关

中央银行与一般政府机关相比，其管理具有特殊性，表现在：

(1)中央银行履行其管理职能主要是通过特定的金融业务，对金融和信用的管理调控基本上采取经济手段，如调整利率、准备金率，在公开市场上买卖有价证券等。国家行政机关履行其管理职能主要是通过行政手段。

(2)中央银行对宏观经济的调控主要是间接调控，循序渐进，即通过货币政策工具操作调节金融机构的行为和金融市场的运作，达到目的。国家行政机关对宏观经济的调控则主要通过直接控制手段来直接干预。

(3)中央银行在政策制定上有一定的独立性，如德国、美国、瑞典的中央银行，对国会负责。

### （三）中央银行与政府的关系

1. 中央银行与政府的关系密切

中央银行与政府有着密切的关系。中央银行接受国库存款，办理国库支票付款或转账，代收国家税款。中央银行代理政府发行和推销各种债券，支付债券利息和偿付到期债券本金；代理财政部买卖黄金、外汇，保管国家的黄金外汇。

中央银行对政府提供信贷。在财政稳定时期，财政收支受季节性影响出现暂时性的不平衡时，中央银行提供短期信贷，其方式是采取国库券贴现或以国家债券为抵押的贷款。当国家财政长期出现赤字,则由中央银行向政府提供长期信贷。政府用贷款弥补财政赤字会造成过多的货币发行,不适当地扩大货币供应量,威胁货币流通的正常进行和稳定。因此,许多国家用立法限制中央银行对国家贷款的数额和期限。

中央银行的货币政策要与财政政策相配合。根据不同时期宏观经济活动的状况,货币政策和财政政策在配合上或是双松、双紧,或是一松一紧。在具体操作上可以采取多种搭配形式。例如,财政出现大量赤字,国家准备发行债券弥补时,中央银行实行"廉价货币政策"促进市场利率降低,推动市场资金涌向国债市场,以利于财政筹集资金。

**2. 中央银行与政府的独立性**

中央银行与政府的关系密切,但是,中央银行仍保持着相对独立性。这种独立性是指中央银行在政府的监督和国家总体经济政策的指导下,独立地制定、执行货币政策。中央银行作为"政府的银行",对国家发展目标必须予以支持。但是中央银行在具体制定货币政策及措施时,要充分考虑银行业务的特殊性,以及国家资源、社会积累水平、货币流通状况,不能完全受政府控制,应当保持一定的独立性。其理由是:第一,中央银行制定的货币政策应具有连贯性,不应受到政治的干扰,这样才能收到效果。第二,中央银行的首要任务是稳定币值,如果受政府完全控制,有可能成为政府推行通货膨胀的工具。第三,中央银行的业务具有高度的技术性,其操作方式不应受到任何干扰。第四,中央银行与政府所处的地位不同,所以考虑一些经济政策的侧重点也不尽相同。第五,中央银行不仅为政府服务,还要为商业银行和其他金融机构服务,因此,中央银行不能完全受政府控制。

**3. 中央银行相对独立的不同模式**

由于各国政治、经济、自然条件和历史的差异,中央银行在相对独立性上有不同的模式,总结起来大体有以下三种模式:

(1)独立性较大的模式。中央银行直接对国会负责,可以独立制定货币政策和采取相应措施,政府不得直接对它发布命令,不得干涉货币政策。如果中央银行和政府发生矛盾,可通过协商解决。属于这一模式的有美国联邦储备体系、德意志联邦银行等。

(2)独立性居中的模式。有些国家法律规定财政部可以对中央银行进行监督、发布指令,但中央银行可以独立地执行货币政策。属于这一模式的有英格兰银行、日本银行等。

(3)独立性较小的模式。中央银行直接隶属于财政部,其制定的货币政策和采取的措施要经政府的批准,政府有权推迟甚至停止中央银行决议的执行。属于这一模式的有意大利银行等。

## 三、中央银行的职能

中央银行的职能是中央银行性质的具体体现或细化,尽管各国的政治与经济制度、社会历史背景、商品经济与信用制度的发展水平各不相同,但其中央银行的基本职能基本一致。对于中央银行的职能,一般传统方法归纳为:发行的银行、银行的银行、政府的银行三大职能。

### (一)中央银行是"发行的银行"

中央银行作为"发行的银行",是指中央银行独占货币发行权,对调节货币供应量、稳定币值有重要作用。从中央银行产生和发展的历史来看,独占货币发行权是其最先具有的职能,也是它区别于普通商业银行的根本标志。货币发行权须经国家以法律形式授予,中央银行还对调节货币供应量、保证货币流通的正常和稳定负有责任。垄断货币发行权是中央银行形成的基本标志。这一职能具体归纳为以下方面：

(1)中央银行必须根据经济发展和商品流通扩大的需要，保证及时供应货币。

(2)中央银行必须根据经济运行状况，合理调节货币数量。

(3)中央银行要加强货币流通管理，保证货币流通的正常秩序。

### (二)中央银行是“银行的银行”

中央银行作为“银行的银行”，是指中央银行只与商业银行和其他金融机构发生业务往来，并不与工商企业和个人发生直接的信用关系；它集中保管商业银行的准备金，并对它们发放贷款，充当“最后的贷款者”。这些职能具体体现在以下几个方面：

(1)充当最后贷款人。当工商企业缺乏资金时，可以向商业银行取得借款，但如果商业银行资金周转不灵，而其他同业也头寸过紧，无法帮助，这时商业银行便可求助于中央银行，以其持有的票据要求中央银行予以贴现，或向中央银行申请抵押，必要时还可以向中央银行申请信用再贷款，从而获取所需资金。从这个意义上说，中央银行成为商业银行的最终贷款人和坚强后盾，保证了存款人和银行营运的安全。

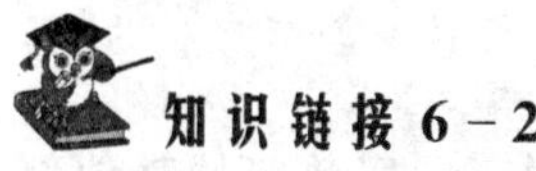

**知识链接 6－2**

**中央银行的最后贷款人作用**

把贴现工具用于避免金融恐慌，作为最后贷款人而发挥作用，是成功制定货币政策的一个极为重要的要求。发生在美国1929年至1933年的银行恐慌，是造成历史上最急剧货币供给下降的原因。但在当时，美国的中央银行——美联储——却没有能够运用贴现工具来防止金融危机。美联储吸取了教训，在第二次世界大战以后的岁月里，令人满意地履行了它作为最后贷款人的职能。下面介绍两个成功的例子。

**1.1974年向富兰克林国民银行提供巨额贷款**

1974年5月，公众得知富兰克林国民银行——拥有30亿美元存款的美国第20家大银行，在外汇交易中亏损巨大，并且发放了许多笔糟糕的贷款。大额存款人(其存款额超过联邦存款保险公司的10万美元上线)开始提取他们的存款，银行处于倒闭的危险之中。如果富兰克林国民银行立即倒闭，将会对其他易受冲击的银行产生影响，可能由此引起更多的银行倒闭。有鉴于此，联储宣布将给予富兰克林国民银行贴现贷款。这样一来，包括最大的存款人在内的所有存款人，便不会遭受任何损失了。到1974年10月富兰克林国民银行被并入欧美银行之时，联储给予富兰克林国民银行贷款金额，共达175亿美元，大约占银行系统准备金总额的5%。联储的迅速行动，在防止其他银行倒闭方面是完全成功的，由此避免了一场可能发生的银行恐慌。

**2.1987年拯救股市**

被称作“黑色星期一”的1987年10月19日，作为有史以来股市价格下跌幅度最大的一天而载入史册。在星期二，即1987年10月20日，金融市场几乎停牌了。如果要保证市场的运转，许多经纪人事务所和专门人员迫切需要追加资金以维持其活动。然而，很容易理解，包括纽约银行、外国银行和地区性美国银行在内，对证券企业的财务状况越来越担忧，已经开始削减对证券业的贷款，而当时恰是证券业最需要贷款的时候。

在获悉证券业困境的消息后，为防止证券市场崩溃，格林斯潘在星期二(即10月20日)开盘之前宣布，联储的“准备金”将作为支持经济和金融体系的流动性来源。除了这个不寻常的宣布之外，联储也清楚地表明，它将对任何给予证券企业贷款的银行提高贴现贷款。

联储的及时行动，使得一场金融恐慌得以避免了。星期二的市场保持正常运行，道·琼斯工业股价平均指数爬升了100点。

(2)集中保管商业银行的存款准备金。商业银行从社会各阶层吸收来的存款，绝不能全部用来发放贷款和进行其他投资，而必须保留一部分现金以备客户提取。但商业银行追逐利润的经营方针，使其往往只保留极少的存款准备金，一遇到客户集中提取，许多银行便纷纷破产。为防止危机的发生，各国都以法律的形式规定存款准备金的提取比率，并将这部分准备金交存中央银行，中央银行则以这部分资金进行再贷款或再贴现，使之作为调控货币供应量的有效手段。

(3)集中组织银行间的票据交换和清算。商业银行相互间因为业务关系，每天都发生大量的资金往来，必须及时清算。与集中准备金制度相联系，由于各家银行都在中央银行开有存款账户，则各银行间的票据交换和资金清算业务就可以通过这些账户转账或者划拨，整个过程经济而简便。

### (三)中央银行是“政府的银行”

中央银行是国家宏观经济管理的一个部门，但在一定程度上又超脱于国家政府的其他部门，与一般政府机构相比独立性更强。这种地位使中央银行成为国家管理宏观经济的重要工具。中央银行是“政府的银行”，即为国家提供各种金融服务，代表国家制定并执行货币政策和处理对外金融关系。其具体职能如下：

(1)制定和执行货币政策。中央银行作为“政府的银行”，不以营利为目的，不受某个经济利益集团的控制，而是一切从国家利益出发，独立地制定和执行货币政策，调控社会信用总量，指导、管理、检查、监督各金融机构和金融市场活动，为国家经济发展的长远目标服务。

(2)对金融业实施监督管理，维护金融稳定。政府对金融业的监督管理一般都是由中央银行或中央银行及其他金融机构进行的。

(3)经理国库。中央银行接受国库存款，经理国库，办理各种收付和清算业务，因而成为国家的总出纳。

(4)代理政府证券的发行。中央银行通常代理政府债券的发行以及办理债券到期时的还本付息事宜。

(5)为政府融通资金，提供特定信贷支持。在政府财政收支出现失衡、收不抵支时，中央银行一般负有向政府融通资金、提供信贷支持的义务。

(6)为国家持有和经营管理包括外汇、黄金和其他资产形式的国际储备。世界各国的国际储备一般都是由中央银行持有并进行经营管理。

(7)代表国家政府参加国际金融组织和各项国际金融活动。国家的对外金融活动，一般是授权中央银行作为国家政府的代表。

(8)为政府提供经济金融情报和决策建议，向社会公众发布经济金融信息。由于中央银行处于社会资金运动的中心环节，是货币和信用的调剂中心、社会资金清算中心和金融业管理中心，因此，中央银行能够掌握全国经济金融活动的基本资料信息，能够比较及时地反映整个经济金融的运行状况。在政府的经济决策中，中央银行一般都扮演重要角色，发挥重要的甚至是主导的作用。

## 四、中央银行的类型

虽然目前世界各个国家和地区基本上都实行中央银行制度，但并不存在一个统一的模式，归纳起来，大致有单一式中央银行制度、复合式中央银行制度、准中央银行制度和跨国中央银行制度四种类型。

### (一)单一式中央银行制度

单一式中央银行制度是指国家建立单独的中央银行机构，使之全面行使中央银行职能的中央银行制度，这种制度又分为两种情况。

#### 1. 一元式中央银行制度

一元式中央银行制度是指一国只设立一家统一的中央银行，行使中央银行的权利和履行中央银行的全部职责，中央银行机构自身上下是统一的，机构设置一般采取总分行制，直接垂直隶属。这种组织形式下的中央银行是完整标准意义上的中央银行，目前世界上绝大多数国家的中央银行都实行这种体制，如英国、日本、法国等。

中央银行的总行或总部通常设在首都，根据客观经济需要和本国有关规定在全国范围内设立若干个分支机构。英国的中央银行英格兰银行总行设在伦敦，在伯明翰、利物浦等 8 个城市设有分行；法国的中央银行法兰西银行总行设在巴黎，在国内设有大小 200 多家分支机构和办事处；日本的中央银行日本银行，总行设在东京，在全国设有 33 家分行和 13 个办事处，还在纽约、伦敦、巴黎、法兰克福、中国香港等设代表处。也有少数国家的中央银行总行不设在首都，而是设在该国的经济金融中心城市，如印度的中央银行印度储备银行总行设在孟买。单一式中央银行制度的特点是权力集中统一，职能完善，有较多的分支机构。中国的中央银行中国人民银行目前也是采用一元式中央银行制度。

#### 2. 二元式中央银行制度

二元式中央银行制度是指中央银行体系由中央和地方两级相对独立的中央银行机构共同组成。中央级中央银行和地方级中央银行在货币政策方面是统一的，中央级中央银行是金融决策机构，地方级中央银行要接受中央级中央银行的监督和指导。但在货币政策的具体实施、金融监管和中央银行有关业务的具体操作方面，地方级中央银行在其辖区内有一定的独立性，与中央级中央银行也不是总分行关系，而是按照法律规定分别行使其职能。这种制度一般与联邦制的国家体制相适应，如目前的美国、德国即实行此种中央银行制度。

美国的中央银行称为联邦储备体系。在中央一级设立联邦储备理事会，并有专门为其服务的若干职能部门；在地方一级设立联邦储备银行。美国联邦储备理事会设在华盛顿，负责管理联邦储备体系和全国金融决策，对外代表美国中央银行。美国联邦储备体系将 50 个州和哥伦比亚特区划分为 12 个联邦储备区，每一个区设立一家联邦储备银行。联邦储备银行在各自的辖区内履行中央银行职责。德国中央银行在中央一级设立中央银行理事会和为其服务的若干业务职能机构，在地方一级设立 9 个州中央银行。

### (二)复合式中央银行制度

复合式中央银行制度是指国家不单独设立专司中央银行职能的中央银行机构，而是由一家集中央银行和商业银行职能于一身的国家大银行兼行中央银行职能的中央银行制度。这种中央银行制度往往是央行发展的初级阶段或实行计划经济体制的国家，如前苏联、1983 年以前的中国、1990 年以前的东欧国家。

### (三)准中央银行制度

实行准中央银行制度的国家没有通常完整意义上的中央银行，而是设立金融管理机构执行部分中央银行的职能，并授权若干商业银行也执行部分中央银行职能的准中央银行制度。采取这种中央银行组织形式的国家有新加坡、马尔代夫、斐济、沙特阿拉伯、阿拉伯联合酋长国、塞舌尔等。

在这类中央银行制度下，国家设立的专门金融管理机构的名称和职责在各国也有所不同。如新加坡设立金融管理局，隶属于财政部，该金融管理局不负责发行货币，货币发行权授予大商业银行，并由国家货币委员会负责管理，但除此之外，金融管理局全面行使中央银行的各项职能，包括执行和实施货币政策、监督管理金融业，为金融机构和政府提供各种金融服务等；马尔代夫设立货币当局，负责货币发行和管理，执行和实施货币政策，同时授权商业银行行使某些中央银行职能；斐济设有中央金融局；沙特阿拉伯设有金融管理局；阿拉伯联合酋长国设有金融局；塞舌尔设有货币局。这些都是类似中央银行的金融管理机构，这类准中央银行制度通常与国家或地区较小而同时又有一家或几家银行在本国一直处于垄断地位相关。

中国香港也属于准中央银行制度。香港在很长的时期内，并无一个统一的金融管理机构。在货币制度方面，港币发行由渣打银行和汇丰银行负责，长期实行英镑汇兑本位，1972 年改行港币与美元挂钩，1983 年 10 月开始实行与美元挂钩的联系汇率制度。20 世纪 60 年代以前，香港基本没有金融监管，1964 年《银行业条例》颁布后，金融监管的趋势才有所加强。1993 年 4 月 1 日香港设立金融管理局，集中行使货币政策、金融监管和支付体系管理职能，但货币发行仍由渣打银行和汇丰银行负责。1994 年 5 月 1 日起，中国银行香港分行成为香港的第三家发钞行。票据结算仍由汇丰银行负责。1997 年香港回归祖国后，按照“一国两制”的原则和《中华人民共和国香港特别行政区基本法》的规定，香港仍然实行独立的货币与金融制度，其货币发行和金融监管自成体系。

### (四)跨国中央银行制度

跨国中央银行制度是指若干国家联合组建一家中央银行，由这家中央银行在其成员国范围内行使全部或部分中央银行职能的中央银行制度。这种中央银行制度一般与区域性多国经济的相对一致性和货币联盟体制相对应。第二次世界大战后，一些地域相邻的欠发达国家建立了货币联盟，并在联盟内成立了由参加国共同拥有的中央银行。这种跨国的中央银行为成员国发行共同使用的货币和制定统一的货币金融政策，监督各成员国的金融机构及金融市场，对成员国的政府进行融资，办理成员国共同商定并授权的金融事项。实行跨国中央银行制度的国家主要在非洲和东加勒比海地区。目前，西非货币联盟、中非货币联盟、东加勒比海货币区属于跨国中央银行的组织形式。

随着欧洲联盟成员国经济金融一体化进程的加快，一种具有新的性质和特点的区域性货币联盟已经诞生。1998 年 7 月 1 日欧洲中央银行正式成立，1999 年 1 月 1 日欧元正式启动，欧洲中央银行的成立和欧元的正式启动，标志着现代中央银行制度又有了新的内容，进入了一个新的发展阶段。

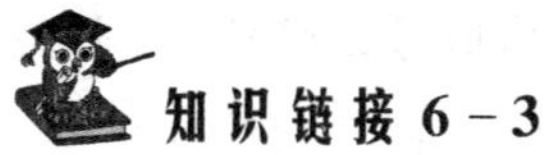

知识链接 6－3

### 欧洲中央银行

欧洲中央银行(European Central Bank,ECB),简称欧洲央行,是根据1992年《马斯特里赫特条约》的规定于1998年7月1日正式成立的,是为了适应欧元发行流通而设立的金融机构,同时也是欧洲经济一体化的产物,独立于欧盟机构和各国政府之外。欧洲央行的职能是"维护货币的稳定",管理主导利率、货币的储备和发行以及制定欧洲货币政策。欧洲中央银行具有法人资格,可在各成员国以独立的法人资格处理其动产和不动产,并参与有关的法律事务活动。

欧洲中央银行的决策机构是管理委员会和执行委员会。

管理委员会是欧洲中央银行的最高决策机构,负责制定欧元区的货币政策,并且就涉及货币政策的中介目标、指导利率以及法定准备金等作出决策,同时确定其实施的行动指南。管理委员会由执行委员会所有成员和参加欧元区的成员国中央银行行长组成。管理委员会实行一人一票制,一般实行简单多数。当表决时赞成和反对票数相等时,管理委员会主席(由欧银行长担任)可投出决定性的一票,管理委员会每年至少开会10次。

执行委员会由欧洲中央银行行长、副行长和其他四名董事组成。只有成员国公民可担任执行董事。这些人员必须是公认的在货币和银行事务中具有丰富的专业经验,由欧盟委员会咨询欧洲议会和欧洲中央银行管理委员会提议,经成员国首脑会议一致通过加以任命。执行委员会的表决采取一人一票制,在没有特别规定的情况下,实行简单多数。

欧洲中央银行的资本为500亿欧元,各成员国中央银行是唯一的认购和持有者。资本认购的数量依据各成员国的GDP和人口分别占欧盟的比例为基础来确定。各成员国缴纳资本的数量不得超过其份额,欧元区的成员国都已全部认缴,英国、丹麦、瑞典、希腊则都只缴纳了其份额的5%。各成员国认购的份额5年调整一次,份额调整后的下一年生效。显然在组织结构上类似美国联邦储备体系,欧盟成员国央行类似美联储中的12家联邦储备银行。两者都属二元的中央银行体制,地方级机构和中央两级分别行使权力,两级中央银行具有相对的独立性。

# 第二节　中央银行主要业务

## 一、中央银行业务活动的一般原则

中央银行与一般商业银行及其他金融机构相比,其业务活动不仅拥有特定的权力、特定的业务范围和限制,而且在业务活动中的经营原则也不相同。目前,各国中央银行的业务活动原则大同小异。首先,从总体上说,最基本的业务活动原则是必须服从于履行职责的需要。因为中央银行的全部业务活动都是为其履行职责服务的,是其行使特定职权的必要手段,中央银行的各项业务活动必须围绕各项法定职责展开,必须以有利于履行职责为最高原则。其次,在具体业务经营活动中,中央银行一般奉行非营利性、流动性、主动性和公开性四个原则。

### (一)非营利性

非营利性是指中央银行的一切业务活动不以营利为目的。由于中央银行特殊的地位和作用,决定了中央银行以调控宏观经济、稳定货币、稳定金融、为银行和政府服务为己任,是宏观金融管理机构而非营利性金融机构。由此决定了中央银行的一切业务活动都要以此为目的,不能以追求营利为目标。只要是宏观金融管理所必需的,即使不盈利甚至亏损的业务也要去做。因此,在中央银行的日常业务活动中,盈利与否不是其追逐和考虑的目的。当然,中央银行的业务活动不以营利为目的,并不意味着不讲经济效益,在同等或可能的情况下,中央银行的业务活动应该获得相应的收益,尽量避免或减少亏损,以降低宏观金融管理的成本。在实际业务活动中,中央银行以其特殊的地位、政策和权力开展经营,其结果也往往能获得一定的利润,但这只是一种客观的经营结果,并不是中央银行主观追逐的业务活动目的。

### (二)流动性

流动性是指中央银行的资产业务需要保持流动性。中央银行在充当金融机构的最后贷款人,进行货币政策操作和宏观经济调控时,必须拥有相当数量的可用资金,才能及时满足其调节货币供求、稳定币值和汇率、调节经济运行的需要。为了保证中央银行资金可以灵活调度,及时运用,中央银行必须使自己的资产保持最大的流动性,不能形成不易变现的资产。以保持流动性为原则从事资产业务,就必须注意对金融机构融资的期限,一般不能发放长期贷款。许多国家的中央银行法明确规定贷款期限就是为了确保资产的流动性,如《中国人民银行法》第28条规定:"中国人民银行根据执行货币政策的需要,可以决定对商业银行贷款的数额、期限、利率和方式,但贷款的期限不得超过1年。"同时,在公开市场买卖有价证券时,也尽量避免购买期限长、流动性低的证券。

### (三)主动性

主动性是指资产负债业务需要保持主动性。由于中央银行的资产负债业务直接与货币供应相联系,如货币发行业务直接形成流通货币,存款准备金业务不仅导致基础货币的变化,还会引起货币乘数的变化,再贴现、公开市场业务是提供基础货币的主要渠道。因此,中央银行必须使其资产负债业务保持主动性,这样才能根据履行职责的需要,通过资产负债业务实施货币政策和金融监管,有效控制货币供应量和信用总量。

### (四)公开性

公开性是指中央银行的业务公开化,定期向社会公布业务和财务状况,并向社会提供有关的金融统计资料。中央银行的业务活动保持公开性,一是可以使中央银行的业务活动置于社会公众的监督之下,有利于中央银行依法规范其业务活动,确保其业务活动的公平合理性,保持中央银行的信誉和权威;二是可以增强中央银行业务活动的透明度,使国内外有关方面及时了解中央银行政策、意图和操作力度,有利于增强实施货币政策的告示效应;三是可以准确地向社会提供必要的金融信息,有利于各界分析研究金融和经济形势,也便于他们进行合理预期,调整经济决策和行为。正因为如此,目前各国大多以法律形式规定中央银行必须定期公布其财务状况和金融统计资料,中央银行在业务活动中也必须保持公开性,不能隐藏或欺瞒。

总之,中央银行的业务活动是运用法律赋予的特权在法定范围内展开的,各国中央银行的业务活动都是以服从履行职责的需要为基本原则,坚持业务活动的非营利性、流动性、主动性和公开性,确保中央银行职责的顺利履行。

表6-1为中国人民银行资产负债表。

表 6-1 2011 年 12 月 31 日中国人民银行资产负债表 单位:亿元人民币

| 资产项目 | 金额 | 负债项目 | 金额 |
|---|---|---|---|
| 国外资产 | 237898.06 | 储备货币 | 224641.75 |
| 外汇 | 232388.73 | 货币发行 | 55850.07 |
| 货币黄金 | 669.84 | 其他存款性公司存款 | 168791.68 |
| 其他国外资产 | 4839.49 | 不计入储备货币的金融性公司存款 | 908.37 |
| 对政府债权 | 15399.73 | 发行债券 | 23336.66 |
| 其中:中央政府 | 15399.73 | 国外负债 | 2699.44 |
| 对其他存款性公司债权 | 10247.54 | 政府存款 | 22733.66 |
| 对其他金融性公司债权 | 10643.97 | 自有资金 | 219.75 |
| 对非金融性公司债权 | 24.99 | 其他负债 | 6437.97 |
| 其他资产 | 6763.31 | | |
| 总资产 | 280977.60 | 总负债 | 280977.60 |

## 二、中央银行的负债业务

中央银行的负债业务是形成中央银行资金来源的业务，包括货币发行业务、各项存款业务和其他负债业务。

### (一)货币发行业务

货币发行业务是指中央银行向流通领域中投放货币的活动，它是中央银行最大的、最重要的负债项目。中央银行通过再贷款、再贴现、购买有价证券以及收购黄金外汇等途径将货币投入市场，从而形成流通中的货币，构成中央银行对社会公众的债务。

**1. 货币发行的原则**

(1)垄断发行原则。为了避免分散货币发行造成的多种货币同时流通给社会造成的混乱，保证国家对货币流通的管理，使货币供应量与经济发展相适应，中央银行必须垄断货币的发行权。

(2)信用保证原则。信用货币是一种价值符号，不能自动调节流通量，所以货币的发行要有一个限额，不能超过国民经济发展对货币流通量的要求。因此，中央银行发行货币，一般都建立一定的货币发行准备，以保证中央银行超脱于政府干预，根据经济运行的实际需要发行货币，使货币发行建立在可靠的信用基础之上。

(3)弹性供应原则。货币发行根据国民经济发展的需要有一定的弹性收缩，使中央银行可根据经济情况，灵活地调整货币供应量，既要避免因通货不足而导致通货紧缩与经济衰退，又要避免因通货过量供应而造成的通货膨胀与经济混乱。

**2. 货币发行的准备制度**

货币发行的准备制度是指中央银行在货币发行时必须以某种金属或某几种形式的资产作为其发行货币的准备，从而使货币的发行与某种金属或某些资产建立起联系或制约关系。在金属货币制度下，货币发行以法律规定的贵金属金或银作为准备；在信用货币制度下，货币发行的准备制度已经与贵金属脱钩，其准备主要包括商品准备、现金准备和证券准备等。

3. 货币发行途径

货币必须经过一定的途径投放市场，图 6－1 以中国人民银行为例说明货币的发放途径。

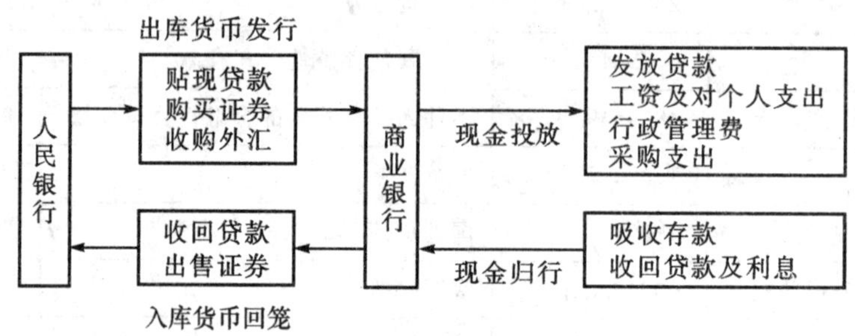


图 6－1　货币发放途径

### （二）存款业务

中央银行吸收存款的主要目的在于调控信贷规模与货币供应量、维护金融业的安全以及组织国内的资金清算。中央银行的存款业务分为两大类：政府和公共机构存款、商业银行等金融机构存款。

政府和公共机构在中央银行的存款包括财政金库存款和政府及公共机构的经费存款。这两部分存款在其支出之前存于中央银行，就形成中央银行重要的资金来源。商业银行等金融机构在中央银行的存款包括法定存款准备金存款和超额存款准备金存款。在现代存款准备金制度下，集中存款准备金既是中央银行制度形成的原因，也是中央银行重要的资金来源。现代中央银行集中存款准备金的原始目的已经发生了根本的改变，从最初的为了增加商业银行等金融机构面对存款人大量挤兑存款的应付能力发展成为中央银行控制货币供给的主要政策工具。此外，商业银行等金融机构通过中央银行办理它们之间的债务清算，所以为清算需要，必须缴存一定的超额准备金，以便于清算能够及时、顺利地进行。另外，中央银行吸收的存款中还包括一定的外国存款和特种存款等。

### （三）其他负债业务

中央银行还有一些其他负债业务，如发行中央银行债券和对国际金融机构的负债等。

## 三、中央银行的资产业务

中央银行的资产业务是指中央银行在一定时点上所拥有的各种债权。通常情况下，其资产业务包括贷款、再贴现、有价证券买卖、黄金和外汇储备等内容。

### （一）贷款和再贴现

中央银行贷款，主要是中央银行对商业银行和其他金融机构在经营信贷过程中因周转性资金与临时性资金不足而发放的贷款。它具有如下特征：①贷款对象是那些经营信贷业务的一般性金融机构；②这种贷款具有形成高能货币的特点；③这种贷款的利率水平、额度大小和条件限制是中央银行货币政策意愿的反映，是中央银行实施货币政策的一种手段或工具。

中央银行再贴现，是商业银行和其他金融机构将其持有的已贴现的尚未到期的合法商业承兑汇票或银行承兑汇票，向中央银行进行票据再转让的一种行为。各国中央银行的再贴现业务在业务对象、申请和审查、再贴现利率、票据种类、再贴现的额度等方面都有明确的规定。一般来说，再贴现是中央银行向商业银行融资的重要方式之一，它主要用于解决商业银行由于办理贴现业务所引起的暂时性资金困难。

中央银行对商业银行和其他金融机构进行贷款和再贴现，目的是保证银行体系的安全性、流动和银行业务的顺利进行，从而保证金融秩序的稳定和有序。

**(二)有价证券买卖**

中央银行为了稳定金融局势、调节货币流通和资金供求，进而影响整个国民经济，通常都要在公开市场(金融市场)上从事有价证券的买卖业务。在需要紧缩银根、减少市场货币供应量时，中央银行便在公开市场上卖出它所持有的有价证券(即抛出证券、回笼货币)；反之，在需要扩张信贷、增加市场货币供应量时，便在市场上买进它所需要的有价证券(即发行货币，收回证券)。一般来说，中央银行买卖有价证券时要注意以下几个问题：

(1)不能在一级市场购买各种有价证券，而只能在二级市场上购买有价证券。

(2)不能购买市场性差(可销售性差)的有价证券，而只能购买市场性非常高、随时都可以销售的证券，通常是持有政府债券。

(3)不能购买没有正式上市资格、在证券交易所不能挂牌的有价证券，而只能购买具有上市资格、具有证券交易所正式挂牌销售的、信誉非常高的有价证券。

(4)一般不能购买国外有价证券。

**(三)黄金、外汇储备**

中央银行的资产应以随时可以出售而且又可以避免损失为原则，所以黄金和外汇储备就是中央银行一项重要资产业务。虽然当今世界各国国内市场上并不流通和使用金银币，纸币也不兑换黄金，但在清算国际债权债务时，除了以外汇作为支付手段外，还可以以黄金这一保值商品换取外汇来支付。因此，各国都把黄金外汇作为最重要的储备资产，由中央银行保管，以便在国际收支逆差时，用来清偿债务。中央银行办理此项业务有着特殊的意义，它可以通过买卖黄金外汇来集中储备，达到调节货币资金、改善经济和外贸结构、稳定汇率和金融市场的目的。所以，一国的黄金、外汇储备是否雄厚，是该国经济实力强弱的一个重要标志。

## 四、中央银行的中间业务

由于各商业银行都有法定存款准备金存在中央银行，并在中央银行设有活期存款账户，这样就可以通过存款账户在全国范围内划拨清算，了结银行之间的债权债务关系。中央银行的清算业务大体可以分为三项：①办理票据集中交换，主办票据交换所；②办理交换差额的集中清算，通过各行在中央银行开设的账户划拨；③办理异地资金转移，提供全国性的资金清算职能。目前各国做法不一，英国以伦敦为全国清算中心；美国以各联邦银行代收外埠支票，并以华盛顿为全国最后的清算中心；德国、法国则利用遍布全国的中央银行机构建立转账账户，为银行服务。

**(一)集中票据交换**

这项业务是通过票据交换所进行的。票据交换所是同一城市内银行间清算各自应收应付票据款项的场所。票据交换所一般每天交换两次或一次，根据实际需要而定。所有银行间的应收应付款项，都可相互轧抵后而收付其差额。

各行交换后的应收应付差额，即可通过其在中央银行开设的往来存款账户进行转账收付，不必收付现金。

近年来随着计算机通信技术的发展，划拨清算业务的机械化与自动化非常发达，清算网络十分广泛和连锁化，方便且快捷，但中央银行始终处于清算的中枢地位。

**(二)办理异地资金转移**

各城市、各地区间的资金往来往往通过银行汇票传递，汇进汇出，最后形成异地间的资金划拨关系。这种异地间的资金划拨，必须通过中央银行统一办理。

办理异地资金转移，各国的清算办法有很大的不同，一般有两种类型：一是先由各金融机构内部自成联行系统，最后各金融机构的总管理处通过中央银行总行办理转账结算；二是将异地票据统一集中传送到中央银行总行办理轧差转账。

中国现代化支付系统(CNAPS)是中国人民银行从 1996 年开始按照我国支付清算需要，并利用现代计算机技术和通信网络自主开发建设的，能够高效、安全处理各银行办理的异地、同城各种支付业务及资金清算和货币市场交易的资金清算应用系统。该系统由大额支付系统(HVPS)和小额批量支付系统(HEPS)两个应用系统组成。

## 复习思考题

1. 试述中央银行产生的客观必要性。
2. 简述中央银行的性质和职能。
3. 中央银行从事业务活动的原则有哪些？
4. 什么是中央银行的资产业务？具体说明其内容。
5. 什么是中央银行的负债业务？具体说明其内容。
6. 什么是中央银行的中间业务？具体说明其内容。

## 讨论题

1. 中央银行区别于一般商业银行的特点是什么？试通过中央银行的资产负债表来说明其特定的职能。

2. 既然中央银行是国家的银行，为什么还要强调中央银行相对于政府的独立性？

3. 对于判断中央银行独立性的强弱，人们设计了一些度量的标准。你认为我国目前中央银行独立性的状况如何？

# 第七章 金融市场

## 本章导读

中国香港威武！2011年度，世界经济论坛把“全球最发达金融市场”的桂冠授予了香港，香港把美国挤下了金融老大的宝座，成为全球最发达的金融市场！而这也是第一次由亚洲经济体获得这一殊荣。在欧债危机、美元不景气的大背景下，金融市场的中心正在逐渐向亚洲转移，加速影响和改变我们的生活。本章简要地介绍金融市场的构成、分类和功能；系统地介绍货币市场、资本市场和金融衍生工具市场。

## 引例思考

纽约是世界最重要的国际金融中心之一。第二次世界大战以后，纽约金融市场在国际金融领域中的地位进一步加强。美国凭借其在战争时期膨胀起来的强大经济和金融实力，建立了以美元为中心的资本主义货币体系，使美元成为世界最主要的储备货币和国际清算货币。西方资本主义国家和发展中国家的外汇储备中大部分是美元资产，存放在美国，由纽约联邦储备银行代为保管。纽约金融市场按交易对象划分，主要包括外汇市场、货币市场和资本市场。

纽约外汇市场是美国的，也是世界上最主要的外汇市场之一。纽约外汇市场并无固定的交易场所，所有的外汇交易都是通过电话、电报和电传等通信设备，在纽约的商业银行与外汇市场经纪人之间进行的。这种联络就组成了纽约银行间的外汇市场。

纽约货币市场即纽约短期资金的借贷市场，是资本主义世界主要货币市场中交易量最大的一个。除纽约市金融机构、工商业和私人在这里进行交易外，每天还有大量短期资金从美国和世界各地涌入流出。与外汇市场一样，纽约货币市场也没有一个固定的场所，交易都是供求双方直接或通过经纪人进行的。纽约货币市场按交易对象不同可分为：联邦基金市场、政府国库券市场、银行可转让定期存单市场、银行承兑汇票市场和商业票据市场等。

纽约资本市场是世界上最大的经营中、长期借贷资金的资本市场，可分为债券市场和股票市场。纽约债券市场交易的主要对象是：政府债券、外国债券。纽约股票市场是纽约资本市场的一个组成部分。在美国，有10多家证券交易所按证券交易法注册，被列为全国性的交易所。其中纽约证券交易所、NASDAQ和美国证券交易所最大，它们都设在纽约。

请思考：对比纽约金融市场，上海在建立国际金融中心的过程中还有哪些方面需要提高？

## 第一节 金融市场概述

金融市场是指资金供应者和资金需求者双方通过信用工具进行交易而融通资金的市场，是总体经济运行中一个重要的组成部分，在经济发展和社会福利提高过程中扮演着非常重要的角色。

20世纪以来，世界各国或地区的金融市场都发生了巨大变化，特别是随着信息技术和经济全球化的加快发展，新的金融工具不断产生，金融市场的变革必将对全球经济、贸易、居民福利产生深刻影响。

## 一、金融市场及其构成

金融市场是办理各种票据、有价证券、外汇和金融衍生品买卖，以及同业之间进行货币借贷的场所。该市场将稀缺的货币和资本从储蓄者手中转移到借款者手中，以满足借款者对商品和服务的购买、新机器设备购买的资金需要，以此实现全球经济的不断增长和人民生活水平与社会福利的不断提高和改善。

金融市场的构成要素主要有交易主体、交易客体和交易价格。

### (一)交易主体

金融市场的主体，即金融市场的交易者。参与金融市场交易的机构或个人，或者是资金的供给者，或者是资金的需求者，或者是以双重身份出现。如果从参与交易的动机来看则可以更进一步细分为投资者(投机者)、筹资者、套期保值者、套利者、调控和监管者等。

金融市场主体主要包括个人、企业、政府、金融机构和中央银行。

(1)个人或家庭。个人或家庭主要是资金的供应者，参与金融市场目的是调整货币收支结构或追求投资收益的最大化。

(2)工商企业。工商企业主要是资金的需求者，企业在生产经营过程中，总会产生资金不足的问题，而弥补资金不足除向银行借款外，另一有效办法就是在金融市场上发行有价证券。

(3)政府机构。政府机构充当双重角色，其一是作为资金的需求者和供应者，其二是作为市场活动的调节者。

(4)金融机构。金融机构包括存款性金融机构和非存款性金融机构。作为资金供应者，它们可以在金融市场上大量购买赤字单位发行的直接证券；作为资金需求者，它们则可以通过向市场发行间接证券来获取资金。

(5)中央银行。作为中央政府的特殊金融机构，它不是单纯的资金需求者和资金供应者，而是信用调节者。中央银行参与金融市场的活动主要是为了实施货币政策，调节和控制货币供应量以实现稳定货币、稳定经济的目标。

### (二)交易客体

金融市场客体，即金融市场的工具。所谓金融工具，是金融市场上制度化、标准化的融资凭证。市场上的资金交易借助于金融工具来完成，融资凭证也就成了交易的工具。当赤字单位需要补充资金时，便可在金融市场上出售金融工具来融入资金，当盈余单位需要运用资金时，便可在金融市场上购买金融工具来贷出资金。通过这种金融工具的买卖，资金供求双方达到了资金交易的目的，金融工具实际上成为资金的载体，成为金融市场上交易的工具。

金融工具主要有票据、债券、股票、黄金、外汇、大额定期存单等。

### (三)交易价格

金融市场上参与者借助交易工具进行资金的融通还必须有一个健全的价格体系。利息是资金所有者由于借出资金而取得的报酬，利息率是借贷期内所形成的利息额与所贷金额的比率。当市场上资金供不应求时，市场利率则会趋于上升；当市场上资金供过于求时，市场利率又能自动下降。

## 二、金融市场的分类

在金融市场的形成和发展进程中，金融市场根据资金融通与金融产品交易的需要，其内在结构也在持续地发生着变化。按不同的标准可以将其划分为若干类市场。

### (一)以金融商品在市期限为标准可把金融市场划分为货币市场和资本市场

货币市场是金融产品在市期限为一年以内的短期资金交易市场，包括短期存贷款市场、银行同业拆借市场、贴现市场、短期债券市场等。货币市场存在的主要目的是为了使参与者获得现实的支付手段，保持资金的流动性，提高金融资源的配置效益。

资本市场是金融产品在市期限在一年以上的中长期资金市场。它包括中长期存贷市场和证券市场，证券市场又可分为债券市场和股票市场。

### (二)以金融商品的交割期限为标准可把金融市场分为现货市场与期货市场

现货市场是双方成交后的 13 日内立即付款交割的市场；期货市场是典型的合约交易市场，交易双方的交割期则按合约所规定的日期，如 1 月、3 月之后实际交割，期货交易也可以进行反向对冲完成交割。金融期货交易的对象主要是证券、外汇和黄金。20 世纪 70 年代以来，金融期货交易的形式越来越多样化。

### (三)以金融交易的程序可把金融市场分为发行市场和流通市场

发行市场也称初级市场，是指证券发行人发行证券以募集资金，投资人则购买发行人的证券成为股东或债权人，实现了储蓄转化为资本的过程。因此发行市场是国民经济中资金余缺调剂的主要实现场所，发行市场的发达程度与国民经济的发展有着密切关系。证券发行市场是一个抽象的市场。

证券流通市场也称二级市场或交易市场，它是已发行的证券按时价进行转让和流通的市场。流通市场只是金融工具的易手，并不改变交易工具的价值总量。由于流通市场上金融工具的频繁易手，使二级市场的交易量远远大于一级市场的交易量，证券流通市场的结构和交易活动比发行市场更为复杂，其作用和影响也更大。证券流通市场根据其交易场所的不同分为证券交易所市场和场外交易市场。

发行市场与流通市场相辅相成。首先，发行市场是流通市场的基础。发行市场的存在，资金需求者才能筹措资金，流通市场才有流通的工具。其次，流通市场对发行市场有重要的影响。没有流通市场，证券投资者必须到期后才能变现，证券失去了流动性，也就给新证券的发行带来困难，发行市场也随之失去活力。此外，通过流通市场对新上市的证券提供妥善的组织、良好的服务和各种资料信息，从而引起广大投资者的注意和自由买卖的兴趣，促进了新证券的市场流通，也会提高发行市场的地位。再次，发行市场通过证券发行，可以吸收新的资金，从而创造出新的金融资产，而流通市场只是促成证券的转手交易，使证券具有流动性和变现力，并不创造新的金融资产。总之，发行市场和流通市场相辅相成，共同构成金融商品发行和交易的全过程。

## 三、金融市场的功能

### (一)资金积聚功能

金融市场最基本的功能就是将众多分散的小额资金汇聚为能供社会再生产使用的大额资金的集合。金融市场通过金融工具,将储蓄者或资金盈余者的货币资金转移给筹资者或资金短缺者使用,为两者提供了融通资金的渠道。

### (二)财富功能

所谓财富功能是指金融市场为投资者提供了购买力的储存工具。金融市场上销售的金融工具作为储蓄财富、保有资产和财富增值的途径,使许多人在银行存款外找到了更好的收益与风险匹配的投资渠道。

### (三)风险分散功能

金融市场为市场参与者提供了防范资产风险和收入风险的手段。投资者通过对资产组合的分散化管理,可以有效地降低甚至抵消投资风险。同时,金融工具的应用将大额投资分散为小额零散资金投资,从而将较大的投资风险分由大量投资者共同承担,既使投资者的利益得到保证,又便于筹资者融资目标的实现。

### (四)交易功能

规范的交易组织、交易规则和管理制度,使得金融市场工具大都具有较高的流动性,能更加便捷地进行交易和支付。便利的金融资产交易和丰富的金融产品选择,使得交易成本大大降低,进而促进了金融市场的发展。

### (五)资源配置功能

在金融市场上,投资者交易工具价格波动信息的分析判断,决定资金或其他经济资源的流向。金融市场就将资源从低效率的部门转移到高效率的部门,从而使全社会的经济资源得到更加有效的配置和利用。

### (六)反映功能

金融市场常被看做是社会经济运行的“晴雨表”,能够及时而灵敏地反映各种经济状况。正因为如此,各国政府、金融机构、企业及居民都高度关注金融市场指标的变化,并以此作为决策的重要依据。

### (七)宏观调控功能

金融市场是政府调控宏观经济运行的重要载体,为政策的执行提供了操作平台。中央银行通过金融市场,运用存款准备金率、再贴现率和公开市场操作三大货币政策工具,调节货币供应量,对经济起到刺激或平抑作用。此外,财政政策的实施也与金融市场紧密相连,政府通过发行国债等手段,对宏观经济进行引导和调控。

# 第二节　货币市场

货币市场是指融资期限在一年以内(包括一年)的资金交易市场,又称为短期资金市场。

由于在该市场上流通的金融工具主要是一些短期信用工具，如国库券、商业票据、银行承兑票据、可转让定期存单等，由于交易的期限较短、可变现性强、流动性高，因此，短期金融工具又可称为准货币，所以将该市场称为"货币市场"，是最早和最基本的金融市场。

货币市场有以下几个突出特点：一是融资期限短、流动性强、风险性小。货币市场是进行短期资金融通的市场，融资期限最短的是隔夜，最长的也不超过1年，较为普遍使用的期限为3～6个月，所以该市场的一个显著特点就是融资期限短。由于融资期限较短，所以货币市场上的金融工具变现速度都比较快，从而使该市场具有较强的流动性。正是由于期限短、流动性强，所以货币市场工具的价格波动不会过于剧烈，风险性较小。此外，货币市场工具的发行主体大多为政府、商业银行及资信较高的大公司，所以其信用风险也较小。二是批发的市场。由于交易额极大，周转速度快，一般投资者难以涉足，所以货币市场的主要参与者大多数是机构投资者，他们深谙投资技巧，业务精通，因而能在巨额交易和瞬变的行情中获取利润。三是创新的市场。由于货币市场上的管制历来比其他市场要松，所以任何一种新的交易方式和方法，只要可行就可能被采用和发展。

根据货币市场上的融资活动及其流通的金融工具，可将货币市场划分为同业拆借市场、商业票据市场、国库券市场、大额可转让定期存单市场和回购协议市场。

## 一、同业拆借市场

### （一）同业拆借市场的概念和特点

同业拆借市场是指银行及非银行金融机构之间进行短期性的、临时性的资金调剂所形成的市场。同业拆借市场最早出现于美国。我国开放同业拆借市场始于1984年。从1996年1月1日起，中国人民银行决定在35个大中城市的融资中心和具有法人资格、达到一定规模的商业银行间实行联网，建立全国统一的同业拆借市场。目前进入市场的除各家商业银行外，还有城市、农村信用合作社联社、证券公司和基金管理公司等一批非银行金融机构。

同业拆借主要限于金融机构参加。商业银行把拆入资金作为一项经常性的资金来源，或者是通过循环拆借的方式（今日借明日还，明日再借次日再还），使其贷款能力超过存款规模；或者是减少流动性高的资产（如库存现金、各种短期证券等），以增加高盈利资产的规模，而在需要额外清偿能力时就进行拆借。与此同时，许多中小商业银行出于谨慎的原因会经常保存超额准备金，为使这部分准备金能带来收益并减少风险，它们往往是通过拆借市场向大银行拆出。于是，同业拆借又成为中小商业银行一项经常性的资金运用。

拆借期限短，资金量大，不需担保，交易简便（电话进行），利率由双方协商决定随行就市。拆借期限有半天、1天、7天、1个月、4个月（中国），其中7天以内占多数。

同业拆借的拆款按日计息，拆息额占拆借本金的比例为"拆息率"。在国际货币市场上，比较典型的、有代表的同业拆借利率有三种，即伦敦同业拆借利率、新加坡银行同业拆借利率和香港银行同业拆借利率。

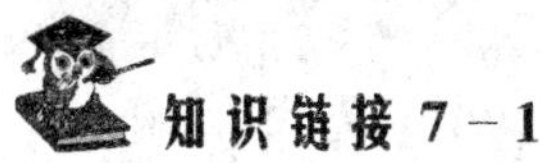

**知识链接 7－1**

**上海银行间同业拆借利率**

2007年1月4日，SHIBOR开始正式运行。其全称是"上海银行间同业拆借利率"

(Shanghai interbank offered rate)，被称为中国的 LIBOR(London interbank offered rate，伦敦同业拆借利率)，是中国人民银行希望培养的基准利率体系。

Shibor 是由信用等级较高的银行组成报价团自主报出的人民币同业拆出利率计算确定的算术平均利率，是单利、无担保、批发性利率。目前，对社会公布的 SHIBOR 品种包括隔夜、1 周、2 周、1 个月、3 个月、6 个月、9 个月及 1 年。SHIBOR 报价银行是公开市场一级交易商或外汇市场做市商，在中国货币市场上人民币交易相对活跃、信息披露比较充分的银行。每个交易日根据各报价行的报价，剔除最高、最低各 2 家报价，对其余报价进行算术平均计算后，得出每一期限品种的 SHIBOR，并于 11:30 对外发布。

上海首批 16 家报价行分别为：工商银行、农业银行、中国银行、建设银行、交通银行、兴业银行、浦发银行、北京银行、上海银行、招商银行、光大银行、中信银行、南京商行、德意志上海、汇丰上海、渣打上海。2010 年 5 月，广发银行也成为 SHIBOR 基准利率互换业务报价行。

目前对外公布的 SHIBOR 共有 8 个品种，期限从隔夜到 1 年。2007 年以来国家开发银行、国家进出口银行、农业发展银行和华夏银行等在银行间债券市场所发行的浮息债券均选择 3 个月 SHIBOR 作为基准利率。2008 年，SHIBOR 继续在债券发行定价中发挥作用，不仅以 SHIBOR 为基准发行浮息债，全年发行的 57 只固定利率的企业债全部参照 SHIBOR 定价，还有部分短期融资券和中期票据也参照 SHIBOR 定价。2008 年，中国进出口银行、深圳发展银行在银行间债券市场发行了两只 SHIBOR 浮息债券，它们均选择了 3 个月 SHIBOR 作为基准利率。

在上海银行间同业拆借利率网站可查询实时 SHIBOR。

### (二)同业拆借市场类型

同业拆借市场上的交易分为两种：一是同业头寸拆借，主要是指金融机构为了轧平头寸、补充存款准备金和票据清算资金而在拆借市场上融通短期资金的活动，一般拆借期限为 1 天；二是同业短期拆借(或同业借贷)，主要是指金融机构之间为满足临时性的、季节性的资金需要而进行的短期资金拆借，这一类的拆借期限相对较长。

### (三)市场功能

同业拆借市场的存在，不仅为银行之间调剂资金提供了方便，更重要的是，它为社会资金的合理配置提供了有利条件。当外部资金注入银行体系后，通过银行同业拆借市场运行，这些资金能够较均衡地进入经济社会的各个部门和单位。通过同业头寸拆借和短期拆借，金融机构可以弥补短期资金的不足、票据清算的差额以及临时性的资金短缺。因此，大多数国家的中央银行已把同业拆借利率作为货币政策的操作目标，通过货币政策工具的运用，影响同业拆借利率，进而影响长期利率和货币供应量发生变化，从而实现既定的货币政策目标。

## 二、商业票据市场

### (一)商业票据市场概述

商业票据市场是指商业票据流通及转让(承兑贴现)的市场。商业票据是货币市场上最悠久的工具，最早可以追溯到 19 世纪初。大多数早期的商业票据通过经纪商出售，主要购买者是商业银行。进入 20 世纪以来，商业票据发行量和使用量迅速地增加。

商业票据是指工商企业签发的以取得短期资金融通的信用工具，包括交易性商业票据和融资性商业票据。

(1)交易性商业票据。交易性商业票据是在商品流通过程中,反映债权债务关系的设立、转移和清偿的一种信用工具,包括商业汇票和商业本票。商业汇票是由出票人签发的、委托付款人在免票时或者在指定日期无条件支付确定的金额给收款人的凭证。商业本票是由出票人签发的、承诺在一定时间内将确定金额支付给收款人的凭证。

(2)融资性商业票据。融资性商业票据是由信用级别较高的大企业向市场公开发行的无抵押担保的短期融资凭证。由于融资性商业票据仅以发行者的信用作保证,因此不是所有的公司都能够发行商业票据,通常只有那些规模巨大、信誉卓著的大公司才能发行。这种商业票据一般具有面额固定且金额较大(10 万美元以上)、期限较短(一般不超过 270 天)的特点,而且都采用贴现方式发行。

### (二)市场类型

#### 1. 票据承兑市场

所谓承兑是指商业汇票签发后,经付款人在票面上签字盖章,承诺到期付款的一种票据行为。凡经过承兑的汇票统称为“承兑汇票”。如果是经付款人本人承兑则为“商业承兑汇票”;如果是由银行承兑则为“银行承兑汇票”。由于银行的信誉要比一般付款人的信誉高,因而银行承兑汇票的安全性及流动性都要好于商业承兑汇票,所以在票据承兑市场上流通的大多为银行承兑汇票。票据承兑实质是一种付款承兑行为。

#### 2. 票据贴现市场

贴现是指商业票据(大多为承兑汇票)持票人为获取流动性资金,向银行(或其他金融机构)贴付一定利息后,将未到期的票据转让给银行(或其他金融机构)的票据行为。具体而言,即持票人在票据未到期而又急需现款时,以经过背书的未到期票据向银行申请融通资金,银行审查同意后,扣除自贴现日起至票据到期日止的利息,将票面余额支付给贴现申请人。票据贴现实质是一种票据买卖行为。

$$商业票据发行价格=面额-贴现金额$$

$$贴现金额=面额\times贴现率\times期限\div360$$

例:某公司拟发行票面金额为 100000 美元、年贴现率为 6%、期限为 60 天的商业票据,则该商业票据的发行价格为:

发行价格=100000-100000×(6%×60÷360)=99000(美元)

## 三、国库券市场

### (一)国库券市场的概念及特征

短期政府债券是一国政府部门为满足短期资金需求而发行的一种期限在 1 年以内的债务凭证。在政府遇有资金困难时,可通过发行政府债券来筹集社会闲散资金,以弥补资金缺口。广义上看,政府债券不仅包括国家财政部门发行的债券,还包括地方政府及政府代理机构发行的债券。但从狭义上说,政府债券仅指国家财政部所发行的债券。在西方国家一般将财政部发行的期限在 1 年以内的短期债券称为国库券。所以狭义地说,短期政府债券市场就是指国库券市场。

国库券市场具有以下几个特征:①贴现发行。国库券的发行一般都采用贴现发行,即以低于国库券面额的价格向社会发行。②违约风险低。国库券是由一国政府发行的债券，它有国家信用作担保，故其信用风险很低，通常被誉为"金边债券"。③流动性强。由于国库券的期限短、风险低，易于变现，故其流动性很强。④面额较小。相对于其他的货币市场工具，国库券的面额比较小。目前美国的国库券面额一般为10000美元，远远低于其他货币市场工具的面额（大多为10万美元）。

### (二)市场功能

国库券市场的存在和发展具有积极的经济意义。首先，就政府来说，不需增加税收就可解决预算资金不足的问题，有利于平衡财政收支，促进社会经济的稳定发展；其次，就商业银行来说，国库券以其极高的流动性为商业银行提供了一种非常理想的二级准备金，有利于商业银行实行流动性管理；再次，就个人投资者来说，投资于国库券不仅安全可靠，而且可以获得稳定的收益，且操作简便易行；最后，就中央银行来说，国库券市场的存在为中央银行进行宏观调控提供了重要手段，中央银行通过调节在国库券市场上买卖的数量，不仅可以直接左右市场货币供应量，而且还可以借助于对市场利率水平所产生的影响来达到调节市场货币供应量的目的。

## 四、大额可转让定期存单市场

大额可转让定期存单，是由商业银行发行的具有固定面额、固定期限、可以流通转让的大额存款凭证。

### (一)大额可转让定期存单市场的产生与发展

大额可转让定期存单市场首创于美国。1961年2月，为了规避"Q条例"对银行存款利率的限制，克服银行活期存款数量因通货膨胀的发生而持续下降的局面，花旗银行开始向大公司和其他客户发行大额可转让定期存单。这种存单与普通定期存款相比的区别在于：

(1)存单面额大，通常在10万美元与1000万美元之间。

(2)存单不记名，便利存单持有人在存单到期前在二级市场上将存单转让出去。

(3)存单的二级市场非常发达，交易活跃。

由此可以看出，大额可转让定期存单将活期存款的流动性和定期存款的收益性合为一体，从而吸引了大批客户。1970年，伴随着美国通货膨胀的持续上涨，美国国会取消了对大额可转让定期存单的利率限制，进而使这种存单成为美国商业银行筹集信贷资金的重要渠道。资料显示，至1972年，大额可转让定期存单占到全部银行存款的大约40%。此后，许多国家纷纷效仿美国建立大额可转让定期存单市场，促进了此市场在全世界范围内的发展。

### (二)大额可转让定期存单市场的功能

商业银行等存款性金融机构是大额可转让定期存单市场的主要筹资者。商业银行通过发行大额可转让定期存单可以主动、灵活地以较低成本吸收数额庞大、期限稳定的资金，甚而改变了其经营管理理念。在大额可转让定期存单市场出现以前，商业银行通常认为其对于负债是无能为力的，存款人是否到银行存款、存多少取决于存款人的经济行为，商业银行处于被动地位，因而其流动性的保持主要依赖持有数额巨大的流动性资产，但这会影响其盈利性。大额可转让定期存单市场诞生后，商业银行发现通过主动发行大额可转让定期存单增加负债也是其获取资金、满足流动性的一个良好途径，此种状况下其不必再持有大量的、收益较低的流动性资产。于是，大额可转让定期存单市场便成为商业银行调整流动性的重要场所，商业银行的经营管理策略也在资产管理的基础上引入了负债管理的理念。

大额可转让定期存单市场的投资者种类众多，非金融性企业、非银行性金融机构、商业银行，甚至富裕个人都是这个市场的积极参与者。大额可转让定期存单到期前可以随时转让流通，具有与活期存款近似的流动性，但与此同时又拥有定期存款的收益水平，这种特性极好地满足了大宗短期闲置资金拥有者对流动性和收益性的双重要求，成为其闲置资金运用的重要场所。

### (三)大额可转让定期存单的期限与利率

期限最短的大额可转让定期存单是 14 天，典型的大额可转让定期存单的期限多为 1 个月到 4 个月，也有 6 个月的，但超过 6 个月的存单较少。

大额可转让定期存单的利率有固定的，也有浮动的，浮动利率的存单期限较长。发行银行的信用评级、存单的期限和存单的供求量是决定大额可转让定期存单利率水平的主要因素。

通常来说，大额可转让定期存单的利率水平类似于其他货币市场工具，但略高于同期限的国库券利率，利差等于存单相对于国库券的风险溢价。

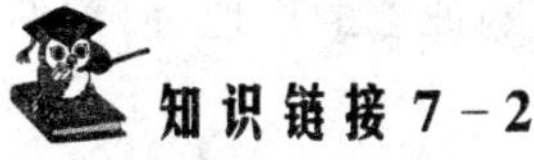

**知识链接 7－2**

**可转让定期存单**

可转让定期存单(negotiable certificate of deposit)简称定期存单，指银行发行对持有人偿付具有可转让性质的定期存款凭证。凭证上载有发行的金额和利率，还有偿还日期和方法。如果存单期限超过 1 年，则可在期中支付利息。在纽约货币市场，通常以面值为 100 万美元为定期存单的单位，有 30 天到 5 年或 7 年不等的期限，通常期限为 1～3 个月，一律于期满日付款。它是近几十年出现的新的存款方式，1961 年由美国纽约花旗银行首先发行。当时的背景是，市场利率上下波动，投资者觉得，把闲置资金以活期存款的形式存放在银行，固然方便灵活，但没有利息，以定期存款的方式存在银行，利息与债券、商业票据产生的利息比也是比较低的，而且有上限约束，定期存款不能转让，提前支取损失利息。所以投资者把投资方向由银行存款转向短期债券、商业票据、国库券上去。对商业银行来说没有存款就没有贷款。面对这种情况，商业银行发现，他们的经营方式有问题，应当革新。商业银行的传统经营方式仅仅是管理资产，存款增加就增加贷款或其他形式的投资，资金不足就取回贷款或出售有价证券。对负债则毫无办法，只能听之任之，客户来存款，就接受，客户不来，就等待。面对新的问题，商业银行认为用这种守株待兔的办法对待客户的存款不能适应新的形势。

纽约花旗银行经过深思熟虑，创造出可转让定期存单这种新方式，变等待为主动出击，在货币市场上与其他投资方式争资金，以求增加存款。纽约花旗银行在发行存单之前，先取得一些大经济商的支持，保证为存单提供活跃的次级市场。由于一些大经济商的鼎力相助，花旗银行第一次发行存单一举成功。接着，其他银行也立即仿效，从那以后定期存单成了短期融资的工具。

银行发行的可转让定期存单，在性质上仍属于债务凭证中的本票，由银行允诺到期时还本付息，购买存单的投资者需要资金时，可把存单出售换成现金。存单把存款和短期证券的优点集中于一身，既为银行带来了方便，又为客户提供了好处。

## 五、回购协议市场

### (一)回购协议

回购协议是指证券持有人在出售证券的同时,与证券购买商约定在一定期限后再按约定价格购回所售证券的协议。其实质是以回购协议项下资产为抵押品融通短期资金的一种方式。

### (二)回购协议市场特点

一是参与者的广泛性。回购市场的参与者比较广泛,包括商业银行、非银行金融机构、中央银行和非金融机构(主要是企业)。二是风险性。尽管在回购交易中使用的是高质量的抵押品,但是仍会存在一定的信用风险。这种信用风险主要来源于当回购到期时,而正回购方无力购回证券,那么逆回购方只有保留证券,若遇到抵押证券价格下跌,则逆回购方会遭受一定的损失。三是短期性。回购期限一般不超过 1 年,通常为隔夜(即今日卖出证券,明日再买回证券)或 7 天。四是利率的市场性。回购利率由交易双方确定,主要受回购证券的质地、回购期限的长短、交割条件、货币市场利率水平等因素的影响。

回购协议项下资产:政府债券、大额可转让定期存单、企业债券、银行承兑票据。

# 第三节　资本市场

资本市场是指以期限 1 年以上的金融工具为媒介,进行长期性资金交易活动的市场,又称长期资金市场。其主要参与者有个人、企业、金融机构和政府。近年来,像保险公司、养老基金等金融机构,作为机构投资者也活跃在资本市场上。其特征是偿还期长、资金借贷量大,有一定的风险性和投机性。

资本市场可以分为发行市场和流通市场。发行市场又称一级市场,是证券从发行者到投资者手中的过程。可以采用公募与私募方式发行,发行价格有折价、溢价和平价。流通市场也称二级市场,是对已发行证券进行买卖和转让交易的市场。流通市场交易组织形式有场内交易(交易所),场外交易(柜台)、第三市场、第四市场。具体流通程序为:开户—委托—交易—清算、交割。

根据发行流通的资本形式可以将资本市场分为股票市场、中长期债券市场、抵押贷款市场和投资基金市场等。

## 一、股票市场

股票是股份有限公司在筹集资本时向出资人发行的证明其所有权的一种权益凭证。股票市场是股票发行和交易的场所,包括发行市场和流通市场。

### (一)股票发行市场

股票发行市场也称一级市场,是指股份公司直接或通过中介机构向投资者出售新发行的股票的市场。

新股发行:①首次公开发行 IPO;②增发股票;③定向配售,将股票直接卖给一些特定群体，如给原有的股东以优先认购股权来购买新股，也称为配股。

1. **股票发行方式：公募发行和私募发行**

(1)公募发行又称公开发行，是指不限定认购对象而向社会公众(包括机构投资者和个人投资者)公开推销股票的发行方式。它是最基本、最常见的发行方式。

公募发行的特点：扩大股东的范围，分散持股，防止囤积股票或被少数人操纵；有利于提高公司的社会性和知名度；为以后筹集更多的资金打下基础，增加股票的适销性和流通性；发行成本较高；不利于保守公司的商业秘密；受市场影响大。

(2)私募发行又叫不公开发行，是指发行者只对特定的发行对象推销股票的方式。通常在两种情况下采用：股东配股，又称股东分摊；私人配股，又称第三者分摊。

私募发行的特点：降低发行成本；调动股东和内部职工的积极性；巩固和发展特定的公共关系；限制外来控制；保守公司商业秘密；受外来影响较小；不公开发行的股票流动性差，不能公开在市场上转让出售；降低股份公司的社会性和知名度；存在被杀价和控股的危险。

2. **股票发行价格**

(1)平价发行，也称为等额发行或面额发行。

(2)溢价发行，以高于面额的价格发行，包括时价(市价)发行、中间价发行。

(3)折价发行，以低于面额的价格发行。

### (二)股票流通市场

股票流通市场是对发行股票进行买卖、转让的市场。

流通市场为股票持有者提供随时变现的机会，也为新的投资者提供投资机会，但不能为发行者筹集到新的资金。

按照市场组织形式划分，股票流通市场分为场内交易市场和场外交易市场两种形式。

1. **场内交易市场**

场内交易市场是指由证券交易所组织的股票集中交易市场。

我国《证券交易所管理办法》规定，证券交易所是指依法设立的不以营利为目的，为证券的集中和有组织的交易提供场所、设施，履行国家有关法律、法规、规章、政策规定的职责，实行自律性管理的法人。

证券交易所组织形式有会员制和公司制两种。公司制证券交易所是指以股份公司形式成立的并以营利为目的，提供交易场所和服务人员，以便利证券交易与交割的法人团体。其法律地位除适用于国家有关证券的法律规定之外，还适用于民法、公司法等有关法律的规定。公司制证券交易所通常由商业银行、信托投资公司、证券公司以及非金融公司法人共同出资建立。股东大会为其最高权力机构，设立董事会、监事会，总经理向董事会负责。其收益主要来自证券发行公司的上市费用和证券交易成交的手续费，以及其他服务费用。目前只有伦敦证券交易所等为数不多的交易所采用公司制。

会员制证券交易所是一个由会员自愿组成的、不以营利为目的的社会团体法人。西方国家大多数都实行会员制。会员制证券交易所一般由证券公司、投资银行等证券商组成，不以营利为目的，而是为会员从事交易提供交易场所和服务设施。会员大会是最高权力机构，决定交易所经营的基本方针。理事会为执行机构。

在我国，证券交易所的设立和解散由国务院决定。我国《证券法》规定，证券交易所是为证券集中交易提供场所和设施，组织和监督证券交易，实行自律管理的法人。目前，我国的证券交易所有两个，即上海证券交易所和深圳证券交易所，两所均采用国际通行的会员制，是非营利的事业单位，由会员、理事会、总经理和监事会组成。会员是经审核批准且具有一定条件的法人；会员大会是证券交易所最高权力机构，每年召开一次；理事会是会员大会的日常事务决策机构，向会员大会负责；总经理为交易所的法定代表人，由理事会提名通过，并报主管机构（中国证监会）批准，主持本所的日常业务和行政工作。经过 20 余年的发展，两所均已实现了交易的电脑化、网络化及股票的无纸化操作。

证券交易所的功能：提供股票交易场所；形成并公告价格；集中各类社会资金参与投资；引导投资的合理流向。

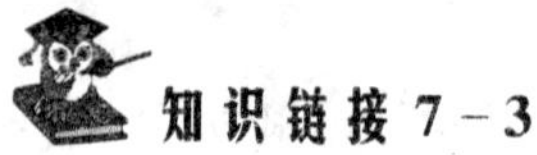

**知识链接 7－3**

**上海证券交易所与深圳证券交易所简介**

**1. 上海证券交易所**

上海证券交易所简称上证所，位于上海浦东新区。上海证券交易所成立于 1990 年 11 月 26 日，同年 12 月 19 日开业，归属中国证监会直接管理。秉承“法制、监管、自律、规范”的八字方针，上海证券交易所致力于创造透明、开放、安全、高效的市场环境，切实保护投资者权益，其主要职能包括：提供证券交易的场所和设施；制定证券交易所的业务规则；接受上市申请，安排证券上市；组织、监督证券交易；对会员、上市公司进行监管；管理和公布市场信息。

上证所市场交易采用电子竞价交易方式，所有上市交易证券的买卖均须通过电脑主机进行公开申报竞价，由主机按照价格优先、时间优先的原则自动撮合成交。上交所新一代交易系统峰值订单处理能力达到 80000 笔/秒，系统日双边成交容量不低于 1.2 亿笔，相当于单市场 1.2 万亿元的日成交规模，并且具备平行扩展能力。

经过多年的持续发展，上海证券市场已成为中国内地首屈一指的市场，上市公司数、上市股票数、市价总值、流通市值、证券成交总额、股票成交金额和国债成交金额等各项指标均居首位。截至 2011 年 12 月 31 日，上交所共有上市公司 932 家，上市证券数 1693 个，总股本 23498.87 亿股，总市值 156862.44 亿元。

**2. 深圳证券交易所**

深圳证券交易所（以下简称“深交所”）成立于 1990 年 12 月 1 日，是为证券集中交易提供场所和设施，组织和监督证券交易，履行国家有关法律、法规、规章、政策规定的职责，实行自律管理的法人，由中国证券监督管理委员会（以下简称“中国证监会”）监督管理。深交所的主要职能包括：提供证券交易的场所和设施；制定业务规则；接受上市申请、安排证券上市；组织、监督证券交易；对会员进行监管；对上市公司进行监管；管理和公布市场信息；中国证监会许可的其他职能。

深交所以建设中国多层次资本市场体系为使命，全力支持中国中小企业发展，推进自主创新国家战略实施。2004 年 5 月，中小企业板正式推出；2006 年 1 月，中关村科技园区非上市公司股份报价转让开始试点；2009 年 10 月，创业板正式启动。深交所主板、中小企业板、创业板以及非上市公司股份报价转让系统协调发展的多层次资本市场体系架构基本确立。深交所坚持从严监管的根本理念，贯彻“监管、创新、培育、服务”八字方针，努力营造公开、公平、公正的市场环境。

截至 2011 年 12 月 31 日，深交所共有上市公司 1411 家，上市证券数 1938 个，总股本

6278.46亿股，总市值66381.87亿元。

2. **场外交易场市场**

场外交易市场是指交易所以外的证券交易市场，又称柜台交易或店头交易市场。场外交易市场有以下特点：

(1)它是一个没有组织的、非集中固定的交易场所，交易主要通过电话、互联网等通讯方式进行。

(2)交易对象以没有在交易所登记上市的证券为主，某些情况下也对在交易所已上市证券进行交易。

(3)证券交易可以委托证券商代理，也可由客户直接与证券商交易。

(4)证券的成交价格不是通过集中竞价的方式确定的，而是由证券商持续报出证券的买价和卖价两种价格或由交易双方协商议定价格。

### (三)股票价格指数

股票价格指数是整个股票市场或某一类股票表现好坏的指示器，是运用统计学中的指数方法编制而成，反映股市总体价格或某类股价变动和走势的指标。

世界上主要的股价指数有美国的道·琼斯股价指数、英国伦敦《金融时报》股价指数、日本的日经股价指数、香港恒生股价指数等。

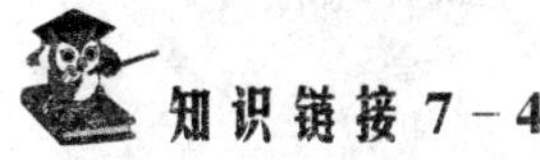


**什么是股票交易印花税？**

股票交易印花税是从普通印花税发展而来的，是专门针对股票交易发生额征收的一种税。我国税法规定，对证券市场上买卖、继承、赠与所确立的股权转让依据，按确立时实际市场价格计算的金额征收印花税。股票印花税以股票的票面价值为计税依据。由于股票可以溢价发行，因而还规定，如果股票的实际发行价格高于其票面价值，则按实际发行价格计税。为方便计算，增加透明度，采取比例税率，一般税负都比较轻。

印花税增加了投资者的成本，这使它自然而然地成为政府调控市场的工具。如1997年5月9日，为平抑过热的股市，股票交易印花税由3‰上调至5‰。1998年6月12日，为活跃市场交易，又将印花税由5‰下调为4‰。1999年6月1日，为拯救低迷的B股市场，国家又将B股印花税税率由4‰下降为3‰。2005年1月24日，最后一次下调股票交易印花税，执行1‰税率。2007年经国务院批准，财政部决定从2007年5月30日起，调整证券股票交易印花税税率，由现行1‰调整为3‰。2008年4月24日起，调整证券(股票)交易印花税率，由3‰调整为1‰。2008年9月19日起，由双边征收改为单边征收，税率保持1‰。由出让方按1‰的税率缴纳股票交易印花税，授让方不再征收。

从世界主要股票市场发展经验看，取消股票交易印花税是大势所趋。1999年4月1日，日本取消包括印花税在内的所有交易的流通票据转让税和交易税。2000年6月30日，新加坡取消了股票交易印花税。

## 二、中长期债券市场

中长期债券市场属于资本市场的一部分。一般来说，偿还期限在1年或1年以上、10年以下(包括 10 年)的为中期债券,偿还期限在 10 年以上的为长期债券。

中长期债券的发行者主要是政府、金融机构和企业。发行中长期债券的目的是为了获得长期稳定的资金。

## 三、抵押贷款市场

抵押贷款指借款者以一定的抵押品作为物品保证向银行取得的贷款。它是银行的一种放款形式。抵押品通常包括有价证券、国债券、各种股票、房地产以及货物的提单、栈单或其他各种证明物品所有权的单据。贷款到期,借款者必须如数归还,否则银行有权处理其抵押品,作为一种补偿。

## 四、投资基金市场

投资基金是通过发行基金券(基金股份或收益凭证),将投资者分散的资金集中起来,由专业管理人员分散投资于股票、债券或其他金融资产,并将投资收益分配给基金持有者的一种投资制度。它具有规模经营、分散投资、专家管理、专业化服务的特点。

投资基金发起人,可以是一个机构,也可以由多个机构共同组成。基金的设立申请一旦获主管机关批准,发起人即可发表基金招募说明书,着手发行基金股份或收益凭证。一般来说,基金由基金管理公司或下设基金管理部的投资银行作为发起人。

投资基金市场按基金单位是否可增加或赎回分为封闭式基金市场和开放式基金市场。

### (一)封闭式基金市场

#### 1. 封闭式基金的发行

从发行上市来说,按发行对象和发行范围分为公募和私募,按发行环节分为自行发行和代理发行。发行价格有折价和溢价。封闭式基金有存续期限,在中国,这个期限不能少于 5 年,一般的封闭式基金的期限是 15 年。封闭式基金到期之后,有三种处理方式:一种是清盘,即按基金净值扣除一定费用后退还给投资者;第二种是转为开放式基金,即我们常说的“封转开”;第三种是延长到期期限,这种方式很少应用。

#### 2. 封闭式基金的流通

(1)上市交易的条件和程序。封闭式基金申请上市需提交上市申请书、验资报告书和上市公告书等必要文件。交易所对基金管理人提交的上市申请等文件进行审查,认为满足上市要求的,将申请文件、审查意见及拟上市时间等一并报中国证监会批准。

(2)交易账户的设立。根据现行规定,每个身份证只允许开设一个基金账户,已开设股票账户的投资者不得再开设基金账户;开设基金账户需本人亲自在本地办理;一个资金账户只能对应一个基金账户或股票账户,基金账户不得用于买卖股票,而股票账户可以买卖基金,也可以买卖股票。

(3)交易委托与交收。在我国,封闭式基金的委托与交易与股票类似,通过证券营业部委托申报或通过无形报盘、电话委托等方式申报买卖基金单位。所不同的是,价格变化单位不是 0.01 元而是 0.001 元。

(4)交易的费用。封闭式基金的委托书续费、佣金、过户费等,在沪深证券交易所统一为成交金额的 0.25%,起点是 5 元,不收过户费,免征印花税。

### (二)开放式基金市场

设立开放式基金时,基金份额总规模不固定,可视投资者的需求,随时向投资者出售基金份额,并可应投资者要求赎回发行在外的基金份额。投资者既可以通过基金销售机构购买基金使基金资产和规模由此相应增加,也可以将所持有的基金份额卖给基金并收回现金使得基金资产和规模相应地减少。它具有市场选择性强、流动性好、透明度高、便于投资的特点。

封闭式基金和开放式基金的区别见表7-1。

表7-1 封闭式基金与开放式基金的区别

| | 封闭式基金 | 开放式基金 |
|---|---|---|
| 基金规模的可变性 | 固定不变 | 不断变化 |
| 基金份额买卖方式 | 发起时认购,上市后买卖 | 随时申购和赎回 |
| 基金投资策略 | 适于长期投资 | 适于短期投资 |
| 基金上市交易与否 | 上市交易 | 在销售机构的营业场所交易 |
| 基金价格决定 | 受市场对基金供求关系影响 | 每日公布基金份额净资产 |
| 基金管理要求 | 较低 | 较高 |

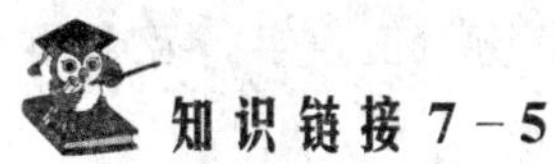

**知识链接7-5**

**封闭式基金"开元基金"简介**

开元证券投资基金是遵照《证券投资基金管理暂行办法》及其他有关规定,依据《开元证券投资基金契约》设立的封闭式契约型证券投资基金。

(1)基金存续期15年。

(2)基金发起人为南方证券有限公司、广西信托投资公司、厦门国际信托投资公司。

(3)基金托管人为中国工商银行。

(4)基金管理人为南方基金管理有限公司。

经中国证券监督管理委员会证监基字[1998]6号文批准,全部20亿份基金单位,由发起人认购6000万份基金单位,其余194000万份基金单位于1998年3月23日通过深圳证券交易所以上网定价方式发行,发行价1.01元人民币(含0.01元发行费用)。基金的发行和募集工作已于1998年3月27日结束。

1998年3月27日,开元证券投资基金发起人公告开元证券投资基金成立。公开发行的19.4亿份基金单位和发起人认购的6000万份基金单位共计20亿元,已于3月27日全部划至基金的托管人——中国工商银行"开元基金专户",本基金的管理人——南方基金管理有限公司——正式管理本基金。基金上市申请经深圳证券交易所深圳发[1998]65号文审核同意,于1998年4月7日在深交所挂牌交易。基金总份额为20亿份,本次上市流通的份额为19.4亿份。根据开元证券投资基金的基金契约规定,发起人持有的6000万份基金单位一年后上市,但在本基金持续期间,基金发起人持有的基金份额不得低于基金单位总份额的1.5%。基金上市后交易单位每手为100份,持续期15年(1998年3月27日—2013年3月27日)。

# 第四节　外汇市场和黄金市场

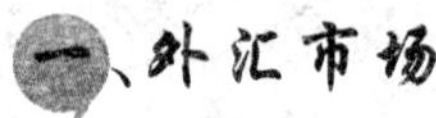

## 一、外汇市场

### (一)外汇市场的含义

外汇市场是指经营外币和以外币计价的票据等有价证券买卖的市场。外汇市场是金融市场的主要组成部分之一。

国际上因贸易、投资、旅游等经济往来,总不免产生货币收支关系。但各国货币制度不同,要想在国外支付,必须先以本国货币购买外币;另一方面,从国外收到外币支付凭证也必须兑换成本国货币才能在国内流通。这样就发生了本国货币与外国货币的兑换问题。两国货币的比价称汇价或汇率。西方国家中央银行为执行外汇政策,影响外汇汇率,经常买卖外汇。所有买卖外汇的商业银行、专营外汇业务的银行、外汇经纪人、进出口商,以及其他外汇供求者都经营各种现汇交易及期汇交易。这一切外汇业务组成一国的外汇市场。

外汇市场是全球最大的金融市场,单日交易额高达 1.5 兆美元。在传统印象中,认为外汇交易仅适合银行、财团及财务经理人所应用,但是经过这些年,外汇市场持续成长,并已联结了全球的外汇交易人,包括银行、中央银行、经纪商及公司组织如进出口业者及个别投资人,许多机构组织包括美国联邦银行都通过外汇赚取丰厚的利润。现今,外汇市场不仅为银行及财团提供了获利的机会,也为个别投资者带来了获利的契机。

### (二)外汇市场的特点

**1. 24 小时交易**

由于全球金融中心的地理位置不同,全球各大外汇市场因时间差的关系,成为昼夜不停、全天 24 小时连续运作的巨大市场。惠灵顿、悉尼、东京、香港、法兰克福、伦敦、纽约等各大外汇市场紧密相连,为投资者提供了没有时间和空间障碍的理想投资场所。只有星期六、星期日以及各国的重大节日,外汇市场才关闭。

**2. 成交量巨大**

外汇市场是世界上最大的金融交易市场,每天成交额超过 12000 万亿美元,高峰期甚至能超过 30 000 亿美元。其规模已远远超过股票、期货等其他金融商品市场,财富转移的规模愈来愈大,速度也愈来愈快。

**3. 有市无场**

外汇买卖是通过没有统一操作市场的行商网络进行的,现代化通信设备和电子计算机大量应用于这个由信息流和资金流组成的无形市场。各国外汇市场之间已形成一个迅速、发达的通信网络,任何一地的外汇交易都可通过电话、电脑、手机等设备在全球联通的网络来进行外汇交易,完成资金的划拨和转移。这种没有统一场地的外汇交易市场被称之为“有市无场”。尽管外汇市场“有市无场”,但它具备信息公开、传递迅速的特点。

**4. 零和游戏**

在外汇市场上,汇价波动表示两种货币价值量的变化,也就是一种货币价值的减少与另一种货币价值的增加。因此有人形容外汇市场是“零和游戏”,更确切地说是财富的转移。

5. **交易成本低**

外汇交易不收取佣金或手续费,而只设定点差作为交易的成本,相对而言,成本较为低廉。

6. **双向交易**

外汇市场操作可以进行双向交易,交易者可以先买后卖进行多头交易,也可以先卖后买进行空头交易。而股票市场则只能是“先买后卖”进行单向交易。

7. **政策干预低**

虽说一国中央银行会从实现货币和汇率政策、宏观经济运行的整体要求等角度出发,会对外汇市场进行相应的干预活动。不过中央银行进行干预的能力在这个容量巨大的外汇市场上并不突出,况且在买卖双方阵营中随时都有大型金融机构及为数众多的普通交易者存在并不断地参与交易活动,所以没有机构或个人能够操纵市场。国际外汇市场与期货或股票市场相比,是最公平的市场。

8. **成交方便**

能利用杆杆进行保证金交易是外汇市场相对股票交易市场的主要优势。外汇市场每天的交易量超过1.2万亿美元,是美国股票市场日交易量的30倍。巨大的交易量使市场保持高度流通,因此也保证了价格的稳定。高交易量、高流通性、高价格稳定性,这三个因素是支持高杠杆率的理由。

### (三)外汇市场的功能

外汇市场的功能主要表现在以下三个方面:

1. **实现购买力的国际转移**

国际贸易和国际资金融通至少涉及两种货币,而不同的货币对不同的国家形成购买力,这就要求将本国货币兑换成外币来清理债权债务关系,使购买行为得以实现。而这种兑换就是在外汇市场上进行的。外汇市场所提供的就是这种购买力转移交易得以顺利进行的经济机制,它的存在使各种潜在的外汇售出者和外汇购买者的意愿能联系起来。当外汇市场汇率变动使外汇供应量正好等于外汇需求量时,所有潜在的出售和购买愿望都得到了满足,外汇市场处于平衡状态之中。这样,外汇市场提供了一种购买力国际转移机制。同时,由于发达的通讯工具已将外汇市场在世界范围内联成一个整体,使得货币兑换和资金汇付能够在极短时间内完成,购买力的这种转移变得迅速和方便。

2. **提供资金融通**

外汇市场向国际间的交易者提供了资金融通的便利。外汇的存贷款业务集中了各国的社会闲置资金,从而能够调剂余缺,加快资本周转。外汇市场为国际贸易的顺利进行提供了保证,当进口商没有足够的现款提货时,出口商可以向进口商开出汇票,允许延期付款,同时以贴现票据的方式将汇票出售,拿回货款。外汇市场便利的资金融通功能也促进了国际借贷和国际投资活动的顺利进行。美国发行的国库券和政府债券中很大部分是由外国官方机构和企业购买并持有的,这种证券投资在脱离外汇市场的情况下是不可想象的。

3. **提供外汇保值和投机的机会**

在以外汇计价成交的国际经济交易中,交易双方都面临着外汇风险。由于市场参与者对外汇风险的判断和偏好的不同,有的参与者宁可花费一定的成本来转移风险,而有的参与者则愿意承担风险以实现预期利润。由此产生了外汇保值和外汇投机两种不同的行为。在金本位和固定汇率制下,外汇汇率基本上是平稳的,因而就不会形成外汇保值和投机的需要及可能。

而浮动汇率下，外汇市场的功能得到了进一步的发展，外汇市场的存在既为套期保值者提供了规避外汇风险的场所，又为投机者提供了承担风险、获取利润的机会。

### （四）外汇市场的类型

根据外汇市场的构成因素和业务特点，可以从不同角度对外汇市场进行分类。

**1. 按市场组织形式不同分为柜台交易市场和交易所交易市场**

柜台交易没有固定场所，外汇买卖双方无需面对面进行交易，而通过电子计算机网络、信息网络同经营外汇交易的机构进行联系以达成外汇交易。

交易所交易具有固定的交易场所，买卖双方需到交易所办理交割或委托经纪人代为办理。

**2. 按参加者不同分为零售市场和批发市场**

零售市场是外汇银行、个人和公司客户之间交易构成的外汇市场，其交易规模较小，但总体交易量还是很大。

批发市场是银行同业间外汇买卖的市场，其交易额巨大，绝大多数外汇交易发生在银行同业间外汇市场。

**3. 按政府对市场交易的干预程度不同分为官方市场和自由市场**

官方市场是受国家政府控制，按照中央银行或外汇管理局规定的官方汇率进行外汇买卖的外汇市场。

自由市场是不受所在国政府控制、基本按照市场供求规律形成的汇率进行交易的外汇市场。外汇资金进出国境不受任何限制。

### （五）外汇市场交易的方式

**1. 即期交易**

即期外汇交易又称现汇交易，是指买卖双方成交后在两个营业日内（遇非营业日和节假日顺延）办理外汇交割的外汇交易方式。即期外汇交易也可以约定成交当日或成交次日办理交割。交割是指买卖双方履行交易契约，进行钱货两清的授受行为，即一方付出本币，另一方付出外币。即期外汇交易由于时差和顺延也会产生一定的风险。即期外汇交易一般使用电汇汇率。

**2. 远期交易**

远期外汇交易也称期汇交易，是指买卖双方成交后，根据合同约定的币种、汇价、金额和期限在未来约定日期办理交割的外汇交易。远期外汇交易的期限一般为 1 个月、3 个月、6 个月、9 个月，最长为 12 个月，常见的是 3 个月期，也有几天的。远期外汇交易的交割日以即期交易的交割日为基础，按照即期交易交割日的整月倍数计算交割日。

**3. 套汇交易**

套汇交易是指在同一时间，不同的外汇市场，当某种货币的汇率差异达到一定程度时，套汇者可以在低价市场买进，在高价市场卖出，从而获取汇率差额收益的一种外汇交易。套汇交易分为直接套汇和间接套汇两种。

**4. 套利交易**

套利交易是指在两国短期利率出现差异的情况下，将资金从低利率的国家调到高利率的国家，以赚取利差收益的外汇交易活动。例如，在某一时期，美国金融市场上的 3 个月定期存款年利率为 6%，英国金融市场上的 3 个月定期存款年利率为 4%，在这种情况下，资金就会从英国流向美国，牟取高利。英国的投资者以4%的利率借入资金，购买美元现汇，存入美国银行，作3个月的短期投资。这样，他可以获得年率2%的利差收益。如果借入资金总额100万英镑，该投资者就可以通过套利净获利润1000000×2%×3÷12=5000英镑。

5. 掉期交易

掉期交易是指在买进或卖出某种外汇的同时，卖出或买进金额相同的该种货币，但买进和卖出的交割日期不同。掉期交易实际上是将即期交易和远期交易结合在了一起，其目的是为了避免汇率变动的风险。掉期交易一般有即期对远期和远期对远期形式。

## 二、黄金市场

### （一）黄金市场的含义

黄金市场是集中进行黄金买卖的交易场所。黄金交易与证券交易一样，都有一个固定的交易场所，世界各地的黄金市场就是由存在于各地的黄金交易所构成。黄金交易所一般都在各个国际金融中心，是国际金融市场的重要组成部分。在黄金市场上买卖的黄金形式多种多样，主要有各种成色和重量的金条、金币、金丝和金叶等，其中最重要的是金条。大金条量重价高，是专业金商和中央银行买卖的对象；小金条量轻价低，是私人和企业买卖、收藏的对象。金价按纯金的重量计算，即以金条的重量乘以金条的成色。

### （二）黄金市场的功能

黄金市场的发展不但为广大投资者增加了一种投资渠道，而且还为中央银行提供了一个新的货币政策操作的工具。

1. 黄金市场的保值增值功能

因为黄金具有很好的保值、增值功能，这样黄金就可以作为一种规避风险的工具，这和贮藏货币的功能有些类似。黄金市场的发展使得广大投资者增加了一种投资渠道，从而可以在很大程度上分散投资风险。

2. 黄金市场的货币政策功能

黄金市场为中央银行提供了一个新的货币政策操作的工具，也就是说，央行可以通过在黄金市场上买卖黄金来调节国际储备构成以及数量，从而控制货币供给。虽然黄金市场的这个作用是有限的，但是由于其对利率和汇率的敏感性不同于其他手段，从而可以作为货币政策操作的一种对冲工具。随着黄金市场开放程度的逐步加深，它的这个功能也将慢慢显现出来。可以说，通过开放黄金市场来深化金融改革是中国的金融市场与国际接轨的一个客观要求。

### （三）影响国际黄金市场价格的因素

1. 黄金供求数量的变化，对国际黄金市场黄金价格的涨跌有着直接的影响

一般地说，在供应量有限、需求量较大、供不应求的时期，国际黄金市场上的金价就会上涨；反之，金价就会下跌。南非是生产和供应黄金最多的国家，它所生产的黄金已占到西方世界黄金产量的70%以上。因此，南非的黄金年产量的变化，对世界黄金市场的供应量的增减有着举足轻重的影响。1970年南非黄金年产量达到1000吨左右。从1974年开始，产量有所下降，近些年南非的黄金年产量维持在700吨左右。另一方面，世界各国对黄金的需求逐年增加，主要用途是：补充官方黄金储备、私人储藏、作为工业原料、用于投资和投机性需要。由于世界黄金产量徘徊不前，且在短期内很难有较大增长，而对黄金的需求量却逐年增加，这种供

不应求的局面，给世界黄金市场造成了巨大压力，促使国际黄金市场的金价呈强势上涨。当然，这种总量供应不足和金价呈强势上涨势态，是从总体上讲的，实际上黄金价格在很大程度上，还要取决于国际黄金市场上瞬时供求的变化。

**2.经济因素对国际黄金市场黄金价格亦有很大的影响**

(1)世界经济周期发展趋势的影响。一般来说，在经济危机或发生经济衰退的时期，利润率会降低到最低限度，人们对经济前景缺乏信心，于是纷纷抛售纸币去抢购黄金，以求保值。这时对黄金的需求就会增加，从而刺激黄金价格上涨。反之，在经济复苏时期，由于对资金的吸收量大，利润率增高，人们反过来愿意把黄金抛出，换成纸币进行投资，以获得更多的利润。这时候如果持有黄金非但不能获取利息，还要支付保管费等。因此，在这一时期，人们对黄金需求就会减少，黄金价格便会呈现疲软局面。黄金价格徘徊不前，时起时伏，经济危机的影响是比较强烈的。但1973—1975年的世界性经济危机属于例外。在这次危机中，国际黄金市场的黄金价格非但没有下降，反而呈现明显的涨势。但这种异常现象并不能说明经济周期变化对黄金价格的影响消失了，而是在伴随经济危机的进程中，其他刺激黄金价格上涨因素的影响力要大于经济危机迫使金价下降的影响力。当时正值石油输出国组织大幅度提高石油价格，对这一时期的黄金价格上升起到了决定性的作用。

(2)通货膨胀率和利率对比关系变化的影响。一般地说，通货膨胀会使人们手中持有的货币无形地贬值。当利息收入不足以抵消通货膨胀所带来的损失时，人们也会对纸币失去信心，认为持有黄金比持有纸币更稳妥、更安全，对黄金的需求增加，金价就会上升。但如果利率与通货膨胀率变化不一致，在通货膨胀率低于利率时(即实际利率较高的时候)不仅会抑制金价的上涨，甚至可以迫使金价下跌。因为这时候将资金投入证券市场或存入银行，不仅可以保值，而且还可以获取较高的收益。例如，国际黄金市场上，黄金价格自1980年2月以来，一直处于稳中有跌的态势，在很大程度上，就是由于美国的利率一直居高不下，加以各国通货膨胀率均呈下降趋势。

(3)石油价格变动的影响。石油一向以美元标价。如果石油价格上涨，美元就会贬值，而美元的贬值又会导致人们抛售纸币抢购黄金来保值，进而刺激黄金价格上涨。如1973年10月第4次中东战争爆发，为了抵制以色列对阿拉伯国家的侵略，中东产油国决定对非友好国家实行石油禁运，同时大幅度提高油价，使油价上涨近4倍，对西方的经济产生了深刻的影响。一方面，西方工业国家石油进口费用急剧增加，国际收支状况普遍恶化，通货膨胀加剧，货币信用低落；另一方面，产油国美元收入显著增加。为了减少美元汇价下跌造成的损失，这些产油国便将出口石油所得的部分美元抛向黄金市场，形成黄金价格节节上涨的局面。而1981年后，由于石油供过于求，油价不断下跌，又对1982年上半年出现的金价下跌风产生了明显的影响。

(4)外汇市场变动的影响。一般地说，当某种货币地位疲软，出现汇率下跌，导致货币实际贬值时，人们就会急于抛售持有的该种货币去抢购黄金，以求保值。这样以该种货币所表示的黄金价格就会上涨。以美元为例，由于美元仍是目前国际清算、支付以及储备中使用最多的货币，其国际货币市场中所占比例亦最大，所以，当美元汇价出现波动时，国际黄金市场上的黄金价格，就会相应地出现波动。当美元汇价出现"疲软"时，往往会引起大量抛售美元抢购黄金的风潮，从而导致金价的大幅度上涨。反之，当美元汇价出现"坚挺"时，金价一般都处于比较平稳或稳中略有下降的趋势。

**3.政治局势与突发性重大事件，对国际黄金市场上的黄金价格也有一定的影响**

黄金是一种非常敏感的投机商品，任何政治、经济的大动荡，都会在国际黄金市场的金价上反映出来。如1979年11月，美国和伊朗的关系恶化后，伊朗停止向美国出售石油。美国则采取了冻结伊朗在美国存款的报复行为，伊朗扣留美国人质的问题也迟迟得不到解决。同年12月，原苏联出兵阿富汗，立即加剧了中东地区的紧张局势，美苏关系也呈现出紧张状态。由于上述两个政治事件的发生，增加了西方人士的忧虑。他们害怕政治局势的恶化使自己的美元财产遭到损失，便大量抢购黄金，从而使金价急剧地大幅度地上涨。在伦敦国际黄金市场上，黄金的价格每盎司连破500、600、700美元大关，到1980年1月21日，竟达到每盎司850美元的高峰。此后，国际政治事件对黄金市场的影响力逐渐减弱。当1982年上半年的马尔维纳斯群岛发生危机时(英国与阿根廷为争夺该岛而发生战争)，只使国际黄金市场的金价略有回升。而波兰局势紧张、两伊战局相持不下等接二连三的事件，不仅均未能引起金价的上涨，相反，在这些事件发生后，金价仍然呈稳中有跌的势态。这是因为不少人认为那不过是局部或区域性的动乱而已，酿不成世界大战，对他们的资本均构不成严重的威胁。不管怎样，一些重大的国际政治事件，对国际黄金市场的金价还是有些影响的。

### (四)世界上主要的黄金市场

**1.伦敦黄金市场**

伦敦黄金市场历史悠久。其发展历史可追溯到300多年前。1804年，伦敦取代荷兰阿姆斯特丹成为世界黄金交易的中心，1919年伦敦金市正式成立，每天进行上午和下午的两次黄金定价。由五大金行定出当日的黄金市场价格，该价格一直影响纽约和香港的交易。市场黄金的供应者主要是南非。1982年以前，伦敦黄金市场主要经营黄金现货交易。1982年4月，伦敦期货黄金市场开业。目前，伦敦仍是世界上最大的黄金市场。伦敦黄金市场交收的标准金成色为99.5%，重量为400盎司。

**2.苏黎世黄金市场**

苏黎世黄金市场，在二战后趁伦敦黄金市场两次停业发展而起，苏黎世市场的金价和伦敦市场的金价一样受到国际市场的重视。

由于瑞士特殊的银行体系和辅助性的黄金交易服务体系，为黄金买卖提供了一个既自由又保密的环境，加上瑞士与南非有优惠协议，获得了80%的南非黄金，以及前苏联的黄金也聚集于此，使得瑞士不仅是世界上新增黄金的最大中转站，也是世界上最大的私人黄金的存储中心。苏黎世黄金市场在国际黄金市场的地位仅次于伦敦。

**3.美国黄金市场**

纽约和芝加哥黄金市场是20世纪70年代中期发展起来的，主要原因是1977年后，美元贬值，美国人(主要是以法人团体为主)为了套期保值和投资增值获利，使得黄金期货迅速发展起来。

因为美国财政部和国际货币基金组织也在纽约拍卖黄金，纽约黄金市场已成为世界上交易量最大和最活跃的期金市场，美国黄金市场以做黄金期货交易为主，其所签订的期货合约可长达23个月，黄金市场每宗交易量为100盎司，交易标的为99.5%的纯金，报价是美元。

**4.中国香港黄金市场**

中国香港黄金市场已有90多年的历史，其形成以香港金银贸易市场的成立为标志。1974年，香港政府撤销了对黄金进出口的管制，此后香港金市发展极快。由于香港黄金市场在时差上刚好填补了纽约、芝加哥市场收市和伦敦开市前的空当，可以连贯亚、欧、美时间形成完整的世界黄金市场。其优越的地理条件引起了欧洲金商的注意，伦敦五大金商、瑞士三大银行等纷纷进港设立分公司。他们将在伦敦交收的黄金买卖活动带到香港，逐渐形成了一个无形的当地“伦敦黄金市场”，促使香港成为世界主要的黄金市场之一。

## 第五节　金融衍生工具市场

金融衍生工具市场是基础金融市场派生出来的，是以衍生工具为交易对象的市场。所谓衍生工具，也叫衍生证券，是一种金融工具，其价值依赖于其他基础性资产价值的变动。近年来，衍生工具在金融领域中的地位越来越重要。衍生品工具种类主要包括期货、期权、互换、远期合约等衍生工具。衍生工具具有一种“双刃剑”性质，它们在为投资者提供转移风险手段的同时，也为他们带来了巨大风险，从而给金融市场乃至整个经济埋下了不稳定的因素。

### 一、金融期货市场

#### （一）金融期货市场概述

金融期货市场是国际资本市场创新和发展的产物，也可以说是有比传统商品期货市场更新的交易品种的市场，它仍然保留价格发现、套期保值等风险转移、附加提供投机平台等有效市场功能，并继承了期货市场已有的法律监管机制。20 世纪 70 年代，由于布雷顿森林体系国际货币制度的崩溃，以及金融自由化和金融创新浪潮的冲击，国际资本市场上利率、汇率和股票价格指数波动幅度加大，市场风险急剧增加。为了规避这些风险，金融期货市场应运而生，为保证资本市场的良性运转发挥了不可替代的作用。

#### （二）金融期货市场的基本功能

一般来讲，成功运作的金融期货市场具有风险转移和价格发现两大功能。

**1. 金融期货具有化解和转移风险的功能**

从金融期货的起源来看，由于 20 世纪 70 年代以来，汇率、利率的频繁、大幅波动，全面加剧了金融商品的内在风险。广大投资者面对影响日益广泛的金融自由化浪潮，客观上要求规避利率风险、汇率风险及金融资产价格波动风险等一系列金融风险，金融期货市场正是顺应这种需求而建立和发展起来的。因此，规避风险是金融期货市场的首要功能。

投资者通过购买相关的金融期货合约，在金融期货市场上建立与现货头寸数量相当、方向相反的期货合约，以期在将来某一时间通过卖出或买进期货合约来补偿因现货市场价格变动所带来的价格风险。从整个金融期货市场看，其规避风险功能之所以能够实现，主要因为它具有以下特点：

(1)金融期货具有把远期交易的不确定性转化为当前确定性的特点，交易者可以通过买卖期货合约，锁定成本或利润，以减少经营和投资风险。

(2)金融商品的期货价格与现货价格一般呈同方向的变动关系。由于金融期货市场存在大量的套利者，如果金融产品的现货价格与期货价格之差，即基差大于套利成本时，套利者就会入场进行套利操作，使得期货价格与现货价格具有一致性和收敛性。投资者在金融期货市场建立了与金融现货市场相反的头寸之后，金融商品的价格发生变动时，则必然在一个市场获利，而在另一个市场受损，其盈亏可全部或部分抵消，从而达到规避风险的目的。

(3)金融期货市场通过规范化的场内交易，集中了众多的投机者。仅有套期保值者的期货市场不太可能达到买卖均衡，由于投机者的存在，承担了市场风险，成为套期保值者的交易对手，才使期货市场风险转移的功能得以顺利实现。投机者通过频繁、大量的买卖使得金融期货市场具有很强的流动性，在金融期货市场上，套期保值者在可接受价位上可及时地实现交易，这也是期货交易相对于远期交易的主要优点。

**2.金融期货市场具有高效的价格发现能力**

金融期货市场的发现价格功能，是指金融期货市场能够提供各种金融商品的有效价格信息。金融期货市场所形成的远期价格能够为其他相关市场提供有用的参考信息，这有助于减少信息搜寻成本和谈判成本，提高交易效率。金融期货市场具有有效的价格发现机制，是与其自身的特点相关的：

(1)金融期货交易的杠杆性、低交易成本特点，使其具有更优良、更行之有效的价格发现机制。杠杆交易使交易者资金占有成本大大降低，再加上低的交易成本，使得交易者的总交易成本相对现货交易的成本更低，如在美国，金融期货投资的总交易成本只有现货交易成本的1/7左右。根据交易费用原理，交易费用越低，越易于形成均衡价格，因此，在这种低交易成本的环境下，金融期货市场形成的金融合约价格比现货交易价格更接近于均衡价格。

(2)金融期货市场有良好的做空机制。虽然有些现货市场也可以做空，但限制较多、成本较高；而期货市场由于可以在交割前通过对冲交易平仓，因此做空非常方便，且成本很低。做空机制可使投资者把相关信息充分贯彻于期货价格上，而不必受在卖出时手中必须有现货的制约，这也使得期货合约价格比现货价格更好地反映各种信息。

(3)由于金融期货市场具有杠杆交易的好处和低的交易费用环境，吸引着众多的拥有某种信息的信息交易者。他们在交易所这种有组织、集中、规范化的市场上，通过类似于拍卖的方式来确定交易价格，这种情况接近于完全竞争市场。虽然并不是每个人的价格预期都是无偏的，但因人数众多，达成的均衡价格即是实际的均衡价格。因此，某一金融期货合约的成交价格，可以综合地反映金融市场各种因素对合约标的商品的影响程度，有公开、透明的特征。

(4)具有较强的预期性。期货交易的远期交割性，使得期货价格能够在相当程度上反映出投资者对金融商品价格走势的预期和金融商品的远期供求状况。金融期货价格的这种预期性，较现货市场价格大大改进了价格的信息质量，使得期货市场的参与者根据远期价格，调整自己的经济活动，减少经济波动。

### (三)金融期货交易的基本特征

金融期货交易作为买卖标准化金融商品期货合约的活动是在高度组织化的有严格规则的金融期货交易所进行的。金融期货交易的基本特征可概括如下：

(1)交易的标的物是金融商品。这种交易对象大多是无形的、虚拟化了的证券，它不包括实际存在的实物商品。

(2)金融期货是标准化合约的交易。作为交易对象的金融商品，其收益率和数量都具有同质性、不交性和标准性，如货币币别、交易金额、清算日期、交易时间等都作了标准化规定，唯一不确定是成交价格。

(3)金融期货交易采取公开竞价方式决定买卖价格。它不仅可以形成高效率的交易市场，而且透明度、可信度高。

(4)金融期货交易实行会员制度。非会员要参与金融期货的交易必须通过会员代理,由于直接交易限于会员之同,而会员同时又是结算会员,交纳保证金,因而交易的信用风险较小,安全保障程度较高。

(5)交割期限的规格化。金融期货合约的交割期限大多是3个月、6个月、9个月或12个月,最长的是2年,交割期限内的交割时间随交易对象而定。

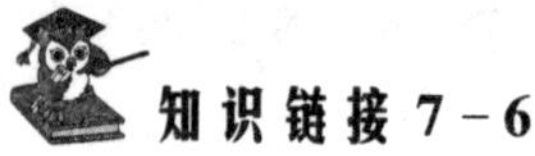

**知识链接7-6**

**沪深300股指期货简介**

由中证指数公司编制的沪深300指数于2005年4月8日正式发布。沪深300指数以2004年12月31日为基日,基日点位1000点。沪深300指数是由上海和深圳证券市场中选取300只A股作为样本,其中沪市有179只,深市121只,样本选择标准为规模大、流动性好的股票。沪深300指数样本覆盖了沪深市场六成左右的市值,具有良好的市场代表性。

沪深300股指期货是以沪深300指数作为标的物的期货品种,在2010年4月由中国金融期货交易所推出。

沪深300股指期货合约

合约标的:沪深300指数

合约乘数:每点300元

报价单位:指数点

最小变动价位:0.2点

合约月份:当月、下月及随后两个季月

交易时间:上午:9:15—11:30,下午:13:00—15:15

最后交易日交易时间:上午:9:15—11:30,下午:13:00—15:00

每日价格最大波动限制:上一个交易日结算价的±10%

最低交易保证金:合约价值的12%

最后交易日:合约到期月份的第三个周五,遇法定假日顺延

交割日期:同最后交易日

交割方式:现金交割

交易代码:IF

上市交易所:中国金融期货交易所

## 二、金融期权市场

### (一)金融期权市场概述

金融期权市场是指一种买卖期权(又称选择权)的场所,是金融期货市场的延伸和扩展。金融期权又称选择权,是指它的持有者在规定的期限内具有按交易双方商定的协定价格购买或出售一定数量某种金融资产的权利。

金融期权交易是一种权利的买卖。买主买进的并不是实物,只是买一种权利,这种权利使他可以在一定时期内的任何时候以事先确定好的价格(一般称为协定价格),向期权的卖方购买或出售一定数量的某种证券,不管此时该证券价格高低。这个“一定时期”、“协定价格”和买

卖证券的数量及种类都在期权合同中事先规定。在期权合同的有效期内，买主可以行使或转卖这种权利。超过规定期限，合同失效，买主的期权也随之作废。期权分为看涨期权（也称买进期权）和看跌期权（也称卖出期权）两种。买了看涨期权，买主可以在期权有效期内的任何时候按协定价格向期权的卖主购买事先规定数量的某种证券；买了看跌期权，买主可以在期权有效期内的任何时候按协定价格向卖主出售事先规定数量的某种证券。期权交易合同有统一标准，对交易金额、期限及协定价格有统一规定。这为期权市场的发展创造了便利条件。期限一般为9个月，协定价格与所买卖证券的价格接近或相等，期权费约为交易金额的30%以内。随着金融市场的发展和投资多样化，期权交易的对象从最初的股票，逐渐发展为黄金、国库券、大额可转让存单及其他一些产品。

### （二）金融期权市场的特点

(1)交易对象是一种权利。一种关于买进或者卖出证券的权利，而且这种权利具有很强的时间约束。

(2)权利是否执行较为灵活。投资者买进期权，享有选择权，有权在规定的期限内，根据市场行情决定是否执行契约。对执行期权、放弃交易或把期权转让给第三者，投资者无需承当任何义务。

(3)投资风险较小。对于投资者来说，利用期权投资进行证券买卖的最大风险不过是购买期权的价格（保险费），而期货投资等的风险将难以控制，因此期权投资实质是防范风险的投资交易。

## 复习思考题

1.金融市场的含义是什么？它由哪些要素构成？

2.金融市场是如何分类的？

3.简述金融市场的主要功能。

4.什么是货币市场？具体说明其内容。

5.什么是资本市场？具体说明其内容。

6.什么是金融衍生工具市场？具体说明其内容。

## 讨论题

1.货币市场为短期融资市场，资本市场为长期融资市场，你如何理解这两个市场之间的相互关系？把我国的货币市场和资本市场同发达国家的货币市场和资本市场加以比较，有何差别？

2.金融工具的交易，几乎都不按票面价格进行，为什么？你是否知道钞票也有不按票面计价的情况？

3.在金融衍生工具中，"期权"最具特色。我国的金融市场，今天尚无期权交易。但期权的概念却屡见报端，如"经理期权"等等。学过本章之后，你能不能用通俗的语言来说明期权的特征？

# 第八章

# 货币供求及其均衡

## 本章导读

梅耶·罗斯柴尔德曾说过:“只要我能控制一个国家的货币发行,我不在乎谁制定法律。”通过本章学习,要求学生了解货币需求和供给的含义、西方货币需求理论;理解影响货币需求的主要因素、货币供给的渠道、货币均衡与社会总供求的关系;掌握存款货币创造过程、货币乘数的作用和影响因素、货币层次划分;并结合我国现阶段货币供求状况把握货币供求失衡的调节措施。

## 引例思考

货币的范围不仅包括流通中的纸币和辅币,还包括银行存款,甚至包括有价证券等。由于各自的流通性不同,货币可以划分为许多层次。中国人民银行定期公布货币供应量,供研究与决策使用。表 8-1 就是中国人民银行公布的部分年份货币供应量。

**表 8-1　中国人民银行公布的部分年份货币供应量**　　单位:亿元人民币

| 项目 | 1999.12.31 | 2005.12.31 | 2011.12.31 |
| --- | --- | --- | --- |
| 广义货币($M_2$) | 117638.10 | 298755.48 | 851590.90 |
| 狭义货币($M_1$) | 45837.30 | 107278.57 | 289847.70 |
| 流通中的现金($M_0$) | 13455.5 | 24031.67 | 50748.46 |

备注:自 2011 年 10 月起,货币供应量已包括住房公积金中心存款和非存款类金融机构在存款类金融机构的存款。

一般而言,现金需求量应与一国国民经济规模成正比,相应地美国的现金流通量也应高于中国,但实际上中国却是世界上现金流通最多的国家,且接近美国的 2 倍。

问题:(1)我国为什么是世界上现金流通最多的国家并分析其影响。

(2)为什么我国货币供给量呈逐年增长态势?

(3)中国人民银行主要调控哪个层次的货币供给量?

## 第一节　货币需求

### 一、货币需求的含义

货币是交易媒介,也是财富的一般代表,这种独特职能使人们产生了对它的客观需求。在充当交易媒介时,货币与商品劳务相对应,一定时期内一个经济体能提供多少商品和劳务,就需要有相应数量的货币发挥媒介作用，以实现这些商品和劳务的价值，这是实体经济运行对货币的需求。同时，货币又具有价值贮藏职能，人们愿意持有货币作为其资产组合的一部分，以实现保值增值，这是微观经济主体对货币的需求。货币总需求就是对这两类发挥不同职能货币的需求总和。

据此，我们可以将货币需求定义为：一定时期内，社会各阶层（个人、企事业单位、政府等）对执行流通手段、支付手段和价值贮藏手段的货币需求。理解货币需求时，应注意把握以下四点：

**1. 主观货币需求与客观货币需求**

主观的货币需求是指个人、家庭或机构等，在主观上“希望”自己拥有的货币量。客观的货币需求是指个人、单位或国家在一定时期内能满足其经济发展客观需要的货币需求。

在现实生活中，这两种类型的货币需求都存在，但理论研究的对象是客观的货币需求，而不是主观的货币需求，因为主观货币需求在量上无限制，是一种无约束的无效货币需求，这显然不是我们研究的对象。

**2. 微观货币需求与宏观货币需求**

微观货币需求是指个人、家庭或机构，在既定的收入水平、利率水平和其他经济条件下，保持多少货币在手中最合适。宏观货币需求是指一个国家在一定时期内，社会经济发展所必需的货币量，这种货币量要既能满足交易需要，又不会引发通货膨胀。

由于宏观货币需求是微观货币需求的集合，因此，对微观货币需求的研究与对宏观货币需求的研究一样重要。

**3. 名义货币需求与实际货币需求**

名义货币需求是指个人、家庭或机构等经济主体或整个社会在一定时点所实际持有的、不考虑价格变动的货币需要量，通常以 $M_d$ 表示。实际货币需求是指各经济单位所持有的扣除物价因素之后的货币数量，它等于名义货币需求除以物价水平，即 $M_d/P$。如果经济运行中的其他变量都不变，只是物价上涨一倍，则名义货币需求伴随着物价上涨也相应地增加一倍，而实际货币需求不变。相反亦应如此。我国 1955 年发行新版人民币、收回旧版人民币的改革（新币 1 元等于旧币 10000 元）很典型地诠释了名义货币需求与实际货币需求的差异。

它们之间的区别在于是否剔除了物价变动的影响，由于包含物价因素在内的名义货币需求不能直接反映经济主体对货币的实际需求；同时，对于货币需求者而言，重要的是货币实际具有购买力的高低而非货币数量的多少，所以人们更注重考察实际货币需求。

**4. 现金货币需求与存款货币需求**

现代经济中，货币的范畴已不再局限于现金，在任何一个国家，存款货币的数额都远远高于现金。既然货币需求是所有商品劳务流通及人们贮藏财富对货币产生的需求，那么，除了现金能满足这种需求外，存款货币同样能满足这种需求。

## 二、货币需求理论

### （一）马克思的货币需求理论

马克思的货币需求理论集中反映在其货币必要量公式中。马克思的货币必要量公式是在总结前人对货币流通中货币数量广泛研究的基础上，对货币需求理论从宏观视角的重要概括。

为了分析方便，马克思以完全的金币流通为假设条件。以这个假设条件为背景，他的论证过程是：①商品价格取决于商品的价值和黄金的价值，而价值取决于生产过程，所以商品是带着价格进入流通的；②商品价格有多大，就需要有多少金币来实现它；③商品与货币交换后，商品退出流通，黄金却留在流通之中使另外的商品得以出售，从而一定数量的黄金流通几次，就可以使相应倍数价格的商品出售。因此：

$$\text{执行流通手段职能的货币量}=\frac{\text{商品价格总额}}{\text{同一单位的货币平均流通次数}}=\frac{\text{商品总量}\times\text{商品价格}}{\text{同一单位的货币平均流通次数}}$$

公式表明，货币量取决于价格水平、进入流通领域商品数量和货币流通速度这三个因素。这三个因素按不同的方向和不同的比例变化，执行流通手段货币量则可能有多种多样的组合。

第一，在商品价格不变时，由于流通商品量增加或货币流通速度下降，或者这两种情况同时发生，流通货币量就会增加，在相反情况发生时则减少。

第二，在商品价格普遍提高时，如果流通商品量的减少同商品价格的上涨保持相同的比例，或流通的商品量不变而货币流通速度的加快同商品价格的上涨一样迅速，流通货币量不变。如果商品量的减少或货币流通速度的加快比价格的上涨更迅速，流通中的货币量还会减少。

第三，在商品价格普遍下降时，如果流通商品量的增加同商品价格的跌落保持相同的比例，或货币流通速度的降低同商品价格的跌落保持相同比例，流通货币量不变。如果流通商品量的增加或货币流通速度的降低比价格的跌落更迅速，流通中的货币量将会增加。

马克思在分析这个问题时有一个极其重要的假设，即在该经济体中存在着一个数量足够大的黄金储藏。流通中需要多少金币，就用黄金铸造多少金币并流出；流通中有一些金币不需要了，多余的金币就退出流通，转化为储藏，即假设存在一个货币自动调节器。所以，在金本位制下，不存在通货膨胀的可能。然而，在实际经济生活中，并不存在这样的假设条件。

由于流通中还存在着赊销及以物易物现象，货币必要量公式又进一步演化为：

$$\text{货币必要量}=\frac{(\text{商品价格总额}-\text{赊销商品价格总额}+\text{到期应支付总额}-\text{互相抵消的支付总额})}{\text{同一单位的货币平均流通次数}}$$

马克思进而分析了纸币流通条件下货币量与价格之间的关系。他指出，纸币是由金属货币衍化而来的。纸币所以能够流通，是由于国家的强力支持。同时，纸币本身没有价值，只有流通才能作为金币的代表。因此纸币一旦进入流通，就不可能退出流通。如果说，流通中可以吸收的金币数量是客观决定的，那么流通中无论多少纸币也只能代表客观所需要的金币数量。如果纸币发行量超过了其所代表的同名的商品流通所需要的金属货币量，就会出现物价上涨，单位纸币所代表的价值量就会降低。马克思的纸币流通规律可以用公式表示为：

$$\text{单位纸币的价值}=\frac{\text{流通中所需要的金属货币量}}{\text{流通中的纸币总量}}$$

### （二）古典学派的货币需求理论

#### 1. 费雪方程式

美国经济学家欧文·费雪(1867—1947)在其1911年出版的《货币购买力》一书中，对古典货币数量论观点作了最清晰的表述。费雪十分注重货币的交易媒介职能，认为人们需要货币并不是需要货币本身，而是因为货币可以用来交换商品和劳务，以满足人们的欲望。人们手中的货币，最终都将用于购买。因此，在一定时期内，社会的货币支出量与商品、劳务交易的货币总值一定相等。据此，费雪提出了著名的交易方程式：

$$MV = PT$$

式中，$M$ 表示货币的数量；$V$ 表示货币的流通速度；$P$ 表示物价水平；$T$ 表示交易总量。

这个方程式首先旨在表示交易双方的恒等关系，以及以纸币单位所表示的价格水平 $P$ 的变动规律。依据恒等式，$P$ 的值取决于 $M$、$V$、$T$ 三个变量。费雪分析，$V$ 是由银行及信用机构的组织结构和效率、工业集中度、人们的货币支出习惯等制度因素决定的，这些因素变动缓慢，故可视为不变的常量；$T$ 与产出水平保持一定的比例，大体上也是相对稳定的。费雪认为，货币仅是方便交易的工具，因此，所有的货币不是用于消费，就是通过储蓄自动转化为投资，全部进入流通充当交易媒介。这样费雪的方程式又可以表达为：$P=MV\div T$。在这个表达式中，由于 $V$、$T$ 是常量，故货币数量的变动直接引起物价水平与之成正比例变动。

因此，费雪交易方程式实质上表述的是一种货币数量与物价水平变动关系的理论。即要使价格保持给定水平，就必须使货币量与总交易量保持一定的比例关系。但是，费雪将此交易方程式进行了一定的变形，就得到了货币需求方程式：$M=PT\div V$。

此公式表明，决定一定时期名义货币需求数量的因素主要是这一时期全社会一定价格水平下的总交易量与同期的货币周转速度。从费雪的交易方程式中也可以看出，他是从宏观分析的视角研究货币需求的，而且仅着眼于货币作为交易媒介的职能，因此，费雪方程式也被称为交易方程式。

**2. 剑桥方程式**

费雪方程式没有考虑微观主体动机对货币需求的影响，许多经济学家认为这是一个缺陷。在费雪发展他的货币数量论观点的同时，英国剑桥大学的一些经济学家，如马歇尔(1842—1924)及其学生庇古(1877—1959)等人也在研究同样的课题，这批剑桥学派的经济学家在研究货币需求问题时，重视微观主体的行为。他们认为，处于经济体系中的个人对货币的需求，实质是选择以怎样的方式保有自己的资产问题。当然，他们也考虑经济整体的需求，但在他们看来，这个整体需求是个人需求的总和。剑桥学派的货币需求方程式是：

$$M_d = kPY$$

式中，$M_d$表示货币需求量；$P$ 表示物价水平；$Y$ 表示总收入；$PY$ 表示名义总收入；$k$ 表示 $PY$ 与 $M_d$的比，也就是一年中人们愿意以现金余额方式持有的货币量占商品交易量的比率。因此，剑桥方程式也称为现金余额方程式。

**3. 两个方程式的区别**

比较费雪方程式与剑桥方程式，可以看出他们都很重视物价因素对货币需求量的影响，但两者的区别也是很明显的。

第一，对货币需求分析的侧重点不同。费雪方程式强调货币的交易手段职能，把货币需求与支出流量联系在一起，重视货币支出的数量和速度；而剑桥方程式则重视货币作为一种资产的功能，是从货币形式保有资产存量的角度考虑需求，重视这个存量占收入的比例。具体在公式中，就是用收入 $Y$ 代替了交易量 $T$，用个人持有的货币需求对收入的比率 $k$ 代替了货币流通速度 $V$。

第二，费雪方程式重视影响交易的金融制度支付过程，忽视人的作用；剑桥方程式则重视保有货币的成本(即利息损失，由此隐含着利率对货币需求的影响)与保有货币满足程度的比较,重视人的意识及其对经济形势的判断力。

第三,两个方程式所强调的货币需求决定因素不同。费雪方程式用货币数量的变动来解释价格,反过来,在交易商品量给定和价格水平给定时,也能在既定的货币流通速度下得到一定的货币需求结论。费雪方程式没有区分真实货币需求与名义货币需求,因此,交易次数、交易数量及价格水准的变动都能影响货币需求量。而剑桥方程式则是从微观角度进行分析的产物,认为微观主体要在保有货币的利弊因素权衡中决定货币需求。剑桥方程式中的货币需求是真实货币需求,不受价格水平变动的影响,价格水准的变动只影响名义货币需求量。

第四,费雪方程式没有对货币供给和货币需求所起的作用作明显的区分;剑桥方程式则对货币供给和货币需求同样重视,并以此作为决定价格水平的分析基础,使货币价值的决定与商品供求决定规律相吻合。

由此可见,剑桥方程式中的货币需求决定因素多于费雪方程式,特别是考虑了货币的持有成本。剑桥方程式开创了货币需求研究的新视角。它将货币需求与微观经济主体的持币动机联系起来,从货币对其持有者效用的角度研究货币需求,从而使货币需求理论产生了质的变化。

### (三)凯恩斯的货币需求理论

凯恩斯(1883—1946)是英国著名的经济学家,宏观经济学的创始人。作为马歇尔、庇古的学生,他继承了两位老师关于权衡利弊而持有货币的观点,并把它发展成为一种权衡性的货币需求理论即流动性偏好说。所谓"流动性偏好"是指人们宁可持有没有收益但可灵活周转的货币的心理倾向。因此流动性偏好实际上就是人们对货币的需求。

凯恩斯对货币需求理论的突出贡献在于他对货币需求动机的剖析并在此基础上把利率稳定地、不可动摇地引入了货币需求函数,从而使利率对货币需求的影响从幕后走到前台。他认为,人们持有货币动机有三种,即交易动机、预防动机和投机动机。

#### 1.交易动机

交易动机的货币需求是指人们为进行日常交易而产生的货币需求。根据凯恩斯的分析,交易动机可分为个人的收入动机和企业的营业动机。凯恩斯认为,在个人收入的取得与支出之间,或者企业销售收入的实现与各项费用的支出之间,总是有一定的时间间隔。在这些时间间隔中,个人和企业都必须保持一定数量的货币。这一货币需求的数量主要取决于收入的多少,收入多,这种货币需求也多;反之亦然。简言之,交易动机的货币需求是收入的递增函数。

#### 2.预防动机

凯恩斯对预防动机的解释是人们为了应付不测之需而持有货币的动机。凯恩斯认为,生产和生活中经常会出现一些未曾预料的、不确定的支出和购物机会,为此,人们也需要保持一定量的货币在手中,这类货币需求可称为货币的预防需求。预防动机引起的货币需求仍然主要作为交易的准备金,只不过是扩大了的准备金,所以就实质而言,预防动机与交易动机可以归入一个范畴之内,由这两个动机所引起的货币需求与收入存在着稳定的关系,是收入的递增函数。

#### 3.投机动机

投机动机是凯恩斯货币需求理论中最具创新的部分。凯恩斯认为,人们持有货币除了为了交易需求和应付意外支出外,还为了储存价值或财富。凯恩斯把用于储藏财富的资产分为两大类:货币和债券。人们持有货币资产,收益为零。持有债券资产,则有两种情况:如果利率上升，债券价格就要下跌；利率下降，债券价格就会上升。显然，人们对现存利率水平的估价就成为人们在货币与债券两种资产间进行选择的关键。如果人们确信现行利率水平高于正常值，这就意味着他们预期利率水平将会下降，从而债券价格将会上升，人们就必然会多持有债券；反之，则会倾向于多持有货币。据此可以得到一个基本原理，投机性货币需求（也称资产性货币需求）最主要受利率影响，是利率的递减函数。

由于投机性货币需求与人们对未来利率的预期紧密相关，受心理预期等主观因素的影响较大，而心理的无理性则使得投机性货币需求经常变化莫测，甚至会走向极端，流动性陷阱就是这种极端现象的表现。

所谓流动性陷阱，是指这样一种现象：当一定时期的利率水平降低到不能再低时，人们就会产生利率上升从而债券价格下跌的预期，所有人都希望持有货币而不愿持有债券。在这种情况下，投机性的货币需求弹性变得无限大。此时，无论中央银行增加多少货币供给，都会被人们以货币形式储存起来，从而利率不再下跌。

由于货币总需求等于货币交易需求、预防需求和投机需求之和，所以货币总需求函数式如下：

$$M=M_1+M_2=L_1(Y)+L_2(i)=L(Y,i)$$

式中，$M$ 表示货币总需求；$M_1$ 表示交易动机的货币需求和预防动机的货币需求（通常被合称为"交易性的货币需求"）；$M_2$ 表示投机动机的货币需求（也称"投机性的货币需求"）；$Y$ 表示收入；$i$ 表示利率；$L_1$ 表示 $M_1$ 与 $Y$ 的函数关系；$L_2$ 表示 $M_2$ 与 $i$ 的函数关系。

### (四)弗里德曼的货币需求理论

美国经济学家米尔顿·弗里德曼(1912—2006)受马歇尔、庇古现金余额说的启发，采纳了凯恩斯对公众货币需求动机和影响因素的分析方法，运用微观经济学理论中的消费者选择理论，更加深入地发展了微观货币需求理论，开创了现代货币主义。现代货币主义也叫货币学派，兴起于 20 世纪 40 年代，到 20 世纪 60 年代，其理论政策主张已发展成为一个完整的体系。

弗里德曼认为，与消费者选择商品一样，人们对货币的需求同样受效用、收入水平、机会成本这三类因素的影响。

#### 1. 总财富水平

弗里德曼将总财富作为决定货币需求量的重要因素，即个人所能够持有的货币以其总财富量为限。在现实生活中，由于总财富很难估算，所以弗里德曼用收入来代表财富总额，原因在于财富可视为收入的资本化价值。但这个收入不是统计测算的现期收入，而是长期收入，即"永恒收入"($Y$)。因为现期收入受年度经济波动的影响，具有明显缺陷。所谓永恒收入，是指一个人在比较长的一个时期内的过去、现在和今后预期会得到的收入的加权平均数，它具有稳定性的特点。弗里德曼认为，货币需求与永恒性收入呈正比例关系，由总财富决定的永恒性收入水平越高，货币需求越大。弗里德曼从对美国货币历史的实证研究中得出的结论是：永恒性收入对货币需求具有重要作用。

弗里德曼进一步把财富分为人力财富与非人力财富两大类。人力财富是指个人获得收入的能力，其大小与接受教育的程度紧密相关；非人力财富指各种物质性财富，如房屋、生产资料等。这两种财富都能带来收入，但人力财富缺乏流动性，给人们带来的收入是不稳定的；而非人力财富则能够给人们带来较稳定的收入。因而，如果永恒收入主要来自于人力财富，人们就需要持有更多的货币以备不时之需；反之，人们的货币需求就会下降。因此，非人力财富收入在总收入中所占的比重(W)与货币需求呈反比。

**2. 持有货币的机会成本**

持有货币的机会成本是指“其他资产的预期报酬率”。弗里德曼认为,货币的名义报酬率($r_m$)可能等于零(手持现金与支票存款),可能大于零(定期存款和储蓄存款),也可能为负(支票存款的各项手续费),而其他资产(股票和债券等)的名义报酬率通常大于零。这样,其他资产的名义报酬率就成为持有货币的机会成本。其他资产的报酬率主要包括两部分:一部分是目前的收益,如债券的利率($r_b$)、股票的收益率($r_e$);另一部分是预期物价变动率($\frac{1}{p}\cdot\frac{dp}{dt}$),即实物资产的名义报酬率。显然,债券的利率、股票的收益率越高,持币的机会成本越大,货币的需求量就越小;预期的通货膨胀率越高,持币带来的通货贬值损失就越大,对货币的需求就越少。

**3. 持有货币给人们带来的效用**

持有货币可以给人们带来流动性效用,且其大小以及影响其效用的因素,如人们的嗜好、兴趣等,也是影响货币需求的因素。

由此,可得到财富持有者的货币需求函数:

$$M_d/p = f(Y, W, r_m, r_b, r_e, \frac{1}{p}\cdot\frac{dp}{dt}, u)$$

式中,$M_d/p$ 为财富持有者对货币的实际需求量;$Y$ 是实际恒久性收入,即按不变价格计算的实际收入;$W$ 是非人力财富占个人财富的比率;$r_m$ 是货币预期名义收益率;$r_b$ 是固定收益证券的利率;$r_e$ 是非固定收益的证券利率;$\frac{1}{p}\cdot\frac{dp}{dt}$ 是预期物价变动率,即实物资产的名义报酬率;$u$ 为收入以外的影响货币效用的其他因素。

弗里德曼货币需求函数式中的自变量明显多于凯恩斯的货币需求函数式,所以其货币口径大于凯恩斯所考察的货币。弗里德曼对货币需求理论的贡献:①将货币视为一种资产,从而将货币理论纳入了资产组合选择理论的框架,摒弃了古典学派视货币为纯交易工具的狭隘理念。②在一般均衡的资产组合理论中,特别强调货币量在经济中的枢纽作用,纠正了凯恩斯学派忽视货币量的偏颇。③在货币需求函数中,首先设置了预期物价变动率这一独立变量,确定了预期因素在货币理论中的地位。④严格地将名义货币量和实际货币量加以区分。⑤特别强调实证研究的重要性,改正了以往学者们在经济理论,尤其是在货币理论中只顾抽象演绎的缺陷,使货币理论更向可操作的货币政策靠拢了。

弗里德曼的货币需求理论与凯恩斯的货币需求理论的区别:①在凯恩斯的货币需求函数中,利率仅限于债券利率,收入为即期的实际收入水平。而在弗里德曼的货币需求函数中,利率则包括各种财富的收益率,收入则是具有高度稳定性的恒久收入,是决定货币需求的主要因素。②凯恩斯的货币需求函数是以利率的流动性偏好为基础的,认为利率是决定货币需求的重要因素。而弗里德曼则认为,货币需求的利率弹性较低,即对利率不敏感。③凯恩斯认为,货币流通速度与货币需求函数不稳定。而弗里德曼则认为,货币流通速度与货币需求函数高度稳定。④凯恩斯认为,国民收入是由有效需求决定的,货币供给量对国民收入的影响是一个间接作用的过程,即经由利率、投资及投资乘数作用而作用于社会总需求和国民收入。弗里德曼则认为,由于货币流通速度是稳定的,货币流通速度的变动则直接引起名义国民收入和物价水平的变动,所以货币是决定总支出的主要因素。

## 三、现阶段我国货币需求的主要决定和影响因素

新中国成立不久，开始学习苏联模式，实行高度集中的计划经济体制。在此经济体制下，企业、政府对货币的需求只有交易性货币需求；城乡居民的收入水平很低，微乎其微的储蓄也主要用于预防，而不是投资。因此，计划经济体制下，中国的货币需求基本上是交易性货币需求，商品流通几乎成为决定货币需求的唯一重要因素。在这样的现实经济背景下，我国学者对货币需求问题的研究侧重于宏观货币需求理论，又主要集中于理解和应用马克思的货币必要量规律。

20 世纪 60 年代，我国的银行工作者在理论界对马克思货币必要量公式研究的基础上，对我国多年的商品流通与货币流通之间的关系进行了实证研究，得出了一个经典的“1∶8”经验公式。其具体含义是：每 8 元零售商品供应需要 1 元人民币实现其流通。公式可表示为：

社会商品零售总额/流通中货币量(现金)＝8

直到 20 世纪 80 年代初期，这个著名的“1∶8”公式成为马克思货币必要量原理在中国的具体化，它反映了我国当时商品供给与货币需求的本质联系。但这一不变的数值尺度，是有条件的，即计划经济体制及与之相适应的运行机制。如计划价格、现金管理制度等，保证了经济货币化的水平基本稳定不变。

改革开放后，“1∶8”的公式赖以存在的基础不复存在。经济体制改革对中国的货币需求产生了重要的影响。中国经济运行的市场化程度大幅度提高，经济货币化进程、价格改革基本完成，金融市场从无到有、规模逐渐壮大、运营日渐规范。随着经济主体的增加，铺底资金和手持货币的增多等因素，特别是物价放开，其上涨吸纳了一定的货币量而表现出流通速度的降低，货币流通速度逐年下降。市场经济体制的基本确立使我国现阶段货币需求的决定与影响因素更多地符合西方货币需求理论，除了收入、财富等规模变量外，其他金融资产的收益水平等机会成本也成为影响我国货币需要的重要因素。

### （一）收入

从宏观方面看，收入的替代指标是总产出，国民总产出即为国民总收入。伴随着改革开放，我国商品和劳务产出逐年的增加，经济增长对交易性货币的需求必然不断增加。从微观方面看，国民收入即要素提供者与企业经营者收入之和，经济增长在市场经济下主要表现为各微观经济主体的货币收入增加，收入增加支出就会相应地扩大，也就需要更多的货币量来媒介商品交易。所以，收入是决定我国近年货币需求量增加的主要因素。

### （二）物价水平

物价水平变动对交易性货币需求和资产性货币需求产生不同方向的影响。就交易性货币需求而言，在商品和劳务量既定的条件下，价格水平越高，用于商品和劳务交易的货币需求也必然增多，因此，物价水平和交易性货币需求之间是同方向变动的关系。相反，物价水平与资产性货币需求间则呈现反向变动关系，这是因为在物价水平持续上升的情况下，微观经济主体作为资产持有的货币，其价值会随着物价水平的上升而不断下降，为了避免损失，理性的经济主体会减少资产性的货币需求。

就我国目前的情况而言，物价水平的上升更容易引起货币需求总量的增加，原因在于交易性货币需求对物价上升更富有弹性，而资产性货币需求对物价上升不敏感。在目前我国社会

保障体制还不完善的情况下，居民部门对未来支出的不确定预期增强，即使在物价不断上涨的通货膨胀时期，也不愿意将货币性资产转化为商品性资产，资产的货币性需求并不随着物价的上涨而下降，甚至经常出现在通货膨胀时期资产性货币需求增加的情况。

### (三)其他金融资产收益率(利率)

除了货币之外，人们还能持有股票、债券等非金融性货币资产。非金融性货币资产是货币的替代物，当债券、股票等金融资产的收益率上升时，人们往往愿意减少货币的持有数量。

近几年，我国的货币市场和资本市场发展较快，金融工具的种类不断增加，规模逐渐加大。非货币性金融资产对货币资产的替代效应已逐渐显现。随着我国金融市场的继续发展和不断规范，人们的资产性货币需求将会随着金融市场的稳健发展而出现增速减缓的趋势。

### (四)其他因素

#### 1. 信用的发展状况

一般来说，在一个信用形式比较齐全、信用制度比较健全的社会，经济主体所必需的货币量相对要少一些；反之，对现实的货币需求就大。经过30多年的改革开放，我国的商业信用、国家信用规模逐渐扩大。商业信用的发展使企业间的债权债务关系可以相互抵消，从而减少企业对交易性货币的需求。国家信用主要采取发行国债的方式，这既为微观经济主体提供了可供选择的非货币性金融资产，从而减少了资产性货币需求，另一方面也解决了政府的融资问题，避免政府在实施扩张性财政政策的时候通过向中央银行透支而产生的政策性货币需求。

#### 2. 金融机构技术手段的先进程度和服务质量的优劣

先进的金融技术手段和高质量的金融服务往往能够提高货币的流通速度，减少现实的货币需求；反之，则增加货币的需求。近几年我国金融业对金融基础设施建设投入了大量的资金，在外资金融机构的竞争压力下金融服务质量有所提高，这些都对我国的货币需求产生了一定的影响。

#### 3. 社会保障体制的健全与完善

目前我国的社会保障体制还不尽完善，对未来医疗、失业、养老、子女教育费用的担忧，对住房的需求，都增加了居民部门对未来支出的不确定性预期，从而增加了其预防性货币需求。

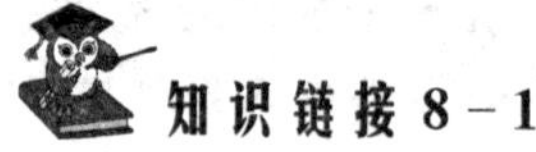

**知识链接 8-1**

**凯恩斯简介**

约翰·梅纳·凯恩斯(John Maynard Keynes，1883—1946)是20世纪最具影响力的经济学家，他创立的宏观经济学与弗洛伊德所创的精神分析法和爱因斯坦发现的相对论一起并称为20世纪人类知识界的三大革命。

凯恩斯1905年毕业于剑桥大学国王学院，获剑桥文学硕士学位；之后又滞留剑桥一年，师从马歇尔和庇古攻读经济学。1906—1908年在英国财政部印度事务部工作；1908年回剑桥任经济学讲师至1915年；1913—1914年任皇家印度通货与财政委员会委员，兼任皇家经济学会秘书；1919年作为英国财政部首席代表出席巴黎和会；1929—1933年主持英国财政经济顾问委员会工作；1929年被选为英国科学院院士；1940年出任财政部顾问，1942年被封为勋爵。1911—1944年长期担任权威刊物《经济学杂志》主编。1944年7月率英国政府代表团出席布雷顿森林会议，并成为国际货币基金组织和国际复兴与开发银行(世界银行)的英国理事，在

1946年3月召开的这两个组织的第一次会议上，当选为世界银行第一任总裁。返回英国不久，因心脏病突发于1946年逝世，享年63岁。

凯恩斯一生对经济学作出了极大的贡献，一度被誉为资本主义世界的“救星”、“战后繁荣之父”等美称。凯恩斯出生于萨伊法则被奉为神灵的时代，认同借助于市场供求力量自动地达到充分就业的状态就能维持资本主义的观点。他一生致力于研究货币理论，发表于1936年《就业、利息和货币通论》建立起流动性偏好基础上的货币理论，引入的投资边际效应概念，推翻了萨伊定律中存款与投资之间的因果关系。他认为单纯的价格机制无法解决失业问题，与古典经济学派相反，提倡国家直接干预经济，提出了具体目标。这种以财政政策和货币政策为核心的思想后来成为整个宏观经济学的核心，甚至可以说后来的宏观经济学都是建立在凯恩斯的《就业、利息和货币通论》基础之上的。在凯恩斯经济理论中，金融理论占有十分重要的位置。西方学者对此评论道：“凯恩斯是在致命危机威胁资本主义世界时挽救和巩固了这个社会。”有的学者把凯恩斯的理论比做“与哥白尼在天文学上、达尔文在生物学上、爱因斯坦在物理学上一样的革命”。1998年的美国经济学会年会上，在150名经济学家的投票中，凯恩斯被评为20世纪“最有影响力”的经济学家(弗里德曼排名第二)。

## 第二节 货币供给

### 一、货币供给的形成机制

货币供给是指一定时期内一国银行系统向经济体中投入或抽离货币的行为过程，这个过程体现为一种货币供给的形成机制。

在现代信用货币制度下，货币供给过程一般涉及中央银行、商业银行、存款人和借款者四个行为主体。在这四个行为主体中，中央银行和商业银行起着决定性作用。货币供给的过程可以分为两个紧密相连的部分：中央银行创造基础货币；商业银行创造存款货币。

#### (一)中央银行的业务活动与基础货币

我们知道，中央银行是“发行的银行”、“银行的银行”和“政府的银行”。中央银行在执行其相应职能时，形成了其独特的资产负债业务。而恰恰是中央银行独特的资产负债业务的运作，形成了货币供给过程的第一个组成部分。

**1. 中央银行的资产负债业务**

从表6-1中可以看出，国外资产、对政府债权、对金融机构债权是中央银行的主要资产项目；储备货币、发行债券、政府存款是中央银行的主要负债项目。

(1)国外资产。中央银行持有的国外资产，主要包括外汇储备、黄金储备和中央银行在国际金融机构的资产。中央银行是“国家的银行”，担负着为国家管理外汇和黄金储备的责任，而黄金和外汇储备要占用中央银行资金，因而国外资产是中央银行的一项重要资产业务。

(2)对政府债权。作为“国家的银行”，在法律许可的情况下，中央银行可通过采取直接向政府提供短期贷款或购买政府债券等方式向政府提供资金支持，由此形成对政府的债权，具体包括中央银行持有的国库券、政府债券、财政短期贷款、对国库的贷款或法律允许的透支额。

(3)对金融机构的债权。作为“银行的银行”，中央银行充当金融机构的“最后贷款人”，通过再贷款和再贴现的方式对金融机构提供资金支持。

(4)储备货币。这是中央银行重要的负债项目之一,主要包括流通中的现金、商业银行的库存现金、商业银行等金融机构在中央银行的准备金存款。

作为"发行的银行",货币发行是中央银行最初和最重要的负债业务。社会上流通的现金都是通过货币发行业务流出中央银行的。中央银行通过货币发行业务,在满足社会经济活动对现金需求的同时,通过调控现金发行量,可以调节社会上的货币流通量,进而调节社会经济活动,实现宏观调控的目的。

商业银行等金融机构在中央银行的准备金存款包括两部分:法定存款准备金和超额存款准备金。各国法律通常规定,商业银行等金融机构必须将其吸收存款的一定比例存入中央银行,这一比例被称为法定存款资金率。存放在中央银行的超过按法定存款准备金率计算的部分即为超额存款准备金。

(5)发行债券与票据。中国人民银行自 2002 年 9 月起正式发行中央银行票据,截至 2011 年底,央行票据余额为 2.3 万亿元。通过发行债券和票据,中央银行回笼了货币,借此实现调控货币供应量的目的。

(6)政府存款。作为"国家的银行",中央银行代理收受国库资金,政府及公共机构的暂时保留或结余的资金形成中央银行账户上的存款。

**2. 基础货币的概念**

前述的储备货币另有一个学术名称——基础货币。基础货币又称强力货币或高能货币,是中央银行直接控制的变量,也是银行体系存款扩张、货币供给的基础,等于商业银行存入中央银行的准备金与社会公众所持有的现金之和。基础货币通常以下式表示:

$$B=R+C$$

式中,$B$ 为基础货币;$R$ 为商业银行保有的存款准备金(含法定存款准备金和超额准备金);$C$ 为流通于银行体系之外的现金。$R$ 与 $C$ 都是中央银行的负债项目,因此,基础货币也表现为中央银行的负债。存款准备金又有两种形式:库存现金和在中央银行的准备金存款。

库存现金这个"库"是指商业银行的业务库,库存现金就是商业银行业务库中存在的现金。商业银行每天要面对众多客户对现金的存存取取,为保证现金存取的正常进行,商业银行通常都会在其业务库中保有一定的现金。当业务库中的现金无法满足客户的取款要求时,商业银行会从中央银行的发行库中提取现金,中央银行会相应地减少商业银行在中央银行准备金存款账户上的存款额;反之,当商业银行业务库中的现金过多时,它会将一部分现金存入中央银行的发行库,中央银行会相应增加商业银行在中央银行准备金存款账户上的存款。

**3. 中央银行的资产负债业务与基础货币的收放渠道**

(1)国外资产业务与基础货币。国外资产是中央银行的一项重要资产业务。当中央银行在金融市场上买入外汇和黄金时,就向经济体系投放了基础货币;反之,当中央银行在市场上卖出外汇和黄金时,就从经济体系收回了相应的基础货币。

外汇储备是中国人民银行近些年来投放基础货币的主要渠道。伴随着我国出口的快速增长,市场上外汇供给增加,人民币升值压力加大。为了减轻或消除这种升值压力,中国人民银行进入银行间外汇市场进行干预,买入外汇,增加外汇储备,与此同时,购买外汇付出的人民币直接进入商业银行的准备金存款账户,基础货币相应增加。由此可见,当外汇储备增加时,基础货币也相应增加;反之,当外汇储备减少时,基础货币也相应减少。

(2)对政府债权业务与基础货币。对政府债权表现为中央银行持有政府债券和向财政透支或直接贷款。中央银行虽可代理政府发行债券,但一般却不直接认购,而是从公开市场上购买。由于中央银行持有政府债券的目的不是为了营利,而是调控货币供给量,故中央银行一般只与商业银行等参与存款货币创造的金融机构进行政府债券的买卖。只要中央银行买进政府债券,就将款项存入商业银行等金融机构的准备金账户,基础货币就会相应增加;当中央银行卖出政府债券时,金融机构也是用准备金存款来支付,基础货币就会相应减少。自1995年《中国人民银行法》颁布,中国人民银行就不再向财政透支或直接贷款。

(3)对金融机构债权业务与基础货币。中央银行对商业银行等金融机构债权的变化是通过办理再贴现或再贷款等资产业务来操作的。当中央银行为商业银行办理再贴现或再贷款时,直接增加了商业银行在中央银行的准备金存款,基础货币就会相应增加;相反,当中央银行减少对商业银行等金融机构的债权时,基础货币就会相应减少。

(4)负债业务与基础货币。基础货币增减变化不仅受中央银行资产业务的影响,也受中央银行负债业务结构变化的影响。发行央行票据是中央银行调节基础货币的另一种手段。

以我国为例,我国的中央银行票据只向商业银行等存款性金融机构发行,商业银行购买央行票据、支付款项后,直接结果是其在中央银行账户上的准备金存款减少,即基础货币数量减少。这样,中国人民银行在负债总额不变的情况下,通过对负债结构的调整——增加央行票据发行,减少准备金存款——调节了基础货币数量。

### (二)商业银行的业务活动与存款货币的创造

在前面我们曾学习过存款货币的概念。由于能够签发支票的活期存款发挥着与银行券同样的购买功能,因此将其称作"存款货币"。在现代各国货币供给量的结构中,存款货币都是货币供给量的重要组成部分。而存款货币是可以通过商业银行的存、贷、汇业务活动创造出来的。

#### 1. 一对概念:原始存款与派生存款

原始存款一般是指商业银行接受客户以现金方式存入的款项和中央银行对商业银行的资产业务而形成的准备金存款。从原始存款的概念可以看出,基础货币与原始存款有着紧密联系,或者说是对同一个事物的两种不同的称谓。基础货币由流通中的现金和商业银行等金融机构存在中央银行的准备金构成。中央银行通过扩大资产业务增加基础货币投放后,流通中的现金和商业银行的准备金存款会增加,原始存款也会随之增加。原始存款是商业银行从事贷款等资产业务的基础,也是商业银行扩张信用的源泉。

派生存款与原始存款相对,是指在原始存款的基础上,由商业银行发放贷款等资产业务活动衍生而来的存款。

#### 2. 商业银行创造存款货币的前提条件

存款货币的创造包括多倍扩张和多倍收缩,要受到多种因素的影响,为了简化分析起见,我们作出以下几个假设:

(1)实行部分准备金制度。即中央银行只要求商业银行将其吸收存款的一定比例缴存在中央银行的准备金账户,其余的资金商业银行可以自主用于贷款等资产业务,商业银行不保留超额准备金。

(2)非现金结算广泛使用。在这种情况下,商业银行发放贷款一般不需要以现金形式支付,而是把贷款转入借款企业在银行的活期存款账户,而后由企业通过转账支付的方式使用贷款。

(3)市场中始终存着贷款需求。

3. 存款货币的多倍扩张

存款货币多倍扩张的过程,实际上就是商业银行通过贷款、贴现和投资等行为,引起成倍的派生存款的过程。就整个银行体系而言,一家银行发放贷款,将使另一家银行获得存款,而该银行也因此可以发放贷款,从而使第三家银行也获得存款。这些因其他银行发放贷款而引起的存款,就是派生存款。于是,通过整个银行体系的连锁反应,一笔原始存款将创造出成倍的派生存款。

例如,甲银行接受了其客户存入的100万元现金(原始存款)。在甲银行原来持有的准备金正好满足中央银行规定的法定存款准备金比率(假设为20%,下同)的条件下,该银行应再提取准备金20万元,然后将剩余部分即80万元全部用于发放贷款。这样甲银行的资产负债情况发生了如表8-2所示的变化。

**表8-2 甲银行的资产负债情况**

| 资产 | | 负债 | |
|---|---|---|---|
| 存放中央银行的准备金 | 20万元 | 存款 | 100万元 |
| 贷款 | 80万元 | | |
| 总额 | 100万元 | 总额 | 100万元 |

当甲银行贷出80万元后,其取得贷款的客户必将把这笔贷款用于支付,而收款人取得支票后,委托其开户银行——乙银行——为其收款,通过中央银行特设的支付清算系统,乙银行收到了这笔存款。之后,乙银行也必将提取20%的法定存款准备金,然后将剩余的64万元用于贷款。于是,乙银行的资产负债情况发生了如表8-3所示的变化。

**表8-3 乙银行的资产负债情况**

| 资产 | | 负债 | |
|---|---|---|---|
| 存放中央银行的准备金 | 16万元 | 存款 | 80万元 |
| 贷款 | 64万元 | | |
| 总额 | 80万元 | 总额 | 80万元 |

同样,乙银行提供的64万元贷款,也将被借款人用于支付给其他银行(如丙银行)的客户,从而使丙银行也取得存款64万元。丙银行也同样按照中央银行规定的法定存款准备金率,提取准备金12.8万元,并将剩余的51.2万元用于贷款。这样,丙银行的资产负债情况就发生了如表8-4所示的变化。

**表8-4 丙银行的资产负债情况**

| 资产 | | 负债 | |
|---|---|---|---|
| 存放中央银行的准备金 | 12.8万元 | 存款 | 64万元 |
| 贷款 | 51.2万元 | | |
| 总额 | 64万元 | 总额 | 64万元 |

这一过程会继续进行下去，衍生出的存款派生过程如表 8-5 所示。

**表 8-5 商业银行存款派生过程示意表**

单位：万元

| | 原始存款 | 派生存款 | 法定存款准备金($r$=20%) | 贷款 |
|---|---|---|---|---|
| 甲银行 | 100 | | 20 | 80 |
| 乙银行 | | 80 | 16 | 64 |
| 丙银行 | | 64 | 12.8 | 51.2 |
| 丁银行 | | 51.2 | 10.24 | 40.96 |
| …… | | … | … | … |
| 总计 | 100 | 400 | 100 | 400 |

如以 $D$ 表示存款总额，$R$ 表示商业银行存款准备金(在本例中，这一准备金来源于原始存款)，$r$ 表示中央银行规定的法定存款准备金率，则存款货币的多倍扩张可用下面的公式来表示：

$$D=\frac{R}{r}=R\times\frac{1}{r}$$

在上述例子中，$R$=100 万元，$r$=20%，所以：

$D = R/r = 100 \div 20\% = 500$(万元)

可见，存款总额由 100 万元扩张到 500 万元，其中，100 万元是原始存款，400 万元是派生存款。这就说明，这种多倍扩张将使存款总额增加到原始存款的 5 倍，这一倍数就是我们通常所说的货币乘数，即上式中的 $1/r$。

**4. 存款货币的多倍收缩**

存款货币多倍收缩的过程与多倍扩张的过程正好相反。如果说存款货币的多倍扩张是由商业银行的准备金增加所引起的，那么，存款货币的多倍收缩是由商业银行的准备金减少所引起的。商业银行准备金的减少大致有以下两个原因：一是存款人从银行提走他的存款；二是中央银行向商业银行出售有价证券，如央行票据、国库券。下面，我们仍以上述假设条件为基础，对存款货币多倍收缩的基本过程作一简述。

假设某存款人从甲银行以现金形式提取其存款 100 万元，这就使甲银行的库存现金(即准备金)减少了 100 万元，这说明，在甲银行减少存款 100 万元的同时，其准备金也减少了 100 万元。但是，根据中央银行规定的法定存款准备金比率，甲银行因减少存款 100 万元，只能减少准备金 20 万元。同时，由于我们假定商业银行并不持有任何超额准备金，所以在这种情况下，甲银行发生了准备金短缺，其短缺的金额为 80 万元。为此，它必须通过收回贷款或出售其持有的债券来加以弥补。现假设甲银行通过收回贷款来弥补其短缺的准备金，则其资产负债情况的变化如表 8-6 所示。

**表 8-6 甲银行的资产负债情况**

| 资产 | | 负债 | |
|---|---|---|---|
| 存放中央银行的准备金 | −20 万元 | 存款 | −100 万元 |
| 贷款 | −80 万元 | | |
| 总额 | −100 万元 | 总额 | −100 万元 |

然而，甲银行收回贷款必然使其他银行因此而减少存款，从而引起其他银行的准备金也发生短缺，并同样通过收回贷款或出售债券来加以弥补。现假设因甲银行收回贷款而使乙银行减少了80万元的存款，并相应地减少了80万元的准备金。而根据中央银行规定的法定存款准备金比率，乙银行因减少80万元存款，只能减少16万元准备金。于是，乙银行还短缺准备金64万元，必须加以补足。如果乙银行也通过收回贷款来补足其所短缺的准备金，则其资产负债情况的变化如表8－7所示。

**表8－7　乙银行的资产负债情况**

| 资产 | | 负债 | |
|---|---|---|---|
| 存放中央银行的准备金 | －16万元 | 存款 | －80万元 |
| 贷款 | －64万元 | | |
| 总额 | －80万元 | 总额 | －80万元 |

这一过程会继续进行下去，存款总额收缩过程如表8－8所示。

**表8－8　商业银行存款收缩过程示意表**

单位：万元

| | 原始存款 | 派生存款 | 法定存款准备金($r=20\%$) | 贷款 |
|---|---|---|---|---|
| 甲银行 | －100 | | －20 | －80 |
| 乙银行 | | －80 | －16 | －64 |
| 丙银行 | | －64 | －12.8 | －51.2 |
| 丁银行 | | －51.2 | －10.24 | －40.96 |
| …… | | … | … | … |
| 总计 | －100 | －400 | －100 | －400 |

在上述例子中，$R=-100$万元，$r=20\%$，所以：

$D=R/r=(-100)\div 20\%=-500$(万元)

可见，由于有客户提取100万元的现金存款，存款总额减少了500万元，其中，100万元是原始存款，400万元是派生存款。这就说明，这种多倍收缩将使存款总额减少到原始存款的5倍，这一倍数仍是前述的货币乘数，即$1/r$。

**5. 货币乘数的决定因素**

货币乘数又称存款派生乘数，是一笔原始存款经过商业银行的派生最大可能扩张的倍数，或者说是货币供给量相对于基础货币的倍数。货币供给之所以数倍于基础货币，是由于商业银行的信用扩张。如果舍掉其他影响货币乘数的因素，设$m$为存款派生倍数，则它是法定存款准备金率的倒数，即$m=1/r$。

由此可知，法定存款准备金率是影响货币乘数的主要因素。如果中央银行提高法定存款准备金率，假设提高到25%，则货币乘数由5倍缩小为4倍，同样的原始存款增加额，经过商业银行的派生活动，存款总额要由原来的500万元缩小为400万元，实现了货币紧缩效应。因此，中央银行可以通过提高或降低法定存款准备金率，降低或提高商业银行的存款派生能力，从而达到调节市场中货币供给量的目的。

除了法定存款准备金率以外，超额存款准备金率($e$)、现金漏损率($c$)，也是影响货币乘数的重要因素。

在前面的讨论中，我们假设商业银行只持有法定存款准备金，没有超额存款准备金，但在现实的经营中，商业银行除了持有中央银行规定的法定存款准备金外，还通常要持有一定数量的超额存款准备金，目的是维护自身安全和稳健经营。超额存款准备金占存款总额的比率就是超额存款准备金率。超额存款准备金率对商业银行存款派生能力的影响机理与法定存款准备金率相同，也与存款派生乘数呈反方向变动关系。

另外，在现实生活中，存款客户经常会或多或少地从银行提取现金，从而使部分现金流出银行体系，出现所谓的现金漏损。现金漏损的多少与人们对现金的偏好和非现金支付是否发达密切相关。此外，从接受银行贷款的一方来说，其一般也不会将贷款悉数转存或投入生产，也可能会产生一定的现金漏损。这些漏出银行体系的现金(也即流通中的现金)与银行存款总额的比率被称为现金漏损率，它与法定存款准备金率和超额存款准备金率一样，与存款派生乘数呈反方向变动，成为影响商业银行存款派生能力的又一重要因素。这是因为漏出银行体系的现金已脱离银行的掌控，银行可用于发放贷款的资金相应减少，派生的存款也会减少。

加入超额存款准备金率、现金漏损率的影响，存款派生乘数变为：

$$m=\frac{1}{r+e+c}$$

商业银行创造存款货币过程的示意表变为表 8-9。

**表 8-9　商业银行存款货币创造过程示意表**　　单位：万元

| | 原始存款 | 派生存款 | 法定存款准备金($r=20\%$) | 现金漏损($c=10\%$) | 超额准备金($e=10\%$) | 贷款 |
|---|---|---|---|---|---|---|
| 甲银行 | 100 | | 20 | 10 | 10 | 60 |
| 乙银行 | | 60 | 12 | 6 | 6 | 36 |
| 丙银行 | | 36 | 7.2 | 3.6 | 3.6 | 21.6 |
| 丁银行 | | 21.6 | 4.32 | 2.16 | 2.16 | 12.96 |
| …… | | … | … | … | … | … |
| 总计 | 100 | 150 | 50 | 25 | 25 | 150 |

### (三)货币供给模型

上面分别介绍了中央银行层面的基础货币创造和商业银行层面的存款货币创造，两个层面的货币创造过程形成了一个完整的货币供给形成机制：中央银行通过其资产负债业务创造基础货币，基础货币成为商业银行原始存款的来源，在此基础上，商业银行通过其业务活动创造出数倍于原始存款的派生存款来，货币供给量由此扩张。紧缩的过程正好相反。

货币供给模型从整体视角出发，用一个精练的数学公式抽象了货币供给的形成机制。

$$M_s=B\times m$$

式中，$M_s$ 为货币供给量，$B$ 为基础货币，$m$ 为货币乘数。该模型表明：基础货币与货币乘数共同作用于货币供给总量，货币供给量与基础货币和货币乘数均呈正相关关系。

## 二、货币供给层次的划分

### (一)划分货币层次的依据

货币供给量即货币存量，是一国在某一时点流通手段和支付手段的总和，一般表现为金融机构的存款、流通中现金等负债，亦即金融机构和政府之外，企业、居民、机关团体等经济主体的金融资产。货币供应的数量、流动性状况是社会总需求变化的货币表现，是各国的主要经济统计指标之一，也是中央银行执行货币政策的重要依据。在统计上，它构成中央银行和金融机构负债的一部分。为了能够准确地衡量货币供应量，经济学家们提出了“货币层次”的概念，货币层次主要遵循的标准就是货币的流动性。流动性是指资产能够以一个合理的价格顺利变现的能力。

现金货币、存款货币和各种有价证券均属于货币范畴，随时都可以转化为现实的购买力，但这些货币形式不等于现金。比如现金和活期存款是直接的购买手段和支付手段，随时可以形成现实的购买力，货币性或流动性最强。而储蓄存款一般须转化为现金才能用于购买，定期存款要到期方能用于支付，如要提前支付，还要蒙受一定损失，因而流动性较差。票据、债券、股票等有价证券，要转化为现实购买力，必须在金融市场出售之后还原为现金或活期存款。由于上述各种货币转化为现实购买力的能力不同，从而对商品流通和经济活动的影响有别，就对测量货币的供应量带来了一定的难度。因此，有必要把这些货币形式进行科学的分类，以便中央银行分层次区别对待，提高宏观调控的计划性和科学性。

### (二)国际货币基金组织及主要国家对货币层次的划分

#### 1. 国际货币基金组织的货币层次划分

目前国际货币基金组织将货币划分为三个层次：

(1)通货。通货是指流通于银行体系以外的现钞，包括居民、企业或单位持有的现钞，但不包括商业银行的库存现金。由于这部分货币可随时用于购买和支付，因而流通性最强。

(2)货币。货币由通货加上私人部门的活期存款构成。由于活期存款可以随时签发支票进行购买和支付，所以其流通性仅次于现金。大部分国家将这一层次的货币简称为 $M_1$，又叫狭义货币。

(3)准货币。准货币主要包括定期存款、储蓄存款、外币存款等。准货币本身虽不能直接用来购买，但在经过一定的程序之后就能转化为现实的购买力。故又称之为“亚货币”或“近似货币”，简写为 $QM$。大部分国家将这一层次的货币划入广义货币 $M_2$ 中。

#### 2. 美国的货币层次划分

(1)$M_1$＝银行体系外的通货＋旅行支票＋活期存款＋其他支票性存款。

(2)$M_2$＝$M_1$＋小面额定期存款＋储蓄存款＋货币市场存款账户＋货币市场互助基金份额＋隔日回购协议＋隔夜欧洲美元。

(3)$M_3$＝$M_2$＋大额定期存款＋长于隔夜期限的回购协议＋定期欧洲美元。

(4)$M_4$＝$M_3$＋短期国库券＋商业票据＋储蓄债券＋银行承兑票据等。

3. 欧盟对货币层次的划分

(1)$M_1$=流通中现金+隔夜存款。

(2)$M_2$=$M_1$+期限为两年以下的定期存款+通知期限三个月以内的通知存款。

(3)$M_3$=$M_2$+回购协议+货币市场基金($MMF$)+货币市场票据+期限为两年以内的债券。

4. 中国的货币层次划分

(1)$M_0$=流通中的现金。

(2)$M_1$=$M_0$+活期存款,$M_1$ 又称狭义货币。

(3)$M_2$=$M_1$+企业单位定期存款+城乡居民储蓄存款+证券公司的客户保证金存款+其他存款,$M_2$ 又称广义货币。

(4)准货币= $M_2$- $M_1$。

# 第三节 货币供求均衡

## 一、货币供求均衡的含义

货币供求均衡简称货币均衡,它是一国在一定时期内货币供给与货币需求基本相适应的货币流通状态。货币供求均衡是货币供需作用的一种状态,是货币供给与货币需求的大体一致,而非数量上的完全相等;货币供需完全相等只是一种偶然的现象。若以 $M_d$ 表示货币需求,以 $M_s$ 表示货币供给,则货币供求均衡可以表示为:

$$M_d = M_s$$

货币供求均衡是一种动态过程,一国的货币流通,通常是一个由均衡到失衡,再调节恢复到均衡的动态调整过程。均衡是各国货币流通追求的目标,但失衡却是一国货币流通不可避免经常发生的现象。货币失衡有两种表现形态:货币供给大于货币需求与货币供给小于货币需求,如果失衡持续时间较长,前者引起物价上涨,后者会引起物价下跌。通货膨胀与通货紧缩是货币失衡的两种外在表现形式。在现代经济运行中,货币供求均衡在一定程度上反映了国民经济总体的均衡状况。

## 二、货币均衡与社会供求均衡

物价涨跌作为货币失衡的外在表现形式,非常直观地显现了货币均衡与社会总供求均衡之间的关系。

1. 社会总供求的含义

社会总供求是社会总供给与社会总需求的合称。所谓社会总需求,通常是指一定时期内一国的社会各方面要占用或使用的全部产品之和。由于在市场经济条件下,一切需求都表现为有货币支付能力的购买需求,所以社会总需求也就是一定时期社会的全部购买支出。所谓社会总供给,通常是指一定时期内一国生产部门按一定价格提供给市场的全部产品和劳务的价值之和,以及在市场上出售的其他金融资产总量。由于这些商品都是在市场上实现其价值,因此,社会总供给也就是一定时期内社会的全部收入或总收入。

2. 货币均衡与社会总供求均衡

(1)社会总供给决定货币需求。当一国在一定时期运用其基本资源生产出一定数量的商品和劳务后,这些商品和劳务的价值需要实现,此时,货币是必要的交易媒介,由此产生了货币需求。到底需要多少货币量,取决于有多少实际资源需要货币实现其流转并完成,包括生产、交换、分配和消费这些相互联系的再生产流程,这是社会总供给决定货币需求的基本理论的出发点。

(2)货币需求决定货币供给。要实现货币供求的均衡,中央银行需要依据一定时期货币需求量的多少调控货币供给量。

(3)货币供给形成社会总需求。通过银行体系投放到市场上的货币量一旦被各类经济主体所获得,就会形成真实的对商品和劳务的购买能力,形成市场总需求。

(4)社会总需求决定社会总供给。一定时期各经济主体对商品和劳务有多少需求,决定了该时期商品和劳务的产出水平。如果需要少而产出多,则会出现生产过剩,商品滞销,物价下跌;反之亦然。

如果以 $A_s$ 代表社会总供给,$A_d$ 代表社会总需求,$M_s$ 代表货币供给,$M_d$ 代表货币需求,箭头代表主导性的作用,则货币供求与社会总供求之间的相互关系如图 8-1 所示。

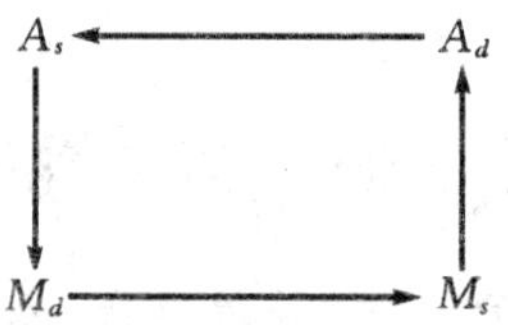

图 8-1 货币均衡与社会总供求均衡的关系图

从经济决定金融的基本原理出发,社会供求均衡(即市场均衡)决定货币均衡,但与此同时,货币均衡对社会总供求均衡也具有重要的反作用。

## 三、货币失衡的调节措施

1. 直接调节货币供应量

直接调节货币供应量,是指在货币供求失衡时,从压缩或者扩张货币供给量入手,使之适应货币需要量。下面以货币供给超过货币需求,引发通货膨胀为例,说明管理当局可采取的紧缩政策:

(1)中央银行:在金融市场上卖出有价证券,如央行票据、国库券等,直接回笼货币;提高法定存款准备金率,降低货币乘数,收缩商业银行的贷款扩张能力;减少基础货币供给量,包括减少给商业银行的贷款指标,收回已贷出的款项等措施。

(2)商业银行:停止对客户发放新贷款;到期的贷款不再展期,坚决收回;提前收回部分贷款。

(3)财政部门:减少对有关部门的拨款;增发政府债券,直接减少社会各单位和个人手中持有的货币量。

(4)税务部门:增设税种;降低征税基数;提高税率;加强征纳管理。

相反,如果货币供给小于货币需求,将引发通货紧缩,管理当局应该采取扩张政策。

2. 通过调节社会总供求间接调节货币供应量

由于社会总供求决定货币供求,而社会总供求是独立于银行体系之外的变量,因此,对社会总供求的调节措施更多地在银行之外进行。下面以社会总供给小于社会总需求,引发通货膨胀为例，说明管理当局可运用的增加社会总供给的措施：

(1)国家物资部门动用战略物资储备，流通部门运用商品储备，产业部门扩大生产规模，以增加商品供应量。

(2)运用黄金和外汇储备，由外贸部门组织国内急需的生产资料、生活资料进口，以扩大国内市场上的商品供应量。

(3)物价管理部门可适当提高煤、水、电等不可再生资源产品的价格，特别是稀缺资源品价格，通过增加货币需要量来吸收过多的货币供给。

相反，当社会总供给大于社会总需求，造成商品滞销时，管理当局应运用降低价格、刺激消费、鼓励投资与出口的措施。

**3. 混合型调节**

所谓混合型调节，是指面对货币供求失衡局面，综合运用货币政策、财税政策、进出口政策等，一方面压缩货币供应量，另一方面增大货币需求量，双管齐下，既搞供应型调节，又搞需求型调节，以达到社会总供求、货币供求的均衡。

**4. 逆向型调节**

所谓逆向型调节，是当出现货币供给量大于货币需求量时，中央银行并不是压缩货币供给量，而是通过增加结构性货币供给量的途径来促进货币供需全面均衡。其具体内涵是：若货币供给量大于货币需求量，现实经济中存在着尚未充分利用的生产要素，社会经济运行对其产品需求又很大，那么可通过对这类产业追加投资和发放贷款，以促进供给的增加，并以此来消化过多的货币供给，达到货币供需由失衡到均衡的调整。

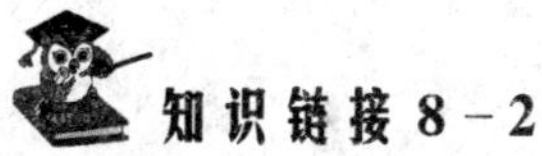

**知识链接 8－2**

**货币供给失衡的解决政策**

**1. 加强汇率弹性，进一步完善汇率形成的市场机制**

扩大汇率浮动区间，利用市场机制调节外汇市场供求，摆脱为了维持汇率稳定而被动地大量增发基础货币，避免人民币升值压力的货币化。加快强制结售汇制向自愿结售汇制转变，放宽对企业和个人外汇交易需求的限制，支持国内企业走出去，逐步缓解人民币升值的压力。

**2. 加强对外资流入资产市场的监测和管理**

继续加强对房地产市场的调控，切实贯彻执行规范外资流入房地产的各项政策措施，加大打击房地产投机和炒作的力度，防止房地产价格的反弹和泡沫的滋长。同时，在加大证券市场对外开放力度的同时，加强对外资投资中国证券市场的管理和监测，建立相应的预警机制和体系。严格限制短期投机性资金的流入，对投机资金进入房地产、证券等行业的投机行为课以高额的交易税，以挤压投机获利空间。

**3. 高度关注潜在的通货膨胀压力**

央行要高度关注我国经济中不断积累的通货膨胀压力，采取有效措施回收商业银行的流动性。在科学分析 CPI 指数的同时，更多地关注房地产价格、股票价格、大宗生产资料价格的上涨情况，跟踪监测资产价格向消费价格的传递，在货币调控中处理好商品价格与资产价格之间的关系，避免通货膨胀对经济造成不良影响。

**4. 合理估计资本外流可能产生的金融风险**

随着人民币升值压力的逐步消除，国外资金可能获利撤出国内市场，给我国的房地产市场和证券市场带来较大的冲击。因此，我们要在加强对国外投机资金流入资本市场管理的同时，逐步增强外汇储备的稳定性，适当控制债务性外汇储备，提高债权性外汇储备的比重，避免未来资本外流可能产生的金融风险。

## 复习思考题

1. 什么是货币需求？为什么货币需求是客观的？

2. 如何看待马克思的货币需求理论？你认为该理论在今天还有指导意义吗？

3. 费雪交易方程式与剑桥方程式的区别在哪里？

4. 试述凯恩斯的货币需求理论。流动性陷阱是什么意思？

5. 什么是基础货币？它对货币供给量有什么重要作用？中央银行如何调节基础货币？

6. 简述商业银行存款货币的创造过程及影响派生规模的因素。

7. 什么是货币乘数？简要分析货币乘数的决定因素。

8. 货币层次划分的依据与意义是什么？我国目前的货币层次是怎样划分的？人民银行应把哪个层次的货币供给量作为调控的重点？为什么？

9. 你认为影响我国货币需求的因素主要有哪些？经济体制改革对货币需求产生了怎样的影响？

## 讨论题

1. 货币供求与市场供求之间的关系是怎样的？为什么货币供求均衡就意味着市场供求均衡？

2. 在现实生活中，货币供求是否均衡如何判断？能否根据物价与利率就可以判断均衡存在与否？试举几个我国经济中的实例来说明这个问题。

# 第九章 货币政策

## 本章导读

作为金融市场的"晴雨表",货币政策的风吹草动都将带来金融市场的变动。通过本章的学习,使学生了解货币政策及其目标;理解中央银行如何运用货币政策工具,通过操作指标、中介指标,最终实现货币政策目标;掌握货币政策工具的作用机理和优缺点,认识货币政策与财政政策协调配合的必要性与作用。

## 引例思考

**央行年内第五次上调存款准备金率**

距离上一次上调存款准备金率不到一个月时间,中国人民银行决定,从2011年5月18日起,再度上调存款类金融机构人民币存款准备金率0.5个百分点。

这是央行今年以来第五次上调存款准备金率。今年以来,央行以每月一次的频率,在过去四个月里先后四次上调存款准备金率。同时这也是央行自2010年以来准备金率的第十一次上调。此次上调之后,大中型金融机构存款准备金率达21%的高位。

据估算,此次上调后,可一次性冻结银行资金3700多亿元。分析人士认为,此举意在进一步回笼市场的宽裕流动性。

请思考:央行为什么采取这样的措施呢?

## 第一节 货币政策和货币政策目标

### 一、货币政策的含义与特点

#### (一)货币政策的含义

货币政策是指中央银行为实现特定的社会经济目标,运用各种政策工具调控货币供给量和利率所采取的方针和措施的总称。中央银行通常为一国货币政策的制定者和执行者。中央银行在国家法律授权的范围内制定货币政策,并运用其拥有的货币发行特权和各种政策工具组织货币政策的实施。

货币政策主要包括四个方面内容,即政策目标、政策工具、操作指标与中介指标、政策传导机制。货币政策四个内容之间的关系是:中央银行运用货币政策工具,作用于货币政策的操作指标与中介指标,进而通过中介指标的变化实现货币政策的最终目的。这个过程实际上也是货币政策的传导过程。

### (二)货币政策的特点

1. 货币政策是宏观经济政策

货币政策是通过调节和控制全社会的货币供给来影响宏观经济运行,进而达到某一特定的宏观经济目标的经济政策,因而,货币政策一般涉及的是整个国民经济运行中的经济增长、物价稳定、充分就业、国际收支等宏观总量以及与此相关的货币供给量、信用量、利率、汇率等变量,而不是银行或企业的资产、负债、销售收入、利润等微观个量问题。

2. 货币政策是调节社会总需求的政策

任何现实的社会总需求,都是指有货币支付能力的总需求。货币政策正是通过货币的供给来调节社会总需求中的投资需求、消费需求等,并间接地影响社会总供给的变动,从而促进社会总需求与总供给的平衡。

## 二、货币政策的最终目标

作为一国的宏观经济政策,货币政策的最终目标与一国的宏观经济目标相一致,一般包括稳定物价、充分就业、经济增长和国际收支平衡四大目标。

### (一)稳定物价

稳定物价是中央银行货币政策最早具有的,也是最基本的政策目标。稳定物价是指一般物价水平在短期内相对稳定,不发生显著的或剧烈的波动。需要指出的是,这里所说的物价水平是指物价总水平,而不是个别或部分商品价格的波动,因为在市场经济条件下,个别或部分商品价格的变动是相对价格体系的变动,属正常现象。此外,稳定物价并不意味着中央银行要将物价保持静止不变,而是指将物价控制在一个合理的水平上,既不能过高,防止出现通货膨胀,也不能持续过低,防止出现通货紧缩。

由于单位货币的购买力与物价水平呈负相关,物价稳定,一国的货币币值就稳定。因此,稳定物价的目标也可以表述为稳定币值。

### (二)充分就业

充分就业是指凡有工作能力且愿意工作的人都可以在较为合理的条件下找到工作,通常以失业人数与愿意就业的劳动力之比——失业率——的高低,作为考察是否实现充分就业的衡量指标。但充分就业并不是指失业率为零。经济理论认为,失业主要有三种存在形式:①摩擦性失业,即由于劳动力流动、劳动力供给结构与需求结构不对称所造成的失业;②周期性失业,即由于整个社会的总需求不足所造成的失业;③自愿性失业,即劳动者不愿意接受现有工资水平而自愿放弃工作所造成的失业。一般认为,如果不存在周期性失业,则可认为实现了充分就业。但是,各国具体情况差别很大,对失业率指标的计算口径、计算方法也不一样,所以它只适宜判断一国就业状况的大体趋势,不宜作横向比较。中央银行可以通过增加货币供给量,扩大社会总需求,提供工作岗位和就业机会以增大就业量。

### (三)经济增长

经济增长是指在一定时期内一国所生产的商品和劳务总量的增加,通常用国内生产总值GDP的变化,或人均GDP的增长率来衡量。促进经济增长的要素主要有消费、投资、出口增加和技术进步等,其中增加消费、投资是见效较快的方法,但过高的消费、投资会引起通货膨胀预期，所以货币政策要调节货币供给，保持适度的货币供给量。不同国家在不同时期经济增长的具体目标是不同的，发达国家多把经济增长率定在3%左右，但对发展中国家来说，这个目标显然偏低了。

**(四)国际收支平衡**

国际收支是一国对外经济活动的综合反映。国际收支平衡就是指在一定时期内(通常指一年)一国对其他国家和地区，由于政治、经济、文化往来所引起的全部货币收支大体平衡。在开放型经济中，保持国际收支平衡是保证国民经济持续稳定增长和经济安全的重要条件。货币政策在调节国际收支方面具有重要作用：利率的变动会影响国际资本的流入或流出，进而影响资本和金融账户的变动；汇率变动则会对经常账户产生重要影响。中央银行可以通过调节汇率、利率等政策实现一国的国际收支平衡。

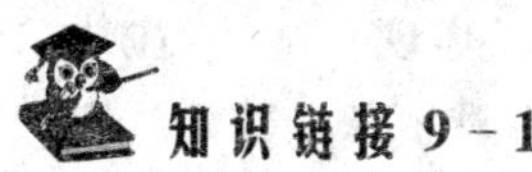


**各国货币政策目标的选择**

| 国　别 | 货币政策最终目标内容 |
| --- | --- |
| 美　国 | 充分就业、经济增长、制止通货膨胀、平衡国际收支 |
| 英　国 | 充分就业、实现收入合理增长、低通货膨胀、国际收支均衡 |
| 日　本 | 稳定物价、稳定经济增长、国际收支均衡、充分就业、资源合理配置、收入均等化 |
| 加拿大 | 充分就业、国际收支平衡、反通货膨胀 |
| 中　国 | 保持货币币值的稳定，并以此促进经济增长 |

## 第二节　货币政策工具

货币政策工具是中央银行为实现货币政策目标而使用的各种手段和方法。货币政策目标确定以后，还需要一套行之有效的货币政策工具来保证其实现。中央银行可采用的货币政策工具通常有一般性货币政策工具、选择性货币政策工具和其他货币政策工具等。

### 一、一般性货币政策工具

一般性货币政策工具是指中央银行经常使用的且能够对社会的货币信用总量进行调节的工具，主要包括法定存款准备金率、再贴现政策和公开市场业务三大政策工具，俗称中央银行的“三大法宝”。

*1. 法定存款准备金率*

各类金融机构按所接受存款的一定比率，提存一定数额的存款准备金，这种提存的比率由中央银行确定，并以法律形式固定下来，称为法定存款准备金率。

法定存款准备金政策对货币供应量的调控机理：中央银行通过调高或降低法定存款准备金率，影响商业银行的存款派生能力，从而达到调节市场货币供给量的目的。具体来说：当中央银行降低法定存款准备金率时，一方面，商业银行需要向中央银行缴存的法定存款准备金减少，商业银行可自主运用的超额准备金增加、发放贷款或投资的能力提高；另一方面，将使货币乘数扩大，市场中的货币供应量增加。相反，中央银行提高法定存款准备金率，将减少市场中的货币供给量。

法定存款准备金制度最初是为了防止银行盲目发放贷款，保证其清偿能力，保护存款者利益和银行本身安全而设立的。但自1935年《美国联邦储备法》规定了会员银行的最低存款准备限额，由此，调整法定存款准备金率就逐渐成为各国中央银行控制信用和货币供应量的一项重要工具。

法定存款准备金率作为政策工具的优点：①中央银行掌握主动权；②通过影响货币乘数作用于货币供给，作用迅速、有力，见效快。但其局限性也十分明显：①缺乏弹性，有固定化倾向，被认为是所有货币政策工具中作用最猛烈的工具之一，由于调控效果较为强烈，冲击力太大，甚至成为经济波动的诱因，不宜作为中央银行的日常性调控工具；②为了体现公平性，往往采取“一刀切”的方式，对各类银行和不同存款的影响不一致，可能使超额存款准备金较低的银行立即陷入流通性困境，难以把握货币政策的操作力度与效果；③对商业银行的经营管理干扰较大，增加了银行流通性风险和管理难度。

**2. 再贴现政策**

再贴现是指商业银行等金融机构为了取得资金，将已经贴现的未到期票据以贴现的方式向中央银行进行转让的票据行为。中央银行的再贴现政策主要包括两方面的内容：一是再贴现利率的确定与调整；二是再贴现资格的规定与调整。

(1)调整再贴现利率的作用机理。中央银行调整再贴现利率主要是着眼于短期的货币供求均衡。中央银行通常会根据市场的资金供求状况，随时调整再贴现利率，用以影响商业银行借入资金的成本，进而影响商业银行向社会提供的信用量，以达到调节货币供给量的目的。具体来说：如果中央银行提高再贴现利率，会使商业银行从中央银行融资的成本上升，这会产生两方面的效果：①降低商业银行向中央银行借款意愿，减少中央银行基础货币的投放。②反映中央银行的紧缩政策意向，产生一种告示效果，商业银行会相应提高对客户的贴现利率和放款利率，减少企业的资金需求。两方面的共同作用使市场上的货币供给量减少，利率提高，达到紧缩效果。中央银行降低再贴现利率的作用过程与上述相反。

(2)规定与调整再贴现资格的作用机理。中央银行规定和调整再贴现的资格是指中央银行规定或调整何种票据及哪些金融机构具有向中央银行申请再贴现的资格。中央银行对此进行规定和调整，能够改变或引导资金流向，可以发挥抑制或扶持作用，主要着眼于长期的结构调整。如中央银行为调整信贷结构、贯彻产业政策，可以对不同的票据品种、不同的申请机构采取不同的政策。如对朝阳产业、“短线”部门签发的票据予以再贴现支持，而对夕阳产业、“长线”部门签发的票据予以再贴现限制。

作为一般性货币政策工具，再贴现政策的最大优点是中央银行能够利用它来履行“最后贷款人”的职责，并在一定程度上体现中央银行的意图，既可以调节货币总量，又可以调节信贷结构。然而，再贴现政策也存在明显的缺陷：①中央银行处于被动地位。商业银行是否愿意到中央银行申请再贴现，再贴现多少，均由商业银行自身决定。如果商业银行不依赖再贴现，而是通过其他渠道筹措资金，中央银行就不能有效调控货币供给量及信贷结构。②影响力有限。在商业银行过度依赖再贴现融资的情况下，中央银行对再贴现利率的调整会受到制约，削弱中央银行控制货币供给量的能力。当商业银行对再贴现融资依赖程度有限时，再贴现政策将如

“空中楼阁”,难以发挥作用。

3. **公开市场业务**

公开市场业务是指中央银行在金融市场上卖出或买进有价证券,吞吐基础货币,用以改变商业银行等金融机构的可用资金,进而影响货币供应量和利率,实现货币政策目标的一种政策工具。目前,公开市场业务已经成为越来越多的国家的中央银行最主要的货币政策工具。

公开市场业务的作用机理:中央银行公开市场业务买卖的证券主要是政府公债、国库券、银行承兑汇票。根据对经济形势的判断,当中央银行认为应该放松银根,增加货币供给,就在金融市场上买进有价证券,无论是向商业银行或是社会公众,都将扩大基础货币的供应,直接增加金融机构可用资金的数量,增强其放贷能力;相反,当中央银行认为需要收紧银根,减少货币供给时,它会在金融市场上卖出有价证券,回笼一部分基础货币,减少金融机构可用资金的数量,降低其放贷能力。

例如,中央银行向商业银行买进政府短期证券,其总额为5000万元,则在其他情况一定时,中央银行和商业银行的资产负债情况可分别发生如表9-1和表9-2所示的变化。

**表9-1 中央银行的资产负债**

| 资产 | | 负债 | |
|---|---|---|---|
| 政府证券 | +5000万元 | 商业银行存款 | +5000万元 |

**表9-2 商业银行的资产负债**

| 资产 | | 负债 |
|---|---|---|
| 政府证券 | -5000万元 | |
| 在中央银行存款 | +5000万元 | |

从表9-1和表9-2可以看出,中央银行向商业银行买进5000万元政府证券使商业银行的资产结构发生了调整,使其增加了在中央银行的准备金5000万元。如果该商业银行原来持有的准备金已经足以支持其持有的存款总额,则它通过出售政府证券所得到的5000万元准备金就全部是超额准备金。如果商业银行不留超额准备金,则它可发放贷款或投资5000万元。通过整个银行体系的连锁反应,货币供给将会成倍增加。

作为一般性的货币政策工具,公开市场业务有很多优点:①主动性强。公开市场业务的主动权在中央银行,中央银行可根据具体情况随时操作,不像再贴现政策那样被动。②灵活机动,准确性强。中央银行可根据需要进行经常性、连续性操作,并且买卖数量可多可少。③调控效果和缓,震动性小。由于公开市场业务以交易行为出现,不是强制性的,加之中央银行可以灵活操作,所以其对经济社会和金融机构的影响比较平缓,不像法定存款准备金率那样震动较大,而且由于可以经常进行买卖,不会导致人们预期心理。

虽然公开市场业务具备许多优点,但开展公开市场业务必须具备以下条件:①中央银行必须是强大的,具有调控整个金融市场的力量;②金融市场发达,证券种类特别是债券种类齐全并达到一定的规模;③必须有其他政策工具配合。

## 二、选择性货币政策工具

与一般货币政策工具调节货币总量以影响宏观经济不同，选择性货币政策工具是中央银行采取的旨在影响资金运用方向和信贷资金利率结构的各种措施。其主要包括消费者信用控制、证券市场信用控制、不动产信用控制、优惠利率、预缴进口保证金等。

1. 消费者信用控制

消费者信用控制是指中央银行对不动产以外的各种耐用消费品的销售融资予以控制，用以影响消费者有支付能力的货币需求。如规定消费者分期付款的首次最低付款额；规定消费信贷的最长期限；规定可以用于消费信贷购买耐用消费品的种类，并对不同耐用消费品规定相应的信贷条件等。在通货膨胀时期，消费信贷旺盛的情况下，中央银行通过消费者信用控制，可以起到抑制消费需求、控制物价上涨的作用。

2. 证券市场信用控制

证券市场信用控制是指对有关证券交易的各种贷款和信用交易的保证金比率进行限制，并随时根据证券市场的状况加以调整，目的在于控制金融市场的交易总量，抑制过度投机。

3. 不动产信用控制

不动产信用控制是指中央银行对金融机构在房地产方面放款的限制措施。如规定商业银行不动产贷款单笔最大限额、最长期限；规定首期付款、分摊还款的最低限额等。不动产信用控制可以在经济高涨时期起到抑制房地产过度投机的作用。

4. 优惠利率

优惠利率是指中央银行对国家重点发展的产业和部门，如成套设备出口、现代农业等，所采取的鼓励措施，借以优化经济结构、合理配置资源。

5. 预缴进口保证金

预缴进口保证金是指中央银行要求进口商预缴相当于进口商品价值总额一定比例的存款，以抑制过快的进口增长。预缴进口保证金多为国际收支经常出现逆差的国家采用。

## 三、其他货币政策工具

### (一)直接信用控制

1. 信用配额

信用配额是指中央银行根据金融市场状况及客观经济需要，直接对金融机构尤其是商业银行的信用规模加以合理分配，限制其最高数量。

2. 直接干预

直接干预也称直接行动，是指中央银行直接对商业银行的信贷范围予以干预。中央银行干预的方式有：直接限制放款的额度；对业务经营不当的商业银行可拒绝再贴现，或采用高于一般利率的惩罚性利率；明确规定各家银行的放款或投资的范围、放款的方针；等等。

3. 流动性比率

流动性比率是中央银行为了限制商业银行扩张信用，规定流动资产占存款总额的比重。一般说来，流动性比率与收益率呈反比。为保持中央银行规定的流动性比率，商业银行必须采取缩减长期放款、扩大短期放款和增加易于变现资产的持有量等措施。

4. 利率最高限额

利率最高限额是指规定商业银行的定期及储蓄存款所能支付的最高利率。如在1980年以前,美国有Q条例和M条例规定,活期存款不准付息,对定期存款及储蓄存款则规定最高利率限制。其目的是为了防止银行用抬高利率的办法竞相吸收存款和为了谋取高利而进行风险投资和放款。

## (二)间接信用指导

1. 道义劝告

道义劝告是指中央银行利用其在金融体系中的特殊地位和威望,通过对商业银行及其他金融机构发出通告、指示或与各金融机构负责人举行面谈的方式,以影响其放款数量和投资方向,从而达到控制和调节信用的目的。道义劝告既能控制信用的总量,也能调整信用的构成,即在质和量两方面均能起到作用。

2. 窗口指导

窗口指导是指中央银行根据产业状况、物价趋势和金融市场的动向,规定商业银行贷款重点投向和贷款变动数量等,并要求其执行。如果商业银行不按规定执行,中央银行可削减向该银行贷款的额度,甚至采取停止提供信用等制裁措施。虽然窗口指导没有法律约束力,但是其作用有时候也很大。

3. 金融检查

金融检查是指政府赋予中央银行的监督职能,对商业银行等金融机构的业务活动进行合法、合规等多方面检查,并针对检查情况采取必要的措施。

**知识链接9-2**

**周小川回应负利率:货币政策调整要服从多个目标**

2011年3月11日上午,十一届全国人大四次会议新闻中心举行记者会,中国人民银行行长周小川就货币政策及金融问题进行了答疑。

**1.关于货币政策**

两年多以前,全球金融危机爆发,为应对危机,政府采取了一揽子的刺激计划,包括积极的财政政策和适度宽松的货币政策,央行希望市场上有较多的流动性。但流动性过多引起物价方面的变动。鉴此,根据我们对危机走向和经济复苏的判断,央行从2010年1月份就开始利用存款准备金率的提高来吸收流动性。

货币政策要服从多个目标,保持物价稳定,维持经济合理增长,保持较高就业率和国际收支基本平衡。从货币政策出台,到影响这几个目标的变化,往往会有几个月甚至一年甚至更长一点时间的滞后,所以引入了很多中间变量,比如$M_0$、$M_1$、$M_2$。人民银行除了观察贷款总量以外,还注意观察社会融资总规模。货币政策工具可以选择公开市场操作、存款准备金、利率、汇率等。有一组变量以后,就会有一组选择。这种选择不限于货币政策,还要跟财政政策、产业结构政策相配合。

今年货币政策从适度宽松转为稳健,大家肯定会感到资金比去年紧,资金价格会有所上升,这样,全社会就会少上一些新项目,这正是货币政策想要达到的目的。

**2.关于负利率**

央行在中期范围内应该保持存款会获得正利率,就是说存款利率能够高于CPI。但是CPI

有时候变动会很快，利率跟不上，会出现短期的实际负利率。但回顾中国近一、二十年的历史，从中期来看，实际利率大体为正。利率调整不能只顾及CPI，它还有好多其他的政策目标。

**3. 关于投资黄金**

金融危机以来黄金价格上涨得很快，消费量有所增长，很多人认为黄金是一个比较好的投资方向。我认为，应该尊重他们的自主判断。但各种判断都存在着不确定性，都面临需要管理的风险。目前，我们能够提供给投资者选择的产品相对偏少，金融机构要不断地开拓出更新的投资渠道，更新的金融服务。

## 第三节　货币政策的传导

### 一、货币政策的操作指标和中介指标

#### (一)操作指标和中介指标的作用

货币政策的最终目标属于长期性政策目标。从货币政策工具的运用到货币政策最终目标的实现，有一个相当长的过程。在这个过程中，中央银行有必要及时了解货币政策工具的作用力度和效果，估计最终目标的实现程度，为此，中央银行在货币政策工具与最终目标之间设置中间性指标。这种中间性指标要求既能对货币政策工具的操作迅速反应，又与货币政策最终目标紧密相关。作为货币政策作用过程中的重要环节，中间性指标的选择是否得当关系到货币政策最终目标能否实现。

中间性指标包括操作指标和中介指标两个层次。操作指标是指中央银行通过货币政策工具操作能够有效准确实现的政策变量，如准备金、基础货币等指标。对货币政策工具反应灵敏，处于货币政策工具的控制范围之中，是货币政策操作指标的主要特征。中介指标处于最终目标和操作指标之间，是中央银行通过货币政策操作和传导后能够以一定的精确度达到的政策变量，主要有市场利率、货币供给量等指标。中介指标离政策工具较远，但离最终目标较近，与货币政策的最终目标具有紧密的相关关系。

中央银行的货币政策操作就是通过政策工具直接作用于操作指标，进而引起中介性指标的调整，最终实现期望的货币政策最终目标。它们之间的关系如图 9-1 所示。

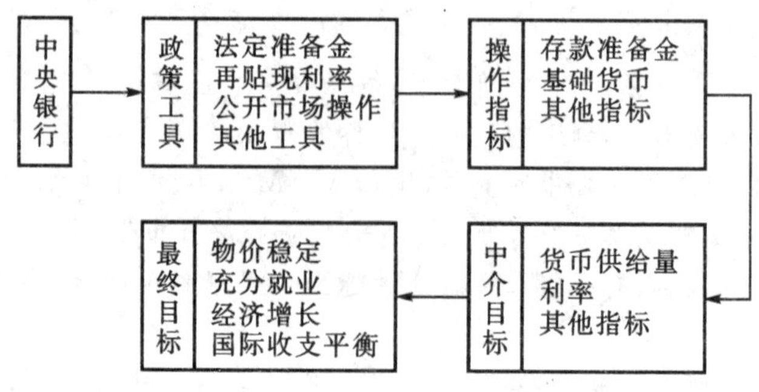


图 9-1　货币政策目标体系

### (二)可作为操作指标的金融变量

根据可测性、可控性、相关性和抗干扰性的要求，各国中央银行使用的操作指标主要有存款准备金和基础货币。

**1. 存款准备金**

存款准备金由商业银行的库存现金和在中央银行的准备金存款组成。在存款准备金总额中，由于法定存款准备金是商业银行必须保有的准备金，不能随意动用，因此，对商业银行的资产业务规模起直接作用的是商业银行可自主动用的超额准备金，也正因为如此，许多国家将超额准备金选作货币政策的操作指标。作为操作指标，超额准备金的可测性、相关性较好，但可控性、抗干扰性较弱。超额准备金数额反映在中央银行的资产负债表上，具有较好的可测性；超额准备金的高低，反映商业银行的资金紧缺程度，与货币供应量紧密相关，具有很好的相关性。尽管中央银行可以运用法定存款准备金率、公开市场业务等对商业银行的超额准备金进行调节，但商业银行持有多少超额准备金最终取决于商业银行的意愿和财务状况，受经济运行周期和信贷风险的影响，难以为中央银行所掌握。

**2. 基础货币**

基础货币是流通中的通货和商业银行等金融机构在中央银行的存款准备金之和。基础货币作为操作指标的主要优点有：①可测性。基础货币直接表现在中央银行资产负债表的负债方，中央银行可随时准确地获得基础货币的数额。②可控性强、抗干扰性。中央银行对基础货币具有很强的控制能力，通过再贴现、再贷款以及公开市场业务操作等，中央银行可以直接调控基础货币的数量。③相关性强。作为货币供给量的两个决定因素之一，中央银行基础货币投放的增减，可以直接扩张或紧缩整个社会的货币供给量，进而影响总需求。正是基于基础货币的这些优点，很多国家的中央银行把基础货币作为较为理想的操作指标。

### (三)可作为中介指标的金融变量

市场经济国家通常选用的货币政策中介指标主要是利率和货币供给量，也有一些国家选择汇率指标。

**1. 利率**

利率作为中介指标的优点有：①可测性强。中央银行在任何时候都能观察到市场利率水平及结构，可随时对收集的资料进行分析判断。②可控性强。中央银行作为“最后贷款人”可直接控制对金融机构融资的利率。中央银行还可以通过再贴现率政策和公开市场业务，调节市场利率的走向。③相关性强。中央银行通过利率变动引导投资和储蓄，从而调节社会总供给和总需求。但利率作为中介指标也有不足之处，其抗干扰性差，主要表现在：利率本身是一个内生变量，利率变动是与经济循环相一致的。经济繁荣时，利率因资金需求增加而上升；经济萧条时，利率因资金需求减少而下降。而利率作为政策变量时，其变动也与经济循环相一致。经济过热时为抑制需求而提高利率，经济疲软时为刺激需求而降低利率。于是，当市场利率发生变动时，中央银行很难确定是内生变量发生作用，还是政策变量发生作用，因而也便难以确定货币政策是否达到了应有的效果。

**2. 货币供给量**

货币供给量作为中介指标的优点有：①可测性。货币供给量中的 $M_0$、$M_1$、$M_2$ 都反映在中央银行或商业银行及其他金融机构的资产负债表上，便于测算和分析。②可控性强。通货由中央银行发行并注入流通，通过控制基础货币，中央银行也能有效地控制 $M_1$、$M_2$。③抗干扰性强。货币供给量作为内生变量是顺循环的，即经济繁荣时，货币供给量会相应增加以满足经济发展对货币的需求；而货币供给量作为外生变量是逆循环的，即经济过热时，应该实行紧缩的货币政策，减少货币供给量，防止经济过热而引发通货膨胀。

**3. 其他指标**

有些经济、金融开放程度比较高的国家和地区，选择汇率作为货币政策的中介指标。这些国家的货币当局确定其本币同另一个经济实力较强国家货币的汇率水平，通过货币政策操作，盯住这一汇率水平，以此实现最终目标，如我国香港特别行政区。

### (四)我国货币政策的中介指标与操作指标

由于我国的利率还没有完全市场化，不适宜充当货币政策的中介指标，中国人民银行从1994年起，就把货币供给量作为货币政策最主要的中介指标。在 $M_0$、$M_1$、$M_2$ 三个货币供给量层次中，$M_0$ 为流通中的现金，与消费物价变动密切相关，是最活跃的货币；$M_1$ 为 $M_0$ 加上企事业单位活期存款，称为狭义货币供给量，反映居民与企业资金松紧变化，是经济周期的先行指标；$M_2$ 为 $M_1$ 加上企事业单位定期存款、居民储蓄存款和证券公司客户保证金，称为广义货币，流动性偏弱，但反映的是社会总需求的变化和未来通货膨胀的压力状况。通常所说的货币供给量，主要指 $M_2$。

与货币供给量作为中介指标相对应，目前我国货币政策的操作指标主要是基础货币。中国人民银行资产负债表负债栏中的储备货币即为我国的基础货币，中国人民银行可通过公开市场业务、再贴现与再贷款政策对基础货币进行调控，依据基础货币与货币供给量之间的相关关系，对货币供给量进行相应调节，以实现政策目标。

## 二、货币政策的传导机制理论

货币政策从开始实施到最终目标的实现需要经历一个传导过程：中央银行运用货币政策工具，作用于操作指标，进而影响到中介指标，最终实现最终目标。经济学者从不同的角度对这个传导过程进行理论描述和抽象，就形成各不相同的货币政策传导机制理论。

### (一)利率传导机制理论

利率是 *IS-LM* 等宏观经济模型中主要的变量。利率传导机制理论强调的就是利率在货币政策传导中的突出作用，以凯恩斯为代表。利率传导机制理论认为：中央银行通过货币政策工具的操作增减货币供给量($M$)，进而影响利率水平($i$)，利率的变化通过资本成本影响到边际利润率($r$)从而使投资规模($I$)上升或下降，投资规模的增减进而通过乘数效应影响社会总产出($Y$)。中央银行扩张性货币政策的利率传导机制可表示为：

$$M\uparrow \rightarrow i\downarrow \rightarrow r\uparrow \rightarrow I\uparrow \rightarrow Y\uparrow$$

### (二)汇率传导机制理论

随着经济全球化的发展和牙买加体系下浮动汇率制度的确立，经济学者开始关注货币政策对汇率，进而对进出口和总需求的影响，货币政策的汇率传导机制理论被提出。

这种理论与利率传导机制理论有密切的关联。该理论认为，中央银行货币政策的变化会引起本国利率的波动，而本国利率的波动会造成本国货币对外的升值或贬值，这将进一步引起该国进出口的变动，在开放经济条件下，净出口是总需求的一个重要组成部分，因此，它的变化将引起该国产出的相应变化。例如,当中央银行实行紧缩性的货币政策时,利率随之上升,由于以本币标值资产的收益水平上升,所以外国投资者对本币的需求增加,促使本币升值($r_e$)。本币升值将不利于本国商品出口,而有利于外国商品进口,造成净出口($NX$)下降,外部需求的减少将降低产出水平。这个机制可表示如下:

$$M\downarrow \to r\uparrow \to r_e\uparrow \to NX\downarrow \to Y\downarrow$$

### (三)金融资产价格传导机制理论

在资本市场获得深入发展的背景下,以托宾、莫迪利亚尼为代表的一些经济学者扩展了凯恩斯的利率传导机制理论,开始将资本市场中的金融资产价格特别是股票价格纳入到货币政策传导机制中。

该理论认为,消费者的支出取决于其毕生的财富,而不仅仅是当前的收入水平。在财富的构成当中,金融资产是重要组成部分。当货币供给量发生变化的时候,人们对财富的认识发生了变化,从而导致消费支出的改变。例如,当货币供给量增加的时候,实际利率的降低会导致股票、债券等财富价格($p$)的上涨,从而使消费者的总财富($F$)增加。消费者在这种情况下往往会比平时更多地进行消费($C$),带动全社会总需求的膨胀,最终刺激产出的增加。这一过程可以表示为:

$$M\uparrow \to i\downarrow \to p\uparrow \to F\uparrow \to C\uparrow \to Y\uparrow$$

### (四)货币传导机制理论

这种理论以货币学派的弗里德曼为代表,突出货币供给量在货币政策传导机制中的作用。

弗里德曼对其传导机制的说明是,中央银行增加货币供给量后,将直接增加公众的手持货币量。由于货币需求有其内在的稳定性,其数量的多少不受货币供给增加的影响,公众手持货币量增加超过其意愿后,他们会增加货币支出($E$),或者购买金融资产,或者购买实物资产,使得资产价格普遍上升,这必然刺激生产者增加各种实物资产的生产,从而提高名义收入水平。名义收入水平的提高增加了人们的名义货币需求,使货币供求在更高的水平上实现均衡。用公式如下:

$$M\uparrow \to E\uparrow \to Y\uparrow$$

### (五)信贷渠道的传导机制理论

信贷渠道的传导机制理论认为,金融市场存在信息不对称现象,银行贷款与其他金融资产不具有完全的可替代性。对于中小企业和消费者个人来说,由于其很难通过资本市场筹资,因此银行贷款是其主要的外部资金来源。在这种情况下,银行信贷是货币政策的重要传导渠道。例如,当中央银行实施紧缩性的货币政策后,商业银行可用的准备金($R$)减少,存款货币($D$)的创造相应减少,在其他条件不变的情况下,银行贷款($L$)的数量也不得不减少,结果使那些依赖于银行贷款融资的特定借款人,如中小企业和消费者个人必须消减投资和消费,最终使总产出下降。这个传导机制可以表示为:

$$M\downarrow \to R\downarrow \to D\downarrow \to L\downarrow \to I\downarrow 、C\downarrow \to Y\downarrow$$

## 三、我国货币政策传导机制

改革开放以前,我国的货币政策传导过程简单,只是从中国人民银行到人民银行分支机构,基本没有商业银行和金融市场。改革开放后,随着商业银行的设立与发展,中国人民银行专门发挥中央银行的职能，货币政策逐渐形成了从中国人民银行到金融机构再到企业的传导环节。

20 世纪 90 年代以后，金融市场的进一步规范发展使金融市场进入货币政策的传导环节，我国逐渐形成了由中国人民银行→金融市场→金融机构→居民、企业的传导体系，建立了政策工具→操作目标→中介目标→最终目标的间接传导机制。但与市场发达国家比较，金融市场在我国货币政策传导过程中的作用依然相对较弱，这与我国目前以间接融资为主的融资结构有关。货币政策传导机制主要体现为信贷传导机制。伴随着我国金融市场的发展，越来越多的经济主体参与金融市场的交易活动，金融市场将在我国货币政策的传导过程中发挥越来越重要的作用，我国的货币政策传导机制也会越来越复杂和多元化。

## 四、货币政策的时滞

任何政策从制定到取得主要的或全部的效果，必须经过一段时间，这段时间被称为政策时滞。货币政策时滞是指从货币政策制定到最终影响各经济变量、实现政策目标所经过的时间。

货币政策时滞一般分为内部时滞和外部时滞两部分。

内部时滞是指中央银行从认识制定货币政策的必要性，到研究政策措施和采取实际行动所耗费的时间，也就是中央银行内部认识、讨论、决策的时间。内部时滞包括认识时滞和行动时滞。

外部时滞是指从中央银行采取行动到行动对政策目标产生影响所经过的时间。外部时滞的长短主要由客观经济和金融条件决定。经济主体对市场变化的敏感程度、货币政策力度、公众的预期都是影响外部时滞的重要因素，所以外部时滞又被称为影响时滞。对于中央银行来说，外部时滞很难控制，所以研究货币政策的外部时滞更加重要。一般而言，货币政策时滞更多地是指外部时滞。

时滞是影响货币政策效应的重要因素。货币政策的时滞长短，是衡量货币政策有效性的重要指标。西方学者研究表明，在市场经济国家里，货币政策的外部时滞一般在半年到 1 年半左右。

### 2011 年中国货币政策大事记（节选）

2011 年初，中国人民银行引入差别准备金动态调整机制，构建宏观审慎政策框架。

3 月 18 日，为合理引导跨境资金流动，防范违法违规资金流入，维护国家涉外经济金融安全，国家外汇管理局发布《关于进一步加强外汇业务管理有关问题的通知》（汇发[2011]11 号）。

4 月 9 日，发布中国人民银行公告[2011]第 3 号，对全国银行间债券市场交易管理提出了具体要求，引入了重大异常交易披露制度、异常交易事前报备制度等，有利于进一步规范全国银行间债券市场债券交易行为。

4 月 18 日，中国人民银行与新西兰储备银行签署金额为 250 亿元人民币/50 亿新西兰元的双边本币互换协议，有效期 3 年，经双方同意可以展期。

7 月 7 日，中国人民银行决定上调金融机构人民币存贷款基准利率。

7 月 22 日，中国人民银行发布《关于开展中小企业信贷政策导向效果评估的通知》（银发[2011]185 号），明确从 2011 年开始，人民银行分支机构对省级及省级以下金融机构开展中小企业信贷政策导向效果评估，促进金融机构进一步改进和提升对中小企业的综合金融服务水平，提高中小企业信贷政策导向效果。

11月，四省（市）开展地方政府自行发债试点。上海市、广东省、浙江省和深圳市政府分别在银行间市场发行债券71亿元、69亿元、67亿元和22亿元。

12月27日，中国人民银行等五部委联合发布了《关于加强黄金交易所或从事黄金业务交易平台管理的通知》（银发[2011]301号），明确除上海黄金交易所和上海期货交易所外，其他任何地方、机构或个人均不得设立黄金交易所（交易中心），也不得在其他交易场所（交易中心）内设立黄金交易平台。银行业金融机构应停止为非法黄金交易所或黄金交易平台提供开户、托管、资金划汇、代理买卖、投资咨询等中介服务。

12月28日，中国人民银行货币政策委员会召开2011年第四季度例会。

12月31日，中国人民银行发布《关于实施〈基金管理公司、证券公司人民币合格境外机构投资者境内证券投资试点办法〉有关事项的通知》（银发[2011]321号），进一步规范试点机构的账户管理、资金汇出入、资产配置、银行间债券市场投资和信息报送等行为。

## 第四节　货币政策与财政政策的协调配合

货币政策最终目标的实现受多种因素的制约。要使货币政策取得预期效果，必须注意货币政策与其他宏观经济政策，尤其是财政政策的协调与配合。

### 一、货币政策与财政政策的联系

货币政策是通过存款准备金率、再贴现利率、公开市场业务等政策工具调节货币供给量从而影响社会总需求的；财政政策是政府对其支出和税收进行控制并进而影响总需求的。因此，二者都是国家调整社会需求总量和结构的重要工具，都是国家对宏观经济进行调控的手段。

### 二、货币政策与财政政策的区别

**1. 调控的方式不同**

货币政策是从流通领域出发，通过对货币供求数量的调节来施加对经济的影响，其调控的目的是使货币供给量和货币需求量达到均衡，进而促使社会总需求与总供给达到均衡。调控主体一般是独立于政府的中央银行，调控主要依靠货币供给和信贷进行，它所引起的资源流动以横向的市场配置为主，影响比较广泛，而且信贷资金所具的有偿性，要求货币政策调控必须关注市场供求状况并与市场机制紧密联系起来，讲求效率。因此，更加具有有偿性、交易性和盈利性。

财政政策是从分配领域出发，通过对社会纯收入和国民收入的分配和再分配来对经济施加影响。调控的主体是政府，其收支活动以政权为依托，因此必然在许多方面受政府体制的影响，具有较强的行政性，它往往是通过行政权力，自上而下或者自下而上调节资源的纵向流动。同时，财政政策调控对象范围较窄，主要是针对经济增量部分进行分配性结构调节，其目标更强调社会效益。

**2. 政策时滞不同**

中央银行在制定货币政策方面具有独立性，一旦对经济形势有了正确的认识，很快就可以决策，所以货币政策的内部时滞较短。而财政政策不仅是政府行为，还是立法行为，要改变税收和支出政策，必须经过立法机构讨论批准，而增税和减少福利支出这类问题，往往很难在立法机构通过，所以财政政策的内部时滞相对较长。但是，财政政策一旦通过，实施起来作用直接、见效快，所以外部时滞短。而货币政策实施后有一个相当长的政策传导过程，见效慢，所以外部时滞长。

**3. 对社会总需求调节的功能效应不同**

首先，财政政策需求扩张功能强，为实现扩张的目标，财政政策可以主动出击扩大政府支出，或是运用减税等鼓励投资，见效快，政策效果明显；但是财政政策需求收缩功能弱，为实现收缩的目标，财政政策主要依靠增税、压缩投资和社会福利支出等手段，所遇到的阻力一般较大。相反，货币政策需求扩张功能较弱，因为中央银行扩张货币供给量，要受到商业银行、企业、个人行为的制约；而在实行收缩政策时，则有多种政策工具可以运用。

其次，在需求总量的调节方面，货币政策较之财政政策更为适宜，因为货币政策调控的是货币供给量，它直接决定了社会总需求。在结构调节方面，财政政策比货币政策具有更明显的优势，这是因为财政部门作为代表国家进行财力分配的职能机构，可以按照政府意志和发展经济的需要，通过自身的收支活动，改变其所掌握的资金流向，从而迅速对经济结构调整产生影响，这一优势是货币政策不能比拟的。

正因为财政政策与货币政策调控宏观经济的着力点是共同的，而它们的调控方式、调控重点、调控的功能效应又各有特点，所以两者必须密切配合、相互补充、相辅相成，才能顺利实现调控目标。

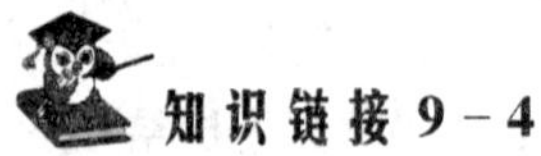

**知识链接 9-4**

**中国财政政策的基本手段**

(1)国家预算。主要通过预算收支规模及平衡状态的确定、收支结构的安排和调整来实现财政政策目标。

(2)税收。主要通过税种、税率来确定和保证国家财政收入，调节社会经济的分配关系，以满足国家履行政治经济职能的财力需要，促进经济稳定协调发展和社会的公平分配。

(3)财政投资。通过国家预算拨款和引导预算外资金的流向、流量，以实现巩固和壮大社会主义经济基础，调节产业结构的目的。

(4)财政补贴。它是国家根据经济发展规律的客观要求和一定时期的政策需要，通过财政转移的形式直接或间接地对产业、企业、地区、个人实行财政补助，以达到经济稳定协调发展和社会安定的目的。

(5)财政信用。它是国家按照有偿原则，筹集和使用财政资金的一种再分配手段，包括在国内发行公债和专项债券，在国外发行政府债券，向外国政府或国际金融组织借款，以及对预算内资金实行周转有偿使用等形式。

(6)财政立法和执法。它是国家通过立法形式对财政政策予以法律认定，并对各种违反财政法规的行为(如违反税法的偷税抗税行为等)，诉诸司法机关按照法律条文的规定予以审理和制裁，以保证财政政策目标的实现。

(7)财政监察。它是实现财政政策目标的重要行政手段。即国家通过财政部门对国有企业事业单位、国家机关团体及其工作人员执行财政政策和财政纪律的情况进行检查和监督。

## 三、货币政策与财政政策的配合模式

货币政策与财政政策的配合主要是指二者的松紧搭配。紧缩的货币政策是指提高法定存款准备金率、利率、再贴现利率,在公开市场出售证券等,抽紧银根、减少货币供给;反之,宽松的货币政策是指降低法定存款准备金率、利率、再贴现利率,在公开市场买入证券等,放松银根、增加货币供给。紧缩的财政政策是指政府增加税种、提高税率、减少公共消费、压缩基本建设规模、减少补贴等;反之,宽松的财政政策是指政府降低税率、增加开支、扩大财政预算、增加政府投资及转移性支付等。

货币政策与财政政策的配合主要有四种模式:

### (一)双松模式

双松模式即宽松的货币政策和宽松的财政政策相配合。这种配合模式适用于生产能力大量闲置,有效需求不足的萧条时期。这时闲置的资源需要足够的货币去推动,这就要求投资需求、消费需求扩大,若采取单一松动的货币政策或单一松动的财政政策,都将导致时滞较长、推动力不足。若同时采取就会推动经济快速走出萧条。但双松政策不宜持续时间过长,那将容易导致经济过热,产生通货膨胀。

### (二)双紧模式

双紧模式即紧缩的货币政策与紧缩的财政政策相配合。这种配合模式适用需求膨胀、供给短缺、经济过热、通货膨胀严重的经济高涨时期。这时银行抽紧银根、减少货币供给量;财政部门缩减支出、提高税率,从而在最短的时间内使社会总需求迅速萎缩。双紧政策同样不宜持续时间过长,那将导致经济衰退、收入下降、失业增加。

### (三)松紧模式

这种模式有两种情况:

1. 宽松的货币政策和紧缩的财政政策

这种配合模式适用于经济结构基本平衡,但社会闲置资源尚未充分利用,社会总需求相对不足的经济时期。在这种情况下,适宜严格控制财政支出,做到财政收支平衡甚至盈余,同时适度放松银根,刺激投资增加,推动经济增长。

2. 紧缩的货币政策和宽松的财政政策

这种配合模式适用于社会总供给与社会总需求大体平衡,社会闲置资源已被最大限度地利用,但经济结构不合理,经济结构制约着经济进一步发展的时期。在这种情况下,银行应紧缩银根,抑制总需求的增长,同时通过减税、增加补贴、增加财政支出,向"短线"行业倾斜,以达到总量不变前提下调整结构的目的。

### (四)中性模式

当社会供求大体平衡,经济增长速度在适度区间时,保持经济平衡运行和增长就成为政府调控经济的主要目标。这时,适宜的财政、货币政策应采取中性的配合政策。财政应做到收支平衡略有结余,货币供给量的增长应与经济增长相适应,以实现经济在低通货膨胀或无通货膨胀下的稳定增长。

## 四、我国货币政策与财政政策的协调配合

改革开放以前,我国没有严格意义上的货币政策与财政政策,如果把当时执行计划所采取的一些货币与财政手段称之为政策的话,货币政策也只是财政政策的辅助与补充。

改革开放以后,我国国民收入的分配格局和资金管理体制发生了很大变化,金融在需求的扩张和收缩中发挥着越来越大的作用,货币政策取代财政政策在调控经济中居于主导地位。但由于我国地区经济发展不平衡、贫富差距较大,产业结构还不够合理,运行中还存大很多问题,所以财政政策的使用频率也在不断增强。在目前的宏观经济调控中,货币政策与财政政策的协调配合已成常态。

2008 年以后,为应对美国次贷危机的冲击,为抵御国际经济环境对我国的不利影响,防止经济增速过快下滑和出现大的波动,年末,中央政府决定对宏观经济政策作出重大调整,实行积极的财政政策和适度宽松的货币政策,在努力稳定出口的同时,出台更有力的措施扩大国内的需求,包括家电更新补贴、购买小排量汽车补贴,特别是 2009、2010 年的 4 万亿投资;中国人民银行连续多次下调利率和存款准备金率,加大银行信贷规模,进一步拓宽企业的融资渠道,其实质是放松银根,降低融资成本,为企业提供较为宽松的融资环境。2009 年经济逐步企稳,之后经济增长速度逐渐加快,到 2011 年初已经济出现过热的苗头,全年物价平均涨幅超过 5%,中央政府又对宏观经济政策作出重大调整,实行稳健的货币政策和积极的财政政策,连续多次提高存款准备金率,抽紧银根,降低社会总需求,实现了经济的软着陆。2012 年将继续实施积极的财政政策和稳健的货币政策,根据形势变化适时适度预调微调,进一步提高政策的针对性、灵活性、前瞻性,坚持突出主题、贯穿主线、统筹兼顾、协调推进,把稳增长、控物价、调结构、惠民生、抓改革、促和谐更好地结合起来。

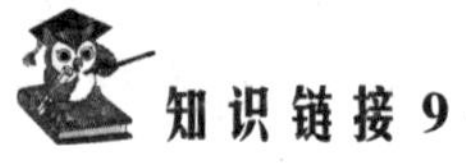

### 知识链接 9-5

**休克疗法**

“休克疗法”原是医学上临床使用的一种电休克治疗方法。20 世纪 80 年代中期被美国经济学家杰费里·萨克斯(Jeffrey Sachs)引入经济领域,并应用于玻利维亚,以应对该国财政赤字激增、通货膨胀和国际收支恶化、失业率高涨、居民生活水平大幅度下降。主要政策有:实行紧缩的货币和财政政策,压缩政府开支,取消补贴;放开价格,实行贸易自由化,通过货币贬值实现汇率稳定;进一步改革行政和税收制度,将部分公营部门和企业民营化,重新安排债务和接受外援等。“休克疗法”在玻利维亚的成功,使杰费里·萨克斯享誉世界。

1992 年,俄罗斯政府聘请杰费里·萨克斯为顾问,对其经济实施“休克疗法”,但却使俄罗斯 GDP 几乎减少一半,最终以失败告终。

“休克疗法”的本质特征是急于求成,力图一步到位,采取激进的方式快速转化为市场经济。

### 复习思考题

1. 什么是货币政策?货币政策的一般目标是什么?

2. 货币政策工具有哪几类?各包含哪些工具?

3. 目前我国中央银行采用的主要货币政策工具是什么？其作用机理是怎样的？

4. 货币政策为什么要设置操作指标和中介指标？各包含哪些指标？各有什么优缺点？

5. 什么是货币政策传导机制？请说明利率、汇率、信贷传导机制理论的区别。

6. 什么是货币政策时滞？它对货币政策运行效果有何影响？

7. 为什么在宏观调控中，必须综合运用货币政策和财政政策？试结合我国实际情况进行分析。

## 讨论题

1. 自改革开放以来，我国财政政策和货币政策的对比格局发生了哪些变化？其背景如何？总体效果又如何？从中能为我们提供哪些启示？

2. 结合当前宏观经济运行态势，谈谈当前我国货币当局对政策工具是怎样运用的。

# 第十章 通货膨胀与通货紧缩

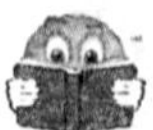

## 本章导读

有人说“通货膨胀是穷人的杀手”，可见通货膨胀的厉害。其实通货膨胀和通货紧缩都会严重影响人们的生活。通过本章的学习，使学生了解通货膨胀和通货紧缩的含义，常见的分类和度量指标；理解各种通货膨胀与紧缩的成因理论、经济社会效应；掌握治理通货膨胀和通货紧缩的主要对策。

## 引例思考

在煤厂工作的母亲失业，无钱买煤取暖，与女儿抱在一起取暖。女儿问，市场上没有煤了吗？母亲说，市场上的煤根本卖不出去。女儿又问，那我们为什么不买煤？母亲回答说，煤太贵了，我们买不起煤。结果是，母女俩只好冻着熬过冬季，同时，大批生产、销售煤的企业也破产了。这就是通货膨胀，这就是经济危机。

请思考：是什么原因产生这种两败俱伤的结局？

## 第一节　通货膨胀

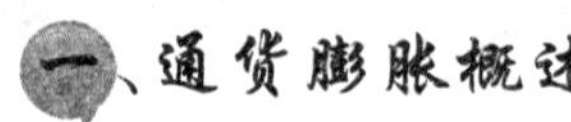

### 一、通货膨胀概述

#### (一)通货膨胀的定义

通货膨胀是货币理论中与实际经济生活联系最密切的问题之一，自 20 世纪 70 年代以来，它已演变为普遍的国际性经济现象。考察通货膨胀问题，必须先弄清通货膨胀概念的内涵。但是，通货膨胀的定义常因经济情况与理论的变动而异。例如，第二次世界大战后的初期，许多经济学家都将通货膨胀视为一种“求过于供”的现象，即商品与劳务的支出总额，超过总体经济的长期生产潜力的现象。另外一种说法是货币收入总额的增长率超过实际国民生产总值的增长率。这些定义都着重于“过度需求”因素。其后，经济学家将分析的重心移至社会中各个不同阶层为维持其本身实际收入和权益的斗争问题上：通货膨胀就是在短期内生产量已无法增加，但各阶层为争取其应得的实际收入的不断要求所造成的物价和工资的普遍上涨过程。

然而，这都是经济学家从通货膨胀成因角度所作的理论描述。为从经济现象上方便观察，我们给通货膨胀下一简捷的定义：在纸币流通条件下，纸币发行量超过流通中的实际需要量所引起的持续上涨和货币贬值的经济现象。在这个定义中，有几个关键词要特别解释。

(1)通货膨胀意为纸币发行过多。一定时期纸币供应量过多，是通货膨胀最直接、最表面化的促成因素，只要过多的纸币存在，就会有货币价格总水平的持续上涨。在金属货币流通条件下，由于货币具有储藏手段的职能，能够自动调节货币流量，因此，通货膨胀一般不会发生。因此，通货膨胀是一种纸币现象。

(2)强调考察对象是商品和服务。即把商品和服务的价格作为考察对象，目的在于与股票、债券以及其他金融资产的价格相区别。

(3)强调“货币价格”。即每单位商品、服务用货币数量标出的价格，关注的是商品、服务用货币数量标出的价格，而不是商品、服务与商品、服务之间的对比关系。

(4)注重“总水平”的考察。关注普遍物价水平波动，而不是区域性的或某类商品及服务的价格波动。

(5)强调“持续上涨”。不是因季节性、偶然性原因引起的商品价格的暂时上涨。

### (二)通货膨胀的类型

(1)按通货膨胀的表现形式不同，可分为公开型通货膨胀和抑制型通货膨胀。公开型通货膨胀，是指物价水平明显地、直接地上涨，它主要发生在物价不受管制的市场经济体制下。抑制型通货膨胀也称隐蔽型通货膨胀，是指那种物价水平的上涨并没有完全在官方物价指数上表现出来的通货膨胀。在隐蔽型通货膨胀中，经济生活中的物价水平实际上已经上涨了，可是在官方公布的物价指数中并没有得到准确或充分的反映，在现行价格水平及相应的购买力条件下，就会出现商品普遍短缺、强迫储蓄、黑市、排队等现象。在我国计划经济体制时期，由于实行价格管制制度，曾出现隐蔽型通货膨胀。

(2)按物价上涨速度来分，可分为温和的通货膨胀和恶性的通货膨胀。温和的通货膨胀是指一般物价水平年均上涨率在3%以上，但尚未达到2位数的通货膨胀。恶性通货膨胀的物价上涨率通常在2位数以上，通货膨胀已经严重破坏了正常的社会经济生活秩序，甚至会造成社会的严重动荡，若不控制将导致货币体系和经济的崩溃。

(3)按通货膨胀的成因来分，可分为需求拉上型通货膨胀、成本推进型通货膨胀、结构型通货膨胀和体制型通货膨胀。

### (三)通货膨胀的衡量

**1. 消费物价指数**(CPI)

消费物价指数也称为零售物价指数或生活费用指数，是一种用来衡量各个时期内城市家庭和个人消费的商品和劳务的价格平均变化程度的指标。消费物价指数的优点是能及时反映消费品供给和需求的对比关系，资料容易收集，公布次数较为频繁(通常每月一次)，能够迅速直接地反映影响居民生活的价格趋势。缺点是范围较窄，只包括社会最终产品中的居民消费品这一部分，不包括公共部门的消费、生产资料和资本产品以及进出口商品，从而不足以说明全面的情况。

**2. 批发物价指数**(WPI)

批发物价指数也称为生产者价格指数，是根据制成品和原材料的批发价格编制的指数。这一指数的优点是对商业周期反应灵敏，缺点是不包括劳务产品在内，同时它只计算了商品在生产环节和批发环节上的价格变动，没有包括商品最终销售时的价格变动，其波动幅度常小于零售商品的价格波动幅度。因而，在用它判断总供给和总需求的对比关系时，可能会出现信号失真的现象。

**3. 国民生产总值折算指数**(GNP Deflator)

国民生产总值折算指数指按当年价格计算的国民生产总额对按固定价格计算的国民生产

总额的比率。国民生产总值折算指数所包括的商品和劳务的范围最为广泛，能够较准确地反映最终产品和劳务的一般物价水平变动情况。

举例来说，设某国在2010年的国民生产总额按当年价格计算为9446亿元，而按2000年固定价格（即指数基期为2000年＝100）计算则为5133亿元，则2010年的折算指数是：

$$P_{GDP}=\frac{9446}{5133}\times 100=184$$

换言之，2010年和2000年相比较，物价上涨了84%（$\frac{184}{100}-1=84\%$）。再设2009年的折算指数是169，则2010年和2009年相比较，物价上涨了8.9%（$\frac{184}{169}-1=8.9\%$）。

国民生产总值折算指数的优点是它的范围较为广泛，除了私营部门的消费外，也包括公营部门的消费、资本品（如房屋建筑、机器、设备、厂房、原料和半制成品）、进出口商品与劳务等价格在内，因此较能准确地反映一般物价水平的趋向。缺点是资料较难搜集，公布频率不如消费物价指数快。多数国家通常为每年一次，即使在国民收入统计制度最完善的国家，目前也只能做到每季度一次，所以不能迅速地表达通货膨胀的程度和动向。

以上三种指数是西方国家衡量通货膨胀的主要指标，各有其优缺点，所以需要合理适当地选择指数，才能正确地把握通货膨胀的程度。一般而言，在衡量通货膨胀时，消费物价指数使用得最为普遍。

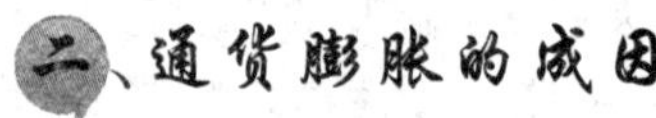

## 二、通货膨胀的成因

### （一）需求拉上说

这一理论又有两种形态：

#### 1. 过度需求论

以凯恩斯为代表的过度需求论认为，在经济尚未达到充分就业时，如果货币数量增加，从而社会总需求增加，则能促进就业增加和产量的增加，而不会导致一般物价水平显著上升；但是当经济达到充分就业时，货币数量的增加，从而社会总需求的增加，就不会引起就业和产量的增加，而只能导致一般物价水平的上升。

#### 2. 货币数量论

这一理论视货币数量的增加为一般物价水平上涨的唯一因素，且认为货币数量的任何增加都会导致一般物价水平的同比例上升。因此，通货膨胀是一种纯粹货币现象。政府有各种各样的理由多印钞票，比如，在一些税制不健全的国家，政府为了负担开支，就要通过增印钞票来暗中征税；另外，政府为了增加教育、基础建设或国防的开支，或为了援助灾民，也会增印钞票。

### （二）成本推动说

这是一种侧重从供给或成本方面分析通货膨胀形成机理的假说。

#### 1. 工资推进通货膨胀

工资推进通货膨胀是指由于工资提高使生产成本增加而导致物价水平上涨。这种理论是以存在强大的工会组织，从而存在不完全竞争的劳动力市场为假设前提的。在完全竞争的劳动力市场条件下，工资率取决于劳动力的供求，而当工资是由工会和雇主集体议定时，这种工资则会高于竞争的工资。并且由于工资的增长率超过劳动生产率，企业就会因人力成本的加大而提高产品价格，以维持盈利水平。这就是从工资提高开始而引发的物价上涨。工资提高引起物价上涨，物价上涨又引起工资提高，在西方经济学中，称为工资—价格螺旋。

2. 利润推进通货膨胀

利润推进通货膨胀是指由于生产投入品或要素的价格因市场垄断力量的存在而上升所形成的通货膨胀。这种理论的前提条件是存在物品和劳务销售的不完全竞争市场，即在垄断存在的条件下，卖主有可能操纵价格，使价格上涨速度超过成本支出的增长速度，以赚取垄断利润。如果这种垄断行业的作用大到一定程度，就会形成利润推进型通货膨胀。

无论是工资推进型还是利润推进型，提出这类理论模型，目的都在于解释：不存在需求拉上的条件下也能产生物价上涨。所以总需求给定是假设前提。

成本推进型通货膨胀旨在说明，在整个经济还未达到充分就业的情况下物价上涨的原因，这种理论也试图被用来解释"滞胀"的原因。

### （三）供求混合推动说

供求混合推动型通货膨胀的论点是将供求两个方面的因素综合起来，认为通货膨胀是由需求拉上和成本推进共同起作用而引发的。从理论上来说需求拉上型和成本推进型的通货膨胀是有区别的，但是，在现实生活中，单纯的需求拉上型通货膨胀和单纯的成本推进型通货膨胀是难以找到的，大多数是通货膨胀的发生总是包含了需求和供给（成本）两方面因素的共同作用。

### （四）结构性通货膨胀

结构性通货膨胀理论属西方经济学中第二代通货膨胀理论，它的理论基点是从经济结构、部门结构来分析物价总水平持续上涨的机理，认为部门间发展的差异和不平衡是导致通货膨胀的根源。

1. 以一国国内的封闭经济条件为背景来进行分析

结构理论者将社会经济部门划分为扩展部门和非扩展部门。在扩展部门中，经济繁荣时期由于劳动力缺乏，货币工资上升，而在衰退时期货币工资并不下降。在扩展部门货币工资水平上升时，非扩展部门的劳动者会认为这不是暂时的，而是永久性的，因而会产生出"不公平"的感觉。为了要求公平，他们会对雇主施加压力（如罢工）要求提高工资，在这种情况下，仲裁者也会认为提高工资的要求是合理的，雇主为搞好劳资关系也会同意提高工资。这样，扩展部门的工资提高就普遍化到非扩展部门，引起工资普遍上升和物价水平的上涨。美国经济学家查理·舒尔茨认为，工资和价格缺乏向下弹性、资源缺乏流动性（不能从需求下降的部门流向需求扩张的部门）和短期中出现需求在部门之间的大规模转移，这是造成结构型通货膨胀的三个主要原因。

2. 立足于开放的经济环境中，对结构性通货膨胀加以分析

在开放经济条件下，研究结构性通货膨胀，强调其输入性，即通货膨胀的国际传播，最为典型的是北欧模型，又称斯堪的纳维亚模型，是指把结构型通货膨胀的基本要点与通货膨胀的国际间传递机制结合起来的通货膨胀模型。

它的基本思路是：①把一国的经济分为开放部门 E 和非开放部门 S；②开放部门产品接受世界市场价格，它的通货膨胀率取决于世界的通货膨胀率；③开放部门的通货膨胀率和劳动生

产增长率决定该部门的工资增长率;④开放部门的工资增长率影响非开放部门的工资增长率,趋于划一;⑤非开放部门的产品按成本加利润定价,从而它的工资增长率和该部门的劳动生产增长率之差,决定这个部门的通货膨胀率;⑥开放部门的通货膨胀率和非开放部门的通货膨胀率,按其各自在国民经济中的比重加权,共同决定国内的通货膨胀率。

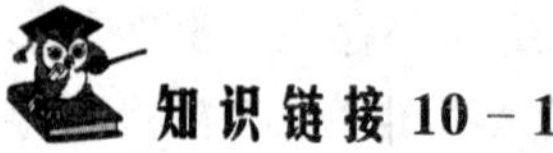

**知识链接 10-1**

**国民党统治时期的恶性通货膨胀**

1935年的法币改革为国民党政府推行通货膨胀政策铺平了道路。由于国民党政府过分依赖增发货币来为巨额的政府预算赤字融资,在从1935年法币开始走上中国历史舞台至1949年的短短十几年间,法币经历了一个持续而且不断加速的贬值,最后完全形同废纸。如100元法币,1937年可买大牛两头;1941年可买猪一头;1945年可买鱼一条;1946年可买鸡蛋一个;1947年可买油条1/5;1948年可买大米两粒,其贬值速度超乎人们想象。

如此严重的通货膨胀有着深刻的政治和经济背景。首先,连年的战争使得南京政府陷入了严重的财政危机。1945年以后,国民党政府更是疯狂扩大财政支出以支持急剧增加的内战军费开支,而巨额的财政赤字在当时条件下只能用发行货币来弥补。其次,连年的战争使得本来就匮乏的物资供给更加不足,社会总需求超过了总供给,导致了物价的飞升。再次,国统区在内战的失败中不断缩小,致使法币以及后来的金圆券、银圆券的流通范围不断缩小,这又加快了货币流通速度,加重了日益恶化的通货膨胀。最后,法币从诞生之日起便不断贬值,使得老百姓有很高的通货膨胀预期,1945年后,国民党在国内战场上的节节败退更使老百姓丧失了对法币的信任。

物价上涨的浪潮持续不断,法币的印刷成本已经超过其自身所代表的价值,失去了正常货币的一切职能,给人民群众带来的只是恐慌和不满。蒋介石采纳了财政部长王云五的金圆券改革方案,于1948年8月19日发布了《财政经济紧急处分令》,宣布以中央银行所存黄金和证券作保,发行金圆券来代替法币。以300万元法币折合金圆1元,金圆的含金量为纯金0.22217克,发行总额以20亿为限,并限期收兑换成金圆,但南京政府既没有规定金圆券兑换金圆的办法,也没有规定其兑换外汇的办法,因此金圆券的含金量实际上是一种虚值,没有任何意义。借助于政治高压的强制手段,金圆券得以推行。但财政赤字的进一步扩大使得金圆券的发行额很快突破了20亿元的上限,此时美国已经关上援助的大门,蒋介石集团只能把军事开支的来源都压在增发的货币上,国统区很快变成了金圆券的世界。从1948年8月到1949年5月,前后不到9个月时间,金圆券的发行额就增加了30多万倍,金圆券的购买力跌至原来的500多万分之一。金圆券改革不到1年便以失败告终。

## 三、通货膨胀对经济的影响

通货膨胀不仅仅是一种纯粹的内生经济现象,很多时候也是人为的结果——政府主动运用扩张性货币政策或财政政策的结果。因此,需要研究通货膨胀对收入分配和国民经济的影响。

### (一)通货膨胀与经济成长(产出效应)

通货膨胀有可能影响真实的经济投资和经济增长率,其渠道是多种多样的。有些是阻碍经济增长的，而另一些则是促进经济增长的。因此，在理论上很难指出通货膨胀对经济增长的纯粹影响，为此理论界出现三种不同的观点。

1. 促进论

促进论即认为通货膨胀具有正的产出效应。这种理论的基本论据是建立在经济长期存在有效需求不足的假设基础上的。认为有效需求的不足，实际经济增长率低于潜在经济增长。因此，政府可以实施通货膨胀政策，用增加赤字预算、扩大投资支出、提高货币增长率等手段来刺激有效需求，促进经济成长。特别是对于许多发展中国家来说，通货膨胀促进经济成长的效应尤为明显。

2. 促退论

促退论即认为通货膨胀会损害经济的成长，对经济成长具有负产出效应。

(1)从资源配置角度来看，通货膨胀期间，生产与合同的短期性行为不利于经济的发展，另外，由于人们的精力被引向对非生产性的其他因素的考虑，对生产性的投资就会锐减，大量资金流向非生产性部门，用于投机套利交易，而生产性资金流失，经济增长就受到损害。

(2)从企业固定资产折旧计提和纳税额的计算等方面看，在通货膨胀时期，不利于企业投资。因为更新设备投资是以市场(亦即通货膨胀后)成本为基础，而在计提折旧时，长期以来一直以历史的成本为基础。如更新的成本一直上涨，则计提的折旧费就不足以补偿更新成本，这就会产生一种抵制投资的倾向；同时，公司在每个会计结算期终了时按现行价格计算其存货的纳税办法，会高估所得税前利润，过多的赋税使得公司缺乏足够的流动资金资助新的投资开支。

(3)不利于资金的节约使用。通货膨胀会降低借款成本，从而诱发过度的资金需求。而过度的资金需求会迫使金融机构加强信贷配额管理，从而削弱金融体系的运营效率，另一方面，也造成资金使用上的极大浪费。

(4)通货膨胀持续一段时间后，迫于公众舆论压力，政府可能采取全面价格管制办法，从而削弱经济活力。

3. 中性论

中性论即认为通货膨胀对经济成长，既无正的产出效应，也无负的产出效应。原因是通货膨胀的各种效应的作用会相互抵消。

尽管对于通货膨胀与经济成长的关系问题有三种完全不同的争论，然而在当今的经济学界，还是有一个比较共同的主流看法，即相对剧烈的持续通货膨胀，对经济成长是十分有害的。

### (二)收入分配效应

所谓收入分配效应，即由于通货膨胀形成的物价上涨而造成的收入再分配。

1. 以工资或薪金为主要收入者

工资的增长常常落后于物价的上涨，货币工资的增长，滞后的时延越长，则受通货膨胀影响的损失越大。另外，感受到通货膨胀的存在和实际的通货膨胀发生，要求增加工资和实行增加工资的时间上，总是存在一定的间隔，工资增加总是滞后于通货膨胀。因此，总的说来，只要有通货膨胀的存在，以工资、薪金为主要收入者，总会受到损害。

2. 以利息和地租及其他租金为主要收入者

通货膨胀后，由于利息、租金的调整也存在时延问题，使得以利息和租金为生的人，在通货膨胀期间遭受损害。

3. *以利润为主要收入者*

通货膨胀中，利润因货币工资调整时延长短而受影响，货币工资调整的时间间隔越大，或者增长的相对减少，利润增长得越多；反之，则利润增长趋缓；当货币工资率与通货膨胀率一致时，利润不变。如果企业采用按成本利润的定价方式。则利润可以不受通货膨胀的影响。因此，以利润为收入者，在通货膨胀中至少可以不受影响，如果因企业工资调整的滞后、举债、产品销售提价等因素，则可以大获其利。

总之，通货膨胀的收入分配效应的具体表现为：以工资和租金、利息为收入者，在通货膨胀中会遭受损害；而以利润为主要收入者，却可能获利。

### (三)财富分配效应

通货膨胀不仅引起收入的再分配，而且也会引起人们持有财富的再分配，又称资产结构调整效应。每个社会成员，可能不仅拥有像房屋、土地、耐用消费品、珍宝等实物资产，也可能拥有像存款、现金、债券、股票等各种金融资产，同时他还可能有各类性质的借款、债务，因此每个人的财富的净价值是他的资产价值和负债价值之间的差额。各种资产、债务在通货膨胀中的货币值变动幅度和方向千差万别，一般说来，通货膨胀有利于债务人而不利于债权人。

受通货膨胀的影响程度主要取决于以下几个方面：

1. *资产与负债的差额*

从理论上说，负债的差额越大，在通货膨胀中受益越大；相反净资产越多(比如持有存款、债券之类的资产)，受到损失就越大。而在实际中，一般地说，小额存款人和债券持有人最易受通货膨胀的打击。至于大的债权人不仅可以采取各种措施避免通货膨胀带来的损失，而且他们往往同时是大的债务人，则可享有通货膨胀带来的巨大好处。

2. *资产的构成状况*

一般地说，实物资产的价格是随着通货膨胀率的提高而上涨的，所以它在通货膨胀中不易受损。而存款和货币资产则要受通货膨胀的损失。因此，存款和货币之类资产在整个资产结构中的比重越大，遭受通货膨胀的损失就越多；反之，则越小。

3. *负债的偿还条件*

债务的利率是否随通货膨胀率的变动而变动，若浮动利率，债权人在通货膨胀中受损较少。反之，若固定利率，债权人受损就大。

### (四)强制储蓄效应

这里所说的储蓄是指用于投资的货币积累。这种货币积累的来源主要有个人、企业、政府三个部门。强制性储蓄的含义是指政府可通过通货膨胀手段，来增加储蓄的比重。

用增税的办法可以增加政府储蓄的比重，这种储蓄，虽有强制性，但全社会的储蓄总量并不会增加，因这部分储蓄是从个人和企业等储蓄中挤出来的，政府储蓄的增加，相对应的其他部分储蓄就会下降。如采用宏观经济上的扩张政策，比如财政向中央银行借款或透支，就会直接或间接地造成增发货币，使流通中的货币量增加，在公众名义收入不变的条件下，按原有的模式和数量进行储蓄，其实际额就会减少，而其减少部分大体相当于政府运用扩张政策强制储蓄的部分。

如果经济已达到充分就业水平，这种扩张的货币政策，必然会引起物价上涨，引发通货膨胀；反之，如果实际经济运行中，尚未达到充分就业水平，实际 GNP 大大低于潜在 GNP，生产要素大量闲置，这时政府运用宏观上的扩张政策来刺激有效需求，强制储蓄，则不会引发持续的物价上涨，反而会对资源的充分运用有益，增加社会 GNP。

这里需注意的一点是，运用通货膨胀来实现强制储蓄，增加储蓄总量的前提条件是有效需求不足，以及资源充沛的经济环境。

### （五）资源配置效应

通货膨胀时期，会引起整个社会资源配置上的紊乱，运作效率降低，以致总产出减少，国民生活水平下降。

（1）通货膨胀侵蚀了货币的余额（资产结构调整效应），因此人们总是尽量地缩减手头的货币财产（存款与现金），同时力图保有那些能在通货膨胀中盈利的资产作为财富。这就需要更多的时间料理财务，从而造成本来应当用于生产服务，或享受闲暇的时间被占用。从整个社会角度看，这种精力的损耗也是资源的浪费，人们通常将通货膨胀的这类代价叫"鞋底成本"。另外，由于通货膨胀，使得企业公司人员注意力和精力，从生产活动中引向非生产性活动，以对待反复无常的通货膨胀。在商品期货交易和远期外汇市场上进行的套利活动，就是为了预防价格发生重大变动而设计出来的实例。

（2）在劳动力市场和金融市场中，合同的短期化，使资源的使用受到影响。由于通货膨胀的存在，为避开风险，公司、企业和个人总是尽量避免签订任何类型的长期合同。在证券市场上，短期货币资金占的比重越来越大，影响了公司的财务与投资决策；在劳动力市场上，由于合同期愈来愈短，更多的时间和精力被耗在合同谈判上，从而用于生产和服务的资源相对减少。

（3）通货膨胀时期价格表现出不稳定性，在不同产品中，因价格调整滞后而对通货膨胀率的反应也不尽相同，微观经济信号可能被扭曲。相对价格的变化会引起资源转移，在价格信号失真的情况下，资源配置容易发生决策上的失误。特别是在通货膨胀高涨时期，价格信号失真可能表现得更为剧烈。

总之，通货膨胀对资源配置的影响就是使得资源配置的成本增加。当通货膨胀演变成恶性的时候，这种代价就非同小可了。

### （六）恶性通货膨胀将导致社会与经济危机

通货膨胀的经济效应是客观存在的，只要存在通货膨胀，前面所述的几个经济效应就会发挥作用。但当通货膨胀率达到一定水平，形成恶性通货膨胀时，这些作用的发挥就会对生产和流通造成极大的破坏，导致社会与经济危机，甚至导致整个国民经济的彻底崩溃。

#### 1. 对生产的影响

（1）恶性通货膨胀使得用于生产的资金锐减。原因之一是在恶性通货膨胀的条件下，人们总是倾向于将资金投向非生产性部门，以期躲避生产性投资的风险；其二，由于恶性通货膨胀的存在，政府不再可能用扩张的财政货币政策来强制储蓄，而企业和个人在通货膨胀中又倾向于购买保值商品，因此储蓄额下降，影响生产的发展。

（2）恶性通货膨胀将导致不合理的产业结构，使得国民经济畸形发展。由于在通货膨胀中，各地区的各类商品的价格上涨幅度并非一致，由于利益的驱使，就会使得生产结构上出现追求高利润的格局，导致资金和资源的盲目流动，从而使整个生产处于混乱之中，造成国民经济发展上的不协调。

2. 对流通的影响

(1)恶性通货膨胀造成了商品流通的混乱。由于物价上涨过程中,地区间上涨幅度不均衡,大量的商品涌到价格上升较高的地区,造成流通秩序紊乱,商业投机横行。

(2)恶性通货膨胀造成了病态的商品需求。在恶性通货膨胀中,人们为了保值,纷纷抢购商品,有些商品可能根本不是自己急需的,甚至根本不需要的,也大量购进,从而造成商业虚假繁荣,使商品供应紧张,货币流通速度加快,给生产造成了虚假扭曲的需求信号。

3. 对货币金融的影响

(1)恶性的通货膨胀,影响了货币职能作用的正常发挥,最终可能导致整个货币制度的崩溃。从价值尺度职能看,由于通货膨胀率很高,人们根本无法用日益贬值的货币作为计价单位;从流通手段和支付手段上看,人们在流通中往往逃避接受货币,有时甚至退回到以物易物的原始状态;至于价值贮藏,人们更倾向于实物和金银、珍宝等,纸币流通范围日益缩小,最终可能导致这种币制的彻底崩溃。

(2)恶性通货膨胀,影响了银行业务的正常进行。恶性通货膨胀情况下,利率的上涨往往赶不上物价的上涨,人们为了避免货币贬值损失,不愿存款。存款的减少,使银行信贷规模下降。挤兑存款风潮的发生,会给银行带来极大冲击,甚至可能造成银行破产,引发银行信用危机。

(3)恶性通货膨胀,破坏了正常的信用关系,阻碍了信用的发展。因为通货膨胀对债权人不利,所以在通货膨胀过程中信用关系不正常。特别是较长期的信用关系难以确立,商业信用规模大大减缩,银行信用也因信贷资金来源减少而相应缩减。

4. 对财政的影响

在通货膨胀中,政府作为最大的债务人,会因资产调整效应,相应地减轻一定的债务负担,再者,增发货币可直接获得追加的财政收入。有些西方经济学者把通货膨胀比作政府的一种赋税,即"通货膨胀税"。但是,由于政府的这种减债和增收是建立在对经济社会的灾难性破坏的基础上的,从长期来看,财政会因生产和流通的破坏而减少财政收入。因而从根本上说,恶性通货膨胀对财政起着消极的影响。

综上所述,恶性的通货膨胀最终必将导致整个社会与经济的危机,引起政治上的动荡和社会不稳定。所以,各国政府在未遇到特殊的政治麻烦的情况下,总是将通货膨胀视作大敌。

## 四、通货膨胀的治理

通货膨胀对国民经济的发展,总的来说是不利的,特别是恶性的通货膨胀,对经济社会具有巨大的破坏作用,易引起公众的不满和政局的动荡。因此,各国政府为减轻或消除通货膨胀的压力作出了不懈的努力,拟定和执行着各式各样的通货膨胀对策。

### (一)宏观紧缩政策

这是比较传统的抑制和治理通货膨胀的手段。它的基本精神就是收缩通货、减少需求。其包括紧缩性货币政策和紧缩性财政政策,详见第九章的第四节"货币政策与财政政策的协调配合"。

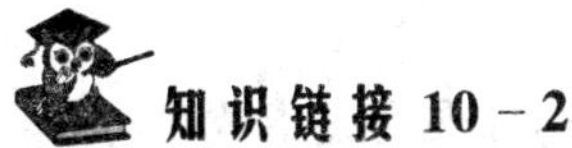

**知识链接 10－2**

**周小川：目前货币政策更加关心反通胀**

中国央行行长周小川 2008 年 5 月 10 日在首届陆家嘴论坛上发表演讲表示，目前货币政策更加关心的问题是反通货膨胀方面的问题。同时，他强调货币政策不能包治百病，决策过程其实就是一个取舍的过程。

周小川说，目前各国货币政策目标的重点并不完全一致。美国、英国目前主要是通过货币财政政策的配合，来迅速地制止财政赤字的蔓延和经济可能发生的衰退。其他国家，包括中国在内，货币政策更加关心的问题是反通货膨胀。因为特别是从 2007 年以来，在很多新兴市场国家，也包括一部分发达国家在内，通货膨胀的苗头都在上升。

周小川认为，全球的这两个不同的目标，加上全球化条件下的相互影响，是不太一致的，是有冲突的。就一国内部来讲也会存在这样的问题，需要考虑经济增长、就业、国际收支平衡、通货膨胀、金融机构的健康和金融市场的发展，这些目标并不是都能一致起来。所以在货币政策诸多政策目标之间，还是需要有所平衡、有所取舍。

### (二)物价与所得政策

这也是比较惯用的对付通货膨胀的举措之一。它的含义即政府当局拟定一套关于物价和工资的行为准则，由价格的决定者（即劳资双方）共同遵守。

**1. 价格政策**

该政策的具体措施有：

(1)政府与企业订立反涨价合同。政府与企业界达成协议、订立合同，直接地限定价格(包括商品和劳务)，或规定其波动的幅度和范围。

(2)立法限制垄断高价。许多国家都制定有反托拉斯法。垄断高价是通货膨胀的诱发和推动因素之一，对于垄断行业、部门或企业的产品价格实行限制，有助于物价的全面稳定。

(3)非常时期，政府往往采用管制和冻结物价的强制性措施。当经济运行出现非常情况或通货膨胀达到一定程度，政府当局有时会采取比较激进的冻结物价措施来阻止迅速上涨的价格水平。

**2. 收入政策**

该政策的具体举措有：

(1)确定工资—物价指导线。所谓“指导线”即政府当局在一定年份内允许货币总收入增长的目标数值线，并据此相应地采取控制每个部门工资增长率的措施。在“指导线”内，由工会和企业自愿设定工资的实际增长率，但不得超过“指导线”。

(2)管制或冻结工资。政府动用行政或法律手段，强制性地将职工工资收入总额或增长率固定在一定的水平上，严禁擅自调整工资水平。

(3)运用税收手段。即按工资增长率征收特别税，对工资增长较快的企业课以重税，借此来抑制收入增长速度，降低单位生产成本，缓和通货膨胀的压力。

### (三)收入指数化政策

所谓收入指数化，是指工资、利息、各种证券收益以及其他收入一律实行指数化，同物价变动联系起来，使各种收入按物价指数滑动或随物价指数的变动而进行调整，以避免通货膨胀所带来的损失，并减弱由通货膨胀所带来的分配不均的问题。

实施收入指数化政策，大体可分为两类：一种是有限的指数化方案，即在实施指数化时，范围上仅限于某几种或一种收入、债券或其他因素。另一种是全面的指数化方案，即在实施范围上，建立更为全面、更为复杂的综合性升降条款系统，在这个方案中，与生活费用指数紧连在一起的，不仅有所得税和政府债券的收益率，而且还有工资、薪金、退休金、抵押利率、公司和市政债券收益率、储蓄账户、房租以及汇率。

### (四)反通货膨胀的其他对策

除了上述三种比较常见的反通货膨胀政策以外，各国在长期的反通货膨胀斗争中，总结了许多宝贵经验，提出了许多有针对性的反通货膨胀的其他对策。这些对策有供应政策、改革市场结构、国际合作等措施和政策。

#### 1. 供应政策

主要针对过去一直注重对需求方面来制定的一系列反通货膨胀对策，而忽视了供应方面因素，即忽视了运用刺激生产力的方法，通过增加有效供给，降低边际税率以刺激投资，刺激产出，来对付通货膨胀。

#### 2. 改革市场结构

改革市场结构主要针对市场结构的不合理，可能造成的诱发物价上扬影响。这里的市场结构，主要指的是劳动力市场和商品市场的结构。在劳动力市场方面，除应取缔或减少对就业和转业的限制外，政府当局也应设法改善有关就业的信息，对失业者提供转业训练，否则，易引起劳动力的部门不平衡，增加劳动力成本，从而引发成本推动的通货膨胀；在商品市场上，应打破垄断，减低关税，鼓励消费者成立保障消费者权益的团体，以便增加对物价任意上涨的抗力。不过，这些措施奏效的时间周期较长，且易引起既得权益集团的反对。

#### 3. 国际间通力合作

主要针对通货膨胀可能在国际间传递，因此单靠一国的力量，很难从根本上杜绝它的产生，因此需要国际间的通力合作。

## 五、中国的通货膨胀

1978 年改革开放以来，我国的经济运行中出现了数次幅度较大的物价波动：以零售物价总指数表示，1980 年上涨 6%，1985 年上涨 8.8%，1988、1989 年分别上涨 18.5%和 17.8%，1993 年上涨 13.2%，1994 年由突破 20%，达到了 21.7%，2008 年为 5.9%，2011 年为 5.4%。每一次通货膨胀的发生都会引起我国理论界对通货膨胀成因的探讨。除了与西方类似的成本推动需求拉动等观点外，许多学者从我国实际情况出发，提出了一些颇具中国特色的通货膨胀成因说。

(1)“体制转轨说”。这种理论认为中国的通货膨胀是由于经济体制的转轨而引起的。在从计划经济体制向市场经济体制转轨过程中，由于体制不健全，地方政府和企业存在着过旺的投资需求，当中央银行独立性不强和商业银行缺乏信贷控制能力时，会导致货币和信贷失控，由此引发通货膨胀。

(2)“结构说”。这种理论认为，我国存在着典型的二元经济结构，农业、农村发展明显落后于工业和城市，在发展农业、改善农村现状过程中，农产品价格上升所引起的通货膨胀在所难免。

(3)"人口说"。这种理论认为我国人口众多,人均资源占有较少,尤其是土地资源更为稀缺,资源的缺乏导致价格上升形成通货膨胀。

此外还有"价格改革说"、"政策失误说"、"国外输入说"等不一而足。应该说,上述各种理论都具有一定的合理性,都对中国的通货膨胀问题作出了一定程度的解释,但依然不是很完整,充满争议。理论上的重要分歧和激烈争论说明了我国通货膨胀是多种因素造成的,对其治理也要从多方入手。既要控制总需求的盲目扩张,更要重视总供给的增长,推进改革,改变经济增长方式,优化经济结构,这样,才能从根本上解决我国的通货膨胀问题。

## 第二节 通货紧缩

### 一、通货紧缩概述

通货紧缩是与通货膨胀相对立的一个概念,如何定义通货紧缩目前仍存在较大的分歧。国内经济学界对通货紧缩有四种观点:一是认为通货紧缩是价格水平的持续下降,称为单因素论;二是认为通货紧缩是指价格水平和货币供给量同时持续下降的现象,称为双因素论;三是认为通货紧缩是指价格水平、货币供给和经济增长三个指标的持续下降,称为三因素论;四是认为通货紧缩是指价格持续负增长、经济实际增长率持续低于潜在增长率的现象。

多数学者认为通货紧缩应作如下表述:由于货币供给不足而引起货币升值,即社会价格总水平即物价普遍、持续下降的过程。

通货紧缩除了以物价水平下降来判断,还可以表现为:

(1)商品有效需求不足。通货紧缩往往是在通货膨胀得到抑制后发生的。在通货膨胀得到抑制之后,一种是市场供求趋于正常;另一种是在通货膨胀刺激下已经扩大的商品供给与萎缩了的有效需求发生矛盾,以货币计量的商品与劳务总需求连续降低。

(2)生产下降,经济衰退。随着市场萎缩,价格下降,企业订单减少,利润降低甚至发生亏损,生产性投资显著缩小。

(3)投资风险加大,由于市场萎缩,商品滞销,订单减少,发展前景不明,市场无热点,投资无热项,因而投资风险加大,投资者对新项目采取谨慎态度。

(4)失业增加,工资收入下降,进一步制约着对商品的有效需求。

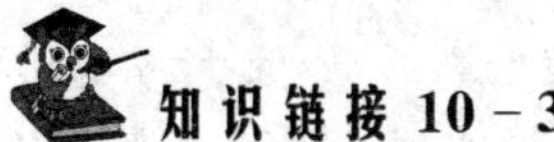
**知识链接 10-3**

**美经济复苏力度减弱 通货紧缩威胁或日趋严重**

据新近出炉的一系列数据显示,美国上周首次申请失业救济人数陡增、成屋销售下滑等不利因素,验证了美联储主席伯南克在国会作证时所说的,美国经济前景"非常不确定",经济复苏的力度正在减弱。另外,越来越多的经济学家担心,通货紧缩的威胁日趋严重。

**1.房地产市场再次停滞**

根据美国商务部公布的数字,美国2010年6月新屋开工减少。6月新屋开工率较前一个月下降5%,为2009年10月以来最低水平。又据《华尔街日报》提供的数据,美国28个大都市区的未售出存量房都出现了上涨。比如在加利福尼亚州,截至6月底,圣迭哥市的存量房上涨33%，洛杉矶上涨19%，橙郡上涨15%。存量房上升会导致房价下跌。

另外，据美国财政部公布的数据，美国已有超过40%的房主退出了奥巴马政府的房贷援助项目。数据显示，截至6月份，美国已有大约53万房贷借款人退出了这一项目。自2009年3月启动以来已共有近130万房主参与了这一项目。

**2. 新申请失业金人数上升**

美国劳工部说，新申请失业救济的人数在上星期增多，逆转了之前申请失业救济人数下降的局面。报告表示，截止到7月17日为止，那一周新申请失业救济的人数增多了3.7万人，总人数为46.4万人。报告还说，一些继续领取失业救济金的人数略微下降到450万人。

今年美国首次申请失业救济人数未能显著下降令经济学家对劳动力市场的复苏步伐感到担忧。目前仍有数百万人失业，失业率高达9.5%。

**3. FED政策路径仰赖就业形势**

在参议院半年一次的货币政策听证会上，美国联邦储备委员会主席伯南克指出，经济增长速度比较温和，失业率回落的速度显然慢于预期，要恢复衰退期间失去的850万个工作将需要很长的时间，非住宅建筑投资收缩的势头还在持续。在多种因素的作用下，通胀在低水平上往下滑。

伯南克虽然没有详细介绍美联储可能采取哪些刺激措施，但他表示，目前美联储实行的极为宽松的货币政策将不会改变，某些已经停止的刺激措施也可能在必要的时候延续下去。

## 二、通货紧缩的成因

近几年来，通货膨胀和经济衰退成为世界经济面临的新问题。如同通货膨胀会对经济产生种种不利影响外，作为一种扭曲的经济现象，通货紧缩也会对经济生活产生各种消极影响。尽管不同国家不同时期的通货紧缩有着不同的原因，但从国内外经济学家们关于通货紧缩的理论分析中，仍可概括出引致通货紧缩发生的一般原因。

### （一）通货紧缩与货币政策有关

当通货膨胀问题得到解决之后，如果中央银行继续采取紧缩性货币政策，将会导致货币供应量急剧减少，使大量的商品追逐较少的货币，致使货币购买力上升，可能会产生物价的持续下跌，导致通货紧缩。20世纪30年代美国的通货紧缩是典型的紧缩性货币政策引起的通货紧缩。

### （二）通货紧缩与财政政策有关

如果政府为了预防通货膨胀或为了降低财政赤字而采取了紧缩性的财政政策，紧缩财政预算、大力削减公共开支，减少转移支付，这会使总需求趋于减少，可能导致商品和劳务市场出现供求失衡，导致通货紧缩。

### （三）通货紧缩与汇率制度有关

如果一国采取钉住强势货币的汇率制度时，一般会出现本币币值高估现象，导致出口下降，削弱国内企业在国际市场的竞争力。企业开工不足，个人收入下降，消费需求随之趋减，导致物价持续下跌。

### （四）通货紧缩与科技创新有关

技术进步和科技创新会使生产力有所提高，放松管制使生产成本出现下降，造成生产能力过剩，产品价格也会出现下跌，并可能导致物价出现普遍下跌。如果这种供大于求的情况不能及时调整而持续存在，则物价下跌的趋势也会相应持续下去，这样就会出现通货紧缩。19 世纪最后 30 年，随着铁路的延伸和工业技术进步，制成品的生产成本剧烈下降，消费物价也随之下降，如当时美国的消费物价下降近 50%，而同期经济增长率年均 4%以上，出现通货紧缩与经济增长并存的局面。

#### （五）通货紧缩与金融体系的低效率有关

如果金融机构不能对贷款项目进行风险识别，那么就可能造成滥放贷款，不良贷款比重增加。如果金融机构以不愿意贷款或片面提高贷款利率的方式作为承担风险的补偿，就会形成信贷萎缩，进而导致通货紧缩。

### 三、通货紧缩的危害与治理

#### （一）通货紧缩的危害

通货紧缩对经济的破坏力与通货膨胀是一样的，甚至有过之而无不及。首先，通货紧缩会加速经济的衰退。由于物价的持续下跌，必然导致人们对经济前景的悲观预期，持币观望，使消费或投资进一步萎缩。其次，物价的下跌还会提高实际利率，加重债务人的负担，即使名义利率下降，资金成本仍然会比较高，致使企业不敢贷款投资，或难以偿债。银行则出现大量坏账，并难以找到盈利的项目提供贷款，经营效益不断滑坡，甚至因“金融恐慌”和存款人挤兑而被迫破产，使金融系统濒临崩溃。个人因担心银行倒闭更倾向于持有现金，从而导致“流动性陷阱”的产生，并因而造成经济持续衰退，失业率进一步提高，工人工资收入下降，陷入痛苦的困境。通货紧缩还会由于需求的持续下降使进口萎缩而被输出到国外，引起全球性的通货紧缩，反过来又会影响本国的出口，造成国际收支逆差扩大和资本外流，使国家外汇储备减少，偿债能力削弱，甚至发生债务危机。可见，通货紧缩对经济的危害同样也是极大的。因此要保证经济的健康运行，不仅要抑制通货膨胀，也要治理通货紧缩。由于通货紧缩形成的原因比较复杂，往往并非由某一方面的原因所引起，而是由多方面的原因共同作用所致，并伴随着经济的衰退，因此治理的难度比通货膨胀甚至更大。

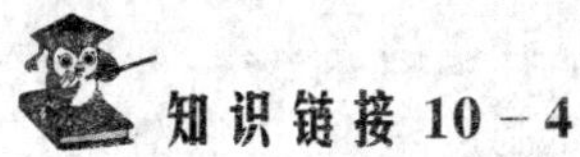

**知识链接 10－4**

**通货紧缩困扰日本**

世界第三大经济体日本仍在遭受一场史无前例的通货紧缩的折磨。

1989 年 12 月 29 日——八十年代的最后一个交易日——日本正走向垮台边缘，股市恰恰在这个交易日达到顶峰，日经 225 指数上探 38916 点，大衰退毫无征兆地降临了。泡沫破灭后，日本经济运行与发展中就出现了一系列通货紧缩的征象，市场低迷，物价下跌。

日本通货紧缩是在日本政府长期推行扩张性财政金融政策的背景下形成的，表现为物价总水平的持续下降与巨额财政赤字和超低利率水平等正常情况下不应同时出现的现象目前却纠缠在一起。公共债务余额相当于其全年 GDP 的 1.3 倍，成为西方发达国家中财政赤字与公共债务危机最严重的国家。经过中央银行连续下调，官定利率一直处于历史上超低水平。长期的零利率引发一些日本人将投资目光转向海外。

愈演愈烈的通货紧缩，已经并仍将对日本经济的运行与发展造成多层面的消极影响。一是恶化了企业经营环境，二是加剧消费需求低迷，三是加重财政赤字危机。从1997到2000年度，日本的国税收入由539415亿日元减少为456780亿日元，3年间减少了15.2%。在导致税收减少的因素中，除政府为刺激经济回升而主动采取的减税政策外，物价下跌导致企业利润和个人收入的减少也是其重要原因。

20年过去了，日本仍为往昔的泡沫经济埋单。时间跨入2012年，日经225指数仍在万点上下徘徊，较最高点蒸发73%市值；房地产价格下跌将近三分之二。衰退给日本人造成了深层的打击。失业率已从1990年的2.1%上升到2011年的4.5%，陷入困境的消费者开始靠储蓄度日。企业、个人破产及自杀率创下了历史新高。根据政府统计，总工资额在过去5年里有4年在下降。随着企业裁员，有全日制合同的比例已从1990年的占劳工近80%降至2007年的66%，收入较低的非正式员工比例相应上升。越来越多的女性劳动力的涌现，正是因为工资和福利下降，迫使家庭必须依赖于两份收入。

### (二)通货紧缩的治理

#### 1. 实施双松或稳健的货币与财政政策

实施宽松的货币政策，加大基础货币投放，扩大货币乘数的杠杆作用，增加供给量，实施宽松的财政政策，通过降税、增支、加大补贴，刺激投资与消费，共同促进经济增长。详见第九章的第四节“货币政策与财政政策的协调配合”。

#### 2. 增加有效需求

需求包括投资需求、消费需求和出口需求。在美国次贷危机、欧洲债券危机、日本福岛地震等打击下，西方发达国家经济增长乏力，出口需求滑落的情况下，增加国内消费需求和投资需求就成为增加社会总需求的突破口。

(1)增加投资需求。一是继续保持政府公共投资强度，加大现代农业、水利设施、铁路、新能源、新材料、生物医药、保障房等领域投入，宽松财政政策至少应在今后几年保持连续性；二是刺激民间投资，政府对基础设施建设的公共投资主要对经济景气回升起杠杆作用，但要使启动经济政策真正见效，还必须刺激、带动民间投资热情较快回升；三是增加投资要与结构调整结合；四是增加投资要与技术进步相结合，这样才能在提高经济增长速度的同时，提高经济增长的质量。

(2)增加消费需求。一是抵制房地产泡沫，降低城镇居民购买商品住宅的成本；二是扩大消费信贷规模，创新支持消费升级的消费信贷品种；三是加快社会保障制度建设，尽快消除消费者在新旧体制交替时期的不安定感；四是加大开拓农村市场的力度。

此外，各级政府不能忽视对出口的促进，比如增加出口信用保险资本金，增加出口信贷，完善出口退税政策，进一步扩大私营企业的外贸出口权等。

#### 3. 深化改革

从以上的分析可以看到，要根治通货紧缩必须深化体制改革，促进实体经济的发展。

(1)国有企业改革。国有及控股企业在我国经济发展中有着举足轻重的作用。国有及控股企业要实现持续增长，就要转换经营机制，开展制度创新，调整产业和产品结构。

(2)金融体系的改革。在通货紧缩、经济面临衰退阴影的情况下，金融体系的稳定至关重要。如何防范金融风险，同时又能使货币政策发挥有效的作用，最根本的出路在于深化金融体系改革。这包括：进一步改革商业银行，建立风险防范机制；在防范风险的同时，增强现有金融机构之间的竞争，运用竞争压力促使银行积极开拓信贷市场，努力提供金融服务，为货币政策作用充分发挥创造必要条件;清理违法金融机构;健全金融法规;完善金融市场;利率市场化。

4. 技术创新

经济增长的源泉来自收入的增加和单位投入之产出的增加两个因素。前者依赖资源的充分动员,后者则依赖知识的积累及产业化。中国经济要想保持持续稳定增长,加快技术创新、高新技术开发是必然的选择。我国目前劳动力过剩的状况决定了在较长时期内还不能抑制劳动密集型企业的发展,但我们必须把发展科学技术置于总战略的核心地位,并注重技术引进和科技成果的转化,鼓励技术密集型产业的建立和提高劳动密集型企业的技术密集程度。

## 复习思考题

1. 试述通货膨胀的经济效应。
2. 通货膨胀的类型包括哪些?
3. 治理通货膨胀的一般对策有哪些?
4. 为什么通货紧缩常常被称为经济衰退的加速器?
5. 试述治理我国通货紧缩的对策。

## 讨论题

1. 改革开放以来,我国经历了几次严重的通货膨胀? 我国都采取了哪些治理通货膨胀的措施?

2. 二战以来,反通货膨胀一直是世界各国的重要施政目标,有时甚至是首要的施政目标。造成这种局面的经济背景是什么?

3. 在世界各国反通货膨胀的实践中,是否可能实现零通货膨胀率的目标?

4. 已有的理论,大多认定通货紧缩对经济成长极为不利,但1998—2002年的中国实际却是通货紧缩与高经济成长相结合,是怎样的经济条件造成了这种结合?

# 第十一章 汇率与国际收支

本章导读

美国前财政部长康纳利的一句名言“可以说美元是我们的,但问题是你们自己的”,此充分说明美元在世界的霸主地位。通过本章的学习,使学生了解国际收支的含义及国际收支平衡表内容;理解国际储备及其构成,国际货币制度演变;掌握外汇与汇率的含义,汇率的影响因素及对一国经济的作用。

引例思考

1994 年汇改以来至 2011 年 9 月末,人民币对美元累计升值 36.9%。截至 2011 年 8 月末,按照国际清算银行口径计算的人民币对主要贸易伙伴的名义和实际有效汇率分别累计升值 33.4%和 58.5%。在国际清算银行监测的 58 种货币中,人民币名义和实际有效汇率升值幅度分别排在第 13 位和第 10 位。

请思考:人民币汇率是如何确定的?是什么因素导致人民币不断升值?升值对中国经济有哪些影响?

## 第一节 外汇与汇率

### 一、外汇的概念及其特征

#### (一)外汇的概念

世界上大多数国家都有自己的货币,如中国是人民币,美国是美元,俄罗斯是卢布。任何对外经济交往都离不开外汇,各个国家之间的贸易关系引起不同货币相互交换。例如,当一个中国投资者购买外国的商品、劳务或者金融资产时,必须把人民币(通常是以人民币计值的银行存款)兑换成外国货币。在我国,随着改革开放的日益深入,对外经贸关系不断发展,涉及外汇的业务越来越多。因此,学习外汇应当从了解什么是外汇开始。

外汇是国外汇兑的简称。这一概念有动态和静态之分。动态意义上的外汇,是指人们将一种货币兑换成另一种货币,以清偿国际间债权债务关系的行为。在这一意义上,外汇的概念等同于国际结算。

静态的外汇概念有广义和狭义之分。各国政府和国际货币基金组织等国际金融机构在其颁布的外汇管理法令或文件中所提及的外汇就是广义的静态外汇,它泛指一切以外国货币表示的金融资产及权益凭证,包括:外国货币、外币有价证券(政府公债)、国库券、外币支付凭证(票据)、大额存单及其他外汇资金等。如国际货币基金组织对外汇一词的定义是:货币行政当局(中央银行、货币机构、外汇平准基金及财政部)以银行存款、财政部发行的国库券、长期或短期政府证券等形式保有的、在国际收支出现逆差时可用以支付的债权。2008 年 8 月 5 日,在我国经修订后重新颁布的《中华人民共和国外汇管理条例》中,将外汇定义为:外汇是指以外币表示的可以用作国际清偿的支付手段和资产,包括外币现钞(包括纸币、铸币)、外币支付凭证或者支付工具(包括票据、银行存款凭证、银行卡等)、外币有价证券(包括债券、股票等)、特别提款权和其他外汇资产。

狭义的静态外汇概念是指以外币表示的,可直接用于国际结算或对外清偿的支付手段,它通常表现为一国居民及其他经济实体所拥有的对外国自然人、法人和外国政府的短期要求权。具体说来,狭义的外汇主要包括以外币表示的银行汇票、支票、本票、银行存款等,而银行存款是狭义外汇概念的主体。人们通常就是在这一狭义意义上使用外汇概念的。

### (二)外汇的特征

一般而言,外汇必须具备以下三个基本特征:

(1)外汇是以外币计值的金融资产,如美元在美国以外的其他国家是外汇,但在美国则不是。

(2)外汇的偿还必须有可靠的物质保证,并且能为各国所普遍承认和接受。一国的货币能够普遍地作为外汇被其他国家接受,意味着该国具有相当规模的生产能力和出口能力,或者该国拥有其他国家所缺乏的丰富资源。因此,该国货币在物质偿付上有充分保证。

(3)外汇必须具有充分的可兑换性。作为外汇的货币必须能够自由地兑换成其他国家的货币。由于各个国家(或地区)的货币制度不同,外汇管理制度各异,一般而言,一个国家的货币不能直接在另一个国家里自由流通。为了清偿由于对外经济交易而产生的国际债权、债务关系,为了在国与国之间进行某种形式的单方面转移(如经济援助、无偿捐赠和侨民汇款等),一种货币必须能够不受限制地按一定比例兑换成别的国家的货币及其他形式的支付手段,才能被其他国家普遍接受为外汇。一国货币的充分可兑换性,取决于该国进出口能力的大小及进出口贸易的自由程度。

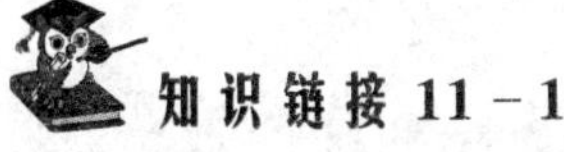

**知识链接 11-1**

**特别提款权**

特别提款权(special drawing right,SDR)是国际货币基金组织创设的一种储备资产和记账单位,亦称“纸黄金(paper gold)”。它是基金组织分配给会员国的一种使用资金的权利。会员国在发生国际收支逆差时,可用它向基金组织指定的其他会员国换取外汇,以偿付国际收支逆差或偿还基金组织的贷款,还可与黄金、自由兑换货币一样充当国际储备。但由于其只是一种记账单位,不是真正货币,使用时必须先换成其他货币,不能直接用于贸易或非贸易的支付。因为它是国际货币基金组织原有的普通提款权以外的一种补充,所以称为特别提款权。它最早发行于 1970 年。特别提款权创立初期,它的价值由含金量决定,当时规定 35 特别提款权单位等于 1 盎司黄金,即与美元等值。1971 年 12 月 18 日,美元第一次贬值,而特别提款权的含金量未动,因此 1 个特别提款权就上升为 1.08571 美元。1973 年 2 月 12 日美元第二次贬值,特别提款权含金量仍未变化,1 个特别提款权再上升为 1.20635 美元。1973 年西方主要国家的货币纷纷与美元脱钩,实行浮动汇率制。1974 年 7 月,基金组织正式宣布特别提款权与黄金脱钩,改用“一篮子”16 种货币作为定值标准。为了简化特别提款权的定值方法,增强特别提款权的吸引力，1980 年 9 月 18 日，基金组织又宣布将组成"一篮子"的货币简化为 5 种西方国家货币，即美元、联邦德国马克、日元、法国法郎和英镑，它们在特别提款权中所占权重依据各自对外贸易在 5 国对外贸易总额中所占的比率确定和调整。欧元诞生后，从 2001 年起，为特别提款权定值的"一篮子"的货币变为美元、欧元、英镑和日元。从 2006 年到 2010 年期间，这 4 种货币的权数份额分别为美元 44%、欧元 34%、日元 11%、英镑 11%。权数每 5 年调整一次。

## 二、汇率及其标价方法

汇率，又称汇价、外汇牌价或外汇行市。它是两国货币之间的汇兑比率。简单地说，它是两国货币之间的相对比价，是一国货币以另一国货币表示的价格。

折算两种货币的比率，首先要确定以哪一国货币作为标准，这称为汇率的标价方法。在外汇市场上，通常有两种不同的标价方法：直接标价法和间接标价法。

(1)直接标价法。直接标价法又称价格标价法或付出报价法，是指以一定单位(1 个或 100、10000 个单位)的外国货币作为标准，折成若干单位本国货币来表示的汇率。采用这种标价方法，汇率表示的是以本币表示的单位外币的价格。汇率越高，单位外币所能换取的本国货币也就越多，这说明外币的价格越高，而本国货币的币值越低。例如，2012 年 2 月 6 日人民币对美元的汇价是 1 美元＝6.31 元人民币，若 3 个月后汇价变为 1 美元＝6.25 元人民币，就表示人民币对美元升值，而美元则对人民币贬值。

(2)间接标价法。间接标价法又称数量标价法或收进报价法，它与直接标价法相反，即用一定单位的本国货币为标准，折成若干单位的外国货币来表示汇率。在间接标价法下，汇率是以外国货币来表示的单位本币的价格。汇率越高，表示单位本国货币所能换得的外国货币越多，说明本国货币的币值越高；反之，汇率越低，单位本国货币所能换得的外国货币越少，就说明本国货币的币值越低。例如，美元对日元的汇价是以间接标价法表示的。2012 年 2 月 6 日美元对日元的汇价是 1 美元＝76.66 日元，而两周后这一汇价下跌为 1 美元＝90 日元，表示美元对日元升值，而日元则对美元贬值。

用公式表示：假设 A 货币是本国货币，B 货币是外国货币

外币的直接标价法：汇率＝A 货币/B 货币，例如：CNY/USD＝6.300。

外币的间接标价法：汇率＝B 货币/A 货币，例如：USD/CNY＝0.1587。

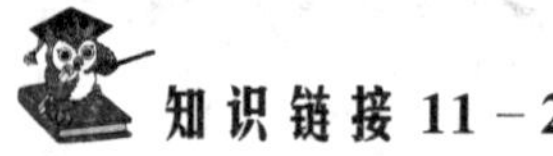


**常见货币符号**

| 货币 | 符号 | 货币 | 符号 | 货币 | 符号 |
|---|---|---|---|---|---|
| 中国人民币 | CNY | 美元 | USD | 欧元 | EUR |
| 日元 | JPY | 英镑 | GBP | 澳大利亚元 | AUD |
| 澳门元 | MOP | 加拿大元 | CAD | 韩国元 | KRW |
| 港币 | HKD | 挪威克朗 | NOK | 丹麦克朗 | DKK |
| 新加坡元 | SGD | 新西兰/纽币 | NZD | 俄罗斯卢布 | SUR |
| 意大利里拉 | ITL | 泰铢 | THB | 印尼盾 | IDR |

## 三、汇率的种类

### (一)买入汇率、卖出汇率、中间汇率

从银行买、卖外汇的角度区分,汇率可分为买入汇率、卖出汇率、中间汇率。

1. 买入汇率

买入汇率又称买入价,是指银行购买外汇时所使用的汇率。采用直接标价法时,一定量外币折合成本币数较少的那个汇率是买入价,它位于卖出价之前;采用间接标价法时,一定量本币折合成外币数较多的那个汇率是买入价,它位于卖出价之后。

2. 卖出汇率

卖出汇率又称卖出价,是指银行卖出外汇时所使用的汇率。采用直接标价法时,一定量外币折合成本币数较多的那个汇率是卖出价,表示银行卖出外汇时,应向客户收取的本币数,它位于买入价之后;采用间接标价法时,一定量本币折合成外币数较少的那个汇率是卖出价,表示银行卖出外汇时,应付给客户的外币数,它位于买入价之前。

3. 中间汇率

中间汇率又称中间价,是买、卖汇率的平均数,即:(买入价+卖出价)÷2=中间价。国际货币组织所公布的各国汇率表中,均采用中间汇率,西方报刊公布汇率时,也常采用中间汇率。中间汇率一般只供比较参考之用。

### (二)即期汇率和远期汇率

从外汇交易的清算交割时间划分,汇率分为即期汇率和远期汇率。

1. 即期汇率

即期汇率又称现汇汇率,指在外汇买卖双方成交后的当日或 2 个营业日内进行外汇交割时使用的汇率。

2. 远期汇率

远期汇率是在未来一定时期进行外汇交割,而事先由买卖双方签订合同达成协议的汇率。到了交割日期,由协议双方按照预定的汇率、金额进行钱汇两清。远期汇率的期限一般是 1~6 个月。在国际市场上,大多数商品交易从签订合同到实际收款或付款都会有一段时间,在这段时间内如果汇率发生变化,产品的成本就会相应变化,从而造成汇率风险,为了锁定产品成本、规避汇率风险,企业在签订出口产品合同的同时,通常会与银行签订远期外汇买卖合同,设定将来办理外汇买卖时的汇率,此汇率即为远期汇率。

远期汇率与即期汇率之间存在差额,差额用升水、贴水或平价来表示。升水表示远期汇率比即期汇率高,贴水表示远期汇率比即期汇率低,平价表示两者相等。

### (三)基准汇率和套算汇率

根据制定汇率的方法不同,汇率分为基准汇率和套算汇率。

1. 基准汇率

由于外国货币种类繁多,一国货币当局通常无法制定本国货币与每一种外国货币之间的汇率水平,因此,各国往往会选定一种或几种外国货币作为关键货币,制定各关键货币的兑换比率,这个汇率即被称为基准汇率。关键货币的选择标准一般是:可自由兑换,在本国国际收

支中使用较多,在外汇储备中占比大。美元、欧元、日元等货币在较多国家被选为关键货币。2006年8月起,我国基准汇率有五种:人民币对美元、欧元、日元、英镑、港币的汇率。

2. 套算汇率

套算汇率又称交叉汇率,是根据本国基准汇率套算出本国货币对国际金融市场上其他货币的汇率,或者套算出其他货币之间的汇率。

### (四)固定汇率和浮动汇率

1. 固定汇率

固定汇率是指政府用行政手段或法律手段选择一基本参照物,并确定、公布和维持本国货币与该单位参照物的固定比价。充当参照物的可以是某一组货币。当一国政府把本国货币固定在某一组货币上时,我们称该货币钉住在一篮子货币上或钉住在货币篮子上。固定汇率并不是永远固定不变的。在纸币流通条件下,当经济形势发生较大变化时,就需要对汇率水平进行调整,或升值或贬值。因此,纸币流通条件下的固定汇率制实际上是一种可调整的固定汇率制,或称之为可调整的钉住汇率。

2. 浮动汇率

浮动汇率制是指汇率水平完全由外汇市场上的供求决定,政府不加任何干预的汇率。在当今世界上,由于政府力量的强大和对经济生活干预的日益加深,各国政府同样也或多或少地对汇率水平进行干预和指导。有干预有指导的浮动汇率,我们称之为管理浮动汇率。依照干预程度的大小,又可分为较大灵活性的管理浮动汇率或较小灵活性的管理浮动汇率,在可调整的固定汇率与管理浮动汇率制之间,又有许多形形色色的折中的汇率。

### (五)官方汇率和市场汇率

按照国家对汇率管制的宽严程度可将汇率划分为官方汇率和市场汇率。

1. 官方汇率

官方汇率又称法定汇率,是指国家货币当局所公布的汇率。这种汇率具有法定性质,政府往往规定一国官方的外汇交易都应以该汇率为准。

2. 市场汇率

市场汇率是指在外汇市场上由外汇供求关系决定的汇率。

### (六)名义汇率和实际汇率

以是否剔除通货膨胀因素为标准,汇率可分为名义汇率和实际汇率。名义汇率就是外汇市场上公布的汇率。实际汇率是名义汇率用两国的价格水平调整后的汇率。实际汇率等于名义汇率用外国与本国价格水平调整后的值,公式为:实际汇率=名义汇率×(外国价格指数÷本国价格指数)。实际汇率使我们能够完整测度两国产品相对(价格)竞争力的强弱。

### (七)有效汇率及测算

有效汇率是指某种加权平均汇率,它是一种货币与其他多种货币双边汇率的加权平均数。我们知道,一国的产品出口到不同国家可能会使用不同的汇率,一国货币在对某一种货币升值的同时也可能对另一种货币贬值,即使该国货币同时对所有其他国家货币贬值(或升值),其程度也不会完全一样。因此,从20世纪70年代起,人们开始使用有效汇率来观察某种货币的总体波动幅度和变化趋势。

在计算一国货币的有效汇率时,通常会选择与该国外贸关系密切的几个国家的货币组成一个货币篮子，然后以该国与某一外国的贸易额在该国全部对外贸易总额中所占的比重为权重。

## 四、汇率变动对经济的影响

汇率的涨跌和汇率的不稳定，会对一国或地区的内部经济和对外经济产生广泛的影响。这就促使许多国家和地区通过制定合适的汇率政策，调整本国或地区的经济变量，以实现经济稳定增长。

### (一)汇率对进出口贸易的影响

一国货币对外贬值一般能起到促进出口、抑制进口的作用。当一国货币对内购买力不变，而对外贬值时，将使该国出口商品的外币价格下降，有利于增强该国出口商品的竞争力，扩大出口；进口则与此相反，由于进口商品按照新汇率所需支付的本国货币要比按原汇率计算多，从而引起进口商品价格上涨，起到抑制进口的作用。本国货币对外升值则会对进出口贸易产生抑制出口、促进进口的影响。需要注意的是，要发挥汇率变动对进出口的影响，需要同时考虑进出口商品的需求价格弹性，即商品价格的变动对商品需求的影响程度。如果进出口商品的需求价格弹性大，则一国货币对外贬值引起的出口需求增加较多，进口需求减少较多，该国的进出口贸易状况将得到较大的改善；反之，如果进出口商品的需求价格弹性较大，则一国货币对外贬值引起的出口需求增加较少，进口需求减少也不多，汇率的变动对该国进出口贸易的改善作用不大。通常来说，当出口商品需求价格弹性与进口商品需求价格弹性之和大于1时，汇率调整对该国进出口贸易收支状况会有较大影响。

### (二)汇率对资本流动的影响

汇率变动对长期和短期资本流动的影响程度是不同的，对长期资本流动影响相对较小，对短期资本流动影响相对较大。长期资本主要依据利润和风险在各国间进行转移和流动，在一国经济运行平稳、利润有保证、风险较小的情况下，一时的汇率波动不会造成长期资本的跨国流动。短期资本流动受汇率波动的影响较大，作用的关键在于市场对汇率的预期。如果市场上普遍预期一国货币将会贬值，为了防止货币贬值带来的损失，投资者不愿意持有以该国货币计值的各种金融资产，而将其转兑成外汇，引起资本外逃。当一国货币发生了对外贬值，但市场预期该货币贬值幅度还没有达到预期目标时，也会引起资本的外流。与此相反，如果市场预期一国货币贬值过多，则会引起资本流入该国。

### (三)汇率对物价水平的影响

汇率变动在影响进出口的同时也对物价产生影响。首先，从进口消费品和原材料来看，本币贬值、外汇汇率上升，会引起进口消费品和原材料国内价格的上涨，进口消费品价格的上升直接造成物价的上涨，进口原材料价格的上升会引起与之相关的产成品价格的上升。进口商品价格上升对一国物价总水平的影响程度取决于进口商品在该国国民生产总值中所占比重，比重越高，影响越大。反之，本币升值，外汇汇率下降，会在一定程度上抑制一国物价总水平的上涨。其次，从出口商品看，本币贬值，外汇汇率上升，会促进商品出口，在出口商品供给弹性较小的情况下，出口增加会加剧国内商品的供需矛盾，引起物价总水平的上升。

### (四)汇率对资产选择的影响

汇率变动会引起以不同货币计值的种类资产价格的重估，促使人们改变资产配置。一国货币越趋向升值，人们越愿意持有该国货币和以该国货币计值的资产；相反，一国货币越趋于贬值，人们越倾向于少持有该国货币和以该国货币计值的资产。

## 五、近年来我国汇率改革历程

从1994年1月1日起，我国开始实行以市场供求为基础的、单一的、有管理的浮动汇率制度。人民币官方汇率与市场汇率并轨，实行以市场供求为基础的、单一的、有管理的浮动汇率制，并轨时的人民币汇率为1美元合8.70元人民币。人民币以外汇市场供求为基础，允许市场汇率在一定范围内围绕基准汇率上下浮动。由此开始，人民币汇率生成逐渐走向市场化，1996年我国又按国际货币基金组织规定的要求提前3年实现了人民币经常项目下的可自由兑换，但对资本项目的外汇收支仍然实行严格管制。在此十年期间这种汇率制度对稳定我国外汇市场，促进国际贸易发展以及吸引外资等方面发挥了积极作用。从国际环境看，亚洲国家在金融危机后从盯住汇率制转向了浮动汇率制，东南亚国家经济开始恢复性增长，在这种情况下，我国已经具备增大汇率灵活性的客观条件和国际环境。于是2005年7月21日起，我国开始实行以市场供求为基础、参考一篮子货币进行调节、有管理的浮动汇率制度。人民币汇率不再盯住单一美元，而是参照一篮子货币、根据市场供求关系来进行浮动。同时，根据国内外经济金融形势，以市场供求为基础，参考一篮子货币计算人民币多边汇率指数的变化，对人民币汇率进行管理和调节，维护人民币汇率在合理均衡水平上的基本稳定。

从2005年7月汇改至2011年8月，人民币对美元双边汇率升值30.2%，人民币名义和实际有效汇率分别升值13.5%和23.1%。尤其是从2008年8月暴发国际金融危机后，人民币名义和实际有效汇率分别升值1.2%和5.0%，在国际清算银行监测的58种货币中，分别排在第15位和第12位。像上次亚洲金融危机期间一样，人民币继续扮演了国际货币体系中的稳定锚角色。按照现在的渐进升值方式，加上其他结构调整措施逐步见效，中国将渐进、稳妥地实现汇率均衡。

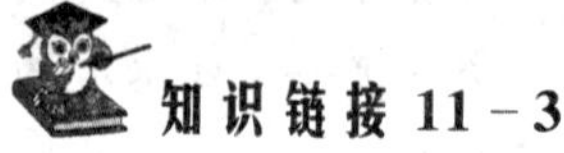

### 知识链接 11-3

**人民币升值对我国对外贸易的影响**

自2005年7月21日汇率形成机制改革后，在美国政府以及其他西方国家的不断施压下，人民币开始步入升值通道，1美元兑人民币从8.28先后突破了8、7整数关口，2012年2月7日兑6.31元，升值幅度超过23%。我国是一个进出口贸易大国，进出口贸易占GDP的20%以上，汇率变化对中国的最大影响是对进出口贸易的影响。

**一、人民币升值对我国对外贸易的影响**

1. 积极影响

(1)有利于进口成本的降低。人民币升值，国外的能源、原料与生产资料价格都相对便宜了，这就降低了我国引进国外先进技术、设备以及很多重要战略物资的购买成本，增强了购买力。在我国，进口依存度较高的行业主要有石油、天然气、航空、电力设备等，人民币升值将使大宗交易的进口成本降低，进而增强相关行业部门的盈利能力，提高产品的竞争力，实现以进口带动出口。

(2)有利于促进贸易结构优化升级。人民币的升值，必然会引起一定程度的出口减少和进口增加，这将激励出口企业更多地依靠技术进步和提高附加价值，有助于我国外贸增长方式从原来的粗放型转向高质量和高效益的集约型,带来出口结构的改善,这符合我国产业结构转变的发展方向。

(3)有利于缓解贸易摩擦。人民币升值可增加我国的进口总额,从而有利于减少贸易顺差的数值,减少其他国家对我国产品的低价倾销诉讼,有助于缓和我国与主要贸易伙伴的关系,促进我国经济和贸易的和谐发展。

(4)有利于改善贸易条件。国际经济学中,贸易条件=出口价格指数/进口价格指数,贸易条件的改善意味着同等数量的商品出口可以换回更多的进口商品。我国虽然每年的贸易顺差很大,但由于出口商品价格不断下降而导致贸易条件持续恶化,需要出口大量的劳动密集型产品才能换回少量的国外高科技产品或稀缺资源。人民币升值以后,出口产品的价格相对提高,就可以用较少的出口产品换回本国所需要的各种产品。

(5)有利于中国企业“走出去”。人民币升值意味着中国企业到海外投资的成本相对来说比以前下降,这使得他们能以较低的成本在国外投资设厂,从事跨国经营。根据投资地的区位优势充分利用全球资源,降低生产和交易成本,实现规模经济,建立全球性的生产、营销网络。

**2.消极影响**

(1)削弱我国出口商品的国际竞争力,不利于我国外贸出口增长。人民币升值将提高我国出口商品的外币价格,直接削弱我国出口的价格竞争优势。

(2)严重冲击科技含量较低、以低价格取胜的出口行业。

(3)国外商品的进口增加,竞争加剧,不利于国内企业的发展。

(4)加大我国国内就业压力。

**二、针对人民币升值的应对策略及措施**

鉴于人民币升值对我国对外贸易的影响,我们应该采取相应的措施,以强化和扩大人民币升值对我国外贸发展的积极影响,缓解和减少其消极影响。

(1)要有步骤地推进完善人民币汇率形成机制改革。

(2)积极扩大国内市场需求,减少外贸出口依赖。政府要采取有效措施,进行各种配套改革,积极培育、扩大国内消费市场,鼓励投资,尤其是民间投资,重点扶持有核心竞争力的企业。

(3)优化升级我国对外贸易结构,提高出口产品的技术含量和附加值。

(4)政府应加强对我国进出口企业在政策上的引导和扶持。

# 第二节 汇率理论与汇率制度

## 一、汇率决定的各种理论解说

在金本位制度下,汇率的决定因素是两种货币的铸币平价。所谓铸币平价是指两种货币的含金量之比。自世界金本位制度瓦解后,经济学家对纸币制度下汇率决定从不同角度开展了研究,形成了各种不同的流派。

### (一)国际收支决定论

国际收支决定论又称国际借贷说,是第一次世界大战前阐述汇率变动的主要理论。该理论认为,汇率主要取决于外汇资金的供给与需求。从需求方面来说,当外汇的需求增加而供给不变时，则外汇汇率上升；当外汇需求减少而供给不变时，则外汇汇率下跌。从供给方面看，外汇供给增加而需求保持不变时，外汇汇率趋于下跌；反之，外汇汇率上升。只有当外汇供给正好等于需求时，汇率才将是均衡的。由于外汇的供给与需求是“派生的”，即它们来源于国际商品和劳务的交易，外汇供给与需求的均衡，不过是国际收支均衡的另一种表现。因此，这种理论在分析汇率形成机制时，集中分析国际收支的均衡条件，并将这种条件看做是均衡汇率最直接的决定因素。

### (二)购买力平价理论

购买力平价理论是第一次世界大战后最有影响力的汇率决定理论之一，包括绝对购买力平价理论和相对购买力平价理论。前者主要说明在某一时点上汇率决定的基础，而后者旨在解释在某一时期里汇率发生变动的原因。

绝对购买力平价理论认为，一国之所以需要外国货币是因为它可以用来购买外国的商品、技术或劳务；反之，外国接受本国货币是因为它可在本国购买商品技术或劳务。因此，以本国货币交换外国货币，其实就是用本国的购买力去交换外国的购买力，而汇率反映的就是两国货币在各自国家所具有的购买力的对比。例如，购买某个由多种商品组成的商品篮子，在美国要花费 2 美元，在英国却只需要 1 英镑，这就意味着英镑的购买力是美元的 2 倍，因此，英镑与美元的汇率即为 1∶2。

相对购买力平价理论认为，在纸币流通条件下，随着时间的推移，各国经济状况必然会发生各种变化，有关国家的货币购买力也随之出现增减，而汇率的变动正是要反映两个国家货币的购买力(物价指数的倒数就是货币购买力)，在某一段时期所出现的或将要出现的相对变化情况。例如，A 国发生了通货膨胀，其货币的国内购买力降低；而 B 国国内的物价水平保持不变，或物价也在上涨，但幅度不如 A 国那样大，那么，A 国货币对 B 国货币的汇率就会下跌。反之，假如 B 国的物价上涨幅度比 A 国的大，那么，A 国货币对 B 国货币的汇率就会上升。第三种情况就是两国发生了相同幅度的通货膨胀，这时两国的货币汇率就维持不变。总之，新的均衡汇率必须在原有均衡汇率的基础上对通货膨胀率(或预期通货膨胀率)的差异作出必要的调整。

### (三)利率平价理论

该理论从金融市场参与者出于避险或营利的目的而进行的套利交易活动入手，分析了利率与汇率的关系。所谓套利交易，是指套利者利用两国货币市场的利率差异，通过外汇买卖将资金从低利率国家转移投放至高利率国家，以赚取利差收益的交易行为。套利行为产生于市场的非均衡，它假定在有关国家的货币能够自由兑换、国际资本能够自由流动的情况下，市场参与者的投机活动最终能使国内外的市场利率水平与有关货币的即期汇率、远期汇率之间形成或保持一种均衡的关系。套利性的短期资本流动会驱使高利率国家的货币在远期外汇市场上贴水，而低利率国家的货币将在远期外汇市场上升水，并且升贴水率等于两国间的利率差。

利率平价理论是对汇率决定理论的重大发展，该理论对于分析远期汇率的决定以及即期汇率与远期汇率之间的关系具有重要价值，在当今金融全球化的背景下具有较强的适用性。

### (四)资本市场决定理论

资本市场决定理论又称资产平衡论，资本市场决定理论认为，外汇是可供人们选择持有的一系列资产中的一种，其价格(汇率)与利率都是由各国国内财富持有者的资产平衡条件同时决定的。这里所谓的资产平衡条件，是指在某一时点上公众对各种资产的需求量恰好等于政府、银行系统、公司、企业的资产供应量；或者说公众所持有的资产恰好等于社会的资产存量；而均衡汇率是在资产平衡条件下，资产持有者自愿保持其现有的各种本币资产和外币资产，并不再对这些资产组合加以变动时的汇率。

## 二、影响汇率变动的主要因素

前面介绍了汇率决定理论，可以看出，外汇供求是决定两国汇率变动趋势的主要因素，而影响外汇供求的因素很多，主要有通货膨胀、经济增长、国际收支、利率、心理预期、政府干预等，这些因素的变化都将引起外汇供求的变化，进而引起汇率的波动。

### （一）通货膨胀

按照购买力平价说，两国货币之间的比率，从根本上来说是由其各自代表的价值量决定的。物价是一国货币实际价值在商品市场的体现，一国发生通货膨胀，意味着该国货币代表的实际价值量的下降，这将引起外汇市场上该国货币的抛售，需求减少，该国货币对外贬值，外汇汇率上升，本币汇率下跌。另一方面，在国内外市场联系密切的情况下，一国较高的通货膨胀率会削弱本国商品在国际市场上的竞争力，减少出口，并提高外国商品在本国市场的竞争力，增加进口，这也会导致对外汇的需求大于供给，促使该国货币在外汇市场上贬值。

### （二）经济增长

一国的经济增长对汇率的影响是复杂的，多方面的。首先，一国经济增长率高，意味着该国居民收入水平上升较快，由此会造成对进口品需求的增加，外汇需求随之增加。其次，一国经济增长率高，往往也意味着生产率提高较快，由此通过生产成本的降低改善本国产品的竞争地位，从而有利于增加出口，抑制进口。再次，一国经济增长率高，意味着一国经济发展态势良好，具有较高的投资回报率，这会吸引国外资金流入本国进行直接投资，增加外汇供给，等等。总体来说，一国短期的经济增长往往会引起进口的增加，外汇需求增加，外汇汇率有上升的趋势；如果一国的经济增长率长期超过其他国家，则会由于上述各种作用的综合发挥，该国的货币则通常会有对外长期升值的趋势。

### （三）国际收支

所谓国际收支，简言之，是指一国商品、劳务的进出口及资本的流入和流出。一国国际收支出现逆差，意味着该国外汇市场上外汇供给小于外汇需求，会引起外国货币汇率上升，本币汇率下跌；反之，一国国际收支顺差，则意味着该国外汇市场上外汇供给大于外汇需求，会导致外国货币汇率下跌，本币汇率上升。

### （四）利率

利率对汇率的影响主要是通过短期资本的跨国流动实现的。资金具有趋利性，一国的高利率水平会吸引国际资本流入该国套取利差，从而增加该国外汇的供给，导致即期外汇汇率下跌。反之，一国的低利率水平会引起国际资本流出该国，从而减少该国外汇的供给，导致即期外汇汇率上升。

### （五）心理预期

随着市场发育程度的提高，心理预期因素对汇率的变化有着越来越重要的影响。心理预期因素主要影响短期汇率的变动：当预期某一国家货币在未来将会升值，则外汇市场上的投资者会大量买进该国货币，造成市场上外汇供给的增加，本币需求上升，助推本币升值；相反，则会助推本币贬值。

### (六)政府干预

20 世纪布雷顿森林体系解体后，各国趋向实行浮动汇率制度，但各国央行为维护经济、稳定实现一定的经济发展目标，都会对汇率进行不同程度的干预，把汇率稳定或调控到一个对本国经济发展有利的水平上。在汇率出现剧烈波动时，各国中央银行往往通过买卖外汇进行市场干预，使汇率变动有利于本国。一些主要发达国家在市场汇率波动剧烈时往往会协调他们之间的宏观经济政策，或采取联合干预的措施，共同影响汇率走势。干预或联合干预对汇率短期走势具有重大影响，但不能根本扭转汇率变动的长期趋势。

上述影响汇率变动的因素中，前三项属于长期影响因素，后三项属于影响短期国际资本流动的短期因素。除了上述因素外，还有许多其他因素也会影响汇率的变动，如财政货币政策、政治局势、社会状况，等等。在不同的外汇管理制度和经济体制下，各种因素对汇率作用的大小也各不相同。如在实行外汇管制的国家，由于限制了本外币资产之间的转换，利率对汇率的影响就相对较小。现实的汇率水平是多种因素共同作用的结果。

## 三、汇率制度

从历史上看，汇率制度有固定汇率制度和浮动汇率制度。

### (一)固定汇率制

固定汇率制是以本位货币本身或法定含金量为确定汇率的基准，只能围绕平价在很小的范围内上下波动的汇率制度。

#### 1. 金本位制下的固定汇率制

金本位制是以一定量的黄金为本位货币的货币制度，决定汇率的基础是铸币平价。其特点：①它是一种以美元为中心的国际货币体系。该体系的汇率制度安排，是钉住型的汇率制度。②黄金成为两国汇率决定的实在的物质基础。③汇率仅在铸币平价的上下各 6‰左右波动，幅度很小。④汇率的稳定是自动而非依赖人为的措施来维持。

#### 2. 布雷顿森林体系下的固定汇率制

该固定汇率制有五个特点："一固定"、"双挂钩"、"上下限"、"政府干预"、"允许调整"。具体讲就是实行"双挂钩"，即美元与黄金挂钩，其他各国货币与美元挂钩。在"双挂钩"的基础上，国际货币基金协会规定，各国货币对美元的汇率一般只能在汇率平价±1%的范围内波动，各国必须同 IMF 合作，并采取适当的措施保证汇率的波动不超过该界限。由于这种汇率制度实行"双挂钩"，波幅很小，且可适当调整，因此该制度也称以美元为中心的固定汇率制，或可调整的钉住汇率制度。

布雷顿森林体系下的固定汇率制的作用：可调整的钉住汇率制度从总体上看，在注重协调、监督各国的对外经济，特别是汇率政策以及国际收支的调节，避免出现类似 20 世纪 30 年代的贬值"竞赛"，对战后各国经济增长与稳定等方面起了积极的作用。

布雷顿森林体系下的固定汇率制的缺陷：①汇率变动因缺乏弹性，因此其对国际收支的调节力度相当有限。②引起破坏性投机。③美国不堪重负，"双挂钩"基础受到冲击。

3. **两种固定汇率制度的比较**

共同点：两种固定汇率制度都是以各国货币的含金量作为汇率的决定基础。

不同点：在金本位制下，固定汇率是自发形成的；各国货币的金平价是不会变动的，是典型的固定汇率制。而纸币流通条件下的固定汇率制，严格来说只能称为可调整的固定汇率制。

### (二)浮动汇率制

浮动汇率制是指现实汇率不受平价限制，而随外汇市场供求状况变动而波动的汇率制度。

按照政府是否干预来分，浮动汇率制可分为：

1. **自由浮动**

自由浮动汇率制度是指货币当局对汇率上下浮动不采取任何干预措施，完全听任外汇市场的供求变化自由涨落的一种浮动汇率制度。这种制度的缺点是名义(和实际)汇率的大幅波动可能扭曲资源配置，汇率的随机性和通货膨胀偏向较大。

2. **管理浮动**

有管理的浮动汇率制度则是指货币当局通过各种措施和手段对外汇市场进行干预，以使汇率向有利于本国经济发展的方向变化。货币当局虽然干预外汇市场，但不捍卫任何确定的平价，干预的频率根据汇率目标而定。有管理的浮动汇率制度的优点是避免了汇率的过分波动，主要缺点是中央银行的行为有时缺乏透明度，可能引起一定的不确定性。

在现行的国际货币制度下，大部分国家实行的都是有管理的浮动汇率制度。有管理的浮动汇率是以外汇市场供求为基础的，是浮动的，不是固定的；它与自由浮动汇率的区别在于它受到宏观调控的管理，即货币当局根据外汇市场形成的价格来公布汇率，允许其在规定的浮动幅度内上下浮动。一旦汇率浮动超过规定的幅度，货币当局就会进入市场买卖外汇，维持汇率的合理和相对稳定。

### (三)固定汇率制与浮动汇率制的利弊

1. **固定汇率制的利弊**

利：汇率相对稳定，使国际商品价格的决定、国际贸易成本的计算、国际债权债务的清偿都能较稳定进行，减少了汇率波动的风险，也抑制了外汇投机活动。

弊：上下限及法定平价都是人为规定的，汇率不能正确反映两国货币实际购买力，使货币的对内价值与对外价值脱节。

2. **浮动汇率制的利弊**

利：汇率按市场供需变化决定的，汇率较能反映两国间货币购买力的对比。

弊：由于汇率频繁而剧烈地波动，给国际贸易和投资带来很大的不确定性。

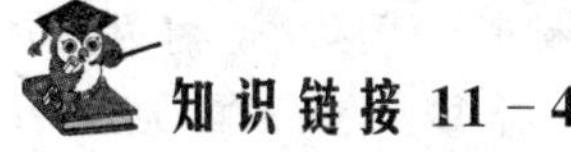

**知识链接 11－4**

**香港货币制度**

自19世纪中叶至今，我国香港的货币制度经历了银本位制、英镑汇兑本位制、外汇汇兑本位制和联系汇率制度四个时期，其中后两个变化，即由英镑汇兑本位制到外汇汇兑本位制以及由外汇汇兑本位制到联系汇率制度，主要是在20世纪60—70年代完成的。

英镑汇兑本位制在香港延续的时间最长，主要内容是：港元与英镑挂钩，规定其固定汇率为1英镑兑换16港元，并实施外汇管制，限制资金流出英镑区。第二次世界大战后，随着世界经济形式的变化，世界货币制度进入以美元为中心的固定汇率制度时期，英镑和港元的固定联系遭受冲击，1949年和1967年英镑先后出现两次大幅度的贬值。英镑汇率波动影响港元的稳定，我国香港的经济也因此受到严重的损失。1972年7月6日，香港政府宣布港元与英镑脱钩，与美元挂钩，当时港元的汇率是1美元兑5.65港元，允许外汇市场汇率在这一汇率上下2.25%的幅度内波动。由于美元的不断贬值，港英当局于1974年11月取消港元与美元的固定联系，同时取消外汇管制，首次宣布港元自由浮动。在这一货币制度之下，作为纸币发行准备金的外汇基金不再只是由单一的英镑金融资产构成，还包括美元等多种外汇资产。这一时期的香港货币制度也可称为外汇本位制。这一货币制度直到1983年才被联系汇率制度所取代。

随着香港三家发钞银行地位的确立与新会计制度的运行，1983年10月17日，香港政府宣布港元与美元直接挂钩，联系汇率制正式生成。但直到1987年，联汇制的内容才逐步完善。联汇制最重要的特点是：联系汇率与市场汇率、固定汇率与浮动汇率并存。一方面，外汇基金通过对发钞银行的汇率控制，维持官方预定的1∶7.8的汇率水平。在联汇制下，港元发行需由发钞行按照规定的7.8港元兑1美元的汇价，以百分之百的美元向外汇基金换取发钞负债证明书，挂牌银行向发钞行取得也要以百分之百的美元进行兑换；回笼货币时，同样要分别以负债证明书和港元换回美元，这样便形成了一个固定汇率的银行同业港元买卖市场。另一方面，在外汇公开市场上，港元却是自由浮动的，无论是银行同业之间还是银行与公众之间的交易，汇率都是由市场供求来决定的，没有任何人为干预。

## 第三节　国际收支

### 一、国际收支概述

国际收支反映的是一个国家(或地区)在一定时期对外货币收支的综合状况。

国际货币基金组织是这样定义的，国际收支是特定时期内的一种统计报表，它反映：①一国与他国之间商品、劳务和收益等交易行为；②该国所持有的货币、黄金、特别提款权的变化，以及与他国债权、债务关系的变化；③凡不需偿还的单方面转移的项目和相对应的科目、会计上必须用来平衡的尚未抵消的交易，以及不易相互抵消的交易。

国际收支是在一定时期内，一个经济实体的居民同非居民所进行的全部经济交易的系统记录和综合。从国际收支的角度看，公民与居民并不是一回事。公民是一个法律的概念，它仅指个人，而居民则以居住地为标准，包括个人、家庭、企业和政府机构。凡是在一国居住(指个人、家庭)或注册(指企业)或逗留(指其他)达一年或一年以上者，我们称其为居住、逗留、注册所在国的居民，是原先派出国的非居民。但有两点例外：其一，官方外交使节、驻外军事人员永远是派出国的居民、所在国的非居民；其二，国际组织的成员，如联合国、世界贸易组织、国际货币基金组织、世界银行等是任何国家的非居民。

理解国际收支的概念，必须把握以下几点：

(1)国际收支是一个流量概念。

(2)国际收支所反映的内容是经济交易。所谓经济交易，是指经济价值从一个经济单位向另一个经济单位的转移。

(3)一国国际收支所记载的经济交易,必须是在该国居民与非居民之间发生的。

## 二、国际收支平衡表

### (一)国际收支平衡表的定义

国际收支平衡表是一国根据国际经济交易的内容和范围设置项目和账户,按照复式簿记原理,系统地记录该国在一定时期内各种对外往来所引起的全部国际经济交易的统计报表。它集中反映了该国国际收支的具体构成和总貌。为便于各会员国编制国际收支平衡表,国际货币基金组织出版了《国际收支手册》,并多次进行了修改,对编表所采用的概念、准则、惯例、分类方法以及标准构成等都作了统一的规定或说明,要求会员国每年按统一格式向其提交国际收支平衡表。

国际收支平衡表是按照现代会计学的复式簿记原理编制的,也即以借、贷作为符号,每个项目都有借方和贷方两栏,借方记录资产的增加和负债的减少,贷方记录资产的减少和负债的增加。每笔交易都会产生一定金额的一项借方记录和一项贷方记录,也即"有借必有贷,借贷必相等"。对此,记账法则是:

(1)凡引起本国外汇收入的项目,亦称正号项目,记入贷方,记为"+"(通常省略)。

(2)凡引起本国外汇支出的项目,亦称负号项目,记入借方,记为"-"。

### (二)国际收支平衡表的主要内容

根据国际货币基金组织的《国际收支手册》(第五版),国际收支账户可分为四大类:经常账户;资本与金融账户;官方储备资产账户;错误和遗漏账户。

#### 1. 经常账户

它是一国国际收支平衡表中最基本、最重要的项目,反映一国同其他国家之间商品、劳务进出口及净要素支付等真实资源的转移。经常账户包括货物和服务、收益和经常转移。

(1)货物。该账户记录商品的进口和出口。国际货币基金组织建议,进出口均按离岸价格计算。有形贸易是经常账户中最重要的项目。

(2)服务。它包括运输、旅游、通讯服务、建筑服务、保险服务,以及咨询、广告等商业服务等,又称为无形贸易。

(3)收益(或译为"收入")。它是指生产要素(包括劳动力和资本)在国家间流动所引起的报酬收支,因而包括职工报酬和投资收益两类。

(4)经常转移。它包括政府与民间相互捐赠等发生的收入转移。

#### 2. 资本和金融账户

它是指对资产所有权在国际间流动行为进行记录的账户。资本和金融账户包括资本账户和金融账户。

(1)资本账户,含资本转移及非生产、非金融资产的收买与出售,包括不是由生产创造出来的有形资产(如土地和自然资源)和无形资产(如专利、版权、商标经销权等)的收买与出售。

关于无形资产,经常账户中服务项目下记录的是无形资产运用所引起的收支,而在资本账户下记录的是无形资产所有权的买卖所引起的收支。

(2)金融账户。

①直接投资。它可以采取在国外直接建立分支企业的形式,也可以采用购买国外企业一

定比例以上股票的形式。在后一种情况下,《国际收支手册》中规定这一比例最低为10%。直接投资分为来华投资(视同于负债)和我国对外投资(视同于资产)。

②证券投资。它是指跨越国界的股本证券和债务证券的投资。

③其他投资。它是指直接投资和证券投资之外的金融交易,包括:贷款、预付款、金融租赁项目下的货物、货币和存款(指居民持有外币和非居民持有本币)等。

3. 官方储备资产账户

官方储备资产通常也叫国际储备,指的是由中央银行持有的,并可以随时直接使用的金融资产。狭义的国际储备包括货币性黄金、特别提款权。

4. 误差和遗漏账户

国际收支平衡表采用复式记账法,由于统计资料来源和时间不同等原因,造成借贷不相等,因此要增加净误差与遗漏项目作调节项目。如果借方总额大于贷方总额,其差额计入此项目的贷方;反之,计入借方。

**知识链接 11-5**

**2010年中国国际收支平衡简表** 单位:亿美元

| 项目 | 行次 | 差额 | 贷方 | 借方 |
|---|---|---|---|---|
| 一、经常项目 | 1 | 3054 | 19468 | 16414 |
| A. 货物和服务 | 2 | 2321 | 17526 | 15206 |
| a. 货物 | 3 | 2542 | 15814 | 13272 |
| b. 服务 | 4 | −221 | 1712 | 1933 |
| B. 收益 | 18 | 304 | 1446 | 1142 |
| 1. 职工报酬 | 19 | 122 | 136 | 15 |
| 2. 投资收益 | 20 | 182 | 1310 | 1128 |
| C. 经常转移 | 21 | 429 | 495 | 66 |
| 二、资本和金融项目 | 24 | 2260 | 11080 | 8820 |
| A. 资本项目 | 25 | 46 | 48 | 2 |
| B. 金融项目 | 26 | 2214 | 11032 | 8818 |
| 1. 直接投资 | 27 | 1249 | 2144 | 894 |
| 1.1 我国在外直接投资 | 28 | −602 | 76 | 678 |
| 1.2 外国在华直接投资 | 29 | 1851 | 2068 | 217 |
| 2. 证券投资 | 30 | 240 | 636 | 395 |
| 2.1 资产 | 31 | −76 | 268 | 345 |
| 2.2 负债 | 36 | 317 | 368 | 51 |
| 3. 其他投资 | 41 | 724 | 8253 | 7528 |
| 3.1 资产 | 42 | −1163 | 750 | 1912 |

续表

| 项目 | 行次 | 差额 | 贷方 | 借方 |
| --- | --- | --- | --- | --- |
| 3.2 负债 | 53 | 1887 | 7503 | 5616 |
| 三、储备资产 | 64 | －4717 | 0 | 4717 |
| 3.1 货币黄金 | 65 | 0 | 0 | 0 |
| 3.2 特别提款权 | 66 | －1 | 0 | 1 |
| 3.3 在基金组织的储备头寸 | 67 | －21 | 0 | 21 |
| 3.4 外汇 | 68 | －4696 | 0 | 4696 |
| 3.5 其他债权 | 69 | 0 | 0 | 0 |
| 四、净误差与遗漏 | 70 | －597 | 0 | 597 |

## 三、国际收支的调节

### (一)国际收支失衡的原因

国际上通常将国际收支平衡表上各个项目区分为自主性交易和调节性交易。前者是指企业、单位和个人由于自身的需要而进行的交易,包括经常项目和资本项目中的长期资本收支。后者是指在自主性交易产生不平衡时所进行的用以调节收支的弥补性交易。一国国际收支是否失衡,在理论上通常看其自主性交易是否平衡。

判断一国国际收支是否失衡的指标有贸易差额、经常项目差额和国际收支差额。贸易差额指商品进出口差额。经常项目差额指该项目下贸易收支、服务收支和转让收支等三个项目的差额相抵后的净差额。国际收支总差额指经常项目收支和资本项目收支合计所得的总差额。

造成一国国际收支失衡的原因有很多,主要原因有以下几种:

(1)临时性不平衡。临时性不平衡是指由临时性因素引起的国际收支不平衡。这些临时性的因素有季节性因素、自然灾害、突发性疾病流行和政治动荡等。

(2)周期性不平衡。周期性不平衡是指由于经济周期引起的国际收支失衡。每个国家的经济都具有周期性。一般来说,一个周期通常包括经济繁荣、经济衰退、经济萧条以及经济复苏四个阶段。四个阶段中经济特点具有显著差别。每个阶段经济发展对于国际收支都会发生影响,阶段不同,影响就不同,因此国际收支也会出现周期性失衡。

(3)货币性不平衡。货币性不平衡是指由于货币性失衡引发的国际收支失衡。一国(或地区)出现通货膨胀或者通货紧缩,物价水平就会上涨或者下降从而影响本国进出口,引发国际收支失衡。当通货膨胀物价上涨时,出口产品的生产成本上升,如果汇率不作调整,出口产品的价格竞争力将会下降,导致出口减少而进口需求则会增加,贸易顺差减少,甚至出现贸易逆差,进而导致国际收支的失衡。

(4)收入性不平衡。收入性不平衡是指由于国民收入的变化引起的国际收支失衡。当一国(或地区)经济增长率高于其他国家(或地区)时,人均收入越高,进口增长越快,企业会增加进口生产资料，个人对消费资料的需求也会增加，同时出口商品由于国内需求大，出口相应减少，由此形成贸易逆差，导致国际收支的失衡。

(5)结构性不平衡。结构性不平衡是指一国产出结构(主要是指可贸易产品结构)与世界市场需求结构脱节引起的国际收支失衡。这种失衡具有长期性质，需要国际收支失衡国家的经济进行结构性的调整来予以纠正。典型的例子是 20 世纪 80 年代美国对日本的贸易收支逆差。

(6)外汇投机和不稳定的国际资本流动造成的国际收支失衡。这是指因外汇投机行为和国际资本的不稳定流动所导致的国际收支失衡。

### (二)国际收支调节方法

一国国际收支失衡，无论是顺差，抑或逆差，若不及时调整，都会直接影响对外扩大交往的能力和信誉，也不利于国内经济的发展。因此，当一国国际收支出现失衡时，通常都要采取措施进行调整。国际收支失衡的调节可以有两大类手段，一类是自动调节机制，还有一类是政策调节方法。

国际收支自动调节，简单地讲就是通过市场力量来纠正国际收支失衡的机制，主要包括货币—价格机制、收入机制和利率机制。

国际收支的自动调整机制虽然有其优点，但它们只能在某些条件或经济环境下才会发生作用，而且作用的程度和效果无法保证，所需要的过程也比较长。因此，当国际收支出现失衡时，一国当局往往不能完全依靠经济体系的自动调整机制来使国际收支恢复均衡，而需要主动采取适当的政策措施。

国际收支的各种调节政策可分为需求政策、供给政策和中性政策三大类。

按对需求的不同影响，国际收支的各种调节政策可分为支出增减型政策和支出转换型政策两大类。支出增减型政策，是指改变社会总需求或国民经济中支出总水平的政策。这类政策旨在通过改变社会总需求或总支出水平来改变对外国商品、劳务和金融资产的需求，从而达到调节国际收支的目的。这类政策主要指财政政策和货币政策。支出转换型政策，是指不改变现有社会总需求和总支出而改变需求和支出方向的政策。这类政策主要有汇率政策、补贴和关税政策以及直接管制。

供给政策包括产业政策和科技政策。产业政策和科技政策旨在改善一国的经济结构和产业结构，增加出口商品和劳务的生产，提高产品质量，降低生产成本，以此达到增加社会产品(包括出口产品和进口替代品)的供给，改善国际收支。

支出增减型和支出转换型政策都是调节需求的政策，与之对应的不仅有调节供给的产业政策和科技政策，还有资金融通政策，简称融资政策。因这种政策对经济往往不会产生直接的影响，故又被称为中性政策。融资政策包括官方储备的使用和国际信贷便利的使用。融资政策与支出政策相互之间具有一定的互补性和替代性。

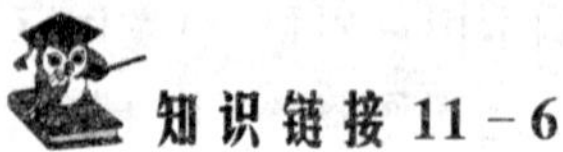


**三元悖论——神奇的不可能三角形**

在金融学理论中有一个相当著名的“不可能三角”理论，即蒙代尔-克鲁格曼不可能三角形。该理论认为，一个国家不可能同时实现货币政策独立性、资本自由流动和汇率稳定。这三个政策目标如同三角形的三个顶点，实现任何一边两个顶点的目标，就远离另外一个顶点的目标，具有不可调和性，最多只能实现其中的两个。

不可能三角理论在战后国际货币体系的发展中得到验证，1997 年爆发的亚洲金融危机也再次证明了其正确性。中国要保持本国货币政策的独立性和汇率稳定，必须牺牲资本的完全流动性，实行资金管制。

这三个目标究竟哪一个更为重要呢？如果放弃资本自由流动性，将退回到封闭经济体系，不利于经济增长。如果放弃汇率稳定，则对于任何地区来说都是一场灾难。

"两害相权取其轻"，只有放弃独立的货币政策。放弃独立的货币政策也就是向单一的区域货币或世界货币过渡。于是在贸易全球化的同时，人们开始越来越多地考虑金融全球化。如果货币统一了，就不存在固定汇率、浮动汇率和资本管制的各种缺陷了。

## 第四节 国际储备

### 一、国际储备的概念与作用

#### (一)国际储备的概念

国际储备指一国在对外收支发生逆差时，其金融当局能直接利用或通过同其他资产的转换，以支持其货币汇率的一切资产。

国际储备资产有以下三个特征：

(1)可得性：金融当局完全有能力获得的资产。

(2)流动性：变为现金的能力。

(3)接受性：外汇市场上干预和国际清算时普遍接受。

#### (二)国际储备的作用

(1)充作干预资产。即用以干预外汇市场以维持其货币汇率的外汇资产。

(2)平衡国际收支。当一国发生短期的国际收支不平衡时，可以运用本国的国际储备来平衡。

(3)作为偿还外债的保证。必要时，一国可将其外汇储备通过兑换或直接用于支付对外债务。

**知识链接 11－7**

**东南亚金融危机与外汇储备**

保持充足的国际储备特别是外汇储备，对维护一国货币或区域性货币的汇率，稳定外汇和货币市场，具有重要的作用。1997 年发端于泰国，后波及马来西亚、菲律宾、印度尼西亚及新加坡等国的东南亚货币危机便是一例。

东南亚各国之所以发生货币危机，原因是多重的。例如：在泰国，除了国家有关的经济政策尤其是货币政策失衡(当局对外国资本敞开大门，为国内外提供大量低息美元贷款)、金融机构对房地产投资过度(危机爆发前，泰国实际贷给房地产的资金占贷款总额的 50%，新加坡 33%，马来西亚 30%，印度尼西亚 20%)、银行呆账严重(金融机构呆账总额近 400 亿美元)、外债高筑(至 1997 年 5 月逾 800 亿美元，占国内生产总值的 49%)、国际收支经常项目逆差过大

(至1997年5月逆差已达164亿美元,占国内生产总值的8.5%)、经济结构不合理、外汇投机商的无情炒作等,还有一个重要原因,就是国家外汇储备相当有限和货币危机爆发后动用储备政策的失误。1996年2月,泰国外汇储备为387亿美元,这些外汇储备还是泰国通过高利率政策(1996年泰国的优惠利率一直处于13.25%的高水平,是亚太地区利率最高的国家之一)吸引外资流入形成的。1997年2月到5月,为稳定泰铢,泰国曾动用了外汇储备中的60亿美元,外汇储备总额进一步减少。东南亚其他国家(除新加坡外)外汇储备也十分有限,如马来西亚中央银行拥有的外汇储备至1997年6月底也仅为283.5亿美元,印度尼西亚至1997年3月外汇储备仅199亿美元。由于东南亚国家外汇储备普遍不足,因此,当货币危机来临,本币受到强大的外汇投机力量的打击时,便没有足够的能力捍卫本国的货币。再加上货币危机发生时,面对投机攻势,这些国家的中央银行又不顾实力,不断地动用外汇储备干预市场,结果因外汇储备不足导致干预效果低微,不仅没有达到打击投机活动的目的,反而使储备资产遭受损失。

东南亚货币危机给了我们这样一个启示:一个经济基础较薄弱、市场管理水平较低、而又正在不断加大开放力度的国家和地区,必须保持较多的外汇储备,以备不测,捍卫已取得的经济发展成果。

## 二、国际储备的构成

### (一)黄金储备

虽然国际储备中的黄金比重在减少,国际货币基金组织实行"黄金非货币化",但是黄金作为一种特殊商品,脱下国家外衣的世界货币,目前还没有一种超国家的货币能在危机时代替黄金,各国中央银行仍然保持一定数量的黄金。

### (二)外汇储备

外汇储备是构成国际储备的主要组成部分。外汇储备在国际储备中的比重大幅增长的原因主要在于使用频率最高、最方便,普遍作为国际贸易结算的工具,长期以来形成的定价(价值尺度)观念的影响,有国家的经济形象作为后盾,有具体的物质基础。

### (三)在国际货币基金组织的储备份额(普通提款权)

(1)加入国际货币基金组织时缴纳的份额(入股基金)。其中25%为可兑换货币,75%为本国货币。

(2)国际收支困难时,可以提款。储备部分(原黄金部分)无条件提取,信贷部分(分四档,每档为其认缴份额的25%),条件也随提款增多而严格。

### (四)在国际货币基金组织的特别提款权

特别提款权是国际货币基金组织成员国在该组织的储备资产,它是一种由黄金保值的记账单位,称为"纸黄金",它是由国际货币基金组织根据各成员国上年年底缴纳份额的比率进行分配。份额越大,得到的分配就越多。当成员国发生国际收支逆差时可以动用。即把它转给另一成员国,换取可兑换货币,以偿付逆差。其不能兑换黄金,不能直接用于贸易和非贸易结算。特别提款权是一个没有物质基础的记账单位。它既不像黄金本身具有价值,也不像美元、英镑、日元等货币有一个国家经济实力作为后盾。它是一种虚构的国际清偿能力,充其量只能作为成员国原有提款权的一种补充。

特别提款权只是为了解决国际收支不平衡的权宜措施，不会引起人们对它的持有欲望。如果国际货币基金组织机构发生变迁，它的存在便会引起争论。

### (五)借入储备

#### 1.备用信贷

备用信贷是参加基金组织的会员国向基金组织申请的一种信贷形式，是成员国在国际收支发生困难或预计要发生困难时，同基金组织签订的一种备用借款协议。这种协议通常包括可借用款项的额度、使用期限、利率、分阶段使用的规定、币种等。

#### 2.借款总安排

借款总安排是另一种短期信贷的来源。借款总安排现已成为基金组织增加对会员国贷款所需资金的一个重要来源。

#### 3.互换货币的安排

互换货币的安排也是借入储备的一种形式。它是两国中央银行之间进行双边互换备用信贷的一种安排。

截至2011年末，我国人民银行统计的国外资产共计237898.06亿元人民币。其中：外汇232388.73亿元；货币黄金669.84亿元；其他国外资产4839.49亿元。

**知识链接11-8**

**我国外汇储备管理**

截至2011年末，我国外汇储备达到31811.48亿美元，占全球储备的比重超过30%，并于2006年2月末超过日本成为全球最大的外汇储备国。庞大的外汇储备资产在稳定中国货币汇率体系、平衡国际贸易收支、增强抵御国际金融危机的能力和应对国际资本流动逆转冲击的同时，还给中国的外汇储备管理带来了严峻挑战。

**一、外汇储备过高的负面效应**

过高的外汇储备给我国的经济平稳运行，已经带来了不小的挑战，主要表现在以下几个方面：

(1)加大了人民币升值的压力，并容易引起他国的贸易报复，使我国出口创汇成本升高。

(2)改变了我国的货币的供应结构，加速了热钱流入，一定程度上加大了通货膨胀的压力。当热钱大量流入时，央行必须要为本币币值稳定而干预外汇市场，从而增加外汇占款和外汇储备，货币供应被动地扩张。

(3)储备结构单一，加大了外汇储备的汇率风险。

(4)管理成本上升、机会成本不断增高。一方面，我国每年引进大量外资，并提供了大量的税收优惠；另一方面，大量的外汇储备又闲置不用。外汇占款导致的基础货币快速增长，迫使央行发行票据回收货币，削减对商业银行的再贷款。这样央行增加的支出又包括准备金利息和央行票据利息。

(5)影响对国际优惠贷款的运用。且按照国际货币基金组织的规定，外汇储备充足的国家还必须在必要时对国际收支发生困难的其他成员国提供帮助。这不能不说是一种浪费。

(6)损害经济增长的潜力。一定规模的外汇储备流入代表着相应规模的实物资源的流出，这种状况不利于一国经济的增长。全球经济处于低利率时代，对央行提高储备收益率提出了挑战。

## 二、外汇储备管理的原则

国家外汇储备的管理原则可以归纳为“安全、灵活、保值、增值”。第一位是安全，只有在安全的前提下，保值和增值才有基础。但由于储备资产是支付工具，应该随时能变现，因此必须具有灵活性，这两者缺一不可。这里所说的安全，不仅是货币汇率、利率风险的防范，更重要的是变现、流通、兑换风险的防范。因此，为减少储备资产风险，在考虑对外支付的情况下，应该采取积极主动的手段，把储备当做金融资产进行管理和运营。在保值的基础上，不仅要获取基本利息的收益，还要努力争取获得较高的投资收益，实现储备资产的增值。

## 三、我国外汇储备的合理利用与管理的建议

(1)制定更加积极的中国对外投资发展战略，进一步鼓励和支持有竞争力的国内企业在国外建立子公司，鼓励企业参与国际竞争，拓展海外市场，在经济全球化中形成一批具有国际竞争力的跨国公司。这样一来，可为我国与其他国家、地区之间深化经贸往来与合作创造更多的机遇。

(2)有能力的企业投资国外资源性产品，如石油、矿产等，以缓冲我国经济发展对资源的巨大需求缺口，并为我国的相关企业提供稳定的资源性产品的进口来源。

(3)减持美元，调整外汇储备结构。我国外汇储备的结构没有对外明确公布过，目前属于国家金融机密。依据来自于国际清算银行的报告、路透社的报道，据估计，在中国的外汇储备中，美元资产占70%左右，日元约为10%，欧元和英镑约为20%。近五年来，美元对日元、英镑、欧元等西方主要货币一直处于波动状态，其中出现几次较大幅度的贬值。每一次美元贬值，都给我国外汇储备资产带来巨大损失。因此，应减持美元，适当增加日元、英镑、欧元在我国外汇储备中的数量，采取多样化储备策略，应按照我国进口付汇和偿还外债付汇的币种结构来安排储备货币的构成比例，并密切关注货币汇率的变化，根据软硬货币的相对变化及时调整，以便实现国家外汇资产的保值。

(4)加强资本项目管理，积极推动资本市场的进一步开放。面对全球性的低利率趋势，为防止国际投机资本进入造成外汇储备虚增，金融风险加大的情况，当前央行需要制定适当的存贷款利率，降低本外币利差；增强汇率弹性，适当扩大人民币汇率浮动区间，降低人民币升值预期，从而消除投机空间，使投机资本转移出去，减少资本账户顺差和促进国际收支均衡发展。

(5)调整外汇储备规模。有专家认为，实行浮动汇率制的国家外汇储备以GDP的10%左右为好，中国目前的外汇储备水平明显偏高。一方面要对进口措施进行调整，加大进口先进的技术和设备的力度；另一方面为社保基金注资，应对中国逐步进入老龄化社会所面临的资金缺口。

(6)调整外汇储备资产。外汇储备资产种类包括长期国债、短期国债、企业债券，股票等。外汇储备的资产调整就是对以上资产比重进行重新配置。对我国而言，则主要是如何调整美元资产的问题。减少持有的美元长期债券，增加美国股票、欧洲债券的持有量。

# 第五节　国际货币体系

国家货币制度的作用范围只限于一国领土范围内。当货币问题超越国界时，就需要依据一套规则与安排对世界各国之间的货币关系以及国际间进行的各种交易支付进行相应的管

理，这些规则与安排就构成了国际货币体系。第二次世界大战以来，主要的国际货币体系有两个：布雷顿森林体系和牙买加体系。

## 一、布雷顿森林体系

### （一）布雷顿森林体系的历史背景

第二次世界大战使主要西方国家之间的力量对比发生了巨大的变化，美国取代英国在世界经济体系中居于中心地位，这是布雷顿森林体系建立的历史背景。在第二次世界大战中，德国、意大利、日本三国战败，经济陷于崩溃，英国和法国的经济在战争中也遭到严重破坏，只有美国在战争中发了横财，经济快速发展。战争结束时，美国的工业制成品占世界制成品的一半，对外贸易占世界贸易总额的1/3以上，黄金储备约占资本主义世界黄金储备的3/4。在这种经济背景下，1944年7月，44个国家的300多位代表出席了在美国新罕布什尔州布雷顿森林城召开的国际金融会议，确立了一个以美元为中心的国际货币体系——布雷顿森林体系。

### （二）布雷顿森林体系的内容

**1. 以黄金为基础，以美元为主要的国际储备货币，实行“双挂钩”的国际货币体系**

“双挂钩”是指美元直接与黄金挂钩，其他国家的货币与美元挂钩。即美国政府保证以1934年1月确定的每35美元一盎司的官价向其他各国政府或中央银行随时兑换其所持有的美元，其他各国政府则规定本国货币的含金量，根据本国货币法定含金量与美元含金量之比，确定本国货币与美元的兑换比例。会员国也可以不规定货币的含金量，而只规定同美元的汇率。这样，美元居于等同黄金的地位，其他国家的货币则不能兑换黄金。例如1946年，1英镑的含金量为3.58134克纯金，1美元的含金量为0.888671克纯金，则英镑与美元的含金量（黄金平价）之比为：1英镑＝4.03美元，这便是法定汇率。

**2. 实行可调整的固定汇率制度**

当各国政府依据本国货币法定含金量与美元含金量之比确定本国货币与美元的兑换比例后，为使黄金官价不受自由市场金价冲击，各国政府需协同美国政府在国际金融市场上维持这一黄金官价。《国际货币基金协定》规定，各国货币对美元的汇率，一般只能在法定汇率上下各1%的幅度内波动。若市场汇率超过法定汇率1%的波动幅度，各国政府有义务在外汇市场上进行干预，以维持汇率的稳定。布雷顿森林体系的汇率制度被称为“可调整的钉住汇率制度”。若会员国法定汇率的变动超过10%，或者国际收支发生“根本性不平衡”时，必须得到国际货币基金组织的批准才可以进行汇率的调整。1971年12月，这种即期汇率变动的幅度扩大为上下2.25%的范围，而决定“平价”的标准，亦由黄金改为特别提款权。

**3. 建立一个永久性的国际金融机构**

这个永久性的国际金融机构即国际货币基金组织，对货币事项进行国际磋商，促进国际合作。国际货币基金组织对各成员国的汇率政策进行监督，为成员国提供短期资金融通。

布雷顿森林体系实际上是一种国际金汇兑本位制，它的建立对第二次世界大战后世界经济的发展起到了积极的促进作用。首先，美元等同于黄金成为国际储备货币，弥补了国际清偿能力的不足。其次，可调整的固定汇率制使汇率保持相对稳定，为世界贸易、投资的发展提供了稳定的汇率条件。再次，国际货币基金组织的成立促进了国际货币合作，其对会员国提供的各种贷款缓解了会员国国际收支的困难，有助于世界经济的稳定增长。

### (三)布雷顿森林体系的缺陷及崩溃

**1.布雷顿森林体系崩溃的原因**

(1)制度自身的缺陷。以美元为中心的国际货币制度崩溃的根本原因，是这个制度本身存在着不可解脱的矛盾。在这种制度下，美元作为国际支付手段与国际储备手段，发挥着世界货币的职能。一方面，美元作为国际支付手段与国际储备手段，要求美元币值稳定，才会在国际支付中被其他国家所普遍接受。而美元币值稳定，不仅要求美国有足够的黄金储备，而且要求美国的国际收支必须保持顺差，从而使黄金不断流入美国而增加其黄金储备。否则，人们在国际支付中就不愿接受美元。另一方面，全世界要获得充足的外汇储备，又要求美国的国际收支保持大量逆差，否则全世界就会面临外汇储备短缺、国际流通渠道出现国际支付手段短缺。但随着美国逆差的增大，美元的黄金保证又会不断减少，美元又将不断贬值。第二次世界大战后从美元短缺到美元泛滥，是这种矛盾发展的必然结果。这一矛盾由美国耶鲁大学经济学家特里芬提出，因此也被称为“特里芬难题”。

(2)美元危机与美国经济危机频繁爆发。资本主义世界经济此消彼长，美元危机是导致布雷顿森林体系崩溃的直接原因。

①美国黄金储备减少。美国 1950 年发动朝鲜战争，海外军费剧增，国际收支连年逆差，黄金储备源源外流。1960 年，美国的黄金储备下降到 178 亿美元，已不足以抵补当时的 210.3 亿美元的流动债务，出现了美元的第一次危机。60 年代中期，美国卷入越南战争，国际收支进一步恶化，黄金储备不断减少。1968 年 3 月，美国黄金储备已下降至 121 亿美元，而同期的对外短期负债为 331 亿美元，引发了第二次美元危机。到 1971 年，美国的黄金储备(102.1 亿美元)仅是它对外流动负债(678 亿美元)的 15.05%。此时美国已完全丧失了承担美元对外兑换黄金的能力。于是，尼克松总统不得不于 1971 年 8 月 15 日宣布停止承担美元兑换黄金的义务。1973 年美国爆发了最为严重的经济危机，黄金储备已从战后初期的 245.6 亿美元下降到 110 亿美元。没有充分的黄金储备作基础，严重地动摇了美元的信誉。

②美国通货膨胀加剧。美国发动侵越战争，财政赤字庞大，不得不依靠发行货币来弥补，造成通货膨胀。加上两次石油危机，石油提价而增加支出；同时，由于失业补贴增加，劳动生产率下降，造成政府支出急剧增加。美国消费物价指数 1960 年为 1.6%，1970 年上升到 5.9%，1974 年又上升到 11%，这给美元的汇价带来了巨大冲击。

③美国国际收支持续逆差。第二次世界大战结束时，美国利用在战争中膨胀起来的经济实力和其他国家被战争削弱的机会，大举向西欧、日本和世界各地输出商品，使美国的国际收支持续出现巨额顺差，其他国家的黄金储备大量流入美国。各国普遍感到“美元荒”。随着西欧各国经济的增长，出口贸易的扩大，其国际收支由逆差转为顺差，美元和黄金储备增加。美国由于对外扩张和侵略战争，国际收支由顺差转为逆差，美国只有增发货币，利用美元国际清偿货币的特权地位弥补赤字，把它自己的负担摊到大家脑袋上来，美国资金大量外流，由此形成“美元过剩”。这使美元汇率承受巨大的冲击和压力，不断出现下浮的波动。

**2.布雷顿森林体系的崩溃**

(1)美元停止兑换黄金。1971 年 7 月第七次美元危机爆发，尼克松政府于 8 月 15 日宣布实行“新经济政策”，停止履行外国政府或中央银行可用美元向美国兑换黄金的义务。这意味着美元与黄金脱钩，支撑国际货币制度的两大支柱有一根已倒塌。

(2)取消固定汇率制度。1973 年 3 月，西欧又出现抛售美元，抢购黄金和马克的风潮。3

月16日，欧洲共同市场9国在巴黎举行会议并达成协议，联邦德国、法国等国家对美元实行“联合浮动”，彼此之间实行固定汇率。英国、意大利、爱尔兰实行单独浮动，暂不参加共同浮动。此外，其他主要西方货币也都实行了对美元的浮动汇率。至此，战后支撑国际货币制度的另一支柱，即固定汇率制度也完全垮台。这宣告了布雷顿森林制度的最终解体。

## 二、牙买加体系

国际货币基金组织于1972年7月成立一个专门委员会，具体研究国际货币制度的改革问题。委员会于1974的6月提出一份“国际货币体系改革纲要”，对黄金、汇率、储备资产、国际收支调节等问题提出了一些原则性的建议，为以后的货币改革奠定了基础。直至1976年1月，国际货币基金组织理事会“国际货币制度临时委员会”在牙买加首都金斯敦举行会议，讨论国际货币基金协定的条款，经过激烈的争论，签订达成了《牙买加协议》，同年4月，国际货币基金组织理事会通过了《IMF协定第二修正案》，从而形成了新的国际货币体系。

### (一)牙买加协议的主要内容

(1)实行浮动汇率制度的改革。牙买加协议正式确认了浮动汇率制的合法化，承认固定汇率制与浮动汇率制并存的局面，成员国可自由选择汇率制度。同时国际货币基金组织继续对各国货币汇率政策实行严格监督，并协调成员国的经济政策，促进金融稳定，缩小汇率波动范围。

(2)推行黄金非货币化。协议作出了逐步使黄金退出国际货币的决定，并规定：废除黄金条款，取消黄金官价，成员国中央银行可按市价自由进行黄金交易；取消成员国相互之间以及成员国与国际货币基金组织之间须用黄金清算债权债务的规定，国际货币基金组织逐步处理其持有的黄金。

(3)增强特别提款权的作用。主要是提高特别提款权的国际储备地位，扩大其在国际货币基金组织一般业务中的使用范围，并适时修订特别提款权的有关条款。

(4)增加成员国基金份额。

(5)扩大信贷额度，以增加对发展中国家的融资。

### (二)牙买加体系的运行

(1)储备货币多元化。

(2)汇率安排多样化。一般而言，发达工业国家多数采取单独浮动或联合浮动，但有的也采取钉住自选的货币篮子。对发展中国家而言，多数是钉住某种国际货币或货币篮子，单独浮动的很少。

(3)多种渠道调节国际收支。包括：①运用国内经济政策。②运用汇率政策。③国际融资。④加强国际协调。

### (三)牙买加体系的主要特征

浮动汇率制度的广泛实行，使各国政府有了解决国际收支不平衡的重要手段，即汇率变动手段；各国央行对汇率实行干预制度；特别提款权作为国际储备资产和记账单位的作用大大加强；美元仍然是重要的国际储备资产，而黄金作为储备资产的作用大大削减，各国货币价值也基本上与黄金脱钩。

### (四)对牙买加体系的评价

1. 牙买加体系的积极作用

(1)多元化的储备结构摆脱了布雷顿森林体系下各国货币间的僵硬关系,为国际经济提供了多种清偿货币,在较大程度上解决了储备货币供不应求的矛盾。

(2)多样化的汇率安排适应了多样化的、不同发展水平的各国经济,为各国维持经济发展与稳定提供了灵活性与独立性,同时有助于保持国内经济政策的连续性与稳定性。

(3)多种渠道并行,使国际收支的调节更为有效与及时。

2. 牙买加体系的缺陷

(1)在多元化国际储备格局下,储备货币发行国仍享有"铸币税"等多种好处,同时,在多元化国际储备下,缺乏统一稳定的货币标准,这本身就可能造成国际金融的不稳定。

(2)汇率大起大落,变动不定,汇率体系极不稳定。其消极影响之一是增大了外汇风险,从而在一定程度上抑制了国际贸易与国际投资活动,对发展中国家而言,这种负面影响尤为突出。

(3)国际收支调节机制并不健全,各种现有的渠道都有各自的局限,牙买加体系并没有消除全球性的国际收支失衡问题。

如果说在布雷顿森林体系下,国际金融危机是偶然的、局部的,那么,在牙买加体系下,国际金融危机就成为经常的、全面的和影响深远的。由于金本位与金汇兑本位制的瓦解,信用货币无论在种类上、金额上都大大增加。信用货币占西方各通货流通量的90%以上,各种形式的支票、支付凭证、信用卡等种类繁多,现金在某些国家的通货中只占百分之几。货币供应量和存放款的增长大大高于工业生产增长速度,而且国民经济的发展对信用的依赖越来越深。总之,现有的国际货币体系被人们普遍认为是一种过渡性的不健全的体系,需要进行彻底的改革。

## 三、欧洲货币联盟与欧元

1999年1月1日,欧元诞生,这是世界货币制度发展史中的一个重大事件,它标志着欧洲货币制度的正式建立,成为区域性货币一体化的成功范例。

所谓区域性货币一体化,是指一定区域内的国家和地区通过协调形成一个货币区,由联合组建的一家主要银行来发行和管理区域内的统一货币。区域性货币一体化的理论依据是20世纪60年代初西方经济学家蒙代尔提出的"最适度货币区"理论。该理论认为,在一些彼此间商品、劳动力、资本等生产要素可以自由流动、经济发展水平和通货膨胀水平比较接近的区域内,各国放弃本国货币,采取统一的区域货币,有利于安排汇率,以实现充分就业、物价稳定和国际收支平衡的宏观经济目标。

欧元的诞生经历了漫长的过程。1965年,法国、意大利、联邦德国、荷兰、比利时、卢森堡6国签订了《布鲁塞尔条约》,决定将欧洲煤钢共同体、欧洲原子能共同体和欧洲经济共同体统一起来,统称为欧洲共同体。1969年欧共体正式提出建立欧洲经济与货币联盟。1991年,欧洲共同体12个成员国在荷兰马斯特里赫签署了《经济与货币联盟条约》,规定最迟在1999年1月1日之前建立经济货币联盟,届时在该联盟内实行统一的货币、统一的中央银行以及统一的货币政策。1993年11月1日,欧共体更名为欧盟。1994年,欧洲货币局成立。1995年12月正式确定欧元为统一货币的名称。1998年7月1日,欧洲中央银行在德国的法兰克福成立。1999年1月1日欧元正式启动。经过三年过渡期之后,2002年1月1日,欧元的钞票和硬币开始流通。2002年7月1日,法国、德国、卢森堡、比利时、荷兰、意大利、西班牙、葡萄牙、芬兰、奥地利、爱尔兰等11个欧盟成员国的货币正式退出流通,欧元成为各成员国统一的法定货币。之后,随着加入欧盟的国家不断增多,欧元的使用范围也不断扩大。

统一的欧元是人类历史上第一次跨越主权国家创造的信用货币,它的诞生及其后的发展,为其他区域性经济合作组织的货币一体化起到了示范作用,对目前的国际货币体系也产生了重要的影响。甚至有许多学者预言,世界货币最终的统一将建立在几大区域性国际货币基础上,并在广泛的国际协调上与制度框架内执行其世界货币的职能。未来的国际货币体系将会怎样发展,还需要我们长时间地等待与观察。

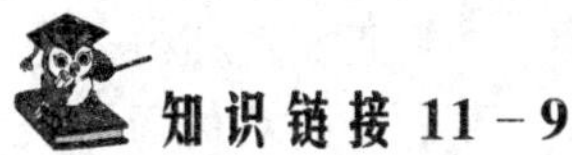

**知识链接 11-9**

**布雷顿森林体系的故事**

1944年7月1日到19日,在美国新罕布什尔州风景优美的布雷顿森林郡,聚集了来自不同国家的人物,有美国财政部长摩根索、美联储的主席艾考斯、参议员托比、经济学家怀特……除了美国人,还有来自另外43个国家(都是盟国成员)的多位代表。不过,这些人里最大的腕,却是英国人约翰·梅纳德·凯恩斯,对现代政府经济政策影响最大的经济学家。此时,凯恩斯已经身染沉疴,在严重心脏病的折磨下,他依然“冷酷无情地驱使自己和别人工作”,而凯恩斯的主要对手美国财政部经济学家哈里·怀特也毫不松懈,“每天最多只睡五个小时”。

如此紧张是有充分理由的,世界上第一个全球性的金融货币体制协议,就要在布雷顿森林华盛顿山上诞生。在之后的几十年中,它与关贸总协定(GATT,它的最初设想也在这次会议上产生,现即世界贸易组织WTO)一起主宰了半个地球的经济秩序,即使在解体之后,它的遗产仍然深刻影响着这个全球化的世界上的金融、贸易活动。这就是国际金融历史上著名的布雷顿森林体系。

作为有史以来首次世界性货币协议,布雷顿森林体系标志着全球化进程的巨轮经历了漫长历史,真正驶入了现代化的深水海域——金融的深度参与将改变一切。货币协议是铸币权益衍生的产物。即使在金属货币流通的年代,铸币权也是国家信用的特有标志,代表着巨大利益。各国铸币权之间的平衡,就是货币协议。信用货币流通以后,因为铸币变得近于完全无成本,所以不同的货币流通区面对着贸易竞争,都有强烈的内在动机去主动贬值,与对手竞争,顺便稀释债务,解决自己的国际收支和就业问题。

二战前的世界货币市场,分为美元区、英镑区和法郎区。20世纪30年代,为了从经济危机中恢复元气,三大主要货币竞相贬值以刺激贸易,一时重商主义当道,鼓励出口,限制进口,各国政府对外汇的控制骤然严格。拿罗斯福新政时的美国来说,一年中最大货币贬值幅度曾超过50%。然而,这样做的结果却适得其反——“囚徒困境”出现了,为了规避汇率风险,国际贸易越来越龟缩在本币货币区内。饮鸩止渴的贬值大战没能带来出口繁荣,倒让国际金融市场上的投机炒家有机可乘,结果货币投机又加剧了汇兑风险,对贸易更加不利……

这种郁闷的循环最后终于被二战打断了。整个战争期间美国的贸易顺差以惊人的速度膨胀起来,美元不仅没有贬值的必要,而且还由于源源不断流入的黄金而更加坚挺。

因此,在那个仅与D日行动相隔一周的微妙时刻,伦敦和华盛顿的两家人马,各自怀揣盘算好的一套完美计划，来到布雷顿森林郡。他们作决定的砝码，正是自古以来的货币之王，货币的货币——黄金。黄金作为货币基准和国际支付手段，在漫长的历史里一直发挥着自动调节器的作用，维持着各货币之间基本汇兑关系。从理论上，国际贸易的不平衡，在金本位体制下可以自动纠正。现代工业的兴起，经济与贸易总量的飞速增长，对货币流通量增长的要求远远超过了黄金产量的增加，货币对黄金的贬值成为一个不可避免的长期趋势。这种情况下，先下手为强，贬值货币就成了一件有利可图的事，这样国内价格不会下降而影响利润，国际贸易的竞争力却增加了。前文提过的货币区之间的斗争，缘由就在于此。

凯恩斯拿出的版本叫“国际货币清算同盟计划”，怀特计划的名字更长，叫“联合国稳定基金与同盟国家的复兴开发银行计划草案”。经过一番艰苦交锋，在英国大幅度让步基础上，两个计划达成了妥协。1944 年 7 月，布雷顿森林会议上最终通过了以怀特计划为蓝本、凯恩斯计划为补充的《国际货币基金协定》和《国际复兴开发银行协定》，总称为“布雷顿森林协定”。另外各国还同意成立一家“准国际银行”——国际货币基金组织，向流动性出现困难的国家提供帮助。至于凯恩斯的清算货币“班克尔”，直到 20 多年后，才在一种叫做“特别提款权”的黄金货币单位身上复活。

以美元为中心的布雷顿森林体系在结束金融混乱、促进国际贸易方面取得了相当大的成功。固定汇率制让汇兑风险大大降低，促进了资本与贸易的自由流动，1948 年到 1976 年之间，国际贸易的年平均增长率为 7.8%，为战前的 10 倍。美国通过援助、信贷、投资、购买商品和劳务活动，向全球提供了大量的美元，比如在欧洲的“马歇尔计划”和在日本的经援，在一定程度上，有力带动了战后资本主义世界经济的恢复。

## 复习思考题

1. 什么是汇率？汇率的两种标价方法区别是什么？
2. 试述汇率的决定基础。影响汇率变动的因素主要有哪些？
3. 试比较固定汇率制度与浮动汇率制度的利弊。
4. 试述国际收支失衡的调节方式。
5. 简述国际储备的作用及其构成。
6. 试述布雷顿森林体系的内容、作用、影响及崩溃原因。
7. 试述牙买加体系的内容，并对其进行评价。

## 讨论题

1. 评价现行人民币汇率制度及其特点。
2. 汇率变动对一国国内经济的影响是怎样的？
3. 谈谈如何加强我国外汇储备的管理。
4. 结合欧债危机，谈谈区域性货币一体化的发展前景。

# 第十二章 金融创新与金融危机

## 本章导读

“不创新，就灭亡。”(福特公司创始人亨利·福特语)面对危机，唯有创新是根本。通过本章的学习，使学生了解金融创新的概念、金融危机的含义和类型，明确金融创新的原因与内容，理解金融创新对经济的影响，掌握金融危机的国际传播机制及其防范治理措施。

## 引例思考

**货币市场共同基金：满足公众理财需要的创新工具**

货币市场共同基金(MMMF)是一种专门投资于货币市场的开放式基金，投资对象主要包括短期国债、商业票据、大额可转让存单、回购协议、银行承兑汇票等。它的风险和收益介于银行储蓄存款与资本市场投资之间。第一家货币市场共同基金在1971年创设。证券公司发行基金股份，由投资者认购，然后证券公司经营基金购买短期货币市场工具，再将投资收益扣除手续费后交给持股人。

最初，货币市场基金在美国并没有受到很多关注，但在20世纪80年代初之后，得到了长足的发展。据美国投资公司协会(ICI)统计，截至2001年9月30日，投资基金总资产中大约有34%(21620亿美元)投资于货币市场基金，仅次于股权类基金所占的47%的比例。目前几乎有近半数的美国家庭持有货币市场基金，家庭短期金融资产的22%是以货币市场基金的形式存在，证明货币市场共同基金是一项成功的金融创新。

货币市场基金与股权类、债券类基金在基金的筹措、运作上有许多相似之处，但是作为一种独特的制度安排，它在许多方面优于后者：①货币市场基金与其他基金最主要的不同在于基金单位的资产净值是固定不变的，通常是每个基金单位1元。投资该基金后，投资者可利用收益再投资，投资收益就不断累积，增加投资者所拥有的基金份额。②流动性好、安全性高。这主要源于货币市场是一个低风险、流动性高的市场。同时，投资者可不受到期日限制，随时根据需要转让基金单位，也可以对在货币市场基金中以股份形式持有的资金签发支票。③衡量货币市场基金表现好坏的标准是收益率。这与其他基金以净资产价值增值获利不同。④投资成本低。货币市场基金通常不收取赎回费用，并且其管理费用也较低，货币市场基金的年管理费用大约为基金资产净值的0.25%～1%，比传统的基金年管理费1%～2.5%要低。⑤货币市场基金均为开放式基金。⑥风险性低。货币市场基金投资组合的平均期限一般为4～6个月，因此风险较低，其价格通常只受市场利率的影响。

在引入货币市场基金以前，由于货币市场产品最低交易额的限制(如大额可转让定期存单的最低交易额通常为10万美元)，大部分个人投资几乎无法进入货币市场，因而无法分享其中某些产品的较高收益率。货币市场基金则以集合投资的方式满足了这部分需求。

请思考：货币市场共同基金是如何取得长足发展的？

# 第一节 金融创新

## 一、金融创新概述

### (一)金融创新的含义

金融创新是指金融机构和金融管理当局出于微观利益和宏观利益的考虑,对金融领域内各种金融要素的重新组合,包括在机构设置、业务品种、金融工具及制度安排等方面所进行的创造性变革和开发活动。

这一定义应从以下四个方面理解:第一,金融创新的主体包括金融机构和金融管理当局;第二,金融创新的本质是金融要素的重新组合;第三,金融创新的根本目的在于提高金融业的整体效率;第四,金融创新的表现形式包括金融机构设置的创新、金融业务的创新、金融工具的创新和金融制度的创新。

### (二)金融创新的主要动因

当代金融创新并非是偶然和暂时的现象,它的产生不是某个因素所能导致的,而是在特定的社会历史背景下诸多因素共同作用和影响的产物,其中最主要的因素有以下四个:

#### 1.规避管制,竞争资金来源

对金融企业而言,金融管制是政府对其的隐含税收,增加了它们的成本,为了追求利益最大化,金融企业就千方百计地试图摆脱这些管制。但摆脱管制又不能违反现行的法律、法规,于是,创新就成为规避有关金融监管的法律、法规的重要手段。

在20世纪40—50年代,商业银行尚有大量低成本的活期存款和储蓄存款等资金来源,银行经营管理所面临的主要问题是如何运用这些资金,因而其经营管理重点自然在资产方面。20世纪60年代以后,非银行金融机构获得迅速发展,金融业的竞争不断加剧。在市场利率不断上升的情况下,政府对定期存款利率的限制使得存款不如投资于其他有价证券有利,从而影响了存款性金融机构的资金来源,规避管制、争取信贷资金来源的负债管理变得日趋重要。如何在存款市场上获得更大的份额从而取得竞争优势成为金融机构经营成败的关键,而金融创新成为规避管制、竞争资金来源的重要途径。

#### 2.金融自由化

20世纪70年代以后,各国不断放松金融管制,为金融创新提供了自由宽松的经济金融环境。金融自由化主要包括:①价格自由化,即指利率和汇率的市场化;②业务自由化,即放弃分业经营制度,使金融机构,特别是商业银行向全能化发展;③市场自由化,即放开金融机构市场准入的限制条件;④资本流动自由化,即开放资本市场和资本账户,允许资本在国际间自由流动。

#### 3.防范和控制金融风险

20世纪70年代初期,以美元为中心的布雷顿森林体系崩溃,浮动汇率制代替了固定汇率制,西方各国汇率变化不定;从70年代中期开始,受两次石油危机的冲击,在世界范围内出现经济停滞、通货膨胀的局面,市场利率也波动不定。这一切给金融业及其他从事与金融业务相关的企业带来了巨大的利率风险和汇率风险,银行、企业以及其他金融市场参加者时刻面临着汇率和利率变化无常的威胁。

4. 新科技革命的推动

20世纪60年代以来的新科技革命不仅改变了金融观念和金融运作，而且直接推动了金融创新，掀起了一场金融领域的科技革命，使金融发展进入一个更高的层次与阶段。新科技成果的应用，大大降低了创新的平均成本，增加了规模报酬和金融创新的总收益，迅速提高了金融机构的经营效率和业务处理能力，开辟了新的资金来源和业务机会，为各种金融创新提供了必要的物质基础和技术服务，大大增强了金融机构的创新供给能力。

## 二、金融创新的内容

金融创新的内容非常广泛，大体上可归纳为以下几个方面：

### （一）金融业务和工具的创新

金融业务和工具的创新可分为全新的创造及在传统业务和工具上改造而成两种情况。

1. 银行业务的创新

属银行负债业务的创新有：大额可转让定期存单、可转让支付命令账户、自动转账服务账户、货币市场存款账户、协定账户、清扫账户、互助基金存款账户等。目的主要是解决利率最高限制，活期账户不能开支票、不能付利息等问题，扩大资金来源，改善负债业务。

属银行资产业务的创新有：消费信贷、住宅贷款（包括固定利率抵押贷款、浮动利率抵押贷款）、银团贷款、平行贷款、分享股权贷款、组合性融资、贷款证券化等。目的主要是实现资产形式的多样化，分散风险、增加盈利渠道。

属中间业务的创新有：信托业务、租赁业务、投资银行业务（主要是提供财务咨询、担任投资顾问）、贷款承诺、担保以及其他的表外业务。目的主要是改变银行业务结构，增强银行竞争力。

属金融工具的创新有：可转换债券、可赎回债券、回购协定、浮动利率债券、期货合约、期权合约等。

2. 证券业务的创新

证券业务的创新主要有：中小企业板、创业板、证券投资基金、融资融券、商品期货、金融期货、QFII、QDII、期权交易等。目的主要是扩大资本市场功能，丰富投资对象，降低投资风险，保护筹资者、投资者等相关方面的权益；同时，增加证券公司的获利能力。

3. 保险业务的创新

保险公司业务创新主要有：产品创新、营销创新、理赔创新、服务创新等。

### （二）金融技术和服务的创新

电子计算机在金融业中的广泛应用，使金融业进入电子化时代，像银行资料处理电脑化、自动出纳机、售货场所终端机、信用卡、电子计算机转账系统、网络银行等都属于技术上的创新。

### （三）金融市场的创新

金融市场创新主要表现为欧洲货币市场的金融工具创新、衍生金融市场创新，以及金融市场交易系统和交易机构创新等方面。

1. 欧洲货币市场的金融工具创新

第二次世界大战后形成的欧洲货币市场，本身就是金融创新的重大成果，它实现了金融市场真正的国际化；同时，欧洲货币市场的金融工具创新也是内容丰富的，包括多种货币贷款、平行贷款、背对背贷款、浮动利率债券、票据发行便利等。

2. 衍生金融市场创新

在 20 世纪 70 年代世界范围的金融风险普遍增大的背景下，为满足客户避险、牟利的需求，以美国为首的经济发达国家相继推出期货、期权等新型的金融交易方式，创造了标准合约式的金融工具，形成了交易期货合约、期权合约为主要内容的衍生金融市场。衍生金融工具和衍生金融市场的出现，是现代金融市场发展的重要创新成果。在衍生市场上，除了合约形式的金融工具外，还存在其他类型的工具，如商品派生债券、指数期货期权凭证等。

3. 金融市场交易系统和交易机构创新

1971 年，美国率先建立了证券交易自动报价系统，其后又使证券交易自动报价与市场间交易系统联网，实现了证券市场的网络化。此外，一些国家还相继建立了金融期货交易所，以满足对现代金融商品交易的需要。

### (四)金融机构和金融制度的创新

(1)非银行金融机构种类和规模迅速增加，各种保险公司、养老基金、投资基金、住宅金融机构、财务公司、租赁公司、信用合作社等金融机构飞速发展，它们提供各类专门金融服务，形成了与各类银行互补的新型金融体系。

(2)银行与非银行金融机构之间互相交叉与合并，金融业从提供单一服务向综合服务方向转变。

(3)出现了金融联合体，如美国美林(Merrill Lyncy)公司，可以经营一切银行和非银行业务，不但能向顾客提供金融服务，还同时兼营零售和批发商业，成为超级金融机构。

(4)跨国银行发展呈现加速趋势。

(5)风险投资和二板市场逐渐普及。

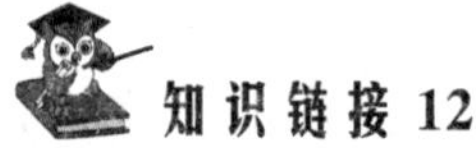

**知识链接 12-1**

**银行混业经营的“破冰”**

银行与保险公司相互参股的监管难题获得解决。中国银监会及保监会 22 日宣布，已经于 2008 年 1 月 16 日在北京正式签署了《中国银监会与中国保监会关于加强银保深层次合作和跨业监管合作谅解备忘录》(下称《备忘录》)。在《备忘录》中，双方对准入条件、审批程序、机构数量、监管体制、风险处置与市场退出程序及信息交换六个方面达成一致意见。

新年伊始，国务院批准了银监会和保监会联合上报的关于商业银行投资保险公司股权问题的请示文件(下称“160 号”文)。“160 号”文原则同意银行投资入股保险公司，试点范围为三至四家银行。《备忘录》的出台意味着银行盼望已久的参股保险公司获得实质突破。

《备忘录》只是明确了两家监管机构的分工和责任，确立了审慎监管的基本原则，对加强现场检查和非现场监管配合，确定风险处置与市场退出的程序，明确信息交换的内容、方式和渠道等方面进行了监管约定。

资料显示，近年来，随着保险公司与商业银行的合作不断加强。截至 2007 年 3 季度，全国共有银行类保险兼代理机构近 8 万家，占全国保险兼代理机构的比例超过 50%；在全国总保费收入的5327.92亿元中，银行类保险兼代理机构代理保费收入1006.45亿元，占全部兼业代理机构保费收入的61.49%，占全国总保费收入的18.89%。

截至目前，已有两家保险公司投资入股商业银行。2006年12月，中国人寿(601628)投资56.71亿元收购广东发展银行20%的股权；2007年1月，中国平安保险(集团)公司投资49亿元收购深圳商业银行89.2%的股权。

## 三、金融创新的影响

金融创新内容广泛而复杂，其影响是多方面的。绝大多数经济学家认为，金融创新有利有弊，但从整体上讲有利于金融与经济的发展，提高了社会净利益。

### (一)金融创新的正面影响

(1)对金融机构来说，多种金融工具的创新和新服务的开展，扩大了资金来源和运用的规模以及业务种类，增加了盈利机会。以电子计算机为基础的创新，大大减少了支付、会计、资料处理所需的时间和交易成本，提高了工作效率；业务范围的拓展增强了金融机构的活力和竞争能力。

(2)对储蓄者、投资者来说，金融创新扩大了资产选择的空间，并提高了金融资产的收益性和流动性。

(3)对筹资者来说，金融创新使融资渠道多样化、融资形式灵活化，从而更好地满足了筹资者对融资的不同要求。

(4)从全社会来说，金融创新繁荣了金融业，增加了各经济单位应付风险的能力，并且有力地推动了经济发展。

### (二)金融创新的负面影响

**1.加大了整个金融体系的风险**

(1)为投机活动提供了新的手段和场所。

(2)增加了银行表外业务的风险。

(3)加剧了金融机构的竞争，银行传统的存贷利差缩小，增加了从事高风险业务的压力和冲动。

(4)推动了金融自由化、国际化，使各金融机构之间，国内金融与国际金融之间的相互依赖性增加，从而造成金融风险易于扩散。

**2.增加了货币政策操作的复杂性，影响了货币政策的效力**

(1)金融创新使货币需求的稳定性被破坏。因为创新后的金融工具大都增加了支付功能，使得货币的定义变得十分困难，英美等国在金融创新活跃的时期都多次修改货币的定义，但仍然无法进行准确的计量，这就容易导致货币当局对货币供应量作出错误判断，使货币政策中介目标的内容发生变化，货币供给量、利率之间的关系不复存在。

(2)金融创新改变了有关货币政策目标的内容。金融衍生工具出现后，原有的货币供给量内涵发生变化，需要修正货币总量的定义以反映金融衍生交易产生的影响，削弱了中央银行对货币供应量的控制能力。

(3)金融创新改变了货币政策操作目标与中介目标之间的相关性。信息收集、储存和传递的技术进步推进了金融创新的过程，现金管理日益重视，这使得中央银行控制货币和信贷的效率有所降低。

(4)金融创新影响了一国货币政策的实施效果。原来中央银行只要加强对商业银行的资产负债比例管理及其他措施就可以有效贯彻执行货币政策,现在由于金融创新业务(尤其是表外业务)的迅速发展,以及其他较少管制的非银行金融机构业务的发展,中央银行原有的调控措施失灵。此外,由于金融创新工具的高度灵活性,一国货币政策的执行较多地受到国际经济的影响。

**知识链接 12-2**

**银监会重手遏制银行信贷表外腾挪 严惩违规放贷**

记者日前从多家银行了解到,银监会近期知会商业银行:利用表外业务违规放贷的行为将被严惩。这其中不仅包括杜绝利用理财、信贷资产转让、同业代付等绕过信贷规模,还包括违规从事票据业务,挪用信贷资金发放委托贷款。尤其是针对违规票据业务,监管机构将予以全面整顿。

同业代付是近年在银行中兴起的又一信贷腾挪的新途径,据透露,2011 年同业代付的收入已成为银行同业部门收入的最主要来源。据一家银行的研究人员介绍,同业代付主要是在一家银行信贷额度紧张的情况下,利用同业授信额度,从另外一家银行获得资金,然后贷给需要的客户,银行可从中赚取手续费。由于两家银行之间的资金转移占用的是同业授信额度,就可以绕开监管机构对贷款额度的限制,无形中增加了实际贷款规模。

同业代付规模越来越大,2012 年年初,银监会下发自查通知,要求银行就代付规模、操作模式、交易对手等进行详细说明。业内人士分析认为,2012 年同业代付的规模或被严格限制。

此外,对于利用理财、信贷资产转让等绕规模的行为,银监会已先后关闭了通过银信合作等行为变相发放贷款的渠道,并要求商业银行在 2011 年底前将银信理财合作业务表外资产转入表内,并按照每季度至少 25%的比例予以压缩。

除前述表外业务将被严控之外,2012 年票据融资业务也将遭遇全面整顿,尤其是违规挪用信贷资金发放委托贷款将成为整顿的重点。央行公布的数据显示,2011 年,委托贷款增加 1.30 万亿元,同比多增 4205 亿元。委托贷款在社会融资规模中的占比已超过 10%。

## 四、我国的金融创新与金融改革

### (一)我国金融创新已取得的成果

我国的金融创新是从我国实行改革开放后逐步开始的,历经 20 多年,取得了显著的成绩,主要体现在:

**1. 在组织制度方面**

建立了统一的中央银行体制,完成了中央银行大区行的机构建设框架,形成了以四家国有商业银行和十多家股份制商业银行为主体的银行体系,城市信用社改组为城市商业银行,建立了近百家证券经营机构、多家保险机构和其他非银行金融机构,初步形成了多元所有制结构、多种金融机构并存的金融企业体系。同时,放宽了外资银行分支机构和保险业市场进入条件,初步建立了外汇市场,加快了开放步伐。

**2. 管理制度方面**

中央银行从纯粹的计划金融管制变为金融宏观调控,调控方式由计划性、行政性手段为主向经济和法律手段为主转变；放松了对金融机构业务管制，各专业银行可开办城乡人民币、外汇等多种业务，公平竞争；对信贷资金的管理从“统一计划、分级管理、存贷挂钩、差额包干”到“计划指导，自求平衡，比例管理，间接调控”的不断改革，商业银行全面实行资产负债比率管理；外汇管理体制实现了汇率和人民币经常项目下的自由兑换；等等。

3. **金融市场方面**

形成了多种类、多层次、初具规模的金融市场体系。建立了同业拆借、商业票据和短期政府债券为主的货币市场；建立了银行与企业间外汇零售市场、银行与银行间外汇批发市场、中央银行与外汇指定银行间公开操作市场相结合的外汇统一市场；在资本市场方面，建立了以承销商为主的一级市场，以上海和深圳证券交易所场内交易为核心、以城市证券交易中心为外围、各地券商营业部为网络的二级市场。

4. **金融业务方面**

负债业务上出现了保值储蓄存款、住房储蓄存款、委托存款、信托存款等新品种；资产业务上出现了抵押贷款、质押贷款、按揭贷款等品种；中间业务上推出多样化服务，开办个人汇款、个人支票业务，扩大各种代理业务，开发多功能的信用卡；等等。

5. **金融工具方面**

主要有国库券、商业票据、短期融资债券、回购协议、大额可转让存单和长期政府债券、企业债券、金融债券、股票、受益债券、股权证、封闭式基金、开放式基金等货币市场和资本市场金融工具。

6. **在金融技术方面**

金融机构电子化装备水平不断提高，电子信息技术在金融中广泛应用。目前，我国已全面实现了金融机构资金汇划电子化、证券交易电子化、信息管理电子化和办公自动化，出现了电子货币“一卡通”、网上银行、网上股票交易等新型电子与网络金融业务，在金融技术上实现了与国际金融业的对接。

综上可以看到，我国金融创新已经全方位展开。通过金融的改革创新，增强了我国金融业的竞争力和抗风险能力，提高了金融企业的效率和服务质量，信贷资产质量有所好转，盈利状况逐步改善，从而极大地推动了金融业的发展，也为整个国民经济的发展提供了有力的金融支持。

### (二)我国金融创新还存在的不足

从总体上说，我国的金融创新仍处于一个较低的阶段，主要表现在：

1. **吸纳性创新多，原创性创新少**

以金融工具为例，改革开放以来，创新的金融工具达 100 多种，但是 85%是从西方国家引进的。

2. **数量扩张创新多，质量提高创新少**

以银行卡业务为例，近年来各商业银行在银行卡业务上投入了大量的人力、物力和财力，发行的银行卡数量已经相当可观，但使用效益不高，形成了大量的睡眠卡和无效益卡，而且银行间各自为政，造成银行卡业务重叠、功能类似，这不仅造成了资源的浪费，还影响了银行卡的快速、高效发展。

3. **负债类业务创新多，资产类业务创新少**

长期以来，存款等负债业务是各家金融机构竞争相对激烈的业务领域，金融机构推出的业务创新和工具创新也在这个领域最为丰富。而贷款长期以来一直都是金融机构垄断的资源，因而创新明显少于负债业务。

4. 沿海城市创新多，内陆城市创新少

我国市场经济发展从经济特区和沿海城市发起，特区和沿海城市率先打破传统体制的束缚，金融管制相对较松，金融市场比较活跃，这些都为金融创新提供了良好的外部环境。因此，我国的金融业务和金融工具创新通常首先在特区和沿海城市产生，然后再逐步向内地推广，内陆城市的金融创新明显落后于沿海城市。

5. 外力推动创新多，内部驱动力创新少

我国的金融创新主要是由体制转换和政策改革等外部因素推动的，中央银行管理制度、管理手段的改革与创新已经成为金融机构微观创新的主要外部推动力，而金融创新主体即金融机构的内在创新冲动明显不足。

6. 追求盈利的创新多，防范风险的创新少

现在推出的许多创新产品更多的是为了盈利，除了外汇业务有期权、互换、远期利率协议和部分商品期货外，一些具有重要风险管理特征的金融工具，比如互换交易、期权交易等在人民币业务上基本没有，其他防范金融风险的创新活动也基本上没有成为金融机构所关注的基本创新活动。

### （三）我国金融创新发展路径

党的十六届三中全会通过的《中共中央关于完善社会主义市场经济体制若干问题的决定》指出，商业银行和证券公司、保险公司、信托投资公司等要成为资本充足、内控严密、运行安全、服务和效益良好的现代金融企业。这就为金融企业的改革创新指明了方向。该决定提出了“抓两头、带中间”的战略部署，即抓好国有商业银行和农村信用社的改革，带动其他金融企业的改革。

1. 我国金融创新必须贯彻的原则

（1）金融创新必须同实体经济运行紧密结合，为经济发展服务。

（2）金融创新必须引导与监管并重，确保金融创新的规范性和安全性。

（3）金融创新必须实事求是，兼顾国际通用性和国情特殊性，既要有利于同国际金融业接轨，又不能脱离现实国情要求。

（4）金融创新和金融改革要有机地结合起来，两者互相促进共同推动金融业的发展。

（5）重点抓好国有商业银行和农村信用社的改革创新，带动其他金融企业的改革创新。

2. 金融创新的具体思路

（1）组织体系方面。①着力推进国有商业银行的综合改革，实现银行产权主体的多元化，真正建立银行追求利润最大化的内在机制；②大力发展股份制商业银行，形成银行全方位的市场竞争格局；③大力支持和发展中小金融机构，稳步推进民营金融机构的发展，规范和完善民间信用；④积极发展证券、保险、基金管理公司等非银行金融机构，鼓励证券公司兼并和资产重组，形成中国的投资银行业。

（2）管理制度方面。国有商业银行进行金融创新的核心和关键在于管理制度创新。只有建立科学高效的管理制度，才能对商业银行实施有效管理，充分调动员工的积极性，提高工作

效率。①要调整机构设置,构建高效的组织机构,各级分行在内部机构设置上,应以市场为导向,以客户为中心,变行政主导型模式为客户主导型模式,按照决策参谋系统、市场拓展系统、服务保障系统和监督考评系统重新调整内部机构,压缩管理层,充实一线部门;②要建立决策、执行和监督考评制衡互动的科学管理制度,以及金融创新的激励约束制度;③要明确分支行创新权责划分,充分调动基层创新的积极性。

(3)金融市场方面。应建立"以客户为中心,以市场为导向,以效益为目标"的经营理念,树立优质服务观念和科学的市场营销观念,面向客户和市场,积极开拓,进行经营策略创新。重点发展以同业拆借、票据承兑贴现为主的货币市场;规范证券市场秩序,引导资本市场健康发展;在条件成熟时适时推出创业板市场;加快利率市场化改革过程,建立以中央银行利率为基础、以货币市场利率为中介、金融机构存贷款利率由市场决定的市场利率体系及形成机制,中央银行运用货币政策工具对市场利率进行间接调控。

(4)金融业务和金融工具方面。各金融机构应树立品牌观念,立足于自身优势、客户需求和国际接轨的需要,借助先进手段,不断开发研制出金融新业务、新品种、新工具。在保持常规金融业务品种外,要大力开发中间业务、表外业务,推行电话银行、信用借记卡、代客理财等业务;继续发展封闭式基金,积极推行开放式基金。要大力促进金融技术创新和服务创新,广泛应用现代科学技术,加快高新技术在金融中的推广和应用,以技术创新促进金融业务创新,实现金融生产力的提高。要把科技创新和金融工具创新、产品创新有机地结合起来,提高金融产品的档次和质量。同时,金融服务要突破传统银行的柜面服务,实现金融服务技术电子化、信息化,金融服务形式的多样化、全方位化。

(5)金融监管方面。金融监管和金融创新都是金融体系安全、高效运行的重要条件,都是维护广大投资人权益,都是为了增强中国金融业的国际竞争能力和生存能力,是相辅相成的关系。监管要为创新创造良好的环境和条件,提供应有的空间和平台,又要确保金融创新的规范性和安全性。①要按照银行业、保险业、证券业分业统一监管的要求,建立健全的分业监管体制和相应的制度规范,形成从市场准入、业务合规、风险控制到市场退出的全方位监管体系;②要改进监管方式和手段,实现由合规监管为主向合规监管与风险监管相结合的转变,实现由"分割式"监管向法人整体风险监管的转变,实现由"一次性"监管向持续性监管的转变,实现监管重心从具体业务监管向法人治理结构和内控有效性监管的转变,实现监管方式从定性监管为主向定性监管与定量监管相结合的转变;③要健全金融风险监控预警与处理机制和建立对监管部门的监督机制;④要逐步与国际监管接轨,不断提升我国的金融监管水平。

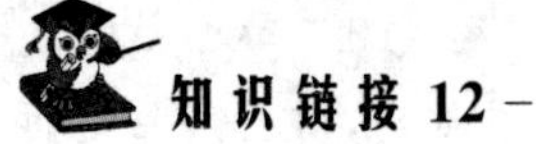

**知识链接 12-3**

**中国民生银行创新发展之路及其方向性意义**

中国民生银行于1996年1月12日在北京正式成立,是我国首家主要由非公有制企业入股的全国性股份制商业银行,成立至今,始终坚持改革创新,业务不断拓展,规模不断扩大,效益逐年递增,并保持了良好的资产质量。

**一、打造超强的IT平台**

IT平台也称"八大系统",即客户信息管理系统、客户服务中心系统、业务流程系统、风险评价系统、业务定价系统、信用卡系统、行员培训系统和客户经理管理系统。

八大系统的建设对民生银行的提速和快速发展具有重大意义，不仅夯实了基础，而且具备如下优势：提供准确和可靠的财务和业务数据，在全行统一采用系统性方法来进行业务绩效管理和监控；继续加强信贷风险管理，建立集权式的信贷组织结构，从而确保全行各产品和服务有统一的信贷评估、审批和监控模式；以客户为中心的理念和高质量的客户信息是民生银行的发展战略的基石，它在民生银行管理的方方面面得以体现，这对业务战略中个人银行业务新产品和服务的成功尤为重要。

**二、稽核体制新模式**

银行业经营的第一要务就是要控制风险。为了防范风险，民生银行在推行独立信贷评审制度后，又于2004年分别向华北、华东、华南等中心区域派驻了首席稽核检查官，开始全面推行独立于各级经营机构、由总行垂直领导的稽核管理新体制，从根本上改变了以往条块分隔各自为政的状况。

稽核管理系统的创新将实现三个基本覆盖：基本覆盖所有新业务，基本覆盖所有主要业务，基本覆盖总、分行本部及所属。建立三个体系：即建立非现场检查体系，建立各行稽核检查评估评分体系，建立稽核惩处管理体系。实现三个优化：即优化稽核制度，优化稽核队伍，优化稽核检查的形式和内容。全面推进稽核业务的专业化管理进程，将使民生银行通过深层次的创新稽核服务，强化内部控制、有效防范和规避经营风险。

**三、制度创新作用凸显**

(1)数据大集中。将全辖的数据集中起来，这使民生银行的业务链管理发生了根本性的变化。

(2)三卡工程。就是全员管理中的培训卡、绩效卡、福利卡制度。推出这项制度的目的在于使员工在民生能发展、有奔头，能够很好规划自己的职业生涯，使员工的个人发展与企业长远发展同步一致。

(3)两率改革。制定合理的标准，发挥工资利润率和费用利润率的杠杆作用，员工的收入和费用都与创利紧密结合起来。

(4)等级行制度。民生银行的等级行制度，打破了行政和一般意义上的分行支行概念，是按照利润指标来推行等级行制度。利润好的行，哪怕是支行一级的，也可以上升为分行。

(5)独立评审制度。设立独立的信贷评审委员会，负责重大信贷项目的审定。

在民生银行颇具独创性的独立评审制度中，设置了一个首席信贷执行官的最高位置，这在国内银行业中是独一无二的。

**四、产品创新源自客户需求**

为了全面推进产品创新，民生银行成立了专门负责产品创新的认定委员会，对新产品进行全面评估认定，以确认创新产品的运行效率及产生的社会效益。

民生银行的产品可谓与时俱进，年年创新。从买方付息票据贴现业务、外汇票据买断业务到保理业务、民生集团网，再到账户信息即时通、住房二次抵押贷款以及个人委托贷款、企业财务革新计划、民生财富、现金管理服务、手机钱包、电子理财绿色通道、网上开立信用证系统……不断推出的创新金融产品，提高了民生银行的核心竞争力，凸显了民生银行的服务特色，树立起民生银行良好的市场形象，强化和提升了民生银行的品牌内涵。

# 第二节 金融危机

## 一、金融危机概述

金融危机又称金融风暴，是指一个国家或几个国家与地区的全部或大部分金融指标，例如短期利率、货币资产、证券、房地产、土地（价格）、商业破产数和金融机构倒闭数的急剧、短暂和超周期恶化。

金融危机的特征是人们基于经济未来将更加悲观的预期，整个区域内货币币值出现较大幅度的贬值，经济总量与经济规模出现较大幅度的缩减，经济增长受到打击，往往伴随着企业大量倒闭，失业率提高，社会普遍的经济萧条，有时候甚至伴随着社会动荡或国家政治层面的动荡。

金融危机的类型有货币危机、银行业危机、债务危机和系统性金融危机等四种基本类型，近年来金融危机呈现某种形式混合的趋势。

货币危机是指投机冲击导致一国货币大幅度贬值，抑或迫使该国金融当局为保卫本币而动用大量国际储备或急剧提高利率。银行业危机是指真实的或潜在的银行破产致使银行纷纷终止国内债务的清偿，抑或迫使政府提供大规模援助以阻止事态的发展。债务危机是指一国处于不能支付其外债利息的情形，不论这些债权是属于外国政府还是非居民个人。系统性金融危机，可以称为“全面金融危机”，是指主要的金融领域都出现严重混乱，如货币危机、银行业危机、股市崩溃及债务危机同时或相继发生。

## 二、金融危机的国际传播机制

### （一）金融危机的传播效应

在金融全球化时代，由于金融活动和经济活动的联系日益紧密，国与国之间的金融危机的联系也越加紧密，这导致金融危机具有极强的传播效应。

金融危机的传播效应来自于金融全球化，具体表现在以下几个方面：

#### 1. 金融活动“游戏规则”的全球一体化

无论是国内的金融活动，还是跨国金融活动，通用的是具有国际惯例的“游戏规则”。

#### 2. 金融工具的全球一体化

新的金融工具一经创造出来，很快就成为各国金融交易的对象。

#### 3. 市场参与者的全球一体化

这表现在资金的需求者可以广泛地面向全球筹集资金，而资金的供应者也可以在全球范围内选择其投资、贷款的对象。

#### 4. 交易币种的多样化

随着越来越多的国家放松金融管制，越来越多的民族国家的货币进入了全球金融交易。

#### 5. 金融市场的全球化

不仅筹资者和投资者可以自由地在世界各国的金融市场上从事金融活动，而且构筑在互联网上的全球 24 小时不间断的交易体系一经形成，为金融交易最终摆脱各民族国家疆界的限制和实体市场的约束提供了基础。

6. **利率的趋同化**

随着各国相继放松利率管制,各国利率水平趋于同步变动,全球利率的国别结构在考虑了各种风险之后已经基本稳定。

7. **金融风险的全球化**

一国的金融风险往往迅速传播到别国,单一的危机往往演变为综合的系统性金融危机。危机时期,各国汇率的波动、利率的波动、大部分股市的波动都具有相关性。

### (二)金融危机的传播渠道

金融危机从一国传播到另一国的渠道主要有两个:

1. **贸易联系渠道**

当某个或某些国家是危机国家的重要贸易伙伴,即存在直接贸易联系时,一国爆发金融危机所伴随的货币大幅贬值和国内市场需求的急剧下降,都会导致与之有直接贸易联系的国家出口下降,国际收支恶化,成为危机扩散的牺牲品。另一种情况是,某些国家相互之间直接贸易联系虽然不紧密,但往往在很大程度上依赖一个共同的出口市场。这时,直接贸易联系通常忽视危机传染的主要途径,而间接贸易联系的影响却很大。危机间接传染的可能途径一是危机国家因货币大幅贬值而增强出口竞争力,抢占出口市场,使对手国的出口下降,国际收支恶化;二是危机国的对外汇率失守,市场就会预期与之有间接贸易联系的国家也有可能会让本币贬值,因而导致大量抛售该国货币,从而加速货币危机的扩散,等等。

2. **金融联系渠道**

直接金融联系是指某个或某些国家与危机国家有直接的投资和借贷联系,会导致金融危机的直接扩散。而当某个或某些国家与危机国家都是跨国银行和国际机构投资者开展大量业务的地区时,又会形成间接金融联系。跨国银行和国际机构投资者在一国遭到损失后,为了达到资本充足率和保证金要求,或出于调整资产负债的需要,往往大幅收缩对另外国家的贷款或投资,促使这些国家也相继陷入危机之中。即使不存在贸易和金融联系,金融危机也有可能扩散。这是由于市场预期发生变化,或投资者信心不稳,从而导致资本市场上的热钱大量从某个或某些国家流出。

**知识链接 12-4**

**欧洲债务危机:起因、影响与展望**

2009年10月,希腊新任首相乔治·帕潘德里欧宣布,其前任隐瞒了大量的财政赤字,随即引发市场恐慌。截至同年12月,三大评级机构纷纷下调了希腊的主权债务评级,投资者在抛售希腊国债的同时,爱尔兰、葡萄牙、西班牙等国的主权债券收益率也大幅上升,欧洲债务危机全面爆发,目前已经成为牵动全球经济神经的重要事件。在欧元区17国中,以葡萄牙、爱尔兰、意大利、希腊与西班牙等五个国家(以下简称"PIIGS五国")的债务问题最为严重。

**一、欧债危机起因**

**1. 过度举债**

政府部门与私人部门的长期过度负债行为,是造成这场危机的直接原因。欧盟《稳定与增长公约》规定,政府财政赤字不应超过国内生产总值的3%,政府债务累积总额占国内生产总值的比重不应超过60%,而在危机形成与爆发初期的2007—2009年,PIIGS五国政府赤字数额急剧增加，除西班牙政府债务水平与该水平较为接近外，其他国家债务水平均大幅超标。以希腊为例，从2001年加入欧元区到2008年危机爆发前夕，希腊年平均债务赤字达到了5%，而同期欧元区数据仅为2%；希腊的经常项目赤字年均为9%，同期欧元区数据仅为1%。2009年，希腊外债占GDP比例已高达115%。

随着欧洲区域一体化的日渐深入，以希腊、葡萄牙为代表的一些经济发展水平较低的国家，在工资、社会福利、失业救济等方面逐渐向德国、法国等发达国家看齐，支出水平超出国内产出的部分越来越大。由于工资及各种社会福利在上涨之后难以向下调整，即存在所谓的"粘性"，导致政府与私人部门的负债比率节节攀升。

此时，已经背负巨额债务的五国政府，其进一步借贷的能力已大不如前，政府信用已经不能令投资者安心充当债权人的角色。投资者一般将6%作为主权债务危机的一个警戒值，一旦超过这一水平，该国将面临主权债务危机。2011年11月8日，10年期意大利国债收益率飙升65个基点至7.31%，为欧元问世以来的新高，意味着意大利通过市场融资的方式将难以为继，此前希腊、葡萄牙以及爱尔兰的国债收益率在突破7%以后，不得不寻求国际援助。受此影响，欧洲股市开盘全线大跌，意大利股市盘中跌幅超过4%，美国主要股指盘前期货跌幅也一度接近2%。外汇市场上，截至下午6时40分，欧元兑美元下跌1.21%至1.366 6。目前，市场普遍看空欧元后市。

**2. 政府失职与制度缺陷**

PIIGS五国经历如此严重的危机，动作迟缓、不作为或乱开"药方"的五国政府难辞其咎。虽然五国政府在危机前与危机中的表现不尽相同，但其失职行为是危机的重要助推因素。首先，为了追逐短期利益，在大选与民意调查中取悦民众，政府采用"愚民政策"，采取了"饮鸩止渴"的行为。其次，一些政府试图通过各种途径逃避欧盟委员会与欧洲央行的监管处罚。再次，以爱尔兰、西班牙为代表的一些国家政府放任国内经济泡沫膨胀，一旦泡沫破灭，又动用大量的纳税人财富去救助虚拟经济，导致经济结构人为扭曲。最后，政府首脑过于畏首畏尾，不敢采取果断措施将危机扼杀于"萌芽状态"。

欧元区的制度缺陷在本次危机中也有所显现。首先，根据欧元区的制度设计，各成员国没有货币发行权，也不具备独立的货币政策，欧洲央行负责整个区域的货币发行与货币政策实施。在欧洲经济一体化进程中，统一的货币使区域内的国家享受到了很多好处，在经济景气阶段，这种安排促进了区域内外的贸易发展，降低了宏观交易成本。然而，在风暴来临时，陷入危机的国家无法因地制宜地执行货币政策，进而无法通过本币贬值来缩小债务规模和增加本国出口产品的国际竞争力，只能通过紧缩财政、提高税收等压缩总需求的办法增加偿债资金来源，这使原本就不景气的经济状况雪上加霜。其次，缺乏对成员国财政政策的有力监督，财政政策的失误肯定会传导到货币政策，从而影响到整个区域乃至全世界的金融稳定与经济发展。

## 二、欧元区：经济整体萎靡但强国仍有余力

德国和法国作为欧元区经济总量前两位的国家，在本次危机中表现稳健，其中德国的经济复苏势头十分明显。在2007—2009年的次贷危机期间，德国经济深受影响，但2009年6月起，德国经济一直处于复苏过程之中。一方面，德国以汽车、机械为代表的核心部门保持着较强的领先优势；另一方面，欧洲债务危机导致的欧元贬值增加了德国出口产品的国际竞争力，对出口导向型的德国经济起到了提振作用。

### 三、欧债危机对金融业的影响

本次欧债危机中，以爱尔兰、西班牙为代表的"泡沫破灭"国家的债务问题始于银行业，通过政府的救助开始由银行体系向本国政府传导。而银行由于持有大量的政府债券，再度面临潜在资本损失。很多银行由政府持股或控制，政府在危机时刻对一些具有系统重要性的金融机构也肯定会伸出援手。在此情形下，这种债务危机不断在政府与银行之间传导的模式一旦形成，必将对全球经济造成致命打击。在欧洲，银行持有政府债券的现象十分普遍。

希腊国家银行是希腊国内最大的银行，目前持有 180 亿欧元的希腊政府国债，一旦希腊政府进行债务重组，这些债券将大幅贬值，该银行也必将遭受重创。希腊国外的一些大型金融机构也持有大量希腊国债，例如，巴黎百富勤集团和德国商业银行分别持有 50 亿欧元和 30 亿欧元的希腊国债。英国巴克莱银行在西班牙拥有约 439 亿欧元的债权性资产。

与上述机构相比，目前，由英国政府控股的苏格兰皇家银行处境更糟。该行持有高达 640 亿欧元的爱尔兰债务，其中 120 亿欧元的债务已经违约。该行总资本在 2010 年末为 580 亿欧元，虽已得到英国政府的救助，但如果爱尔兰债务问题继续恶化甚至全面违约，则该行必将面临破产的窘境。

意大利作为全球第三大国债发行人，其债权人遍及世界各地。欧洲银行业直接或间接持有的意大利债务高达 9987 亿欧元。美国金融业在欧元区也拥有巨大的风险敞口。根据巴克莱银行的统计，美国银行业持有的意大利和西班牙债务分别高达 2690 亿美元和 1790 亿美元。一旦这些债务出现违约，处于温和复苏过程中的美国金融业必将再次遭受重创。

### 四、发展态势与救助模式展望

危机国家已经无法凭借一己之力解决自身的痼疾，周边国家、机构的援助方案与援助力度将在很大程度上决定危机的进程。

德国作为欧元区内经济总量最大的主权国家，其对危机国家的救助意愿与救助能力将成为左右危机发展态势的重要因素。2011 年 7 月中旬，经过国内的激烈争论，德国政府宣布将与欧洲央行和国际货币基金组织协调确定针对希腊的第二轮救助计划。法国国内形势虽没有德国乐观，但情况较为相似。如果德法能够在救助问题上进一步通力合作，则救助进程将可能大大缩短。

在针对本次危机的救助过程中，欧洲央行、欧盟委员会、国际货币基金组织等机构纷纷向危机国家提出应对方案，伸出援助之手。但从长期来看，危机的救助不仅取决于外部援助，更取决于危机国家自身的努力方向与努力程度。如果这些国家不能够"量入为出"，依然维持超出自身产出能力范围的消费支出，则即使暂时度过了这次危机，未来必定还会出现"入不敷出"引发的一系列问题。

经过危机的洗礼，欧元区必定在制度建设、规则制定、政策实施等方面更加谨慎、严格与完善。此前，欧洲央行由于无法针对区域内特定国家的情况制定政策，在针对遏制通胀与保证经济增长等目标制定政策时，显得僵化而滞后。相信在本次危机过后，以欧洲央行为代表的核心宏观经济管理机构会进行较为深刻的自省，欧盟也将在统一货币的基础上，加快统一财政政策建立与监控的步伐，这将有利于整个欧元区的长远健康发展。

## 三、金融危机的危害与防治

### (一)金融危机的危害

金融危机对经济的冲击涉及方方面面,社会总会为之付出高昂的代价。不论是发展中国家,还是发达国家都屡受其害。拉美债务危机使拉美国家失去了"发展的十年";亚洲金融危机则使一向欣欣向荣的亚洲经济倒退五六年,"东亚奇迹"黯然失色;欧洲货币体系危机曾迫使西欧若干主要国家退出欧洲货币体系,如此等等。从不同视角看,金融危机的主要危害有:

**1.使金融机构陷入经营困境**

每次发生金融危机都无一例外地伴随着大量金融机构的倒闭、破产或重组,即使一些银行没有倒闭,经营上也会困难重重。首先是盈利能力下降;其次是不规范竞争增多;再次是银行体系的整体信誉下降,融资成本增加,等等。

**2.使国家财政负担加重**

由于金融业在国民经济中的特殊作用及其与千百万中小存款人的密切联系,各国在发生银行危机时,财政都会出面救助,大大加重国家财政的负担。例如,日本为解决银行业的不良贷款问题,不止一次投入公共资金,给财政造成极大的压力。

**3.降低货币政策效率**

不稳定的银行体系打乱了货币政策工具与货币政策目标之间正常的联系。在金融动荡期间所出现的扰动往往使货币乘数、货币供给量和利率弹性的变化幅度难以预计,这无疑会给货币政策的实施增加困难。

**4.信用紧缩效应**

在金融危机之后的萧条阶段,银行信用必然过分紧缩,并成为抑制经济复苏的重要因素。信用收缩的主要原因有:

(1)危机的余悸使得银行以过分谨慎的心态面对风险;任何重要公司的倒闭、股市上的风吹草动,都可能提示金融领域中不确定性的增大,使得贷款风险的高低难以分辨。这必然会使贷款者倾向于严格控制贷款的发放。

(2)股市下跌使股票等金融投资作为抵押品的价值下降;而且悲观的股市预期使得用这类抵押品取得贷款的折扣加大。这都使提供的贷款金额相应缩减。

(3)物价水平的下降会提高公司负债的实际价值,但却不会提高公司资产的实际价值。结果,公司实际资产的净值下降,公司向银行借款的基本条件削弱。

(4)银行以风险加大为由提高利率,基于弥补呆账损失的动机而扩大利差、提高利率,也会加剧紧缩效应。

**5.打击经济增长**

1975—1994年间,没有发生银行危机的国家经济一直在缓步增长,而发生银行危机的发展中国家则在危机发生后的5年中经济增长率慢至仅1.3%。墨西哥金融危机、亚洲金融危机爆发后,相关国家的经济增长率都出现巨幅下跌。

### (二)金融危机的防治

金融危机的危害极大,促使人们寻求防范和治理的对策。早期的金融危机主要是银行危机,与实体经济的状态存在比较直接的联系。那时,金融危机发生时,主要依靠最后贷款人——中央银行——提供流动性，使银行度过挤兑困境并使厂商获得喘息之机。在金融全球化的今天，金融危机与实体经济之间的联系日益综合复杂，危机成因与表现形式复杂了许多，防范和治理危机要困难得多，对策也趋于多样化，主要有：

(1)在危机尚未爆发之前，未雨绸缪，提早采取对策，建立危机预警系统。

(2)采取措施稳定金融市场。这包括动用外汇储备干预外汇市场；提高利率，增加借用本币资金成本，抑制投机操作，影响资本流出入，改善本币状况；动用财政资金，稳定股市；保障金融债权，维护存款人信心；等等。

(3)管理国际资本流动。在稳定金融市场的措施中，暂时实施资本账户管制，包括直接性的资本流动控制，加强外债的管理，课征短期资本流动税等。

(4)发生金融危机后，大规模重组和改革金融部门势在必行，特别是银行业的重组和改革被置于核心位置，包括：确立金融部门重组和改革的规划及执行机构；多渠道分离和处置不良资产；多途径充实银行资本金；允许或吸引外资参与重整国内金融业；加强金融机构的公司治理，合并、重组有问题的金融机构等。

(5)实施扩张性的财政政策和扩张性的货币政策。

(6)调整经济结构。在新兴市场国家，主要是消除制约市场机制发挥资源配置作用的因素。

**欧债危机的背景与对我国的影响**

**一、危机背景**

2001年，希腊正在为加入欧元区而犯愁，因为根据希腊当时的债务情况，希腊不满足欧元区成员预算赤字不能超过国内生产总值的3%和负债率低于国内生产总值的60%这两个条件。为此，美国高盛集团公司(Goldman Sachs，成立于1869年，是全世界历史最悠久及规模最大的投资银行之一，总部设在纽约，并在东京、伦敦和香港设有分部，在23个国家和地区拥有41个办事处，向全球提供广泛的投资、咨询和金融服务。该公司是第一家获得上海证券交易所B股交易许可的外资投资银行，首批获得QFII资格的外资机构之一，第一家中标协助中国处理不良资产的外资机构，多次在中国政府的大型全球债务发售交易中担任顾问及主承销商；在中国证券经纪公司高盛高华中持有股份。在2008年雷曼兄弟公司因次贷危机破产后，高盛公司是目前全球排名第一的投资银行，多位美国财长都曾担任过高盛的CEO)为希腊量身定做了"货币掉期交易"和"信用违约掉期合约"两项金融工具，为希腊掩盖了一笔高达10亿欧元的公共债务，符合了欧元区成员国的标准。

正是这两个金融工具导演了希腊债务危机。货币掉期交易存在着风险，一旦到期，在希腊自身经济情况不断恶化的情况下，肯定会推升希腊本国膨胀的赤字。为此，高盛在完成与希腊的交易后，向一家德国银行购买了20年期的10亿欧元"信用违约互换(CDS)"保险来分散风险，以便在债务出现支付问题时由承保方补足亏空。2010年2月22日，德国总理默克尔发言暗示对高盛等金融机构的指责："某些国家正处境艰难，然而那些一年半之前我们伸手援助的金融机构，现在却正利用这一点进行投机……我们被迫每隔几天就要出来平抑货币投机。"

有分析师认为，高盛行为背后是欧美之间的金融主导权之争。表面上来看，高盛在希腊债务危机中的角色是金融机构和主权国家之间的利益纠葛，但是从深层次来看，这是一种阻止欧洲一体化战略在经济上的表现。

希腊债务危机中，高盛责无旁贷，但是高盛的行为本身在现有金融监管框架下难以判定违法。很多分析也指出，欧盟在其成员国债务问题监管机制上的漏洞和不足是高盛之流屡屡得手的原因之一。

**二、欧债危机对我国宏观经济的影响**

欧洲主权国家债务危机直接影响了欧元区的经济增长，给全球经济复苏增加了较大不确定性。在世界经济复苏基础仍然脆弱的形势下，希腊主权债务危机造成的“蝴蝶效应”正在全球范围引发恐慌。虽然欧盟和国际组织联合制定的巨额援助计划为希腊消除弊端提供了空间，但救援行动可能引发的欧元缩水，以及欧元区成员国接连推出的财政紧缩政策，将给包括中国在内的欧元区外更多国家造成不利影响。

从短期看，希腊债务危机对中国经济的直接影响不大，但应警惕可能给中国带来的间接影响，一旦世界经济复苏的脆弱势头被这场债务危机拖入困境，中国的出口形势将变得更加严峻和复杂。欧盟作为我国最主要的出口市场、最重要的贸易伙伴之一，会给中国的出口商造成巨大的压力。

2011年1—10月，中国与欧盟双边贸易额达4669.4亿美元，同比增长20.2%。其中，中国对欧盟出口2940.5亿美元，同比增长16.3%；自欧盟进口1728.9亿美元，同比增长27.5%。累计贸易顺差1211.6亿美元，同比增长3.4%。所以中国经济总体上运行平稳，且基础不断巩固，中国经济出现二次触底的可能性不大。

## 复习思考题

1. 什么是金融创新？金融创新主要包括哪些内容？
2. 金融创新产生的原因和影响是什么？
3. 试述金融危机的国际传导机制。
4. 金融危机会造成哪些危害？

## 讨论题

1. 试举例说明，近三年来我国金融创新上的成就。
2. 结合欧债危机，谈谈金融危机可以避免吗？为什么？

# 第十三章 金融监管

## 本章导读

高登·格科的名言："贪婪是个好东西。"2008 年华尔街，却变身成为了"贪婪不是个好东西"。面对金融领域的经营风险，必须进行有效监管。通过本章的学习，使学生了解金融监管的目标、内容、方法，理解金融监管的含义，掌握金融监管的改革趋势。

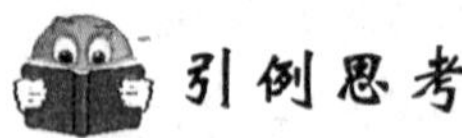

## 引例思考

### 海南发展银行的关闭

1998 年 6 月 21 日，中国人民银行发表公告，关闭刚刚诞生 2 年零 10 个月的海南发展银行。这是新中国金融史上第一次由于支付危机而关闭一家银行。

海南发展银行成立于 1995 年 8 月，是海南省唯一一家具有独立法人地位的股份制商业银行。成立时的总股本为 16.77 亿元，海南省政府以出资 3.2 亿元成为其最大股东。关闭前有员工 2800 余人，资产规模达 160 多亿元。

如此一家银行，为什么开业不到三年，就被迫关闭了呢？事实上，早在海南发展银行成立之时，就已经埋下了隐患。成立海南发展银行的初衷之一就是为了挽救一些有问题的金融机构。1993 年海南的众多信托投资公司由于大量资金压在房地产上而出现了经营困难。在这个背景下，海南省决定成立海南发展银行，将 5 家已存在问题的信托投资公司合并为海南发展银行。据统计，合并时这五家机构的坏账损失总额已达 26 亿元。有关部门认为，可以靠公司合并后的规模经济和制度化管理，使它们的经营好转，信誉度上升，从而摆脱困境。1997 年年底，遵循同样的思路，有关部门又将海南省内 28 家有问题的信用社并入海南发展银行，从而进一步加大了其不良资产的比例。

但是合并后成立的海南发展银行，并没有按照规范的商业银行机制进行运作，而是大量进行违法违规的经营。其中最为严重的就是向股东发放大量无合法担保的贷款。股东贷款实际上成为股东抽逃资本金的重要手段。仅在 1995 年 5 月至 9 月间发放贷款 10.60 亿元中，就有股东贷款 9.20 亿元，占贷款总额的 86.71%。绝大部分股东贷款都属于无合法担保的贷款；许多贷款的用途根本不明确，实际上是用于归还用来入股的临时拆借资金；许多股东的贷款发生在其资本金到账后 1 个月内，入股单位实际上是"刚拿来，又带走；拿来多少，带来多少"。这种不负责的行为显然无法使海南发展银行走上健康发展的道路。

由于上述原因，海南发展银行从开业之日起就步履维艰，不良资产比例大，资本金不足，支付困难，信誉差。在有关部门将 28 家有问题的信用社并入海南发展银行之后，公众逐渐意识到问题的严重性，出现了挤兑行为。持续几个月的挤兑耗尽了海南发展银行的准备金，而其贷款又无法收回。为保护海南发展银行，国家曾紧急调拨了 34 亿人民币抵御这场危机，但只是杯水车薪。为控制局面，化解金融风险，国务院和中国人民银行当机立断，宣布 1998 年 6 月

21日关闭海南发展银行。

从宣布关闭海南发展银行起至其正式解散之日前，由工商银行托管海南发展银行的全部资产负债。由于公众对工行的信任，兑付业务开始后并没有造成大量挤兑，大部分储户只是把存款转存工行，现金提取量不多。

请思考：海南发展银行在经营上存在哪些违规行为？

## 第一节 金融监管概述

### 一、金融监管的含义和原则

金融监管是指金融监管当局根据金融法规对各类金融机构及其金融活动实施监督与管理，以保证金融体系的安全、稳定，保证公众利益。由于金融是现代经济的核心，是国民经济的命脉，金融活动状况对社会经济生活的影响广泛而深刻。因此，世界各国无不对金融业实行严格的监督管理。

为实现监管目标，各国金融监管当局在执行监管时大多要遵循一些基本的原则。

#### （一）依法管理原则

各国金融管理体制各有不同，但在依法管理这点上是共同的。这有两重含义：一方面金融机构必须接受国家金融管理当局的监督管理，要有法律保证，不能有例外；另一方面，管理当局实施监管必须依法而行。非如此则难以保持管理的权威性、严肃性和强制性，也就不能保证监管的有效性。

#### （二）自我约束与外部强制管理相结合原则

外部强制管理再缜密严格，也总是相对有限的，假如管理对象不配合、不协作、不愿自我约束，而是设法逃避、应付对抗，那么外部监督管理也难收到预期的效果；反之，如果将全部希望放在金融机构本身自觉自愿的自我约束上，则一系列不负责任的冒险经营行为和道德风险就难以有效地避免。因而，理智的做法是遵循自我约束和外部强制管理相结合的原则。

#### （三）综合性管理原则

金融管理应着眼于综合配套的系统化和最优化的效能，应当将行政的、经济的和法律的管理手段综合配套使用；应将直接的与间接的、外部的与内部的、自愿的与强制的、正式的与非正式的、报表的与现场的、事先的与事后的、国内的与国外的、经常性的与集中突出性的、专业的与非专业的各种不同管理方式管理技术手段结合起来，综合配套使用。

#### （四）社会经济效益原则

安全稳健是一切金融法规和金融监督管理的中心目的，但不是唯一目的。从某种意义上讲，安全稳健并不是金融业存在发展的终极目的，它的终极目的在于满足社会经济的需要，促进社会经济的稳定发展。而要实现这一点，效益问题就具有决定性意义。所以，金融法规和金融管理不应只为安全而安全，只为管理而管理，而必须考虑严格管理同促进金融机构效益的协调关系。

### 二、金融监管的目标

实施金融监管，首先要确定金融监管的目标，各国一般都是在银行法中加以规定。例如，

《德国银行法》规定“联邦金融管理局监管所有的信贷机构，以保证银行资产的安全、银行业务的正常运营和国民经济良好运转。”中国全国人大常委会 2003 年 12 月 27 日通过、2006 年 10 月 31 日修改的《中华人民共和国银行业监督管理法》规定：“国务院银行业监督管理机构负责对全国银行业金融机构及其业务活动监督管理的工作。”“银行业监督管理的目标是促进银行业的合法、稳健运行，维护公众对银行业的信心。银行业监督管理应当保护银行业公平竞争，提高银行业的竞争能力。”

显然，各国规定的监管目标并不完全相同。但是一般而言，基本上都是出于维护“经营安全性、竞争平等性、政策一致性”三方面的考虑。

### (一)经营安全性

经营安全性，就是促使银行业成员安全经营，防止倒闭，从而保障社会公众的利益和金融业的稳健运行。银行具有公共性，它接受存款，充当社会的支付系统，一旦个别银行倒闭，不仅会损害存款人利益，破坏整个社会的转账支付系统，甚至会带来挤兑而引发连锁性破产，导致金融风潮，对整个社会经济产生不利影响。

### (二)竞争平等性

竞争平等性，就是通过金融监督管理制度创造一个平等竞争的环境。防止垄断，保护竞争，限制大银行不合理的扩张，保证银行顾客不受歧视；但是，又防止过度竞争。鼓励商业银行在合理竞争的基础上提供高效率、多样化的金融服务，促进银行业的健康成长，从而提高社会的整体效益。

### (三)政策一致性

政策一致性，就是通过监督管理，使商业银行的经营活动与中央银行实施货币政策的要求保持一致性。中央银行调节经济的货币政策必须通过商业银行和其他金融机构的经营活动来实现。但是，商业银行以营利为主要目标，它的经营政策有可能与中央银行货币政策的要求产生矛盾，抵消甚至破坏中央银行货币政策的实施效果。必须通过监督管理，及时发现商业银行那些与中央银行货币政策相违背的经营活动，并予以限制或取消，促使它们协助中央银行执行货币政策。

## 三、金融监管的类型

按照不同的划分标准，可以将金融监管划分为不同的类型。

根据是否按照不同的金融机构设置专门的监管机构划分，可以分为分业监管和混业监管，其中分业监管按照监管对象的不同又可以划分为银行监管、证券业监管、保险业监管等。

根据是按照金融业务的类型来划分监管对象还是按照不同的金融机构来划分监管对象可以划分为功能性监管和机构监管。

根据监管模式的不同又可以划分为自律式监管、法制式监管和干预式监管，三者的代表分别是英国、美国和日本。

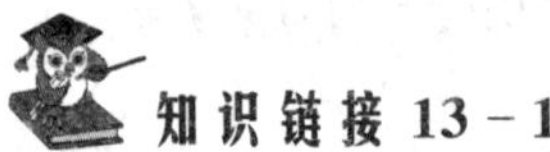


**银行业监管的缘由**

银行风险主要是指放出去的贷款收不回来。这种风险主要源于信息不对称。信息不对称是指银行不完全了解客户的风险特征。于是产生了两类问题：一是逆向选择；二是道德风险。

逆向选择问题是在贷款之前发生的。申请贷款的人有些准备做好项目，将来按时还本付息，也有些想骗取银行钱财。两者都会把项目的可行性报告做得漂漂亮亮，银行很难区分，特别要指出的是，利率的高低对前者有制约作用，因为他们要核算成本。利率对后者没有限制，利率再高，他们也敢借。因此，过高的利率会使逆向选择的概率提高。

道德风险是在贷款合同签订以后发生的。借款人拿到贷款以后可能忠实地执行合同，也可能去冒险。这种不履行合同的行为被称之为道德风险。道德风险一词是从保险上来的；司机上了汽车保险后可能开车就不如没上保险时小心了。一个最极端的例子是，如果房子的保险额高于它的市值，房主就有可能自己将房子烧毁，然后向保险公司索赔。

银行解决逆向选择和道德风险问题的关键在于如何收集信息。信息分两种，一是静态，二是动态。静态的信息是搞清贷款申请人的历史，努力分清好人与坏人。动态信息是指市场不断发生的变化。人的犯罪心理有时是随环境而变化的。有人在开始申请贷款时没想骗银行，但后来情况发生了出乎预料的变化，反正也还不起银行钱了，只好准备赖账。

以上分析主要是针对贷款客户的，下面我们来看看银行管理人员的问题。这里问题的关键是如何使银行各级管理人员尽职尽责，做好贷款的管理工作。古今中外，能使人努力工作的方法可归纳如下：一是产权，如果玩自己的钱，自然认真负责；二是有经理市场，成功负责的人可以赢得名望和更高的市场价值，可以到更大的银行做总裁；三是物质奖励，把个人工作的效率与个人收入直接挂钩；四是靠思想政治工作，靠精神的力量；五是用乌纱帽机制，做好了升官，做砸了革职。

银行是经营风险的。经营风险是一项艰苦细致、非常精确的工作。在产权不清和没有经理市场的情况下，银行的行为是两头走极端，比较《商业银行法》颁布前后银行行为的变化可以说明这一点。银行经理们不是无能，而是有着深层的体制原因。目前用乌纱帽机制、思想政治工作与奖金制度，可以解决部分问题，但不能治本。

在体制上存在着这样的缺陷，监管的意义就更为重要。1998 年 11 月，中国人民银行进行了一项重大改革：撤销人民银行省级分行，跨行政区设置了 9 家分行。之后又成立银监会、证监会、保监会专门行使监管职能。这次改革意义重大，有利于保证中央银行依法独立、公正地履行货币政策及其金融监管的职责，有利于划清责任、有效监管。

## 第二节　金融监管的内容和手段

### 一、金融监管的内容

各国金融管理当局对商业银行监管的内容多种多样，常见的是把它们分为两类：一类是预防性管理措施；另一类是保护性管理措施。

**(一)预防性管理**

预防性管理包括市场准入、业务范围的限制和规定银行在开展业务活动时应遵守的基本规则等内容。

**1. 市场准入管理**

不管哪个国家，新设立金融机构都必须经有关主管当局审查批准，并依法登记注册，领取

营业执照。例如,《中华人民共和国商业银行法》规定,设立商业银行,应当经中国人民银行审批。设立商业银行的条件是:

(1)有符合《中华人民共和国商业银行法》和《中华人民共和国公司法》规定的章程;

(2)有符合《中华人民共和国商业银行法》规定的注册资本最低限额;

(3)有具备任职专业知识和业务工作经验的高级管理人员;

(4)有健全的组织机构和管理制度;

(5)有符合要求的营业场所、安全防范措施和与业务有关的其他设施。

中国人民银行审查设立申请时,应当考虑经济发展的需要和银行业竞争的状况。经批准设立的商业银行,由中国人民银行颁发经营许可证,并凭该许可证向工商行政管理部门办理登记,领取营业执照。市场准入管理的目的在于防止不合格成员或素质过低的成员进入金融行业。

**2. 业务活动范围的管理**

这在实行职能分工型银行制度和全能型银行制度的国家有较大的差别。总的来看,世界多数国家在这方面的管理有放松的趋势。我国目前对金融机构实行分业经营、分业管理的政策,银行、证券、保险、信托业不准混业经营,按规定,商业银行不得从事信托投资和股票业务,不得投资于非自用不动产,不得向非银行金融机构和企业投资。当然,随着我国金融业逐步与国际金融融为一体,这种严格的业务限制必将会有所变化。

**3. 资本充足性管理**

银行资本除具有营业职能(购置固定资产)和保护职能(对存款和债务提供保护)外,还具有管制的职能,即通过规定资本与银行的资产或负债保持一定的比率来限制银行资产业务规模,控制风险。1988年《巴塞尔协议》要求签约国银行的资本对其经济加权计算的风险资产的比率(资本充足率)不得小于8%,我国目前规定的比率也是8%。

**4. 流动性管理**

流动性不足是导致银行危机的最直接原因之一。因此,各国都要求银行必须保持一定的流动性资产,通常是规定商业银行持有的具有一定程度流动性的资产必须要在总资产中占有相当的比例,这就是流动性资产比例,是监管当局为防止银行资金周转不灵而采取的一项重要的措施。

**5. 对存款经营的管理**

(1)对存款种类及支付程序的管理。

(2)对存款利率的管理。有三种类型:一是实行国家统一规定利率的制度;二是实行自由化利率制度;三是实行浮动利率制度,定有上下限。我国目前处于第一种类向第三种类过渡的阶段。

(3)对存款人的保护。比如,我国规定银行办理储蓄存款应当遵循存款自愿、取款自由、存款有息、为存款人保密的原则;对各种存款,除法律另有规定外,银行有权拒绝任何单位或个人查询、冻结、扣划;银行应当保证存款本金和利息的支付,不得拖延、拒绝。

**6. 对贷款和其他业务的管理**

对贷款和其他业务的管理主要是控制贷款的信用风险。比如,为防止贷款过于集中而规定对同一借款人的贷款余额与商业银行资本余额的最高比例,我国规定为10%;对关系人发放贷款加以限制,银行不得对关系人发放信用贷款,对关系人发放担保贷款的条件不得优于其他借款人；要求银行对有问题贷款必须提取呆、坏账准备金；规定任何单位和个人不得强令商业银行发放贷款或者提供担保；要求银行发放贷款时应当对借款人的借款用途、偿还能力、还款方式进行严格审查；鼓励银行发放抵押贷款；商业银行贷款，应当与借款人订立书面合同；等等。

除以上外，还规定了对银行设立分支机构以及银行合并、分立、终止的管理，对银行股份的管理，对利润分配的管理，对银行账表、清算方法、统计口径的管理等内容。

### (二)保护性管理

银行监督管理制度除了事先采取一些预防性措施以外，还必须有事后的补救手段，万一银行发生倒闭事件或者濒临倒闭时才能及时补救，确保存款人利益，稳定金融体系，避免金融恐慌。

保护性管理包括存款保险制度和紧急救援两个方面：

#### 1. 存款保险制度

存款保险制度是国家通过建立存款保险机构对银行存款进行保险，以免在银行破产时存款人遭受损失的制度。这一制度的基本功能包括两个主面：第一是保护存款人的利益，参加存款保险制度的存款机构经营破产不能支付存款时，将由保险机构在一定限度内代为支付。第二是维持信用秩序，促进金融体系的稳定。

#### 2. 紧急救援

紧急救援是当一个银行出现清偿能力危机时，如果中央银行或有关金融管理当局无意令其关门，就要采取有关行动进行抢救。其方式有：①提供贷款以解决支付能力问题。具体办法是由中央银行直接贷款或者中央银行和商业银行共同建立的特别机构提供贷款，也有的是官方临时组织大银行集资救助，还有的是存款保险机构出面提供资金。②兼并。中央银行或存款保险机构支持大银行兼并有问题的银行，继承其资产和债务。③担保。由政府出面担保，购买有问题银行的资产，或者在有问题银行大量存款，或者收购有问题的银行，帮助有问题的银行渡过挤兑和清偿的难关。④接管。由金融管理当局对被接管的银行采取必要措施，以恢复其正常经营能力。

值得注意的是，存款保险制度和紧急救援的保障作用，有可能造成银行在无“后顾之忧”的情况下从事高风险资产经营，形成新的不安全因素——“道德风险”，即是银行将风险转嫁给有关金融管理当局。对此，必须加强预防性的管理监督措施进行制约。

## 二、金融监管的手段

### (一)直接监管

直接监管即是指稽核、检查。中央银行有权要求金融机构按照规定报送资产负债表、损益表以及其他财务会计报表和资料；有权对金融机构的经营活动进行定期或不定期的现场和非现场检查；有权制定金融机构经营的评级标准，并按照其经营管理状况把金融机构分为不同等级，施以不同的监督管理。

监督、检查的形式主要有非现场检查和现场检查两种。非现场检查是建立在商业银行经营活动报告制度的基础之上的。中央银行主要通过对商业银行提交的各种报告和统计的分析来完成检查监督职能。非现场检查是可以经常进行的，在检查活动中，非现场检查往往起着探路的作用，在非现场检查中出现的疑点或问题，一般会成为现场检查的重点。现场检查是由中央银行派出检查小组，到各商业银行进行实地检查。许多国家中央银行认为，只有现场检查才能真正发现商业银行存在的问题，是非现场检查所不及的。例如，美、日、法、意等国都十分重视现场检查，把那些在非现场检查中发现的问题，作为不定期现场检查的重点。

银行检查的标准各国并不一致。1978 年美国监管当局开始采用骆驼评级体系，它规定银行检查主要包括下列前五个方面，1997 年采用新骆驼评级体系，在评级体系中加入第六个元素，即敏感性。

1. 资本充足程度

看银行资本与资产的比例是否符合法规标准。

2. 资产质量

检查银行逾期贷款、呆账及贷款损失、信用不好的证券等方面的情况，从保证资产安全的角度来评价它的质量。

3. 经营管理能力

从管理人员素质、遵守纪律情况、内部控制系统、应付意外事件的能力、近期计划、董事会的种种决定和会计稽核制度等方面来判断。

4. 收益状况

检查银行资产收益率(税后利润/总资产)，衡量银行盈利水平，并看其是否补充了资本，贷款损失准备是否充足，分红水平是否过高，盈利来源是否合理合法，防止银行因追求眼前利益而忽视长期发展。

5. 资产流动性

检查银行的库存现金和随时可变现资产的数量和质量，看银行是否有足够的偿付能力。

6. 敏感性

注重分析银行对利率、汇率等市场因素变动的敏感程度。

经过以上检查，由检查人员对银行进行评级，把银行分为不同级别，最后提出一个完整的检查报告，列出检查评级的情况、发现的问题及处理意见，然后根据不同级别的银行采取不同的管理措施，监督有问题的银行尽快改正。

### (二)间接监管

间接监管主要是通过金融机构内部自律系统和行业组织进行。

1. 要发挥金融机构自律监管作用

在完善的金融监管中，各金融机构既是被监管的对象，也是基础性监管的自律主体。在各金融机构内部设立稽核、审计和监察机构，加强内部控制并建立相应的规章制度，发挥其自我约束、自我监察、防微杜渐的基础性监管作用，增强其自律能力。

2. 要发挥行业组织自律监管作用

为避免金融机构之间的不正当竞争，规范和矫正金融行为，以促进其协作运行和共同繁荣，金融行业内自律监管不可或缺。金融业自律监管主体主要是金融业公会或协会，以及金融某系统的同业组织，如银行公会，同业公会或行业协会作为一种民间金融监管组织，可以制定同业公约，加强行业管理，协调各方面关系，从而有效地沟通金融监管机构与金融机构之间的信息，有利于监管当局实施宏观金融管理。

此外，还可以发挥社会监督的作用。例如，通过建立社会举报制度和查处程序形成强大的社会监督威慑力，督促各金融机构依法经营和规范行事；利用社会监督机构协助进行监督管理，如会计师事务所、审计师事务所、律师事务所、资信评估机构等。

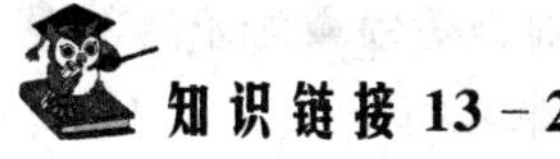

**知识链接 13－2**

**热钱及其流入中国的原因**

热钱又称游资或投机性短期资本，是造成全球金融市场动荡乃至金融危机的重要根源。无论是发生在 1994 年的墨西哥金融危机，还是 1997 年的东南亚金融危机，热钱都起到了推波助澜的作用。中国社科院日前出具的一份报告预算出五年来流入中国的热钱规模约为 1.75 万亿美元，刷新了此前关于中国有 8000 亿美元热钱的判断。热钱进入中国的渠道，可以概括为经常项目、资本项目和地下钱庄三大类。首先，热钱突破资本管制进入中国的方式，主要是利用虚假贸易，这成为目前热钱进入中国的最主要渠道。据披露，境内外贸企业既有通过低报进口、高报进口的方式引入热钱，又有通过预售货款或延迟付款等方式将资金截流到国内，还有通过编制假合同来虚报贸易出口。此外，一些热钱以外商直接投资名义流入，通过银行兑换成人民币之后，再借助某些方式投资于中国股票市场和房地产市场。其次，热钱通过地下钱庄进入中国。一般情况，机构先将美元打入地下钱庄的境外账户，地下钱庄再将等值人民币扣除费用后，打入境外投资者的中国境内账户。再次，2008 年以来，外汇储备的异常增长也在一定程度上印证了人们对热钱涌入的判断。

是什么原因让国际热钱千方百计要进入中国？美国次贷危机爆发后，为拯救市场，从 2007 年 9 月起美联储连续 7 次降息。中国银行在 2007 年连续 6 次加息，一减一加，导致中美利差反转并逐渐扩大。而人民币升值因素进一步加剧了游资套汇冲动。中美利差、人民币升值因素，以及中国资本市场、房地产市场等资产价格快速上涨带来的利润诱惑，是海外热钱快速进入的重要原因。

## 第三节 金融监管的模式

### 一、世界各国金融监管的不同模式

由于各国地理条件和自然状况不同，经济结构和发展水平不同，以及政治和法律制度的显著差异，形成了世界各国金融监管的不同模式。

**（一）双线多头金融监管模式**

所谓“双线”是指在中央和地方设立两级中央银行机构，分别行使金融监管权，中央级机构是最高权力和管理机构，地方机构除执行统一的货币政策外，在业务经营管理上具有较大的独立性。所谓“多头”是指在中央一级和地方一级又分别由两个或两个以上的机构负责银行体系的监督管理。世界上实行双线多头金融监管体制的国家不多，主要存在于实行联邦政治体制的国家，如美国、加拿大等。

这种监管体制具有以下优点：适应于地域辽阔、金融机构很多而情况差别又很大的国家；适应于政治、经济结构比较分散的联邦制国家；能较好地提高金融机构监管部门的工作效率；可以防止一国金融权力的过分集中；还可以使金融机构根据自身的不同特点，选择金融监管机构;也可以使金融制度的监管专门化,提高对金融业务机构服务的能力。但是,双线多头金融监管体制也存在明显不足:监管机构交叉重叠,金融法规不统一;管理分散,重复检查和监督,影响金融机构的业务活动;金融机构容易钻不同监管部门的空子,加剧金融领域的矛盾与混乱;降低货币政策与金融监管的效率;为金融机构造成一个不平等的金融环境。

**(二)单线多头金融监管模式**

所谓“单线”是相对“双线”监管体制而言的,监管权力集中于中央,但在中央一线又分别由两个或两个以上的机构负责金融业务的监督管理。通常,这种多头监管体制以财政部和中央银行为主体开展工作。实行这一监管体制的国家较多,代表国家有法国、德国、意大利、比利时、日本、新加坡等。

在单线多头金融监管体制中,制约金融发展的因素比双线多头监管体制少很多。金融体系的集中统一监管和金融工作的效率是显而易见的。在实行这一监管体制的国家中,人们也习惯和赞成各权力机构相互制约与平衡。各金融机构监管部门之间的协作也是不错的。例如:德国信贷机构联邦监督局同联邦银行之间,日本银行同大藏省银行管理局之间就配合默契,富有成就。即使像法国那种更多头的情况,也没有特殊的困难。但是,这种单线多头金融监管体系运行效率的关键在于各金融管理机构之间的合作。在一个不善合作与立法不健全的国家中,这种体制难以有效运行。再者,这种体制也面临着同双线多头监管体制类似的问题,如重复监管等。

**(三)高度集中的单一金融监管模式**

高度集中的单一金融监管模式是指由单一的中央级机构如中央银行或专门的监管机构对金融业进行监督与管理。世界上大多数国家实行这一金融监管模式,属于这一类的国家既包括一部分发达资本主义国家,又包括大部分发展中国家。

高度集中的单一金融监管体制,使金融监管集中,金融法规统一,金融机构不容易钻空子;也能较好地适应高度集中的计划经济体制和中央银行集权的政治结构。如果运行得当,还有助于提高货币政策和金融监管的效率,为金融机构提供良好的社会服务。它也有助于克服其他体制下的相互扯皮、推卸责任的弊端。但是这种体制有可能使金融监管部门作风官僚化,金融监管任务过重,不利于提高金融监管干部的素质,不利于为金融机构提供更好的服务。

**(四)跨国金融监管模式**

跨国金融监管模式是指在经济合作区域内,对该区域内的金融业实行统一的监督与管理的体制。行使这一职能的机构是跨国中央银行,其代表是跨国的西非货币联盟和中非中央银行。

跨国金融监管模式具有下列优点:①跨国中央银行的股本为参加该货币联盟的各国所共有,而不是为某一国所独有;②它为参加该货币联盟的所有国家执行中央银行职能,而不是单独为某一国家服务;③它是临近一些国家自然的地区性联合,有利于经济金融合作;④同某一发达国家有紧密的经济贸易关系,联盟货币与其货币维持共同的平价;⑤成员国将金融管理权交给跨国中央银行,既可带来节约和有效的优点,又可避免由于缺乏金融人才和经验而带来的损失;⑥具有相互合作、稳定金融、稳定经济的突出优点。但是,跨国金融监管模式运行成功的关键在于成员国的合作。一旦成员国之间出现利益冲突,就会给金融业带来混乱。再者,在合作过程中,该国的金融管理政策也有可能会失去独立性。

从以上金融监管四种模式可以看出，金融监管模式的选择，一般至少受以下三个因素的影响：

(1)市场经济与信用发达程度。市场经济发展水平高，信用发达的国家，金融监管制度就比较健全完善，中央银行对外自主性较强，大多趋向双线多头或单线多头的金融监管体制；反之，商品经济与信用制度欠发达的国家，多数实行跨国的金融监管体制。

(2)经济运行机制。一般以市场经济为主的国家，多数实行单线多头或双线多头的金融监管体制；中央计划经济为主的国家多数实行高度集中的金融监管体制。

(3)国家体制。实行联邦制国家，地方自治权较大，地区性利益较强的国家，多数实行双线多头的金融监管体制；反之，国家政治、经济、立法比较统一，国家权力比较集中，多数实行高度集中的金融监管体制。

## 二、现代金融监管模式的发展趋势

随着经济、金融环境的改变，金融监管体制也在不断进行适应性的调整和创新。虽然由于各国的金融发展水平、金融文化和历史传统存在较大差异，加之经济体制、政治体制、中央与地方的关系不同，各国的监管体制各具特色，但近年来在金融全球化的背景下，改革和重构监管体制已成为各国面临的共同问题。现代金融监管体制在发展的过程中呈现出一些新趋向。

### (一)政府监管和自律监管趋于融合

根据监管体系中政府监管与行业自律的重要性不同，可分为政府监管体制和自律监管体制两类。政府监管体制是指政府积极参与金融监管，设立专门的监管机构并制定相应的管理法规，而行业自律只是起辅助作用。美国、日本及许多欧洲大陆国家多倚重规范化的政府监管。自律监管体制是指政府除了进行某些必要的国家立法外，较少对金融市场进行规制，市场管理主要依靠行业组织自律，金融机构也通过自我约束给予配合。英国在传统上倚重行业自律性的监管，是自律监管的典型。

实际上，政府监管与自律监管是相辅相成的，随着 20 世纪 90 年代末期的金融混业化为标志的金融业发展趋势，人们更是认为政府监管与自律监管都是不可或缺的，应该同时强化。一方面，实行政府监管体制的国家开始日益重视行业自律的作用。金融行业自律组织通过对行业内部的管理，避免业内不正当竞争，规范行业运作，促进金融机构同业之间的协作，减轻了政府监管机构的压力，同时与政府监管机构适时沟通，减少了金融机构与政府的摩擦。另一方面，实行自律监管体制的国家也开始通过立法和建立统一的监管机构，加强监管的规范化，将金融同业的自律机制逐渐纳入监管法制体系中。

### (二)外部监管和内部控制相互促进

外部监管主体不再是一味从外部施加管制，而是更加注重促使金融机构强化内部控制制度，提高自我监控水平。金融监管机构对金融机构的内部控制提出了全方位的要求，包括建立科学的企业治理结构、独立与权威的内部监察机构、业务职能部门明确的风险控制分工及彼此相互制约关系、谨慎的授信审批制度或分级授权制度、严格的会计控制制度、有效的内部检查与稽核制度及合理的员工管理制度。金融机构是否具有完善的内控机制和制度是金融监管机构进行检查的重要内容。此外，金融监管机构还鼓励金融机构开发控制风险的内部模型，以提高控制风险的技术水平，并增强其适用性。

同时,金融机构健全有效的内部控制也是外部监管的基础。金融监管机构的监管目标必须通过金融机构自身的稳健经营来实现。严密的内部控制将使金融机构有效地防范和规避风险,而金融机构的安全运营是金融系统稳定安全的基本保障。此外,由于内控制度为金融机构划定了行为边界,促使其时刻保持足够的理性,也使金融监管机构实施监管的过程更为顺利。

### (三)分业监管向统一监管转变

分业监管是根据金融机构及其业务范围的划分,由多家专业监管机构分别进行监管;统一监管是指由一家监管机构承担监管职责,将金融业作为一个相互联系的整体统一进行监管。集中监管的支持者认为这种监管体制具有多种优点:首先,全面、广泛、统一的监管体制更适应金融混业经营的发展趋向,能够更为灵敏地发现多样化经营的金融机构不同业务部门存在的问题;其次,集中监管可实现规模经济,有利于节约行政成本;再次,集中监管还可以减少被监管者的奉行成本,因为被监管者只需与一家监管机构接触;此外,集中监管能够提高监管效率,避免过分的职责交叉、机构重叠和相互干扰,同时实现了监管资源共享,能够对监管对象进行有效监管。赞成分业监管的一方则认为即使金融业传统的职能分工特征正在减弱,但是银行业、证券业和保险业仍会存在重要区别;分业监管的针对性和专业性更强,监管目标明确;单一监管机构体系庞大,内部协调和管理的成本将是不小的开支,而且处以绝对的监管垄断地位,容易出现官僚主义。

20 世纪 80 年代以来,在金融自由化和金融创新浪潮的冲击下,许多实行分业经营的国家纷纷走上混业经营的道路,与之相应,各国的金融监管体制也在逐渐发生重大转变。根据有关调查显示,虽然目前多数国家仍然实行分业监管,但是受到混业经营的影响,实行完全分业监管的国家在数目上呈现出减少趋势,不少国家的金融监管正向完全混业监管或部分混业监管的模式过渡。

### (四)功能型监管理念对机构型监管提出挑战

功能型监管理念由哈佛商学院的罗伯特·莫顿提出。传统的机构型监管是以金融机构的类别为标准划分监管机构,而功能型监管是根据金融产品的特定功能来确定该金融产品的监管机构。功能型监管能够有效地解决混业经营中金融创新产品监管的归属问题,避免出现监管真空,而且主张实行跨产品、跨机构、跨市场的协调监管,更适应混业经营对金融监管体制的要求。由于金融产品的功能具有稳定性,使得据此设计的监管体制和监管规则更具连续性和一致性,同时又为金融创新提供了更大的空间。

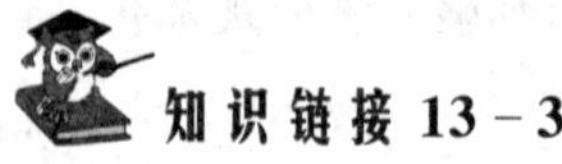

**知识链接 13-3**

**327 国债事件始末**

**一、327 国债事件背景**

"327"是"92(3)国债 06 月交收"国债期货合约的代号,对应 1992 年发行 1995 年 6 月到期兑付的 3 年期国库券,该券发行总量是 240 亿元人民币。

1990 年以前,国库券一直是靠行政分配方式发行的。国债的转让流通起步于 1988 年,1990 年才形成全国性的二级市场。借鉴美国的经验,1992 年 12 月 28 日,上海证券交易所首次设计并试行推出了 12 个品种的期货合约。采用国际惯例,实行保证金制度,虽然大大高出了 1%的国际标准,但 2.5%的保证金制度仍然把可交易量扩大到了 40 倍,有效地提高了国债期货产品的流动性。但国债期货试行的两周内，交易清淡，仅成交19口。

1993年7月10日，情况发生了历史性的变化，这一天，财政部颁布了《关于调整国库券发行条件的公告》，公告称，在通货膨胀居高不下的背景下，政府决定将参照中央银行公布的保值贴补率给予一些国债品种的保值补贴。国债收益率开始出现不确定性。国债期货市场的炒作空间扩大了。

由于期货价格主要取决于相应现货价格预期。因此，影响现货价格的因素也就成了期货市场的炒作题材。影响1992年三年期国债现券价格的主要因素有：基础价格、保值贴补率、贴息问题、1995年新券流通量的多寡。

**二、事件发展经过**

1993年国家提出三年内大幅降低通货膨胀率的措施，到1994年底，通胀率已降至2.5%左右。众所周知的是，在1991—1994年我国通胀率一直居高不下的这三年里，保值贴息率一直在7%～8%的水平上。根据这些数据，时任万国证券总经理，有中国证券教父之称的管金生预测，“327”国债的保值贴息率不可能上调，即使不下降，也难维持在8%的水平。按照这一计算，“327”国债将以132元的价格兑付。因此当市价在147～148元波动的时候，万国证券联合辽宁国发集团，成为了市场空头主力。

而另外一边，当时的中国经济开发有限公司(简称中经开)，隶属于财政部，有理由认为，它当时已经知道财政部将上调保值贴息率。因此，中经开成为了多头主力。

1995年2月23日，财政部发布公告称，“327”国债将按148.50元兑付，空头判断彻底错误。当日，中经开率领多方借利好大肆买入，将价格推到了151.98元。随后辽国发的掌门人高岭、高原兄弟在形势对空头极其不利的情况下由空翻多，将其50万口做空单迅速平仓，反手买入50万口做多，“327”国债在1分钟内涨了2元。这对于万国证券意味着一个沉重打击——60亿人民币的巨额亏损。管金生为了维护自身利益，在收盘前八分钟时，作出避免巨额亏损的疯狂举措：大举透支卖出国债期货，做空国债。下午四点二十二分，在手头并没有足够保证金的前提下，空方突然发难，先以50万口把价位从151.30元轰到150元，然后把价位打到148元，最后一个730万口的巨大卖单把价位打到147.40元。而这笔730万口卖单面值1460亿元，当日开盘的多方全部爆仓，并且由于时间仓促，多方根本没有来得及有所反应，使得这次激烈的多空绞杀终于以万国证券盈利而告终。而另一方面，以中经开为代表的多头，则出现了约40亿元的巨额亏损。

2月23日晚上十点，上交所在经过紧急会议后宣布：23日16时22分13秒之后的所有交易是异常的、无效的，经过此调整当日国债成交额为5400亿元，当日327品种的收盘价为违规前最后签订的一笔交易价格151.30元。这也就是说当日收盘前8分钟内多头的所有卖单无效，“327”产品兑付价由会员协议确定。上交所的这一决定，使万国证券的尾盘操作收获瞬间化为泡影。万国亏损56亿人民币，濒临破产。

2月24日，上交所发出《关于加强国债期货交易监管工作的紧急通知》，就国债期货交易的监管问题作出六项规定：①从2月24日起，对国债期货交易实行涨跌停板制度；②严格加强最高持仓合约限额的管理工作；③切实建立客户持仓限额的规定；④严禁会员公司之间相互借用仓位；⑤对持仓限额使用结构实行控制；⑥严格国债期货资金使用管理。同时，为了维持市场稳定，开办了协议平仓专场。

**三、事件尾声**

5月17日，中国证监会鉴于中国当时不具备开展国债期货交易的基本条件，发出《关于暂停全国范围内国债期货交易试点的紧急通知》，开市仅两年零六个月的国债期货无奈地画上了句号。中国第一个金融期货品种宣告夭折。

9月20日，国家监察部、中国证监会等部门都公布了对"327事件"的调查结果和处理决定，决定说，"这次事件是一起在国债期货市场发展过快、交易所监管不严和风险控制滞后的情况下，由上海万国证券公司、辽宁国发(集团)公司引起的国债期货风波。"决定认为，上海证交所对市场存在过度投机带来的风险估计严重不足，交易规则不完善，风险控制滞后，监督管理不严，致使在短短几个月内屡次发生严重违规交易引起的国债期货风波，在国内外造成极坏的影响。经过四个多月深入调查取证，监察部、中国证监会等部门根据有关法规，对有关责任人分别作出了开除公职、撤销行政领导等纪律处分和调离、免职等组织处分，涉嫌触犯刑律的移送司法机关处理，对违反规定的证券机构进行经济处罚。

1995年4月，管金生辞职。挂职两个月后，其经济犯罪问题开始败露。1995年5月19日，管金生在海南被捕，罪名为贪污、挪用公款40余万元，但并没有违反期货交易规则。1997年2月3日，管金生被判处有期徒刑17年。

对手"中经开"，同年8月因发生的长虹转配股事件和后来的银广夏事件走入下降通道：信托业务、房地产投资都不景气，而证券的承销业务又往往因为恶性竞争变得几乎无利可图。1997年，中经开对外支付几次出现危机，78亿元债台高筑。2000年6月，中经开经由国务院批准，成为清理整顿后首批确定保留并移交中央金融工委管理的中央级信托投资公司之一。

时任上交所总经理的尉文渊(也是上交所的创始人)，在1995年9月15日被理事会免职。

"327风波"与引发亚洲金融风暴的巴林事件只相差两天时间，是中国证券史上的"巴林事件"，英国金融时报将1995年2月23日称为中国证券史上最黑暗的一天。

酿成"327事件"的具体原因有三点：其一，期货业务的推出相当仓促，不仅缺乏经验，也缺乏相应的监管法规，更重要的是对市场风险缺乏必要的认识。其二，国债期货市场投机风气极浓，违规造市、超额持仓、内幕交易现象相当严重。其三，有关327券分段计息加息及贴息消息的泄漏，是触发此次事件的导火线。

从历史的角度来看，"327事件"未像巴林事件一样引爆金融危机，可谓不幸之中的万幸。

## 复习思考题

1. 什么是金融监管？为什么要进行金融监管？
2. 金融监管的基本内容有哪些？
3. 金融监管的方法有哪些？

## 讨论题

1. 结合最近发生的银行、证券业的违法违规案件，谈谈你对金融监管的建议。
2. 金融监管如何与金融创新协调发展？

# 参考文献

[1] 马克思.资本论(第1,2,3卷)[M].北京:人民出版社,1980.
[2] 李大雁.现代金融与实务[M].北京:经济科学出版社,2007.
[3] 刘旭东,赵红梅.金融学概论[M].北京:化学工业出版社,2009.
[4] 张惠兰.金融理论与实务[M].北京:中国人民大学出版社,2011.
[5] 韩宗英.金融基础知识[M].北京:人民邮电出版社,2011.
[6] 李早起.现代金融监管[M].北京:中国金融出版社,2006.
[7] 唐旭.金融理论前沿问题[M].北京:中国金融出版社,2003.
[8] 于敏.解析金融改革发展的热点与实践[M].武汉:湖北人民出版社,2006.
[9] 中国银行业从业人员资格认证办公室.公共基础[M].北京:中国金融出版社,2010.
[10] 王静.金融学[M].北京:冶金工业出版社,2008.
[11] 李春,曾冬白.金融学基础[M].大连:大连出版社,2008.
[12] 周升华.金融理论与实务[M].北京:中国财政经济出版社,2004.
[13] 盖锐.金融学概论[M].北京:清华大学出版社,2005.
[14] 郑长德.金融学:现代观点[M].北京:中国经济出版社,2011.
[15] 郭恩才.解析现代金融十大迷局[M].北京:中国金融出版社,2011.

图书在版编目(CIP)数据

货币银行学/崔时庆，史志贵主编.—西安：西安交通大学出版社，2012.7(2016.1 重印)
高职高专国际贸易专业(含金融方向)系列规划教材
ISBN 978-7-5605-4334-5

Ⅰ.①货… Ⅱ.①崔… ②史… Ⅲ.①货币银行学-高等职业教育-教材 Ⅳ.①F820

中国版本图书馆 CIP 数据核字(2012)第 088999 号

书　　名　货币银行学
主　　编　崔时庆　史志贵
责任编辑　史菲菲

出版发行　西安交通大学出版社
　　　　　(西安市兴庆南路 10 号　邮政编码 710049)
网　　址　http://www.xjtupress.com
电　　话　(029)82668357　82667874(发行中心)
　　　　　(029)82668315(总编办)
传　　真　(029)82668280
印　　刷　陕西奇彩印务有限责任公司

开　　本　787mm×1092mm　1/16　印张 15.625　字数 376 千字
版次印次　2012 年 7 月第 1 版　2016 年 1 月第 3 次印刷
书　　号　ISBN 978-7-5605-4334-5/F·315
定　　价　29.80 元

读者购书、书店添货，如发现印装质量问题，请与本社发行中心联系、调换。
订购热线：(029)82665248　(029)82665249
投稿热线：(029)82668133
读者信箱：xj_rwjg@126.com